东南学术文库
SOUTHEAST UNIVERSITY ACADEMIC LIBRARY

民生保障的国家义务研究

State Obligations of People's Livelihood Guarantee

龚向和 ◆ 等著

东南大学出版社
·南京·

图书在版编目(CIP)数据

民生保障的国家义务研究/龚向和等著. —南京：东南大学出版社,2019.10
ISBN 978-7-5641-8496-4

Ⅰ.①民… Ⅱ.①龚… Ⅲ.①社会保障-研究-中国 Ⅳ.①D632.1

中国版本图书馆 CIP 数据核字(2019)第 158993 号

⊙ 国家社会科学基金项目成果

民 生 保 障 的 国 家 义 务 研 究
Minsheng Baozhang de Guojia Yiwu Yanjiu

著　　者：	龚向和　等
出版发行：	东南大学出版社
社　　址：	南京市四牌楼2号　邮编：210096
出 版 人：	江建中
网　　址：	http://www.seupress.com
经　　销：	全国各地新华书店
排　　版：	南京星光测绘科技有限公司
印　　刷：	南京工大印务有限责任公司
开　　本：	700mm×1000mm　1/16
印　　张：	20.25
字　　数：	386 千字
版　　次：	2019 年 10 月第 1 版
印　　次：	2019 年 10 月第 1 次印刷
书　　号：	ISBN 978-7-5641-8496-4
定　　价：	88.00 元

本社图书若有印装质量问题,请直接与营销部联系。电话：025-83791830

编委会名单

主任委员：郭广银
副主任委员：周佑勇　樊和平
委　　员：（以姓氏笔画为序）
　　　　　　王廷信　王　珏　龙迪勇　仲伟俊
　　　　　　刘艳红　刘　魁　江建中　李霄翔
　　　　　　汪小洋　邱　斌　陈志斌　陈美华
　　　　　　欧阳本祺　袁久红　徐子方　徐康宁
　　　　　　徐　嘉　董　群
秘 书 长：江建中
编务人员：甘　锋　刘庆楚

身处南雍　心接学衡
——《东南学术文库》序

每到三月梧桐萌芽，东南大学四牌楼校区都会雾起一层新绿。若是有停放在路边的车辆，不消多久就和路面一起着上了颜色。从校园穿行而过，鬓后鬓前也免不了会沾上这些细密嫩屑。掸下细看，是五瓣的青芽。一直走出南门，植物的清香才淡下来。回首望去，质朴白石门内掩映的大礼堂，正衬着初春的朦胧图景。

细数其史，张之洞初建两江师范学堂，始启教习传统。后定名中央，蔚为亚洲之冠，一时英杰荟萃。可惜书生处所，终难避时运。待旧邦新造，工学院声名鹊起，恢复旧称东南，终成就今日学府。但凡游人来宁，此处都是值得一赏的好风景。短短数百米，却是大学魅力的极致诠释。治学处的静谧景，草木楼阁无言，但又似轻缓倾吐方寸之地上的往事。驻足回味，南雍余韵未散，学衡旧音绕梁。大学之道，大师之道矣。高等学府的底蕴，不在对楼堂物件继受，更要仰赖学养文脉传承。昔日柳诒徵、梅光迪、吴宓、胡先骕、韩忠谟、钱端升、梅仲协、史尚宽诸先贤大儒的所思所虑，求真求是的人文社科精气神，时值今日依然是东南大学的宝贵财富，给予后人滋养，勉励吾辈精进。

由于历史原因，东南大学一度以工科见长。但人文之脉未断，问道之志不泯。时值国家大力建设世界一流高校的宝贵契机，东南大学作为国内顶尖学府之一，自然不会缺席。学校现已建成人文学院、马克思主义学院、艺术学院、经济管理学院、法学院、外国语学院、体育系等成建制人文社科院系，共涉及6大学科门类，5个一级博士点学科，19个一级硕士点学科。人文社科专任教师800余人，其中教授近百位，"长江学者"、国家"万人计划"哲学社会科学领军人才、全国文化名家、"马工程"首席专家等人文社科领域内顶尖人才济济一堂。院系建设、人才储备以及研究平台等方面多年来的铢积锱累，为东南大学人文社科的进一步发展奠定了坚实基础。

在深厚人文社科历史积淀传承基础上,立足国际一流科研型综合性大学之定位,东南大学力筹"强精优"、蕴含"东大气质"的一流精品文科,鼎力推动人文社科科研工作,成果喜人。近年来,承担了近三百项国家级、省部级人文社科项目课题研究工作,涌现出一大批高质量的优秀成果,获得省部级以上科研奖励近百项。人文社科科研发展之迅猛,不仅在理工科优势高校中名列前茅,更大有赶超传统人文社科优势院校之势。

东南学人深知治学路艰,人文社科建设需戒骄戒躁,忌好大喜功,宜勤勉耕耘。不积跬步,无以至千里;不积小流,无以成江海。唯有以辞藻文章的点滴推敲,方可成就百世流芳的绝句。适时出版东南大学人文社科研究成果,既是积极服务社会公众之举,也是提升东南大学的知名度和影响力,为东南大学建设国际知名高水平一流大学贡献心力的表现。而通观当今图书出版之态势,全国每年出版新书逾四十万种,零散单册发行极易淹埋于茫茫书海中,因此更需积聚力量、整体策划、持之以恒,通过出版系列学术丛书之形式,集中向社会展示、宣传东南大学和东南大学人文社科的形象和实力。秉持记录、分享、反思、共进的人文社科学科建设理念,我们郑重推出这套《东南学术文库》,将近些年来东南大学人文社科诸君的研究和思考,付之枣梨,以飨读者。知我罪我,留待社会评判!

是为序。

《东南学术文库》编委会
2016 年 1 月

摘 要

国家义务是与公民权利相对应的概念,是对公民权利的一种承诺与责任;法治视野中的民生实质上是公民权利,主要指向公民的教育、就业、社会保障、健康、住房等方面的社会权。以国家义务保障民生是在集成民生法治路径和民生权利路径的基础上,将民生作为公民权利,并通过法治方式充分发挥国家义务保障民生的工具性价值,使之成为民生保障最直接、最有效的手段。

民生保障的国家义务具有多层次、递进式的相互关联的复杂空间架构,可以概括为尊重、保护和给付三个逐步递进的子系统。尊重义务,是指国家自身不妨碍、不干预公民自由的义务;保护义务,是指国家必须采取措施预防、制止、惩罚第三人侵害的义务,主要由制度性保障义务和狭义保护义务构成,前者包括组织与程序保障义务和给付保障义务,后者则包括预防义务、排除义务和救济义务等;给付义务,是指公民通过自身努力不能达到民生的最低要求时国家予以救助的义务,在形式上表现为产品性给付义务和程序性给付义务,在效果上表现为保障基本生存、均衡生存负担。国家不履行或不完全履行其义务时可以通过司法予以保障实现。所有国家义务都具有可诉性,但可诉性程度有别。其中,尊重义务是典型的可诉义务,保护义务在排除和救济层次是完全可诉的,给付义务在最低核心义务和履行方式上具有有限的可诉性。

Abstract

State obligation is a concept corresponding to civil rights and a commitment and responsibility to civil rights. The people's livelihood in the vision of nomocracy is civil rights in essence, mainly referring to the social rights of citizens' education, employment, social security, health, housing, etc. Using state obligation to protect the people's livelihood is taking people's livelihood as a civil right on the basis of the people's livelihood nomocracy and the people's livelihood right and fully realizing state obligation's value of protecting people's livelihood, making it the most direct and effective way to protect the people's livelihood.

The state obligation of guarantee people's livelihood has a multi-level, progressive and interrelated complex space structure, which can be summarized as three progressive subsystems of respect, protection and payment. The duty of respect refers to the obligation of the state not to interfere with civil liberties. The obligation to protection refers to the obligation of the state to take measures to prevent, suppress or punish the infringement of the third-party, mainly consisting of institutional protection obligations and narrow-sense protection obligations. The former includes organizational and procedural protection obligations and payment protection obligations, while the latter includes prevention obligations, exclusion obligations and relief obligations. The obligation to payment refers to the obligation of the state to provide assistance when citizens can not meet the minimum requirements of people's livelihood through their own efforts. It is formally expressed as product payment obligation and procedural payment obligation and effectively expressed as safeguarding basic survival and balancing the survival burden. When the state does not perform or does not fully perform its obligations, it can be guaranteed through judicial procedure. All state obligations are litigable, but the degree is different. Among those state obligations, the obligation to respect is a typical litigable obligation, and the obligation to protection is fully litigable in the aspect of exclusion and relief. The obligation to payment has limited litigation in the minimum core obligation and fulfilling way.

目　录

引　言 …………………………………………………………… (1)

第一章　国家义务：民生的根本保障 ………………………… (8)
　第一节　国家义务的概念及历史演变 ………………………… (8)
　　一、国家义务的概念 …………………………………………… (8)
　　二、国家义务的历史演变 ……………………………………… (11)
　第二节　民生保障的一般路径分析 …………………………… (26)
　　一、民生保障的法治路径 ……………………………………… (26)
　　二、民生保障的权利路径 ……………………………………… (31)
　第三节　国家义务路径对民生保障的根本性 ………………… (36)
　　一、民生保障国家义务路径之确立 …………………………… (37)
　　二、国家义务渊源于民生并以其为直接目的 ………………… (38)
　　三、国家义务是民生保障的最有效手段 ……………………… (40)

第二章　民生保障国家义务的构造 …………………………… (42)
　第一节　国家义务内容理论争议 ……………………………… (43)
　　一、宪法基本权利功能理论推衍中的国家义务内容理论 …… (43)
　　二、人权法视角下的国家义务内容理论 ……………………… (49)
　　三、严格规范意义上的国家义务内容理论 …………………… (56)

四、一种内容层面的国家义务理论审视 …………………… (58)
　第二节　国家义务构造:国家义务内容理论的超越 …………… (62)
　　一、国家义务构造理论的前期探索 …………………………… (62)
　　二、国家义务构造的理论基础 ………………………………… (65)
　　三、国家义务构造的内部标准和外部环境 …………………… (87)
　第三节　国家义务构造理论的空间架构 ………………………… (97)
　　一、国家义务构造理论架构的系统证成 ……………………… (97)
　　二、国家义务构造理论的模型建构 …………………………… (101)
　　三、民生保障的国家义务构造 ………………………………… (107)

第三章　民生保障的国家尊重义务 …………………………… (111)

　第一节　尊重义务的理论源流与价值表征 ……………………… (112)
　　一、"尊重"的运行轨迹:从心理、认知、道德到法律 ……… (112)
　　二、尊重义务的价值表征:个体与社会的连接纽带 ………… (115)
　第二节　民生保障国家尊重义务的规范学缘起 ………………… (118)
　　一、民生保障国家尊重义务的最初规范样态 ………………… (118)
　　二、民生保障国家尊重义务的主要法理渊源 ………………… (123)
　　三、民生保障尊重义务在国家义务体系中的地位 …………… (126)
　第三节　中国实践:民生保障国家尊重义务体系的内涵 ……… (127)
　　一、民生保障尊重义务的中国立法现状分析 ………………… (128)
　　二、民生保障国家尊重义务的民生利益面向 ………………… (135)
　　三、国家尊重民生利益的具体义务内容与要求 ……………… (138)

第四章　民生保障的国家保护义务 …………………………… (143)

　第一节　民生保障国家保护义务的理论证成 …………………… (143)
　　一、人性尊严的价值证成 ……………………………………… (143)
　　二、国家目的变迁的现实证成 ………………………………… (152)
　　三、"客观价值秩序"的规范证成 …………………………… (154)
　第二节　民生保障国家保护义务的体系结构 …………………… (156)

一、基础性结构 …………………………………………………… (156)
　　二、派生性结构 …………………………………………………… (160)
　第三节　民生保障国家保护义务的责任分担 …………………… (165)
　　一、立法机关：以宪法委托为中心 ……………………………… (165)
　　二、行政机关：以福利行政为基点 ……………………………… (168)
　　三、司法机关：以权利保障为始终 ……………………………… (170)

第五章　民生保障的国家给付义务 ……………………………… (175)
　第一节　民生保障的国家给付义务类型 ………………………… (175)
　　一、直接保障民生的产品性给付 ………………………………… (176)
　　二、间接保障民生的程序性给付 ………………………………… (181)
　第二节　民生保障的国家给付义务的范围 ……………………… (188)
　　一、界定国家给付义务范围的一般要素 ………………………… (189)
　　二、具体国情之下给付义务的具体范围 ………………………… (194)
　　三、"优势偏序"的给付义务范围之确定 ………………………… (200)
　第三节　民生保障国家给付义务的程度 ………………………… (206)
　　一、给付义务程度的分析范式 …………………………………… (207)
　　二、国家给付义务的下限 ………………………………………… (210)
　　三、国家给付义务的上限 ………………………………………… (216)
　第四节　民生保障的国家给付义务履行方式 …………………… (219)
　　一、国家给付义务履行的基本原则 ……………………………… (219)
　　二、确保民生保障效果的政府给付方式 ………………………… (223)
　　三、促进民生保障效率的市场化给付方式 ……………………… (228)

第六章　民生保障国家义务的司法救济 ………………………… (233)
　第一节　民生保障国家尊重义务的司法救济 …………………… (234)
　　一、尊重义务的司法救济理论 …………………………………… (235)
　　二、尊重义务司法救济的实践发展 ……………………………… (238)
　　三、尊重义务司法救济的不足与完善 …………………………… (246)

第二节　民生保障国家保护义务的司法救济 …………………… (250)
　　一、保护义务在排除和救济层次上可诉性的理论依据 ………… (251)
　　二、保护义务在国外司法救济层面具体案例分析 ……………… (258)
　　三、我国国家保护义务司法救济制度的实践与不足 …………… (263)
　　四、保护义务司法救济制度的建构 ……………………………… (267)
第三节　民生保障国家给付义务的司法救济 …………………… (273)
　　一、最低核心义务的相关理论 …………………………………… (273)
　　二、"最低核心"理论与社会权司法保护之间关系的理论争议
　　　　……………………………………………………………… (278)
　　三、最低核心义务的司法适用 …………………………………… (282)
　　四、给付义务的司法救济不足与完善 …………………………… (286)

主要参考文献 ……………………………………………………… (295)

引 言

党的十七大将民生保障作为我党依法执政和国家依法治国的重要理念，党的十八大更进一步将理念转化为具体的行动措施，把民生保障作为社会建设的重点而放在更加突出的位置。与此同时，民生保障成为社会学、政治学、法学、经济学等社会科学的热点研究课题。社会学从社会政策角度，政治学从政治目标、任务层面，经济学从经济发展视角，讨论民生保障的内容、依据和途径。民生保障的研究成果集中在社会学和政治学领域，法学界对民生保障的多数研究主要表现为两个方面：一是从理论方面论证国家民生保障的法理基础，提出树立以人为本的法治理念，以公民权利或人权的意识处理民生问题；[1]二是从制度方面提出了民生法治化，认为民生必须通过法治方能获得保障。[2]相对于社会学、政治学等其他社会科学对民生保障的研究成果，法学界为破解民生难题达成了两点重要共识：一是民生保障必须法治化，二是民生问题实质是公民权利问题（主要属于社会权），从而使社会学与政治学上的民生话语转换为法学上的权利话语，极大地推进了民生保障的实现。

我们赞同法学界两点重要共识，认为民生是维持人的生存所需的社会经济生活，涉及与人的社会经济生活密切相关的利益问题，包括教育、就业、医

---

[1] 例如，张文显：《民生呼唤良法善治——法治视野内的民生》，《中国党政干部论坛》2010年第9期；王太高：《民生问题解决机制研究》，《江苏社会科学》2008年第4期。

[2] 例如，付子堂、常安：《民生法治论》，《中国法学》2009年第6期；何士青：《保障和改善民生的法治向度》，《法学评论》2009年第3期。

疗卫生、社会保障、收入分配、住房、社会安全等。从宪法视角观之,民生是公民依宪享有维持基本生存所需的有尊严的生活,是公民宪法生活的重要组成部分。具体来说,民生在宪法上主要体现为公民在社会经济生活中享有各种社会权,如生存权、劳动权、受教育权等,目标指向为共享、平等、和谐的美好社会。[1]甚至更进一步,将民生与权利结合为一种新型权利——民生权,民生本身就是公民权利,其主体内容为社会权。[2]对民生保障来说,论证民生是法律上的公民权利虽然重要,但只是民生保障的第一步,找到进一步的实现途径才是民生保障的关键。中国人权研究开禁20多年来(1991年国务院新闻办公室发表第一份中国人权白皮书《中国的人权状况》),随着人权观念的树立以及市场经济与法治国家的逐渐建立与完善,中国也走向了一个权利的时代。然而,权利的爆炸式增长,也导致了权利泛化现象,中国的权利话语有可能像美国出现的窘况一样,美国的权利话语"正在使美国的政治言论演变成为一场拙劣的权利话语模仿秀"[3];法学界对权利的热情论证,或源自对神圣权利的膜拜,或者追随于权利话语的时髦,导致"热情淹没了理性,口号淹没了具体研究"[4],淡化了权利的实现研究。

为破解民生难题、保障公民的社会权,法学界开始研究民生保障的国家义务。

鉴于民生是地道的中国语汇,国外研究主要体现为对基本权利(特别是社会权)的国家义务研究。在对积极义务与消极义务等传统二分法扬弃的基础上,人权法学者首先提出了基本权利的国家义务三分法,认为国家负有避

---

[1] 龚向和:《民生之路的宪法分析》,《学习与探索》2008年第5期。
[2] 本书第一章第二节中的"民生保障的权利路径"对此进行了详细分析。相当多的学者持有该观点,例如:张艺、谢金林、杨志军:《从恩赐到权利:民生话语表达逻辑的历史考察》,《云南财经大学学报(社会科学版)》2008年第3期;李广平、俞征锦:《"民生权":一种理解中国式社会主义宪政本质的全新思路》,《江汉论坛》2012年第10期;彭中礼、王亮:《"民生"的法哲学追问——以"权利—义务"范畴为视野》,《西南科技大学学报(哲学社会科学版)》2010年第4期;凌新:《改革应坚持以民生权为中心》,《学习月刊》2012年第3期;朱俊:《民生权的权利性质及其可诉性分析》,《学术交流》2017年第8期;等等。
[3] [美]玛丽·安·格伦顿:《权利话语——穷途末路的政治言辞》,周威译,北京大学出版社2006年版,第226页。
[4] [美]史蒂芬·霍尔姆斯、凯斯·R.桑斯坦:《权利的成本——为什么自由依赖于税》,毕竞悦译,北京大学出版社2004年版,译者前言。

免剥夺、保护和向被剥夺者提供帮助的义务;[1]继而凝练出国家义务层次理论,认为国家对社会权负有尊重、保护和实现三个层次的义务;[2]为使国家义务获得司法救济,后来又出现与此相关的最低核心义务理论。[3]宪法学者的研究主要表现为德国学者从基本权利规定或基本权利功能推导出的国家义务理论,一般包括消极义务、保护义务和给付义务。[4]我国法学界已有部分学者尝试从国家义务角度探讨民生保障问题。其中,极少数学者直接研究民生保障的国家义务,主要运用德国宪法上基本权的客观价值秩序理论来论证国家负有民生保障的义务;[5]还有一些学者通过人权或基本权利的国家义务研究间接探讨民生保障问题,结合国情对国外国家义务理论予以借鉴运用。[6]

我们认为,法学界偏重于单纯对权利本身的论证,对权利保障则寄希望于国家权力(实际上国家权力是公民权利最大的潜在侵害者),忽视了权利得以实现的相对应的国家义务研究。实际上,国家义务才是公民权利的根本保障。[7]而民生本质上是公民权利,国家义务对民生保障的最终实现来说更加直接、更加有效。从观念变革意义上看,以国家义务视角看待民生,不仅表明民生是公民的基本权利,而且明确民生保障不是政府的恩惠而是其

---

[1] Henry Shue. *Basic Rights*: *Subsistence, Affluence and U. S. Foreign Policy*. 2nd edition, Princeton University Press,1996, pp. 52-53.

[2] Asbjørn Eide. *The Right to Adequate Food as a Human Right*. UN Doc. E/CN. 4/Sub. 2/1987/23.

[3] Audrey R. Chapman, Sage Russell. *Core Obligations*: *Building a Framework for Economic, Social and Cultural Rights*. Intersentia, 2002.

[4] 例如,[德]Christian Starck:《基本权利之保护义务》,李建良译,《政大法律评论》第58期。

[5] 邓成明、蒋银华:《论国家保障民生之义务的宪法哲学基础——以客观价值秩序理论为导向》,《法学杂志》2009年第2期;董宏伟:《民生保障的国家保护义务》,《北京理工大学学报(社会科学版)》2012年第4期。

[6] 例如,蒋银华:《国家义务论——以人权保障为视角》,中国政法大学出版社2012年版;刘志强:《人权法国家义务研究》,法律出版社2015年版;赵晶:《国家义务研究——以公民基本权利演变为分析视角》,天津人民出版社2017年版;邓海娟:《健康权的国家义务研究》,法律出版社2014年版;杜承铭:《论基本权利之国家义务——理论基础、机构形式与中国实践》,《法学评论》2011年第2期;张翔:《基本权利的受益权功能与国家的给付义务——从基本权利分析框架的革新开始》,《中国法学》2006年第1期;陈征:《基本权利的国家保护义务功能》,《法学研究》2008年第1期;等等。

[7] 龚向和:《国家义务是公民权利的根本保障——国家与公民关系新视角》,《法律科学(西北政法大学学报)》2010年第4期。

法定义务。

人类生活中,也许义务是一种令人不快的话语,对国家来说更是一个需要成本的棘手问题。然而,没有义务就没有权利,如果说权利是我们美好生活的一部分,那么义务同样是生活的价值和现实,古罗马政治家西塞罗甚至认为,"生活的全部高尚寓于对义务的重视,生活的耻辱在于对义务的疏忽"[1]。虽然我国法学界已经意识到国家义务对民生保障的意义,个别学者也尝试从国家义务角度探讨民生保障问题,但如何在法治框架下配置、细化、实现民生保障的国家义务的基本理论尚未出现。当前研究的主要缺陷是:首先,观念上还没有真正自觉地把民生提升到人权高度来认识,即使意识到民生的人权本质,也没能充分理解国家义务保障公民权利的工具性价值,因而只是论证了国家负有民生保障的义务,却未能指出国家义务对民生保障的重要工具性价值;其次,民生保障国家义务内容宏观粗糙,尚未细化形成体系,更未形成共识的国家义务构造理论;最后,民生保障国家义务的司法救济方面基本空白。

在当代中国社会转型期建设民生法治背景下研究民生保障的国家义务,将政治上的民生话语转化为法律上的公民权利和国家义务议题,其理论与实践意义重大。国家义务是与公民权利相对应的宪法学基本范畴,相比之下国家义务理论贫乏;将民生问题纳入宪法学视野探讨民生保障的国家义务,开辟了宪法学研究新领域,这将使宪法学回应当代民生法治诉求而发展到一个新的阶段。本书针对当前我国民生保障的国家义务研究存在的主要问题,尝试从理念、制度与运作方面构建民生保障的国家义务理论,在法学界已达成的民生法治与民生权利共识的基础上,促成民生国家义务共识,为民生问题的法律解决提供具体有效、操作性强的理论指导。

本书在论证国家义务是民生根本保障的基础上,构建民生保障的国家义务构造理论,并对其三大构成部分的尊重义务、保护义务和给付义务进行了深入探讨,提出并论证民生保障国家义务被违反时的司法救济理论与制度设计,具体内容如下:

1. 国家义务:民生的根本保障。探讨国家义务对民生保障的工具性价值,解决为什么要从国家义务视角而不是通常的国家权力视角研究民生保障问题。国家义务是与公民权利相对应的概念,是对公民权利的一种承诺与责

---

[1] [古罗马]西塞罗:《论义务》,王焕生译,中国政法大学出版社1999年版,第9页。

任;法治视野中的民生实质上是公民权利,主要指向公民的教育、就业、社会保障、健康、住房等方面的社会权。在国家通过何种途径保障民生的问题上,法学界从宏观到微观的两条思路是:一是使民生法治化,通过法治保障民生;二是在民生法治化进程中将民生具体化为公民权利,通过法律手段对公民权利的保护达到民生保障的目的。民生保障的法治路径使民生保障具备了规范性与持续性,但没有涵盖民生保障的内容;而民生保障的权利路径剑指民生保障的正当性,遗憾的是没有兼具民生保障的可行性。国家义务路径是在集成法治路径和权利路径的基础上,将民生作为公民权利并通过法治方式,充分发挥国家义务保障民生的工具性价值,使之成为民生保障最直接、最有效的手段。

2. 民生保障的国家义务构造。尝试剖析民生保障国家义务的内容组成和排列方式,解决国家义务是什么的问题。国家义务内容理论主要强调从内容层面对国家义务加以相对简单的概括,这种内容层面的理论存在着无法逾越的困境,只能探索新的国家义务构造理论来加以弥补。民生保障的国家义务构造理论,首先可以从法教义学中的体系化融贯和法社会学中的系统构造论汲取理论资源,然后基于现有的探索和丰富的理论资源,从国家义务构造理论的内部标准和外部环境着手进行实质化推进。民生保障的国家义务构造理论作为独立系统,可以将国家义务构造概括为尊重、保护和给付三个逐步递进的子体系。尊重义务,是指国家自身不妨碍和干预公民自由的义务,其包括制约国家和尊重个人两个层面;保护义务,是指国家必须采取措施预防、制止、惩罚第三人侵害的义务,主要由制度性保障义务和狭义保护义务构成,前者包括组织与程序保障义务和给付保障义务,而后者则包括预防义务、排除义务和救济义务等;给付义务,是指公民通过自身努力不能达到民生的最低要求时国家予以救助的义务,主要由程序性给付和产品性给付构成,程序性给付又可分为服务性给付和制度性给付。

3. 民生保障的国家尊重义务。根据基本权利的防御权功能,探讨国家义务构造中第一子系统国家义务的具体内容及其在民生保障中的体现。尊重义务是国家义务中首要的、最根本、最主要的义务,来源于基本权利的防御权功能和抑制国家的理念,主要体现在两个方面:第一,充分尊重公民的民生利益,不侵害、不干涉公民的福利以及创造福利的自由。第二,抑制国家权力,将国家权力的行使严格控制在保障公民权利的法定范围和法定程序之内。

4. 民生保障的国家保护义务。根据基本权利的消极受益权功能,探讨国家义务构造中第二子系统的具体内容及其在民生保障中的体现。在宪法学意义上,国家对民生的保护义务,主要根源于基本权利的主客观双重价值功能和面向。作为一种体系化架构,民生保障的国家保护义务,可以分为制度性保障义务和狭义保护义务两种类型。其中,制度性保障义务又可以分为组织与程序保障义务和给付保障义务。狭义的国家保护义务是针对第三人侵害的可能性、实在性和破坏性,将第三人侵害划分为事先、事中和事后三个阶段,分别对应预防、排除和救济的保护义务。目前,学术界一般从狭义角度理解运用国家保护义务,因而在探讨民生保障的国家保护义务时,可以将民生保障的国家保护义务内容予以体系化架构,即它可以分为事先预防、事中排除和事后救济三个阶段,以上三阶段分别对应国家"宪法委托"义务的立法履行、警察行政以及司法救济的义务履行。

5. 民生保障的国家给付义务。根据基本权利的积极受益权功能,探讨国家义务构造中第三子系统的具体内容及其在民生保障中的体现。民生保障的国家给付义务,指国家通过增加利益的形式保障基本民生的义务,具有社会法治国属性,对应基本权利的积极受益权功能。给付义务是公民享有的维持人性尊严的基本的物质或经济利益,其通过再分配以财政转移支付的方式实现,在形式上表现为产品性给付义务和程序性给付义务,具有保障基本生存、均衡生存负担的效果。给付义务履行须恪守权利保障原则、辅助性原则和发展性原则。根据我国民生保障的实际情况,民生保障实践中应坚持:(1)建立普遍性的民生保障机制,分别与中国历史上基于身份的社会保障和福利国家由普遍性转向补残性的保障对应;(2)基于大国国情协调中央与地方的给付义务,与福利国家给付地方化以变相削减福利对应;(3)加强公共给付产品的市场化以提高给付效率,与福利国家旨在削减福利的福利市场化改革对应。具体而言,在民生保障的国家给付义务实际履行中,必须明确政府的角色定位和给付内容,以确保民生保障给付的效果;同时充分利用公私协力、民营化、政府购买等市场化手段,以提升民生保障给付的效率。

6. 民生保障国家义务的司法救济。探讨国家不履行或不完全履行其义务时的司法救济理论,解决国家义务怎样通过司法予以实现的问题。国家尊重义务来自民生社会权的防御权功能因而具有可诉性。但实践中国家尊重义务的司法救济存在着诉讼保护的权利类型有限、方式单调等不足,这需要尊重义务司法救济的范围扩展、公益诉讼建立等措施来完善。针对国家之外的第三人对民生社会权的侵害的国家保护义务,在排除和救济层次具有可诉性,但需探索新的救济模式,根据社会发展在具体的实践上与时俱进。与国家尊重、保护义务的可诉性比较而言,国家给付义务的司法救济程度更低。学术界运用最低核心理论来论证给付义务在最低核心义务层面的可诉性,虽然该理论从提出开始就饱受争议,但司法实践已经确立了给付义务的可诉性。当然,实践中还需要人们转变司法救济理念,界分司法救济受案范围,强化法律援助制度等,以完善国家给付义务的司法救济。

本书的研究思路是,从义务视角透析权利、从权利视角透析民生,从而实现从义务视角直透民生,即国家义务是公民权利亦即民生的根本保障,进而探究国家义务构造及其司法救济理论。本书将以马克思主义为指导,采用原理分析法、规范分析法、实证分析法、归纳分析法、比较分析法等研究方法。

特别需要说明的是,本书是我主持并完成的国家社科基金项目结项成果。本人撰写第一章,负责全书统稿与校对。本书第二章由朱军博士撰写,第三章由莫静博士撰写,第四章由广西民族大学法学院副教授邓炜辉博士撰写,第五章由湖南工业大学法学院副教授刘耀辉博士撰写,第六章由常州大学法学院周忠学博士撰写。

第一章

国家义务：民生的根本保障

民生保障有赖于国家履行相应的义务，那么从法学理论上界定国家义务的概念，从历史演变层面考察国家义务的发展变化，进而更加准确地把握国家义务的内容，是民生保障得以实现的基本前提。不仅如此，国家义务还是民生的根本保障，与诸如民生保障的法治路径或权利路径相比，民生保障的国家义务路径更加直接、有效，具有基础性与可操作性。

第一节 国家义务的概念及历史演变

一、国家义务的概念

（一）国家义务的概念界定

理解国家义务概念的最好方法，是对与其相互"关联"和相互"对立"的一组概念进行逻辑辨析。"如果想深入和准确地思考并以最大合理程度的精确性和明确性来表达我们的思想，我们就必须对权利、义务以及其他法律关系的概念进行严格的考察、区别和分类。"[1]

---

[1] [美]韦斯利·纽科姆·霍菲尔德：《司法推理中应用的基本法律概念和其他论文》，耶鲁大学出版社1927年版，第349页，转引自沈宗灵：《对霍菲尔德法律概念学说的比较研究》，《中国社会科学》1990年第1期。

首先,对义务概念的考察。正确理解和把握国家义务的基本概念,应当对义务的内涵进行分析。义务的内涵与权利相对,义务是权利的一种承诺,是指公民在政治上、法律上以及道义上应尽的责任。权利与义务的关系体现在两个层面:一是指抽象层面,主要是从义务和权利的同构性来界定义务的内涵。权利与义务相伴而生,义务存在于权利之中。二是指具体层面,主要是从权利与义务的对应性来理解义务的内涵,即可能存在一项具体权利的实现需要众多具体义务的履行,与此对应的是,一项具体义务也由多项具体权利衍生。[1]

其次,对义务本质属性的考察。义务的本质属性是指义务不需要对等的价值回报,"生活的全部高尚寓于对义务的重视,生活的耻辱在于对义务的疏忽"[2]。人类为了更好地生存与发展,人与人之间需要建立各种各样的社会关系,按照维持关系方式的不同,可以将社会关系分为朋友关系、亲戚关系与同事关系;按所属社会领域的不同,社会关系又可以分为经济关系、政治关系和文化关系。但是,无论出于哪一种方式的分类,社会关系的核心内容是价值关系或利益关系,即在所有的社会关系中,任何人一方面应该进行一定的价值付出,另一方面又应该得到一定的价值回报。而义务是打破这种对等的价值回报,从上述三者关系中确定其中一方的责任。[3]

最后,国家义务的概念。通过对义务内涵的科学考察,认识到权利与义务实质上是一对孪生兄弟,离开任何一方来界定另一方,都是残缺不全的、不可思议的。"个人主义学说主张个人拥有一种可以要求国家为某些行为或不为某些行为的权利,这不仅是指国家不得干涉个人的自治性,也不仅是指国家必须履行其所负的义务,而且还是指国家必须将其自身组织为一种尽可能保障其义务之实现的实体。"[4]因此,要全面解析国家义务概念,离不开对国家义务与基本权利之间关系的研究。"宪法关系是基本权利和国家义务的对应关系,国家义务是基本权利的根本保障。"[5]

---

[1] 蒋银华:《论国家义务概念之萌芽与发端》,《广州大学学报(社会科学版)》2011年第7期。

[2] [古罗马]西塞罗:《论义务》,王焕生译,中国政法大学出版社1999年版,第9页。

[3] 曾娟:《马克思主义之义务论》,《现代妇女》2013年第3期。

[4] [法]莱昂·狄骥:《公法的变迁 法律与国家》,郑戈、冷静译,辽海出版社、春风文艺出版社1996年版,第235页。

[5] 龚向和:《国家义务是公民权利的根本保障——国家与公民关系的新视角》,《法律科学(西北政法大学学报)》2010年第4期。

综上所述，国家义务是与公民权利相对应的概念，是对公民权利的一种承诺与责任，本质上国家义务不需要公民的对等价值回报，但是也需公民履行一定的必要义务。[1]

（二）国家义务的基本特征

首先，国家义务具有普遍性。国家义务普遍性的特征是指国家义务作为一种法律关系的范畴，其自身必须不能具有封闭性。国家义务的普遍性主要包括其主体、内容以及其对象具有普遍性。一是国家义务的内容具有普遍性。即存在一个各个国家应当普遍履行的国家义务共同标准，这些标准存在于已经制定和颁布的国际文件之中，尤其体现在由《世界人权宣言》《公民权利和政治权利国际公约》《经济、社会和文化权利国际公约》所组成的"国际人权宪章"之中。联合国通过了一系列关于人权保护的国际文书，都无一例外地规定了国家作为人权保护的责任主体，在人权保障过程中应当承担的国家义务。在现今国际社会中，虽然存在不同社会制度和处在不同发展阶段的国家，但各国都普遍承认和尊重《联合国宪章》中提出的国家义务的基本要求。二是国家义务的对象具有普遍性。与国家义务相对应的是公民权利，公民权利的主体——国家义务保障的对象具有普遍性。《世界人权宣言》第二条指出："人人有资格享有本宣言所载的一切权利和自由，不分种族、肤色、性别、语言、宗教、政治或其他见解、国籍或社会出身、财产、出生或其他身份等任何区别"。三是国家义务的主体具有普遍性。即任何国家毫无例外地承担和履行国际上规定的国家义务的主要职责。《维也纳宣言和行动纲领》明确指出："各国按照《联合国宪章》有责任促进和鼓励尊重所有人的人权和自由"，"人权和基本自由是全人类与生俱来的权利，保护和促进人权和基本自由是各国政府的首要责任"。几乎在所有的国际人权文书中，都强调国家毫无例外地是人权的义务主体。国家义务的主体，除国家机关之外，还包括国际组织、各国的非政府组织等。但国家是主要义务主体，这是由国家在人类社会生活中所处的特殊性质、地位与作用所决定的。[2]

其次，国家义务具有政治性。什么是政治？人们的看法很不一致，孙中

---

[1] 张翔在《基本权利的规范建构》一书中以公民基本权利的视角定义国家义务，即"所谓国家义务，就是指国家为了满足公民基本权利的要求而从事某种行为或者不从事某种行为的约束或负担"。不足的是，其没有进一步指出二者的非对等性与公民对于国家也要履行一定的义务。张翔：《基本权利的规范建构》，高等教育出版社2008年版，第17页。

[2] 李步云、杨松才：《论人权的普遍性和特殊性》，《环球法律评论》2007年第6期。

山先生说:"政治两个字的意思,浅而言之,政就是众人之事,治就是管理,管理众人之事便是政治。"[1]国家义务的政治性,是指国家义务这种社会关系和社会现象同政治存在着某种必然的联系,它的存在以及实现必然受到政治决定的影响。国家义务从本质上讲是排斥任何国家、阶级、阶层、政党、社群以及个人利用它作为政治私利的工具,但是在现实的社会生活中又不能完全避免这种现象的发生。

最后,国家义务具有自律性。国家义务是自律性和他律性的统一,国家义务的自律性依附于他律性之中。对国家义务的自律性特征,有不少学者从不同的角度予以论证。洛克认为,"国家重大和主要的目的,就是保护人们的财产"。他一针见血地指出,最高权力"未经本人同意,不能去索取任何人的财产中的任何部分"[2]。霍布豪斯认为,要保障社会进步和自由发展,就应为这种精神能量和释放提供优良的渠道,这就是国家义务。"国家应当以积极的干涉措施消除大众对社会灾难的恐惧,通过有效的改革行动为自由提供基本的社会条件。"[3]由此可见,国家义务是自律性和他律性的统一体,当他律性发展为自律性时,人权的保障就达到最高阶段。

二、国家义务的历史演变

为更清晰地认识国家义务的概念,有必要从历史大视角更具体地明确国家义务,通过对国家义务的法制史与思想史两条路径展开考察。

(一)国家义务的法制史变迁

国家存在的终极目标是保障人权,国家负有保障人权应有之义务。国家义务的起源、形成和发展,伴随着人权的产生、公法学的建立与发展。国家义务的起源可以追溯到中世纪罗马法的复兴,形成于近代英国大宪章时期,发展于当代人权法学的形成过程。

1. 国家义务法制起源于中世纪罗马法的复兴

从法制史和法学史的发展来看,由于国家的性质、法律的价值以及权利的观念等方面存在实质性的差异,在不同的时期对公民与国家之间的关系给予不同的定位。在"王权至上"的古代国家,始终强调国家权力与公民义务,

---

[1]《孙中山选集》(下),人民出版社1956年版,第661页。
[2][英]洛克:《政府论》(下篇),叶启芳、瞿菊农译,商务印书馆1983年版,第86页。
[3] 蒋银华:《国家义务论——以人权保障为视角》,中国政法大学出版社2012年版,第37页。

两者之间的关系成为古代法学的基本范畴。这一时期人权重要特点之一是权利和义务的分裂。正如恩格斯指出:"如果说在野蛮人之间,像我们已经看到的那样,不大能够区别权利和义务,那么文明时代却使这两者之间的区别和对立连最愚蠢的人都能看出来,因为它几乎把一切权利都赋予了一个阶级,另一方面却几乎把一切义务推给另一个阶级。"[1]进入中世纪以后,"伴随着王权与教权之间的权力角逐,在城市的兴起和知识进步的推动下,西欧从12世纪开始兴起了一场知识和观念的革命,即罗马法的复兴"[2]。罗马法复兴的集大成者——《查士丁尼法典》以法律制度的形式吸收了罗马的法制主权主义,并获得了超越西方世界地方性法律的人类普遍法的尊严。

将中世纪罗马法的复兴作为国家义务的起源,集中体现在两个方面:一是罗马法复兴运动最为深远的意义在于"复兴"了法的观念,法律是理性和正义的统一,它不仅仅意味着是一种约束,同时也意味着是一种权利。只有依赖法律,才能够维护社会的秩序和安全,国家和公民的利益才能得到保障,法律的地位和权威才能够在人们观念中生成。正如勒内·达维德指出:"罗马法研究的恢复,首先是把法看成世俗秩序的基础本身这一观念的恢复。"[3]二是罗马法的复兴为国家保障权利迈出了第一步,通过"对西塞罗自然法思想的考究,我们认为在罗马法复兴时期的思想家及实践中,人权已经成为公民参与社会和国家生活的一种方式,财产权、自由权、公民权、亲属权、平等权等权利应当得到保障"[4]。

2. 国家义务法制形成于近代公法学理论的确立

通过权利与义务两者之间的关系分析,很容易得出义务是一种负面性、强制性和非对称性的规定,其存在的意义在于"它为权力设定了一个合理的界限,使权力的运作成为主体实施的一种具有精神负担的过程"[5]。国家义务的概念本身就蕴含了对抗国家和制约社会的潜在话语,反映了国家作为一种管理手段要服从并服务于公民权利保障的价值取向。国家义务不是从来就有的,也不是与国家同步出现的,而是在公民个人与国家关系的演变中逐步产生的。因此,只有将国家义务放在公民权利保障的视野中,与人权思想

---

[1]《马克思恩格斯全集》(第3卷),人民出版社1965年版,第39-41页。
[2] 丛日云:《西方政治思想史》(第2卷·中世纪),天津人民出版社2005年版,第223页。
[3][法]勒内·达维德:《当代主要法律体系》,漆竹生译,上海译文出版社1984年版,第49页。
[4] 蒋银华:《国家义务论——以人权保障为视角》,中国政法大学出版社2012年版,第12页。
[5] 林喆:《权力腐败与权力制约》,法律出版社1997年版,第188页。

形成相伴而生。最早对国家义务制度设计进行初步尝试的是1215年的英国《大宪章》，在其结尾部分的第六十一条提出的保障条款，其实质就是确认贵族对国王惩戒的合法化。"从严格的意义上讲，自由大宪章不是真正的人权法案。但是，我们也应该充分肯定，自由大宪章是英国最早的宪法性法律"[1]，英国的《大宪章》是国家义务形成的标志。

3. 国家义务法制发展于现代人权法的完善过程

"所谓人权法，是指国家通过法律、法规，或国际法主体之间通过条约与习惯法等法的形式，规定或认可的有关保障人权的原则、规则或制度的总称。"[2]现代人权法的完善大致经过两个阶段，并以第二次世界大战作为分界线。第一阶段是第二次世界大战结束之前，它的诞生和基本确立是以苏联的《被剥削劳动人民权利宣言》、德国的《魏玛宪法》为标志。此外，国际人权立法也普遍开展，主要有1929年国际法协会通过的《国际人权公约》。第二阶段是第二次世界大战结束后，具有代表性的有德意志联邦共和国在1949年通过的《德意志联邦共和国基本法》（以下简称《基本法》）。国际人权文件主要有1945年联合国通过的《联合国宪章》、1948年的《世界人权宣言》、1966年《公民权利和政治权利国际公约》以及《经济、社会和文化权利国际公约》。上述公约的形成不仅在主观上为人权保障提供了规范要求，而且在客观上也充分体现了国家义务的完善过程。

（二）国家义务的思想史源流

1. 早期自由主义视界中的国家义务

自由主义兴起于17世纪，是近代西方的产物。洛克被尊为自由主义的鼻祖，霍布斯也越来越被视为自由主义的奠基者[3]。在霍布斯和洛克时代，

---

[1] 蒋银华：《国家义务论——以人权保障为视角》，中国政法大学出版社2012年版，第15页。

[2] 李步云、龚向和等：《人权法的若干理论问题》，湖南人民出版社2007年版，第2页。

[3] 西方学术界的传统观念认为，霍布斯极力维护权威，是近代权威主义的典型代表。20世纪以来，霍布斯被越来越多的学者视为自由主义者。这些学者或认为洛克立足于霍布斯之上，或在阐述近代自由主义时干脆抛开洛克而直接从霍布斯开始，并且将霍布斯视为西方近代自由主义的真正开创性人物。麦克弗森指出："作为一种基本的理论立场，个人主义至少可以说远从霍布斯就已经开始。尽管他的结论几乎不能被称为自由主义的，其理论预设却是高度个人主义的。"参见 C. B. Macpherson. *The Political Theory of Possessive Individualism*: *Hobbes to Locke*. Oxford University Press, 1962, p. 2. 奥克肖特断言："霍布斯本人诚然不是一个自由主义者，但他却比自由主义哲学的许多公开辩护者所拥有的自由主义哲学更多。"参见 Michael Oakeshott. *Hobbes on Civil Association*. Basil Blackwell, 1975, p. 63.

一方面资本主义发展需依赖政治权威,另一方面又必须对付教会和国家的集权统治。保障自然权利最迫切的是将个人只能适应、参与但不能改变的神定或自然秩序变为自愿结合授权的人定秩序,即以社会契约论替代君权神授或父权主义学说。因此,早期自由主义在平衡自由与权威的关系中,侧重国家维护社会秩序和安全,尤其是对财产的保护,不同思想家基于具体背景的差异各有不同倾向。

根据霍布斯和洛克关于国家成因及国家作用的论述,早期自由主义国家的主要义务在于维护稳定的社会秩序和社会成员的安全,即对外抵御共同的敌人和对内制止人民之间的相互侵害。

"霍布斯和洛克都主张与生俱来的自然权利,申说了人类最初的自然平等,将最初的人类置于一种自然状态中,从而为人类通过自愿结成政治社会,通过授权与委托而结成政治权威提供了一个逻辑起点。"[1]作为自由主义的滥觞,这一阶段的主张一方面以个人自利为基础构建国家理论,否认绝对的、先验的政治权威,另一方面依赖政治权威维护秩序和安全。即从根本上瓦解神定或自然权威论,却在形式或表面上强化权威的作用和合法性。这种对国家权力外扬内抑的主张,正契合当时的时代背景。经过文艺复兴和宗教改革,个人从神权和皇权的压抑中解放出来,但16世纪末与17世纪初王权在欧洲普遍得到集中与加强。"无论在哪一国,宫廷的铺张浪费,政务的迅速处理,以及战争范围日益广阔,发生更见频繁,无不表示君权高过一切。这是欧洲的动向,英国君权亦不能例外。"[2]随着社会变迁,逐渐张扬的自我与绝对权力之间,存在一个由依赖到怀疑再到否定的过程。

在自由与权威的平衡中,霍布斯赋予了权威无限的空间,但为颠覆和限制权威做了铺垫。霍布斯所处的时代,英国内乱不断,他本人经常处于担惊受怕的逃亡之中。出于对个人安危的担忧,安全与和平的价值不断被提升,主权被认为是人们摆脱战争状态的唯一庇护。因此,政治权威越强大越好,霍布斯面临的真正问题是政治权威的合法性。《利维坦》成书于1649—1651年,此时正是新的政治权威的合法性最为危机的时刻[3],霍布斯的主要任务

---

[1] 袁柏顺:《寻求权威与自由的平衡——霍布斯、洛克与自由主义的兴起》,湖南人民出版社2006年,第23页。

[2] [法]F.基佐:《一六四〇年英国革命史》,伍光健译,商务印书馆1985年版,第18-19页。

[3] 历经资产阶级革命,英国残余国会及其国务会议于1649年2月上台执政。没有国王、没有上院,也没有经普遍认同的新政府的合法性受到来自各方面的质疑。

在于协调人与生俱来的自由与政治权威的冲突。在这一过程中霍布斯虽然没有明确提出限制国家权力，但将国家建立在个体利益原则上，国家不过是私人安全的奴仆[1]，必然是一种有限国家。"霍布斯的原则推翻了一切政府的基础"[2]，是煽动叛乱的种子。

在霍布斯看来，国家是个"人造的人"，它比自然人身高力大，却以保护自然人为唯一目的。霍布斯从人类自然激情必然导致的战争状态入手，论证授权成立国家并服从国家的必要。霍布斯认为包括正义、公道、谦谨、慈爱等在内的各种自然美德，如果没有某种权威来引导或约束，便跟那些驱使人们走向偏私、自傲、复仇等的自然激情互相冲突。如果群体成员的行为由个人的判断和欲望指导，即使不被共同的敌人征服，也易于为个人的利益而各自为战。为了"保障大家能通过自己的辛劳和土地的丰产为生并生活得很满意，那就只有一条道路：把大家所有的权力和力量托付给某一个人或一个能通过多数的意见把大家意志化为一个意志的多人组成的集体"[3]。而成员之所以同等地承认并且服从这一群体——国家，是因为国家仅为保护成员权利而存在。国家的本质在于"一大群人互相订立信约，每个人都对他的行为授权，以便使他能按其认为有利于大家的和平与共同防卫的方式运用全体的力量和手段的一个人格"[4]。

为保护成员自然权利而存在的国家，其权力的行使具有无限性和消极性两方面的特点。一方面，为了保护秩序和安全，国家必须是巨大无比且不受限制的"利维坦"。社会成员是"利维坦"一切行为和判断的授权者，"利维坦"所做的任何事情对任何臣民都不能构成侵害。即使这种无限的权力有可能受到贪欲和不正当激情的摆布，也不能因此对权力进行限制。因为"人类的事情绝不可能没有一点毛病，而任何政府形式可能对全体人民普遍发生的最大不利跟伴随内战而来的惨状和可怕的灾难相比起来，或跟那种无人的统治，没有服从法律与强制力量以约束其人民的掠夺与复仇之手的紊乱状况比

---

[1] [美]乔治·霍兰·萨拜因：《政治学说史》（下册），刘山等译，商务印书馆1986年版，第526-527页。

[2] John Dewey. *The Motivation of Hobbes' Political Philosophy*. in Ralph Ross, Herbert W. Schneider, Theodore Waldman. *Thomas Hobbes in His Time*. University of Minnesota Press, 1974, p. 11.

[3] [英]霍布斯：《利维坦》，黎思复、黎廷弼译，商务印书馆2008年版，第131页。

[4] [英]霍布斯：《利维坦》，黎思复、黎廷弼译，商务印书馆2008年版，第132页。

较起来,简直是小巫见大巫了"[1]。

另一方面,国家的唯一职责是维持秩序,没有救济生存的积极功能。"利维坦是一个警察,而不是一个导师。它尽管凶悍无比,显尽专制,但它却能让人民拥有公平合理的机会去自我完善,而不是让他的权力之剑又披上自以为是文明的外衣,或是打着其他的招牌来改造人民。"[2]霍布斯的国家理论对社会福利漠不关心,也因此受到后来者抱怨,"不让国家有积极职能是霍布斯理论体系中最糟糕的部分"[3]。

稍晚于霍布斯的洛克开始注意到自由与权威之间的对立,明确提出权力边界,注重国家权力保障自然权利的同时又警惕权力滥用。在洛克看来,霍布斯的"利维坦"只是"注意不受狸猫或狐狸的可能搅扰,却甘愿被狮子所吞食,并且还认为这是安全的"[4]。其理论主要形成于英国大革命前后,作为辉格党人的笔杆子,为了鼓吹革命,洛克不得不以自由对抗权威,但是对内战期间的无序和混乱状态的记忆,又使他不能不为权威留下空间。《政府论》发表于光荣革命之后,此时的目的是为了让英国人接受威廉三世和玛丽所领导的新政府,为其拥有合法的权力而做辩护。[5]青年洛克在《政府短论》的前言中写道:对权威的诉求常常支持暴政,而对自由的诉求则导致无政府:人类事务永远在这两者之间不停地摔跟斗。洛克坦言没有人比他更具有对权威的尊敬与崇拜。但"除了对权威的服从之外,我对自由的热爱也决不为少"[6]。

洛克从自然权利入手,论证政府的主要目的是保护财产。洛克认为在自然状态中,社会成员是他自身和财产的绝对主人,但平等的个体之间并不严格遵守公道和正义,导致侵犯不断,权利享有极不稳定。"这就使他愿意放弃一种尽管自由却是充满着恐惧和经常危险的状况;因而他并非毫无理由地设法和甘愿同已经或有意联合起来的其他人们一起加入社会,以互相保护他们

---

〔1〕 [英]霍布斯:《利维坦》,黎思复、黎廷弼译,商务印书馆2008年版,第141页。

〔2〕 Ivor Brown. *English Political Theory*. Methuen & Co. Ltd. 1920, pp. 49-50.

〔3〕 G. P. Gooch. *Political Thought in England: From Bacon to Halifax*. Oxford University Press, 1915, p. 38.

〔4〕 [英]洛克:《政府论》(下篇),叶启芳、瞿菊农译,商务印书馆1964年版,第57-58页。

〔5〕 John Locke. *Two Treatises of Government*. Edited with An Introduction and Notes by Peter Lasslett,中国社会科学出版社(影印版)1999年版,第137页。

〔6〕 John Locke. *Locke: Political Essays*. Mark Goldie(ed.), Cambridge University Press, 1997, p. 7.

的生命、特权和地产,即我根据一般的名称称之为财产的东西。"〔1〕当一个人加入政治社会,便放弃了为了保护自己和他人而做他认为合适的任何事情的权利和处罚违反自然法的罪行的权利,而由国家制定和执行法律来保护自己和其他人的所有权。正如玛丽·安·格伦顿所言,在证明个人财产权比政府更为古老之后,洛克提出他的下一主张,认为人民服从政府的实质性原因是保护他们的财产。〔2〕

在洛克保护财产的国家理论中,国家义务的性质与霍布斯对利维坦的论述一致,只是预防和制止成员内部的相互侵害,没有涉及生存保障的积极内容,因而也是消极的。但洛克为国家权力设定了边界,不同于在霍布斯那里人们应当忍受利维坦的任何行为。洛克认为虽然人民在加入社会时放弃了在自然状态中所享有的平等、自由和执行权,而把它们交给社会,由立法机关按社会利益所要求的程度加以处理,但这只是出于个人为了更好地保护自己、他的自由和财产的动机,社会或由他们组成的立法机关的权力绝不容许扩张到公共福利的需要之外,而是必须保障每一个人的财产。〔3〕并且洛克注意到为了不因自身利益而违反社会和政府目的,不能让同一批人同时拥有制定和执行法律的权力,并使他们受自己所制定的法律的支配。可见,洛克已经认识到国家权力对自由的二元效用,但洛克尚未像后来者对权力持批判态度,他更注重权力对自由的积极作用。

2. 古典自由主义视域中的国家义务

18世纪中期以后,工业革命突飞猛进,自由主义进入鼎盛时期。个人自由得到极大尊重,国家被视为个人自由最大的潜在威胁,是一种必不可少的恶,要将它控制在最小范围。正如联邦党人所言:"如果人人都是天使,就不需要任何政府了。如果是天使统治人,就不需要对政府有任何外来的和内在的控制了。在组织一个人统治人的政府时,最大的困难在于必须首先使政府能管理被统治者,然后再使政府管理自身。"〔4〕这一时期,作为对自由的保障,国家承担保护义务的同时,最主要的是承担尊重义务,即以不作为的方式

---

〔1〕 [英]洛克:《政府论》(下篇),叶启芳、瞿菊农译,商务印书馆1964年版,第77页。
〔2〕 [美]玛丽·安·格伦顿:《权利话语:穷途末路的政治言辞》,周威译,北京大学出版社2006年版,第28页。
〔3〕 [英]洛克:《政府论》(下篇),叶启芳、瞿菊农译,商务印书馆1964年版,第80页。
〔4〕 [美]汉密尔顿、杰伊、麦迪逊:《联邦党人文集》,程逢如、在汉、舒逊译,商务印书馆2004年版,第264页。

保证免于干涉和侵害公民权利。

(1) 对个人及其权利的高度尊重

经过17世纪、18世纪与封建贵族阶级的激烈斗争,资本主义倡导的自由主义成为社会主流意识。自由主义以人的独立、尊严、平等和权利为内容的人文主义为基础,其核心是本体论个人主义。即个人先于社会而存在,个人是本源,国家是派生的;个人是目的,国家是手段。

个人主义认为,个人先天地拥有一个超验的自我,强调个人与生俱来的不可剥夺的自由和权利。个人就是目的,在价值衡量中以个人为中心,倡导自我主义。这种个人本位主义表现在两个方面:首先,社会是个人的集合体,社会、国家是个人为了保障自己的权益而组成的机构,除个人的目的之外社会或国家没有其他任何目的。其次,个人利益至上,是一切行为和价值选择的尺度。因此,社会或国家必须给予个人充分尊重,必须坚守个人自由的两项基本原则:"第一,个人的行动只要不涉及自身以外什么人的利害,个人就不必向社会交代。第二,关于对他人利益有害的行动,个人则应当负责交代,并且还应当承受或是社会的或是法律的惩罚,假如社会的意见认为需要用这种或那种惩罚来保护它自己的话。"[1]在个人利益和国家利益的关系上,强调个人利益高于国家利益。"国家的价值,从长远来看,归根到底还在于组成他的全体个人的价值。"[2]故以个人为中心,发挥和调动个人的积极性,提升个人价值,增进个人利益,便是推动社会前进的根本动力。所以也便不能因为社会利益而限制个人利益。

个人是理性的个人,个人对其行为具有选择能力和判断能力,每个人的判断具有内在的至上性。个人比任何其他人有更清楚了解自己的欲望、能力、知识,可以更好地实现自己的目标。凡办理一项事业或决定怎样来办理或由谁来办理,最适合的莫过于与该项事业有切身利害的人,因此个人比政府更能维护自己的利益。在政府和个人的关系中,个人主义始终坚持个人拥有绝对的权利,其主旨在于:在目前的社会里,人们不能让政府成为凌驾于每个个体之上的一种权威,一种剥夺了人们的自由之后还以为这种权力增进了人们的福利,和成为"为你好"的"至上者"。[3]只要给个人以最大限度的自由,个人便能自我决定且实现,"实际上,各种利益天然是和谐一致的。只

---

[1] [英]约翰·密尔:《论自由》,许宝骙译,商务印书馆1959年版,第102页。
[2] [英]约翰·密尔:《论自由》,许宝骙译,商务印书馆1959年版,第121页。
[3] 李宏图:《密尔〈论自由〉精读》,复旦大学出版社2009年版,第122页。

要维持外部秩序,制止暴力,保证人们拥有自己的财产,并努力履行契约,其余一切都会自然而然地进行。每个人都受本身利益的指导,但是利益会带领他沿着最高生产力路线前进"[1]。

(2) 对政府及其权力的极不信任

出于对个人的充分信任和尊重,自由主义力主不被任何外在力量侵犯的个人自由和权利,这样外在的种种力量并不是社会中的某些个体,恰恰是指国家的权力或者说政治性的权威。因此,自由主义思想将国家及其权力视为个人权利的对立面,主张在个人与国家之间划定一条不可逾越的边界。自由即指不受政府和国家的控制、强制、限制和干涉等。约翰·密尔对国家权力与自由关系的诠释尤为典型:"在一个群体当中,为着保障较弱的成员免遭无数鸷鹰的戕贼,就需要一个比余员都强的贼禽受任去压服它们。但这个鹰王之喜戕其群并不亚于那些较次的食物,于是这个群体又不免经常处于需要防御鹰王爪牙的状态。因此,爱国者的目标就在于,对统治者所施用于群体的权力要划定一些他所应当受到的限制;而这个限制就是他们所谓的自由。"[2]

古典自由主义认为自由最大的威胁来自权力集中,既源于对权力行使者的不信任,也源于对权力本身的质疑。自由主义者一方面张扬人的价值和理性,另一方面在"人性恶"和基督"原罪"思想上形成相互防备的心理。启蒙思想家孟德斯鸠便在对人类本性深刻体察的基础上断言:"一切有权力的人都容易滥用权力,这是万古不易的一条经验。有权力的人们使用权力一直到遇到有界限的地方才休止。"[3]并且权力集中还必然诱导人性中阴暗的一面,"即使使用这权力的人们开始是出于良好的动机,即使他们没有被他们使用的权力所腐蚀,权力将吸引同时又形成不同类型的人"[4]。权力行使之手绝不可靠,对权力自然不能抱以过高期望。而贡斯当则认为,一种本身过度庞大的权力,不管落到谁的手里,都必定构成一项罪恶。换言之,权力就是暴力的化身,权力之恶不在于掌控者而在于本身。"事实上应该受到谴责的是暴力的程度,而不是暴力的掌握者。应当反对的是武器,而不是掌握武器的手臂,因为武器必然要做的事情就是残酷的打击。对于人的手来说,这些东西

---

〔1〕 [英]霍布豪斯:《自由主义》,朱曾汶译,商务印书馆2009年版,第28页。
〔2〕 [英]约翰·密尔:《论自由》,程崇华译,商务印书馆1982年版,第1—2页。
〔3〕 [法]孟德斯鸠:《论法的精神》(上册),张雁深译,商务印书馆1982年版,第153页。
〔4〕 [美]米尔顿·弗里德曼:《资本主义与自由》,张瑞玉译,商务印书馆2007年版,第5页。

的分量是过于沉重了。"[1]

在人民主权的契约国家理论中,作为主权者的个人无须限制自己施用于自己的权力的观念,受到有力抨击,即使人民主权国家的权力也要受到防备和制约。社会契约即"要寻找出一个结合的形式,使它能够以全部共同的力量来卫护和保障每个结合者的人身和财富,并且由于这一结合而使每一个与全体相联合的个人又只不过是在服从自己本人,而且仍然像以往一样地自由"[2]。这样建立的政府就是人民的政府,权力行使者便是人民的公仆,人们无需对行使自己意志的行为进行限制。对这一观念的批判主要来自两个方面:

其一,在人民主权的情形下,"自治政府"和"人民施用于自身的权力"表述的并不是政府意志和权力行使的真实情况。"运用权力的人民"与权力所加的人民永远不是同一的;而所说的"自治政府"亦非每个人管治自己的政府,而是每人都被所有其余人管治的政府。至于所谓人民的意志,实质上只是最多的或者最活跃的一部分人的意志,亦即多数或者那些使自己被承认的多数的人民的意志。这样,人民总会压迫其自己数目中的一部分人,而防止这样权力的滥用的重要性较之其他自由保障措施有过之而无不及。因此,限制政府加诸个人的权力,即使在人民主权之下的民选政府,也不能有丝毫懈怠。

其二,现实中运行的权力是对人民主权这一抽象权力的具体化,权力在运行过程中必然发生改变。权力具体化的过程,"事实上,它以人民主权的名义所要求的权力,并不是那种主权的一部分,它不仅是对现有权力的非法置换,而且是创造了一种根本就不应存在的权力"[3]。由于人民主权——这一抽象的至高无上的权力不可能自行行使,它必须委托给一个现实的实际的权力。而权力由"主权者"让渡到"操作者"之手,组成人民主权的主权者即与实行权力操作者之间产生了分离,这一分离意味着权力操作者就会沿着权力自身运行的方式运转。由于权力本身具有的自动扩张性,在运行中抽象权力的人民公仆属性将会荡然无存。由于代表人民意志的权力在行使过程中不免

---

[1] [法]贡斯当:《古代人的自由与现代人的自由——贡斯当政治论文选》,阎克文、刘满贵译,商务印书馆1999年版,第56页。

[2] [法]卢梭:《社会契约论》,何兆武译,商务印书馆1980年版,第23页。

[3] [法]贡斯当:《古代人的自由与现代人的自由——贡斯当政治论文选》,阎克文、刘满贵译,商务印书馆1999年版,第65页。

超出、脱离甚至违背人民的意志,所以不能不对权力进行控制和限制。

(3) 对个人福利的漠不关心

古典自由主义遵从的是"消极自由",国家除以不作为的方式消极地确保个人自由和权利之外,其积极作为被严格地限定在旨在维护秩序和安全的排斥第三人侵害的范围之内。对于国家的积极作为,从正面看"国家机器的任务只有一个,这就是保护人身安全和健康,保护人身自由和私有财产,抵御任何暴力侵犯和侵略"[1]。而从反面观之,"国家不要对公民正面的福利作任何关照,除了保障他们对付自身和对付外敌所需要的安全外,不要再向前迈一步"[2]。

否认国家对个人生存照顾的积极义务,主要是自由主义者在笃信个人自由的基础上,担忧这类积极行为最终导致权力扩张,而限制或侵害个人自由。国家为了确保弱者的利益,对其进行平等保障必对另一部分人的权利构成侵害。洪堡认为,为了福利而限制自由的手段,可能具有十分不同的性质。直接的手段,如法律、鼓励、奖赏。间接的手段,如国家的统治者本身是最可观的财产所有者,由它来排定各种公民的大多数权利、垄断等等。所有这一切都会带来损害,尽管按其程度和方式来说是十分迥异的损害。"当国家不是受到一些恰恰是仅仅取之于强制本质的证明所支持时,这更会与国家不得干涉不是单单涉及安全的任何事情的原则对立。"[3]而"国家的正当性在于对个人权利的保护,而且任何以平等为名而干预或侵损个人权利的做法,也必定是对国家所依据的正当性的违背"[4]。所以国家只能是不涉及个人福利的最宽松或干预最小的国家。

排除国家关心个人福利的另外一个重要的理由是,国家的这类积极行为注定无效,个人的生存之需以及幸福生活只能依靠个人努力。古典自由主义者认为国家为个人创造和提供福利的每一积极行为,都会制造并产生更多的人们本想通过这种措施来解决的问题。例如,国家采取有利于穷人和失业者

---

[1] [奥]米瑟斯:《自由与繁荣的国度》,韩光明等译,中国社会科学出版社1995年版,第90页。

[2] [德]威廉·冯·洪堡:《论国家的作用》,林荣远、冯兴元译,中国社会科学出版社1998年版,第54页。

[3] [德]威廉·冯·洪堡:《论国家的作用》,林荣远、冯兴元译,中国社会科学出版社1998年版,第55页。

[4] [英]哈耶克:《自由秩序原理》(上),邓正来译,生活·读书·新知三联书店1997年版,第43页。

的收入再分配措施,不可避免地会造成更多的穷困潦倒的穷人和失业者。接踵而至的,国家不得不再提高救济金,扩大救济范围,最终的结局不是全面废除私有制,就是不得不减少甚至停止发放救济,二者必居其一。无论采取什么措施,国家都不能实现预定的目标。个人的命运只能靠自己改变:谁要想不被生活所奴役,谁就不应该躲避到生活的谎言中去寻找安慰。当企求的成就没有到来、当命运的打击将长期的辛劳所得瞬间化为乌有时,他应该将努力再增加四倍,他应当毫无畏惧地面对不幸,不畏强暴、坚持不懈。[1]

当在一定的社会秩序之下,如个人竭尽所能仍不能保证基本生存需要,国家仍然没有对个人提供福利的义务。这时,处于至上地位的个人可以行使防御权中最特殊的反抗权,重新建立政治秩序以保障个人的自由和权利。霍布豪斯认为,国家的职责是为公民创造条件,使他们依靠本身努力获得生活所需要的一切。国家的义务不是为公民提供粮食,给他买房子住或者衣服穿。国家的义务是创造一些这样的经济条件,使身心没有缺陷的正常人能通过有用的劳动使他自己和他的家庭有食物吃,有房子住,有衣穿。如果因为行业生产过剩,或者技术带来的产品滞销等,而造成在该社会中一个能力正常的老实人无法依靠有用的劳动来养活自己,这个人就是受组织不良之害。那么,他要求的不是慈善,而是公正。"只要这个国家还存在着由于经济组织不良而失业或工资过低的人,这始终不仅是社会慈善的耻辱,而且也是社会公正的耻辱。"[2]那么,他们需要的不是国家保障生存或福利的积极义务,而是深远的经济改革或政治变革,以建立合理、有效的生存秩序。

毋庸置疑,个人,尤其是处于弱势的个人,需要国家权力保护。但是,个人的至上性和对政府及其权力的戒心,决定了限制政府及其权力,防御权力的积极干涉和侵害,并避免国家通过对个人生活的干预而为权力提供扩张名目,是古典自由主义的主要主张。因此,国家对个人权利在维护社会秩序和安全以防止第三人侵害的保护义务的过程中,首先的、主要的、更重要的是保持容忍和克制,以不作为的方式最大限度地保证个人自由,即履行尊重义务。

3. 新自由主义和当代其他社会思潮视野中的国家义务

在公民与国家的关系中,国家给付义务对应公民积极的受益权,是个人努力之外的生存保障。但国家给付义务并不像自然权利一样被先验地视为

---

〔1〕 [奥]米瑟斯:《自由与繁荣的国度》,韩光明等译,中国社会科学出版社1995年版,第56页。

〔2〕 [英]霍布豪斯:《自由主义》,朱曾汶译,商务印书馆2009年版,第81页。

存在，是随着消极自由向积极自由、自由权向社会权的演变而登上历史舞台。因此，基本权利国家给付义务不仅是以人民主权为基础的宪政的产物，也是宪政国家职能发展的产物。其经历了从慈善到正义，从人道主义到公民权利的发展轨迹。

(1) 新自由主义视野中的国家义务

19世纪中期以后，随着经济危机周期性爆发和无产阶级革命运动的开展，古典自由主义向新自由主义[1]演变。随着对自由内涵及自由主义原则的修正，国家任务也为之转变，由救济个人在私法关系中的自由、财产权利转换为致力于改善生存困境，即由自由法治国过渡到社会法治国。自由法治国即"夜警国家"，只是靠警察维持社会治安，对于社会发展，国家没有发挥积极职能的机会。而社会法治国家理念摆脱了以往自由主义的限制，具有福利国家思想。立法者在制定法律时，"以极大魄力采行大幅度措施，来主导社会发展；并且规划与分配社会之生产成果，使得行政权力由以往只是单纯扮演维持社会和谐、限制人民自由的角色，一变而成为一个持续膨胀的工具，来提供给国民许多指导性与服务性之作为。"[2]在社会法治国家中，为了实现对人民生存之照顾，国家由"弱"变"强"，国家给付的法律义务正式走向历史舞台。

社会保险制度的建立，是开启给付义务历史帷幕的典型代表。德国统一以后，在俾斯麦的铁血政策下工业革命迅猛发展，随着劳资矛盾的突出和社会主义对资本主义的批判与反抗的深入，德国社会提出应该把个人主义与社会主义结合，提倡"国家社会主义"。即国家应调节收入分配，缩小贫富差距，保护劳动者利益。俾斯麦也认为劳动阶级的正当要求，政府应当通过立法和行政的手段予以满足。[3]为缓和尖锐的劳资矛盾、维护国内秩序，19世纪末德国政府颁布了一系列社会保险法案，为工人基本生活提供给付保障。其主要的立法有：针对军人和军属的1871年《陆海军军人养老金及遗属救济法》，与保护劳工有关的1883年《疾病保险法》、1884年《工人工伤事故保险法》、

---

[1] 学界对新自由主义有不同理解。有的认为新自由主义是指20世纪初在英国形成，反对社会不平等，主张社会正义，强调对自由放任进行适度修正，要求国家或政府维护个人需求、保障社会基本生存，作为福利国家的理论基础的"new liberalism"。有的则认为新自由主义是20世纪以欧根、哈耶克和弗里德曼等代表的，以反对和抵制凯恩斯主义为主要特征，以所谓"华盛顿共识"为标志，重申个人自由或选择的绝对性即古典自由主义复归的"neo-liberalism"。本文所指的新自由主义是相对前者而言，而后者被统归在古典自由主义的范畴之内。

[2] 陈新民：《公法学札记》，中国政法大学出版社2001年版，第95页。

[3] 曾繁正：《西方国家法律制度社会政策及立法》，红旗出版社1998年版，第205页。

1889年《老年与残疾保险法》。这些立法建立起了世界上第一个系统的社会保险制度。

1919年德国《魏玛宪法》对受教育权、劳动权、社会保险权和最低生活保障权等社会性权利开创性地予以确认和保护,给付义务以基本法的形式被确认下来。社会权不同于传统的自由权,除要求国家自身不干涉和侵害以及排除第三人侵害之外,主要要求国家采取积极的措施保障实现,即承担给付义务。《魏玛宪法》对社会性基本权利的规定,促成了基本权利内容的变化,也促成了国家对基本权利义务的转变,国家给付义务获得了基本法的确认。也有研究认为"从表面上看,社会权入宪转变了国家义务的立场,实际上,这不过是国家义务转变的结果"[1]。

凯恩斯主义对国家给付义务在现代国家中的发展具有重要推动作用。1923—1933年世纪经济大危机造成严重的社会动荡,自由放任的经济学说也陷入困境。凯恩斯主义力主政府举办公共工程,并承担起私人和市场无法承担的老年救济、失业保障的社会责任。它所主张的社会福利措施虽然只是刺激需求、保护生产的手段,但是拓展了国家积极义务的范围,明确了国家保障生存的责任。"罗斯福新政既是凯恩斯主义出现的前奏,同时,凯恩斯社会福利思想也与美国社会保障体系的建立和发展有着十分密切的联系。"[2]主张政府干预,实现充分就业是新政的目标。罗斯福认为社会保障是社会化大生产的客观需要,原来依赖于家庭和邻里互助的社会保障已不再适用,必须通过政府来为社会大众提供安全保障。为了避免重大经济危机重演,西方发达国家先后把凯恩斯主义奉为国策,在客观上推广了国家给付义务的承担和履行。

(2) 当代其他社会思潮视野中的国家义务

国家给付义务是宪政国家在新的历史时期和社会环境下产生的一种新的国家义务类型。除自由主义的转变之外,其他社会思潮对国家给付义务也具有推动和发展的作用,主要有马克思主义和社群主义等。

资本主义社会矛盾加剧和工人运动发展,催生了无产阶级作为资本主义掘墓人的思想——马克思主义。马克思虽然没有正面探讨社会福利及与之对应的国家给付义务问题,但以其相关论述为指导的苏联及东欧社会主义建

---

[1] 秦奥蕾:《基本权利体系研究》,山东人民出版社2009年版,第42页。
[2] 钱宁:《现代社会福利思想》,高等教育出版社2006年版,第162页。

设和北欧社会民主主义改革,为国家给付义务提供了不同方面的经验,对给付义务理论和实践产生了深远影响。

经典马克思主义从工人贫困的原因和社会福利解决的途径两个方面间接地涉及国家给付义务。劳动和劳动产品的异化,成为工人贫困和痛苦的根源,资本主义越是发展,工人越受劳动之苦和劳动产品的束缚,改变贫困必须凭借国家之力。所以,对工人生存的保障,必须以政治问题的解决为前提,不是通过政策的局部调整或再分配的方式,而是通过彻底的社会改革从根本上消除贫穷和罪恶的经济政治根源,才能从根本上满足工人的生活需要。因此,消灭私有制,建立公有制的共产主义社会是解决生存问题的最终途径,共产主义国家也就是给付国家。

在马克思和恩格斯逝世后,社会主义者针对经典马克思主义形成坚持正统和主张必要修正的两个派别。前者即建立无产阶级专政国家的列宁主义及其传承,后者即在资本主义国家内部致力于民主改革的社会民主主义。共产党取得国家政权以后,实行生产资料公有制,主张人民不仅在政治上是国家的主人,而且是生产资料的实际占有者,国家用高度计划的方式满足人民各方面的生活需要,人民普遍享受卫生、教育、公共交通等福利。但是,在社会主义的计划体制下,国家对人民生活资料的供给主要出于政治需要,以政治手段实现,且在具体给付上存在很大程度的不公平现象,以及重物质给付轻法律救济等。因此,此类国家给付虽然能充分保障生活需要,但具有较强的政治属性,且超越现有经济条件,事实上很难持续履行。

社会民主主义认为国家有责任提供市场不能提供的公共物品,有责任为特殊困难的个人提供必要的私益物品和服务,资本主义的各种弊端要通过国家干预来缓解和克服。在实践方面,社会民主主义积极推动最低工资、义务教育、社会保障以及累进税改革等各种改良性质的社会政策,为"福利国家"的出现累积了理论和经验基础。

社群主义者从个人与国家统一的角度阐述国家职能,为国家给付义务提供了更加充分的理论说明。在新自由主义兼顾个人哲学和社会平等、正义的基础之上,社群主义从自我、认同等角度对新自由主义提出批评。社群主义者在强调个人尊严的同时,认为个人不是先验的,是由其所处的社会现实环境决定的,个人的认同也是历史和社会形成的,社群才是最高的善,个人只有通过社群才有意义。到20世纪80年代,政治哲学的主要话题由新自由主义的社会正义转换成社群主义的社群,而90年代社会正义和社群两者同样成为政治哲学的主要话题。然而,新自由主义和社群主义并非完全对立,"绝大多数社群主义者虽然反对罗尔斯为代表的新自由主义者,但实际上他们也是自由主义传统的传承者,与自由主义者一样,他们也极其强调个人权利"[1]。只是社群主义者认为,个人权利的实现离不开社群,个人利益与公共利益并不矛盾且同等重要。

社群主义认为个人的自我在社会中形成,个人与社会相互影响,倡导"权利政治"向"公益政治"的转向。其认为"国家职能从本质上说,除了消极地保护个人的各种权利,使公民获得私人利益外,还应当积极地扩展范围,为公民提供更多的公共利益。换言之,国家除了给个人提供消极权利,即因国家无所作为得到的利益外,还应该为个人提供积极的权利,即由于国家的积极作为而得到的利益"[2]。社群主义有关国家义务的观点具有两个鲜明的特点:其一,抛弃个人和国家对立的视角,注重国家对个人权利的作用,认为国家的弱化也是一种个人利益的损害,国家应当由强调不应当做什么的"弱国家"转向强调应当做什么的"强国家"。其二,认为国家积极义务应当增进而不仅仅是保持个人权利。国家增进个人权利的积极义务,如规定最低生活标准、提供福利保障、实行义务教育,是社会法治国性质的义务,即国家的给付义务。而保持个人权利的积极义务,维持现有权利不被侵犯,是自由法治国性质的义务,其中以积极方式实施的是保护义务。

第二节 民生保障的一般路径分析

在国家通过何种途径保障民生的问题上,法学界从宏观到微观的两条思路是:首先,必须使民生法治化,通过法治保障民生;其次,在民生法治化进程中将民生具体化为公民权利,通过法律手段对公民权利的保护达到民生保障的目的。

一、民生保障的法治路径

(一) 通过法治保障民生

在正式提出民生法治概念之前,法学界首先探讨民生与法治之间的关

---

[1] 俞可平:《社群主义》(修订版),中国社会科学出版社2005年版,第85页。
[2] 俞可平:《社群主义》(修订版),中国社会科学出版社2005年版,第156页。

系,强调民生必须通过法治来保障。付子堂教授最早发出了"构建民生法治"的呼吁,"应当通过法治切实保障民生,使广大民众自觉成为民主法治的基本推动力。从民主到民生,中国法治在经过100年的风雨沧桑之后,开始了重心的转移。关注民生,构建民生法治,成为解决民生问题与建设现代法治的绝佳交汇点"[1]。之后,其他学者进一步展开了细致的分析。何士青认为,民生对法治存在着依赖关系,保障民生需要发挥法治的功能,法治是保障和改善民生的最有效、最根本手段,加强法治建设是保障和改善民生的必由之路。[2]

民生依赖法治的保障,这已被法学界高度认可。付子堂、常安认为,基于当代中国转型期的严峻形势,民生目前已成为超越民主的时代问题,期待有力的法治保障。[3] 张文显认为,保障民生必然呼唤法治,因为法治的真谛乃是尊重和保障人权。[4]

法治是保障民生、维护民权的必然要求。以人为本是法治的基本理念,而以人为本就是要谋求人的最大发展,就是要保障人的权利,促进社会公平,说到底就是要保障民生。由于法治所固有的优势和品质,法治可以为民生保障、民权的实现提供可能,并成为人们各项社会性权利实现的主要途径。保障民生,维护民权,离不开法治的作用,保障和改善民生也就必然依赖于法治的功能和作用。民生需要法治来保障,没有法治保障的民生是不稳定、不真实的,也是最终无法落实的。民生问题中最基本的劳动报酬、社会保障、安全保障等权利无一不依赖于法治的保障,加快法治建设是保障权利的最根本、最有效的手段。[5]

为保障民生权益,改善民生状况,党和国家制定了一系列的政策。政策具有决策迅速、针对性和适应性强的特点,但是,政策往往缺乏长期性、稳定性和明确的可操作性。必须将民生保障法治化,用法律的形式将民生保障的内容和形式以及所形成的权利义务关系固定下来,才可以实现民生保障的持

---

[1] 付子堂:《构建民生法治》,《法学研究》2007年第4期。
[2] 何士青:《通过法治迈向民生保障》,《政治与法律》2008年第5期。
[3] 付子堂、常安:《民生法治论》,《中国法学》2009年第6期。
[4] 张文显:《民生呼唤良法善治——法治视野内的民生》,《中国党政干部论坛》2010年第9期。
[5] 刘永红:《民生保障的法治向度》,《西华师范大学学报(哲学社会科学版)》2013年第6期。

久与稳定。[1]通过加强法治建设,有效地保障公民的财产权、受教育权、就业权、劳动权、社会保障权等民生权利,这种保障不仅具有长期性和稳定性,而且能够提供较为有效的权益诉求机制作为后盾,是改善民生的基本手段。[2]

法治是民生最坚实的保障和安全阀,民生问题的解决、民生权利的实现以及民生事业的发展需要依靠法治来推动。民生问题不仅是个社会问题、政治问题、经济问题,同时也是个重大的法治问题。改革开放以来,我国民生发展和建设的规律表明,法治是保障和改善民生的最有效、最根本手段,没有健全、完善的法治保障的民生是脆弱的、不稳定的。我国结构性、累积性民生矛盾的解决有赖于中国特色社会主义法治的出场,而中国特色社会主义法治固有的属性和特征又决定了它能够有效地解决在历史发展过程中形成的民生问题。[3]法律是解决民生的基础性手段,在经济发展、体制变革的过程中,必须重视用法律制度解决民生问题,用法治保障民生。[4]

(二)民生法治:民生保障的法治化

为促进法治更好地服务于民生保障,法学界将民生与法治进行紧密结合,提出了"民生法治"的新概念,找到了民生保障的更便捷途径。何为"民生法治"?不同的学者均从不同视角进行不同的解读。

邓慧强认为,民生法治的要义是国家运用法治的手段促进民生的改善与发展,就其实体内容而言,民生法治是民生决策、民生立法、民生执法和民生法制监督等一系列法治活动和过程的总称。[5]王官成与彭德军指出,所谓民生法治,是指在维护国家法治统一的前提下,充分运用法律手段管理各项民生事务,以维护和保障广大人民群众的正当利益,进而为民生问题的解决提供强有力的法律保障。[6]而陈伯礼认为,民生法治就是通过权利义务的双向调整机制,以立法、行政、司法为基本场域,从而实现对人民群众最关心、

---

[1] 曹达全:《论民生保障法治建设的基本要求》,《中州大学学报》2010 年第 5 期。
[2] 李新刚:《论民生与法治的辩证关系》,《山东理工大学学报(社会科学版)》2011 年第 5 期。
[3] 韩喜平、孙贺:《中国特色民生法治化的建构逻辑与路径》,《中共中央党校学报》2016 年第 2 期。
[4] 蒋先福:《拓展以民生为导向的法治新路径》,《时代法学》2012 年第 4 期。
[5] 邓慧强:《民生权利:民生的法治表达》,《遵义师范学院学报》2008 年第 5 期。
[6] 王官成、彭德军:《民生法治论》,《探索》2009 年第 4 期。

最直接、最现实的利益问题进行有效维护和切实保障的综合治理系统。[1]彭中礼则将民生法治看成一种法治发展模式,认为民生法治发展模式是指在法治建设中,关心法治的终极制度价值,以民生建设为核心制度建设要求,以法治维护和发展广大人民群众的物质生存、精神文化、良性发展、社会福利等民生需要为目的,进而实现社会主义法治。[2]付子堂还从创新社会管理模式的角度对民生法治内容进行了分析,他指出,民生法治以民生权益保障为核心,是当下中国创新的社会管理方式,它能实现在既定规则之下的权利保障和权力制约。民生法治推进社会管理模式在法治实践过程中完成革命性的转型,最终形成以民生为导向、以法治为框架的社会管理新模式。[3]

从法学界关于民生法治的论述可以看出,民生法治区别于以往法治的特征主要体现在法治的新目标和新理念。因而,民生法治是指国家运用法治的手段以保障民生为目的,将民生理念贯穿法治的全过程,综合民生决策、民生立法、民生执法和民生法治监督等一系列法治活动和过程的社会管理创新模式。

关于民生法治具体实现路径方面,法学界主要从法治运行过程的角度展开研究,将民生法治具体落实到民生立法、民生执法、民生司法、民生法治监督等民生法治过程与具体环节。例如,中共中央党校省部班调研组最后提出的几点建议是:第一,要加大民生立法的力度,通过制度建设整合资源;第二,要加强民生司法;第三,要加强民生执法。[4]韩喜平、孙贺认为,要从根本上解决民生问题和发展民生事业,必须强化民生领域的立法、执法、司法等法治环节,把法治的价值、理念、思维、方法等贯穿到民生建设的全过程,充分运用法律手段管理各项民生事务,充分发挥法治的"稳定器"和"加速器"的功能,为民生问题的解决及民生事业的发展提供预防、监督和制约等法治保障。[5]

---

[1] 陈伯礼:《民生法治的理论阐释与立法回应》,《法学论坛》2012年第6期。
[2] 彭中礼:《法治发展论纲:民生法治发展模式建构研究》,中国社会科学出版社2011年版,第179-180页。
[3] 付子堂:《法治是社会管理创新的最优模式》,《法制资讯》2011年第12期。
[4] 中共中央党校省部班调研组:《民生和社会建设的法治保障》,《中国党政干部论坛》2010年第9期。其他学者也提出了相同的观点,如王涛:《论民生保障的法治措施》,《山东社会科学》2010年第5期。
[5] 韩喜平、孙贺:《中国特色民生法治化的建构逻辑与路径》,《中共中央党校学报》2016年第2期。

(三)法治保障民生的理论论据

上述主要从民生需要法治保障的现实需要、客观要求等实践层面设计民生的法治保障路径,但该制度设计何以可能,还需从更深层次探讨法治是否具有民生保障价值。

法学界从法律的价值研究展开分析。我们知道任何事物的存在,都是由内在价值与外在价值决定的。内在价值既有固有的内在价值,又有结构性的内在价值。固有的内在价值是指"如果某一事物本身就是有价值的,尽管它可能无法实现那些外在的目标,尽管它并不构成一个值得追求之事物的组成部分,而其存在本身就是有价值的,这种价值就是固有的内在价值"[1]。结构性价值意味着"如果一事物是另一个本身即有价值的更大事物的构成性部分,那么该事物就拥有构成性的内在价值"[2]。事物外在的价值也称工具价值,即事物满足主体的需要或实现某种工具手段的功能。由于法治固有的内在价值是法治存在的依据,而无关诸如民生等的外界,故在这里不做进一步分析,这里主要考量的是法治的结构性内在价值与外在价值对于民生保障的意蕴。

法治对民生保障的结构性内在价值是指法治中的法律蕴含的一般性、稳定性、公开性、不得自相矛盾、(意义的)明晰性、不得颁布超出人们能力之要求的规则等特质,是民生发展的构成性要素。质言之,法治通过法律为民生发展提供了公共性判断标准。法律的这一特性为学者所认同,"自西塞罗以来,无论是阿奎那、边沁、霍布斯、普芬道夫、洛克、休谟、哈特、拉兹、麦考米克还是菲尼斯,这个传统尽管将法律的最终精神视为正义,但是其最重要的目标与定义性的任务是,提供一个实践推理的框架,以便于统一公共政治判断和促进社会合作。对于这个法律基本任务的考虑,正是理解法律属性的关键之所在"[3]。公共性判断标准尽管不能独立存在,但是它为民生发展提供了行动指引,故法治促进了民生的发展。

法治对民生保障的外在价值是指法治对民生具有保障与提高的作用。我们知道,民生的保障依赖于经济的发展、社会的稳定、权利的保障等,如果法治能够促进经济的发展、维护社会秩序的稳定以及保障公民的权利等,那

---

[1] 陈景辉:《法律的内在价值与法治》,《法制与社会发展》2012年第1期。
[2] 陈景辉:《法律的内在价值与法治》,《法制与社会发展》2012年第1期。
[3] Gerald J. Postema. *Law's Autonomy and Public Practical Reason*. in Robert P. George. *The Autonomy of Law: Essays on Legal Positivism*. Clarendon Press,1999.

么它就对民生保障有着外在的价值。首先,法治通过保障经济发展主体的权益与规范经济发展行为促进经济发展。"法治是一种社会管理方式,它不教给人们怎样成为市场主体,而是通过恰当的权力运作方式提供一种社会条件,在这种社会条件下,人们能够自己学会怎样做一个市场主体,也只有在这种社会条件下,商品生产和交换的当事人才能够成为真正的市场主体。"[1]其次,法治为民生的实现提供稳定社会秩序的保障。混乱的社会里,权利尚且无法保障,何况民生呢?"法治即依法治国和依法治理社会,法治所依据的法律是一种以强制的方式要求所有民众遵守的行为规则,当每一个社会成员都必须遵守并且也可以预期其他人也遵守同样一种规则时,社会就会形成一种良性的社会秩序,这是公民各种权利得以保障的前提。"[2]最后,法治为民生发展提供了权利保障。法治保障权利第一步在于通过立法规定了各种主体的权利,尤其是通过宪法规定了一系列譬如生存权、工作权、受教育权等民生权利;然后通过法律的实施保护公民的权利、惩罚侵害公民权利的行为来保护民生。

二、民生保障的权利路径

民生保障的法治路径促使民生融入立法、执法、司法和法治监督等法治过程,使民生受到法律制度的强制性保障。然而民生毕竟不是一个法律概念,将民生纳入法治轨道需要对民生进行法律化改造。为此,学术界经过努力探索,将民生法治具体化,达成了通过权利保障民生的三个共识:一是将民生视为公民法律上的权利,通过保护这些法律上的权利达到民生保障的效果;二是更进一步,将民生与权利结合为一种新型权利——民生权,以便更好地保障民生;三是对民生权的具体范围或内容进行了界定,以便通过法律对民生权进行具体保障。

(一)将民生视为公民权利:通过权利保障民生

2007年党的十七大将民生作为我党的执政理念以前,关于民生问题的研究主要在政治学界、社会学界展开。此后,法学界加入民生问题研究的队伍中,特别是宪法学界和法理学界的积极参与,将民生问题从政治话语转换为法律话语。从法学视角提出通过法治保障民生之后,部分学者提出将民生

---

〔1〕 鲁鹏:《法治的价值》,《烟台大学学报(哲学社会科学版)》2013年第2期。
〔2〕 衣仁翠:《法治的民生价值及其实现》,《齐鲁学刊》2015年第2期。

看作公民权利,或者认为民生问题本质上是人权问题或公民权利问题,从而指出了将民生视为公民权利、通过权利保障民生的新思路。

何士青教授在论证民生问题是一个法治问题的同时明确指出,"法治通过保障民权为保障和改善民生保驾护航","公民权利是民生的法律术语,法治通过保障公民权利来实现对民生的保障与改善"。[1]张文显教授从法理层面探讨民生本质问题时认为,"在法治范畴内,民生问题本质上属于人权问题","以法治和人权的意识来处理民生问题,就要把民生问题真正作为人权问题来对待,民生问题不只是一个福利问题"。[2]邓成明教授和蒋银华博士则从宪法学角度透视民生,将其视为宪法基本权利,所谓民生,就是人在其所生活的社会,特别是国家中所应当享受并得到充分保障与实现的各种权益,其最终应归属于基本人权。[3]至于民生属于公民的什么类型权利,一般认为其属于社会权。例如,王太高教授认为,民生本质上是社会权,主要涉及生存权和发展权等社会经济权利,关注民生的重点在于落实和保障社会弱势群体的基本生存和平等发展,其目的是要实现人权的平等保护。[4]冯威博士也认为,民生意义上的公民权利主要指向其社会权,包括工作权、享受公正和良好的工作条件权、组织和参加工会权、社会保障权、获得相当的生活水准权、受教育权、参加文化权、享受科学进步及其应用所产生的利益等各种经济、社会、文化权利,等等。[5]在关于特殊群体或特定领域的民生保障方面,学术界也采取了同样的权利路径。农民是中国人数最多、民生问题严重的群体。解决这一问题的关键是正确认识农村民生的本质。农村民生的本质是农民权利的保障问题(主要是农民土地承包经营权和财产权、人身权、劳动就业权、社会保障权、教育权、政治参与权等),维护了农民的权利,其民生也就得到了改善。[6]

当然,正如郑磊博士所敏锐指出的那样,民生并非宪法权利规范中所使用的术语,因而在规范意义上并不存在"民生权"或"民生权利"之说。而且,

---

〔1〕何士青:《保障和改善民生的法治向度》,《法学评论》2009 年第 3 期。

〔2〕张文显:《民生呼唤良法善治——法治视野内的民生》,《中国党政干部论坛》2010 年第 9 期。

〔3〕邓成明、蒋银华:《论国家保障民生之义务的宪法哲学基础——以客观价值秩序理论为视角》,《求索》2008 年第 2 期。

〔4〕王太高:《民生问题解决机制研究》,《江苏社会科学》2008 年第 4 期。

〔5〕冯威:《民生的法治解读》,《求索》2008 年第 5 期。

〔6〕李海霞:《从权利的视角看农村民生》,《农村经济》2010 年第 9 期。

民生关怀也并不仅仅针对某项或某类特定的宪法权利,对于那些体现了民生关怀的权利,可粗略地将其概称为"民生类宪法权利"。〔1〕

（二）民生权：将民生与权利结合以便更好地保障民生

将民生视为公民权利来保障,但民生本身并不是公民权利。为了更好地保障民生,学术界更进一步将民生与公民权利紧密结合,提出了民生权(利)的概念,论证其权利属性,并将其运用到民生法律保障中去。

在正式提出"民生权"这一概念之前,学术界从民生本质、民生话语历史演变等角度对民生的权利性质进行了理论尝试。例如,有学者从马克思主义理论角度指出,民生权利是指宪法赋予公民的基本权利;〔2〕另有学者通过民生话语表达逻辑的历史考察后认为,"从恩赐到权利的发展路径是民生问题发展的历史逻辑","在私人政治为核心的古代政治话语体系中,民生本质是一种恩赐,而在公共政治话语体系中,民生的本质是一种权利,是构成民主国家的每一个公民所应有的权利","民生问题的本质是民生权"。〔3〕而著名的政治学者新加坡国立大学的郑永年,在新加坡《联合早报》2010年3月10日发表的《中国要平衡国家发展权和社会民生权》一文中,明确使用了"民生权",并认为"民生权"是中国社会所高度认同的最基本权利。无论是"小康社会"还是"和谐社会",其核心都是社会民生权的实现。〔4〕此后,民生权这一概念逐渐被社会各界接受。〔5〕

但也有学者指出,郑永年的文章只是将"民生权"看成人权理论范畴,只是从社会学、政治学角度提出"民生权",并没有将它看成法律概念,也没有将"民生权"上升到宪法公民基本权利的层次,因而该学者正式提出了"民生权"的法学概念。〔6〕"'民生权'是公民个人为确保其生命得以延续并有尊严地幸福生活而要求国家、社会提供条件、给予帮助、实行保障的权利",是一种宪

---

〔1〕 郑磊：《民生问题的宪法权利之维》,《浙江大学学报(人文社会科学版)》2008年第6期。

〔2〕 杨聪敏：《民生权利的马克思主义新解读》,《探索》2008年第4期。

〔3〕 张艺、谢金林、杨志军：《从恩赐到权利：民生话语表达逻辑的历史考察》,《云南财经大学学报》(社会科学版)2008年第3期。

〔4〕 中国新闻网：《联合早报：中国要平衡国家发展权和社会民生权》,2010年3月10日。http://www.chinanews.com/hb/news/2010/03-10/2161328.shtml,2017年8月10日查询。

〔5〕 例如,"所谓民生权,就是保障老百姓所需的一般性的公共需求的权利"。于憬之：《高端决策参考：大政解析》,人民日报出版社2011年版,第140页。

〔6〕 李广平、俞征锦：《"民生权"：一种理解中国式社会主义宪政本质的全新思路》,《江汉论坛》2012年第10期。

法意义上的公民基本权利。并从必要性角度指出,提出"民生权"概念的三个主要依据:第一,从现实需要看,民生问题事关广大人民群众的切身利益,已成为我国解决社会主要矛盾的全局性问题。第二,从理论发展需要看,"民生"这一概念已成为人文社会科学诸多学科,如科学社会主义、经济学、政治学、社会学、公共行政学的基本变量,已成为思考上述学科理论问题的"支点"。第三,从国内外立法实践发展史看,与民生有关的各种权利一直受到各国宪法和其他法律法规的高度关注。[1]

还有学者从权利哲学层面论证了民生是一种权利。夏勇先生认为,要全面、正确地理解权利概念,较为关键的是把握权利的要素,而不是权利的定义。而权利主要包含五个要素,这些要素中的任何一个都可以用来阐释权利概念,表示权利的某种本质。第一个要素是利益;第二个要素是主张;第三个要素是资格;第四个要素是力量,它包括权威和能力;第五个要素是自由。[2]逐个对照权利的五个要素,民生完全具备:第一,民生包含了人们的利益需求;第二,民生包含了一种利益需求主张;第三,民生包含了一种主张资格;第四,民生包含了一种维护自己利益、表达主张、强调资格的力量;第五,民生包含了一种自由。[3]

民生权概念的提出是学术界对民生保障理论的创造性发展,同时将在实践中促进国家保障民生权的政治与法律行动。"中国政治体制改革的根本任务,固然是要推动民主政治的形成、发展,但这种民主政治只能是以保护民生权为目的","要实现政改重心的转变,关键是要解决好民生权问题"。[4]将民生这一政治话语转变为法律上的权利话语,表明了学术界对民生保障的权利路径依赖。当然,民生权概念的提出也具有某种策略性,"即在民生保障工程开展过程中将各种难以实现的权利都纳入其中,进而借东风以实现其权利。因而,民生权就不仅是具有中国特色的权利,而且是中国政府的权利政策。这要求立法、行政、司法机关在其工作中优先保障民生权"。[5]

---

〔1〕 李广平、俞征锦:《"民生权":一种理解中国式社会主义宪政本质的全新思路》,《江汉论坛》2012年第10期。

〔2〕 夏勇:《权利哲学的基本问题》,《法学研究》2004年第3期。

〔3〕 彭中礼、王亮:《"民生"的法哲学追问——以"权利—义务"范畴为视野》,《西南科技大学学报(哲学社会科学版)》2010年第4期。

〔4〕 凌新:《改革应坚持以民生权为中心》,《学习月刊》2012年第5期。

〔5〕 朱俊:《民生权的权利性质及其可诉性分析》,《学术交流》2017年第8期。

（三）民生权的范围：主体为社会权

由于民生权是一种新型权利，且涉及人们的生活范围较广，一般认为民生权是诸多权利的综合和集成体系。但对于民生权内容的具体组成，不同的学者有不同的看法。从民生权范围大小来看，民生权大致可以分为广义与狭义两种观点。

广义的民生权，是指与公民生产、生活相关的一切权利，既包括相关的自由权、社会权，也包括发展权。例如，有学者从学理视角分析，认为民生权可分为生存权、发展权、经济权、文化权、福利权等五类权利，该五类权利根据具体的权利内容范围又可进一步细分为十五种权利之多。[1] 有学者从马斯洛的"需求层次理论"分析，认为民生权利分为生存权和发展权。马斯洛将人的需要分为五种：一是生理的需要；二是安全的需要；三是归属和爱的需要；四是尊重的需要；五是自我实现的需要。这五个层次的需要可以归结为两类，前三种可以归纳为生存的需要，后两种可归纳为发展的需要。马斯洛认为，人们按照"失望—满足"的过程从五层需要的底部顺势而上。从这个意义上来讲，我们可以把民生看作是人们的一种需要，民生发展的过程也就是人们从生存权向发展权不断追求和迈进的过程。[2] 还有学者从人的生活、生计、生存与发展的现实出发，认为民生权主要包含人的生存权与发展权。[3]

狭义的民生权是指公民经济、社会生活中的权利，主要是社会权，具体包括经济权利、狭义的社会权利、文化权利等等。例如，有学者认为，民生意义上的公民权利主要指向其社会权，包括工作权、享受公正和良好的工作条件权、组织和参加工会权、社会保障权、获得相当的生活水准权、受教育权、参加文化、享受科学进步及其应用所产生的利益等各种经济、社会、文化权利，等等。[4] 有学者从现实的经济社会生活视角分析，认为民生权利包括经济权利、文化权利、社会权利以及科技权利。[5] 还有学者开出了更详细的民生权清单，认为"民生权"是多种法律权利的集合，如生命安全保障权、基本生活水平保障权、受教育保障权、就业保障权、劳动保障权、报酬保障权、休息保障

---

[1] 彭中礼、王亮：《"民生"的法哲学追问——以"权利—义务"范畴为视野》，《西南科技大学学报(哲学社会科学版)》2010年第4期。

[2] 张艺、谢金林、杨志军：《从恩赐到权利：民生话语表达逻辑的历史考察》，《云南财经大学学报(社会科学版)》2008年第3期。

[3] 贺方彬：《中国特色社会主义民生权利及其制度保障》，《理论导刊》2014年第1期。

[4] 冯威：《民生的法治解读》，《求索》2008年第5期。

[5] 邓慧强：《民生权利：民生的法治表达》，《遵义师范学院学报》2008年第5期。

权、医疗健康保障权、社会救济保障权、住房保障权、养老保障权等。[1]

可见,以上学者均认为民生权属于人权范畴,民生权与社会权有着极大的关联性。那么,民生权是否就是社会权呢?

有学者认为,社会权自诞生之日起就与民生问题有着密切联系,从一定意义上来说,社会权就是关于民生的权利。关于哪些类型的宪法权利体现出民生关怀,学者的观点并不完全相同,但较为统一的认识是:社会权或福利权乃典型的民生类宪法权利。[2]

我们认为,虽然宪政意义下的"民生权"与"社会权"有着极大的关联性,民生权在很大程度上容纳了社会权体系,但民生权绝不等同于社会权,民生权内涵大于社会权,民生权包含了社会权,是比社会权范围略为广泛的与人的生存和发展相关的权利。诸如土地征用、城市拆迁中的民生问题,涉及的是关于公民生活资料与生产资料的财产权问题,公民的人身及其赖以休憩安居的住宅等私人空间不受非法侵害与侵入,也是重要的民生权,但财产权和住宅自由权属于第一代人权。[3]

"民生权"的范围具有广狭之分。在我国的社会治理语境下,民生保障中的"民生"通常是指狭义的民生权,属于社会权范畴。[4] 民生权利属于人权范畴,涵摄第一代、第二代和第三代人权,但其主体为社会权。

第三节 国家义务路径对民生保障的根本性

民生保障的法治路径使民生保障具备了规范性与持续性,但没有涵摄民生保障的内容;而民生保障的权利路径剑指民生保障的正当性,遗憾的是没有兼具民生保障的可行性,进而可能使得民生保障成为水中之月,抑或海市蜃楼。因而寻求超越一般,更具有效性和可操作性的民生保障路径意义重大。我们认为,国家义务路径是在集成法治路径和权利路径的基础上,将民生作为公民权利并通过法治方式,充分发挥国家义务对民生保障的工具性价

---

[1] 李广平、俞征锦:《"民生权":一种理解中国式社会主义宪政本质的全新思路》,《江汉论坛》2012年第10期。

[2] 郑磊:《民生问题的宪法权利之维》,《浙江大学学报(人文社会科学版)》2008年第6期。

[3] 龚向和、张颂昀:《功能主义视域下的民生改善与社会权保障之关系》,《广州大学学报(社会科学版)》2016年第7期。

[4] 陈伯礼:《民生法治的理论阐释与立法回应》,《法学论坛》2012年第6期。

值,使之成为民生保障最直接、最有效的手段。国家义务成为对民生的根本保障。

一、民生保障国家义务路径之确立

根据前文所述,法学界为破解民生难题达成了两点重要共识,表现在国家通过什么途径保障民生的问题上,法学界提出了从宏观到微观的两条思路。首先,必须使民生法治化,通过法治保障民生;其次,在民生法治化进程中将民生具体化为公民权利,通过法律手段对公民权利的保护达到民生保障的目的。绝大部分关于民生保障的研究到此为止,其前提假设是,民生转化为法律上的公民权利后就能自动无障碍地实现了。然而,民生终究不是法律明确规定的公民权利类型,即使被提升到公民权利的认识高度,与法律明确规定的权利类型相比,其保障效果也必然会大打折扣。更重要的是,当前公民权利保障理论与实践将国家与公民关系限定在权力与权利之间,逐渐远离了现代民主法治国家中国家与公民关系的发展趋势。现代民主法治国家中主导国家与公民关系的主轴应是国家义务与公民权利的关系,而不是国家权力与公民权利的关系,公民权利的保障不能寄希望于国家权力,而应仰仗于国家义务。[1] 令人欣喜的是,法学界已有部分学者在民生权利基础上提出了国家负有民生保障的法律义务,隐约闪现了民生保障的第三条道路——通过国家义务保障民生。

法学界提出民生保障国家义务观点的主要是宪法学者和法理学者,基本逻辑是把民生作为权利或人权进行理论推衍。例如,郑磊博士基于民生的权利属性认为,民生保障就是保障公民的民生性权利,"在民生问题的宪法关系中,所强调的也正是公民的宪法权利以及与之对应的国家义务……国家在民生问题上负有多重义务"[2]。邓成明教授和蒋银华博士从宪法基本权利角度进行分析后认为,民生就是人在其所生活的社会特别是国家中所应当享受并得到充分保障与实现的各种权益,其最终应归属于基本人权,作为客观价

---

[1] 龚向和:《国家义务是公民权利的根本保障——国家与公民关系新视角》,《法律科学》2010年第4期。
[2] 郑磊:《民生问题的宪法权利之维》,《浙江大学学报(人文社会科学版)》2008年第6期。

值秩序,人权对国家产生法律上的效力,由此产生了国家保障民生之义务。[1]张文显教授从人权角度分析国家对民生保障负有义务,他指出,以法治和人权的意识处理民生问题,民生问题不只是一个福利问题,保障民生不是谁的仁慈恩惠,而是执政党和政府的宪法责任,是全社会的法律义务。[2]还有学者从"权利—义务"范畴来考察民生,认为民生是公民的基本权利,需要国家履行相应的义务,理由有三:第一,从民生作为权利来看,国家负有保障和改善民生的义务;第二,从现代国家产生的理论来看(社会契约论),国家负有保障和改善民生的义务;第三,从民生的本身特性来看,民生的脆弱性要求国家能够承担保障和改善民生的义务。[3]

法学界通过理论推衍指出了国家对民生保障负有义务,并主张通过民生法治在法律上宣示民生保障的国家义务,是民生保障理念从政府恩惠到公民权利再到国家义务的重大转变。然而,要使民生保障国家义务新理念被人们广泛接受,要使民生保障得以有效实现,必须超越民生保障的法治路径和权利路径,充分认识到国家义务对民生保障的重要工具性价值,即国家义务是民生的根本保障,确立民生保障的国家义务路径。这一观点可从国家义务的渊源、目的以及民生保障技术和保障效果等方面获得充分论证。

二、国家义务渊源于民生并以其为直接目的

学术界已经达成共识,民生应该法治化,而法律维度下的民生就是公民权利,那么作为公民权利的民生与国家义务在法律关系中的相互关系如何?我们认为,国家义务直接源于公民权利并以公民权利为直接目的。这一结论同样可以适用于国家义务与民生之间的关系。

随着近代公法的建立,国家权力与公民权利关系成为国家与公民之间的根本法律关系。根据近代启蒙思想家的天赋人权、社会契约理论,人们把自己的自然权利让渡给共同体国家,国家获得强制性的国家权力,但国家存在的目的是保障人们的自然权利。因而,国家权力来自人的自然权利或公民权

---

〔1〕 邓成明、蒋银华:《论国家保障民生之义务的宪法哲学基础——以客观价值秩序理论为导向》,《法学杂志》2009年第2期。

〔2〕 张文显:《民生呼唤良法善治——法治视野内的民生》,《中国党政干部论坛》2010年第9期。

〔3〕 彭中礼、王亮:《"民生"的法哲学追问——以"权利—义务"范畴为视野》,《西南科技大学学报(哲学社会科学版)》2010年第4期。

利。近代公法学也以国家权力与公民权利为基本范畴。受到近代公法及公法学的长期而深刻的影响,至今国家权力与公民权利关系还占据国家与公民关系的主要方面。我国法学界的主流理论基本上还坚持权利权力法理学,认为公民权利决定国家权力。

关于公民权利、国家义务与国家权力三者之间的关系,主流理论认为公民权利产生国家权力、国家权力产生国家义务的观点是不够准确甚至是错误的。近代个人主义国家理论把国家的目的设定为保障公民权利,并强调以公民权利限制国家权力,但公民权利并不直接产生国家权力。该理论确实认为国家存在的目的在于最大限度地保护个人的权利,但同时也指出,正是个人权利为国家创设了义务,国家因此有义务最大可能地保护个人权利,为履行保护个人权利的义务,还有义务创立军队、警察和司法机构等相应的组织。因而,近代个人主义国家观主张公民权利首先产生了国家义务,国家义务的唯一目的是保护个人权利。

现代国家理论和法治理念更加明确地对三者关系做出了回答。社会连带主义法学创始人狄骥则明确表示,是国家义务产生了国家权力,"我们承认统治阶级仍然保有着一定的权力;但是,他们如今保有权力的根据不再是他们所享有的权利,而是他们所必须履行的义务"[1]。"那些统治者们只有出于实施他们的义务的目的,并且只有在实施其义务的范围之内,才能够拥有权力。"[2]狄骥认为,权力的根据和来源是义务,而统治者的义务是为全体人们提供公共服务。狄骥不承认公民有权利,但是按个人主义学说的理解,全体人们享有的公共服务相当于公民权利。第二次世界大战后,一些国家甚至在宪法中明确规定国家义务来源于公民权利。如德国《基本法》第一条第三项规定:"下列基本权利作为可直接实施的法律,使立法、行政和司法机构承担义务。"在宪法理论中的表现就是,德国基本权利双重属性和基本权利功能都能产生或决定国家相应义务。

很明显,从近现代公法学界对公民权利、国家义务与国家权力相互关系的分析来看,国家义务直接源自公民权利,公民权利直接产生国家义务,国家义务产生国家权力,而国家权力只有通过国家义务的中介才能与公民权利发

---

[1] [法]莱昂·狄骥:《公法的变迁 法律与国家》,郑戈、冷静译,辽海出版社,春风文艺出版社1999年版,第13页。

[2] [法]莱昂·狄骥:《公法的变迁 法律与国家》,郑戈、冷静译,辽海出版社,春风文艺出版社1999年版,第444页。

生关系。国家的目的是让人民幸福地生活,国家义务的履行是为了保障民生,民生决定了国家义务的大小、程度、范围。

三、国家义务是民生保障的最有效手段

与通过法治保障民生以及通过将民生视为公民权利保障民生两种路径相比,通过国家义务保障民生更具有效性和可操作性。

首先,从保障技术看,法律作为控制、规范社会的手段,要想达到法律的权利保障目的,主要通过义务性规范,而非权力性规范。因为,义务指向行为人应该或禁止的行为,具有明确、具体的特征,而权力指向可以作为某些行为的力量,具有相当大的自由裁量空间。"从某种程度上讲,确定义务的内容比宣示权利更为重要。一是因为没有义务相对应的基本权利只是纲领性的道德宣教,中看不中用;二是基本权利在司法中的适用需要以明确的义务作为前提和基础。"[1]而且"对于倾向于任意行为的人来说,其行为的可能性有无数种。法律不可能正面地一一列举其可能的行为并加以授权,而只能在承认人们可以自由选择行为的前提下,指明人们的必为或禁为的义务"[2]。

其次,从保障效果看,国家权力运用不当极易侵害公民权利,而国家义务尤其是授益性的给付义务,不仅限定国家权力,而且直接保障公民权利。与国家权力对公民权利的保障相比,国家义务是根本保障。国家权力虽是公民权利的保障者,但同时也是公民权利潜在的最危险的侵害者。一方面国家权力是保障公民权利不可或缺的力量而对其进行保障,另一方面又要防止国家权力对公民权利的侵害而对其进行限制,这是政治哲学与权利学说历来面临的一个不可回避的二律背反问题。当然,正如伯恩斯所言,20世纪的理论家"很少有人把国家设想为自由的敌人。最大多数人的理论出发点是,国家至少在一定程度上既是自由的渊源又是自由的保护者"[3]。国家权力运用不当极易侵害公民权利,而国家义务则不仅不会侵害公民权利,而且能迫使国家权力服务于公民,因而只能保障公民权利。

最后,从民生保障的可救济性来看,民生的主体是社会权,社会权相对其

---

[1] 徐钢:《论宪法上国家义务的序列与范围——以劳动权为例的规范分析》,《浙江社会科学》2009年第3期。

[2] 张恒山:《义务先定论》,山东人民出版社1999年版,第14页。

[3] [美]爱·麦·伯恩斯:《当代世界政治理论》,曾炳钧译,商务印书馆1983年版,第51页。

他基本权利而言,更需国家义务的积极履行;作为国家义务的民生保障虽然具有法律上的约束力,但是如果国家不履行或不完全履行其义务时没有相应的矫正、救济机制,民生保障很可能将成为政府的"民生形象工程"。因此,通对国家义务不履行或不完全履行行为的法律救济,特别是司法救济,分析民生保障各层次国家义务的可诉性是民生保障司法救济的最有效途径。

"正因为国家义务对公民权利保障的直接性和根本性,当法律的权利价值目标确定之后,在对国家权力及其义务的立法中,立法者就应将侧重点放在国家义务规范以及违反这些义务规范所要招致的不利后果的精心设定上,从而使法律更具有可操作性和实效性。"[1]这在世界各国宪法中都有所表现。

---

[1] 龚向和:《国家义务是公民权利的根本保障——国家与公民关系新视角》,《法律科学(西北政法大学学报)》2010年第4期。

第二章

民生保障国家义务的构造

在民生保障法治化和权利化进程中,国家义务理论成为现阶段研究的归宿和指向。国家义务理论诞生的宗旨和价值便是保障人权和公民基本权利。纷繁复杂的权利类型与权利内容,日益变迁的社会需求形式,加上学者对于理论创新的不懈追求等因素,合力促成了国家义务理论发展壮大。然而,研究的热度并不能与深度划等号,理论的发展也不能只顾自说自话,从而忽视了对话平台的构建和学术话语体系的形成。而散见于各个基本权利子权利和具体权利中,对国家义务理论"拿来主义"的应用更是应审慎对待。

当前的国家义务理论还基本停留于对理论内容的梳理,也即可以称之为国家义务内容理论层面。国家义务内容理论发展至今已经脱离了起步阶段的一系列"乱象",时下其发展境况已经进入到"瓶颈期",当然也可谓关键期。也即国家义务内容理论立足于基本权利的功能体系并加以发挥,对于国家义务的体系化功不可没。但是,国家义务理论体系化背后也仅仅是内容理论的自说自话,并且仍旧局限于积极义务与消极义务的传统二分法,而将德国基本权利功能理论的一整套话语体系直接地纳入会不会产生水土不服的症候仍需静观后效。因此,国家义务内容理论有必要克服自身存在的内部不融贯、实践性不够等问题,进一步形成更为鲜明的国家义务构造理论。国家义务构造理论无论在层级选择、语词确定还是系统构造上都应该着眼于整全性、阶层化,促使国家义务理论从混乱、模糊的内容拼凑转移到规整、体系化的构造模型,从而建立起多维度、多层级的国家义务构造论的空间架构。

第一节　国家义务内容理论争议

国家义务理论的不断发展离不开学者们对传统理论的关照和当今社会变迁的反馈。纵观国家义务理论提出与发展的历程,其间视角各异、指向万千,然而即使再复杂的社会现象都离不开人类的参与,而人的参与就难以避免其主观意识和价值取向,在学术领域也即"立场"的表达。对于国家义务理论而言,无论是宪法学界的众位先进,还是人权法领域的学者,抑或是坚守规范主义立场和传统的国家本位主义的同仁都在权利/人权至上的旗帜下构建如何控制国家权力、保障公民权利的制度愿景。但是这一内容理论正是因为视角的各异和方法的不同导致其语词混乱、层级不一,甚至内部出现相互扞格之处,这些都致使国家义务内容理论无法形成科学的系统,而只是流于简单的词组上的排列组合。

国家义务理论的产生与发展大致遵循基本权利功能理论、人权的国家保障理论和宪法规范主义等三种主张。此三种视角多偏重国家义务内容层面的组合,故称之为国家义务内容理论。无论基本权利功能理论的推衍,还是人权法对国家义务的特殊关照,抑或文本钟情者的演绎等都围绕着国家义务理论是什么而展开。换言之,上述探讨主要强调国家义务理论内容的具体指向。内容层面的国家义务理论在发挥保障人权的作用、强调国家主体责任等方面贡献良多,但因其过分执着于内容的组合,其缺憾也不可避免。

一、宪法基本权利功能理论推衍中的国家义务内容理论

(一)基本权利功能体系理论的引入

基本权利功能理论主要来自德国的宪法学传统,并经我国台湾地区的引介与发展而成为有关基本权利领域最重要的理论体系之一。对基本权利进行系统化研究并使得基本权利之功能雏形初现的是耶利内克在其《主观公法权利体系》一书中有关"作为公法请求权基础的公法地位关系"的论述。在该书中,耶利内克提到:"被动地位、消极地位、积极地位、主动地位这四种地位穷尽了个人在国家中的成员地位。向国家履行义务、排除国家干预、对国家

的请求权、为国家实施行为是理解个人公法地位的着眼点。"[1]正是立足于该理论，德国的基本权利理论才得以体系化发展。但是，"此种分类主要系着眼于个人与统治权之间的关系，其观察角度侧重于基本权利的主观权利性质"[2]。然而，不可否认德国基本权利双重性质理论以及后来的基本权利的功能体系都是对耶利内克的地位理论进行的改造。20世纪50年代，德国联邦宪法法院在审理"吕特案"中认为，基本权利首先是主观权利，从而具有对抗国家权力侵害的功能。但基本权利不仅是主观权利，而且是一种客观意义上的有效的法规范，是一种"由基本权利体系性构成的客观价值秩序或客观的基本规范"[3]。自此，作为"基本权利功能体系"基础的基本权利双重性质理论正式诞生。

在基本权利双重性质理论的指导下，基本权利的功能体系理论得到长足发展。而基本权利到底具有哪些功能？可谓众说纷纭。黑塞教授立足于基本权利的双重性质并结合耶利内克的地位理论，认为基本权利作为主观权利是一种抵抗国家权力的防御权，某种意义上的协助参与权和"派生的分享请求权"，而从客观秩序上讲，基本权利是作为共同体整体秩序的要素出现的。[4]在我国台湾地区，关于基本权利功能的论述可谓汗牛充栋。李惠宗教授在其《宪法学要义》中对基本权之功能展开详细论述，并总结出八项基本功能：防卫权功能、分享权功能、价值秩序功能、制度性保障功能、行为授权及宪法委托、程序保障功能、社会行为规范功能、国家保护义务功能等。[5]以上对基本权利功能的描述固然十分全面，或许就是在追求全面时，而不自然地给人一种凌乱无序之感。有鉴于此，台湾地区李建良教授以基本权的"主观权利"和"客观规范"两个面向为基础，对基本权之功能体系加以耙梳，形成了较为系统的功能体系。其中，主观权利之功能面向包括防卫功能、给付功能；客观规范之功能面向主要包括价值决定、制度性保障、国家权限之消极规范

---

〔1〕［德］格奥格·耶利内克：《主观公法权利体系》，曾韬、赵天书译，中国政法大学出版社2012年版，第88页。

〔2〕李建良：《基本权利理论体系之构成及其思考层次》，《人文及社会科学集刊》1997年第1期。

〔3〕张红：《吕特案》，载张翔主编：《德国宪法案例选释（第1辑）：基本权利总论》，法律出版社2012年版，第25页。

〔4〕［德］康拉德·黑塞：《联邦德国宪法纲要》，李辉译，商务印书馆2007年版，第226页。

〔5〕李惠宗：《宪法学要义》，元照出版公司2006年版，第91-99页。

等。而在具体的功能之下又包含子系统,从而形成完善的功能体系。[1]

上述对基本权利的功能描述已然体系化,甚至系统化。然而这种描述还是仅仅停留在基本权利自身的系统之内。虽然所谓的给付功能已经具有国家作为主体加以履行相应义务的色彩,但国家义务理论仍然没有从基本权利的视阈中独立出来,也即基本权利自身仍是作为一种"要求"主体表现出来的,而国家仍是一种被动的给予,其地位和角色仍然没有得到相应的转变。另外,基本权利的功能体系虽然与国家义务相并而生,但是将其含混一体且不加详细辨明,在我国这个国家权力发挥主导作用的社会里,显然不利于公民基本权利获得更好的保障。故而,张翔教授基于宪法学和基本权利理论的本土性和适用性,根据已有的基本权利功能体系发展出了具有条理性、体系化的国家义务内容理论。

(二)基本权利功能体系中的三层次国家义务

张翔在《基本权利的规范建构》一书中重点介绍了他的基本权利的功能体系和国家义务内容。在该书中,基本权利的双重面向仍然是作为基本权利功能体系的前提来论述的。国家义务内容虽是基本权利功能的延伸,但是就国家义务体系本身而言,其应该具有相应的理论基础。在张翔那里,国家义务的内容和类型源自传统的积极义务和消极义务的划分。[2]即基本权利明显具有消

---

[1] 李建良:《基本权利理论体系之构成及其思考层次》,《人文及社会科学集刊》1997年第1期。

[2] 有关积极义务与消极义务的划分,我们可以追溯到20世纪30年代,我国著名宪法学者王世杰、钱端升认为,国家对于"消极的基本权利,即人身自由、言论自由、信教自由、集会自由等各种个人自由","负有不加侵犯与防止侵犯的义务。所以这一类权利,亦可谓为国家对于个人的消极义务";对于"积极的基本权利,亦有称为受益权者,如受国家供给最小限度的教育权利,及失业时或灾害时受国家救济之权等","国家尚须对于个人,积极地履行若干种活动;国家的这种积极义务,便构成我们之所谓个人的积极权利"。这是传统宪法理论的基本观点,它把国家对基本权利的义务划分为消极义务与积极义务,同时认为国家对自由权(即宪法上的个人自由和政治权利)负有消极义务,对社会权(即宪法上的经济、社会及文化权利)负有积极义务。参见王世杰、钱端升:《比较宪法》,中国政法大学出版社1997年版,第61页。但是这种观点在学界已少有人接受。正如日本学者大沼保昭所指出的:"将自由权理解为国家的消极义务的传统性认识,也只强调了国家对自由权尊重的义务,而忽视了自由权的其他方面。这任何一种认识都忽视了国家为人权综合性实现所负义务的复合性特征。"参见[日]大沼保昭:《人权、国家与文明:从普遍主义的人权观到文明相容的人权观》,王志安译,生活·读书·新知三联书店2003年版,第221页。美国学者亨利·舒也指出,所有的权利既有"积极"的相关义务,也有"消极"的相关义务。参见[美]杰克·唐纳利:《普遍人权的理论与实践》,王浦劬等译,中国社会科学出版社2001年版,第113页。更有学者坦言,"所有权利都是积极权利",参见[美]史蒂芬·霍尔姆斯、凯斯·R.桑斯坦:《权利的成本——为什么自由依赖于税》,毕竞悦译,北京大学出版社2004年版,目录页。

极权利和积极权利双重面向,任何具体权利都不可能被称为是消极的或是积极的权利。就是说"任何一种具体权利,不管属于自由权还是社会权,都包含积极权利与消极权利的内容"[1]。张翔认为,基本权利的功能大体可以分成三个层次:防御权功能、受益权功能和客观价值秩序功能。[2] 在这三大功能之下形成了三层次的国家义务体系,也即基本权利的防御权功能、受益权功能和客观价值秩序功能分别对应国家的消极义务、国家给付义务以及国家保护义务。国家保护义务与国家给付义务可以称为国家的积极义务,并与国家消极义务一道构成整个国家义务理论的内容。

在论述国家义务的内容体系过程中,张翔教授始终把落脚点也即国家义务的实施主体细化为国家的立法机关、行政机关和司法机关。在消极、给付和保护三大义务之下,张翔教授又将之进行细化,使得国家义务的体系化、条理化雏形初显。国家消极义务具体为立法、行政和司法机关的消极义务。其中,立法机关的消极义务在整个消极义务体系中居于重要地位。具体来讲,立法机关的消极义务主要表现为对公民基本权利作出限制时需要遵守的原则,即:① 在限制方式上遵循"法律保留原则";② 在限制理由上必须出于"公共利益"的需要[3]。行政机关的消极义务主要包括违法的干预行政的禁止和限制行政裁量权的滥用等内容。由于司法机关具有天然的谦抑性,故对于司法机关而言,其违反消极义务的主要行为以以下形式表现出来,如:① 枉法裁判;② 滥用司法裁量权;③ 违法的司法强制等。[4]

以上以基本权利功能体系为前提的国家义务理论是本土宪法学界对国家义务内容进行体系化、条理化的典范,这种以实践为导向且不囿于实践本身的体系化和教义学方法论是值得推崇和借鉴的。尤其是将基本权利的功能概括为防御权、受益权和客观价值秩序三类,并科学地创造出三层次的国家义务理论。这种理论表达不仅吸纳域外宪法学尤其是基本权利的建构试验,而且还立足于我国宪法文本以及照顾人权法的理论进展,可谓难能可贵。虽然国家义务体系的具体内容和构成要素不尽一致,但该种方法论的意义对于当下宪法学尤其是基本权利实践可谓弥足珍贵。然而,张翔教授最后仍旧坚持消极义务/积极义务二分法的分类方法和理论努力,我们不敢苟同。除

---

[1] 龚向和:《社会权的可诉性及其程度研究》,法律出版社2012年版,第33页。
[2] 张翔:《基本权利的双重性质》,《法学研究》2005年第3期。
[3] 张翔:《基本权利的规范建构》,高等教育出版社2008年版,第58页。
[4] 张翔:《基本权利的规范建构》,高等教育出版社2008年版,第71-76页。

此以外，仍有以下问题有待考量：首先，积极义务与消极义务的分类对于权利保障和公权力限制无疑起到重要作用，但是这种分类是不是必须成为公民基本权利保障所必不可少的类型？其次，两种义务纵然对于厘清国家在保障公民权利时的作为与否及其作为程度有一定意义，甚至可以说是自由与权利逐步发展的结果。但是直接将"结果"作为"前提"的分类依据不仅在逻辑上存在矛盾，且这种非此即彼的概括式两分在实践中的作用也是值得怀疑的。另外，与国家义务相对应的是基本权利的功能，这种功能或者义务自身有没有积极和消极的两种面向仍存有疑问。然而，三层次的国家义务体系已成学界共识，且其体系化程度和对基本权利分析之详尽程度也较之积极义务/消极义务两分法更为规范。那么我们有没有必要继续将该体系强制性地与后者对应。我们认为必要性的理由并不那么充分。其具体分析如下：第一，三层次义务体系建立在积极义务/消极义务两分法之上，并没有从理论渊源上否认后者，且实质上是对后者的改造与升华。第二，基本权利保护理论发展至今，体系化已然是大势所趋，尤其是宪法解释和宪法适用在理论和实践中取得进展的背景下，国家义务的三层次理论对于规范公权力的行使，最大限度地保障公民基本权利，维护宪法秩序意义非常。第三，国家义务的三层次理论不仅能够回应国内宪法学研究中的基本权利需求，还能与世界人权保护相对接。毕竟，国家义务三层次理论不仅是宪法基本权利的内在要求，也是对世界人权发展成果的借鉴和重构。因此，三层次的国家义务体系构造并不应该仅仅局限于当下积极义务/消极义务两分法的领域，反而应该在贯彻这一分类理念的同时，大胆作出创新，运用体系化、条理化、系统化理念完善基本权利功能体系和建构国家义务体系的逻辑构造，并在分析具体权利受到侵害之虞时有相对规整完善的适用方式和保护路径。

（三）基本权利功能体系视角下国家义务内容的其他模式

立足于基本权利的功能体系理论试图建构有别于上述国家义务内容的努力在宪法学界虽不多见，但也具有一定的理论意义。

我国台湾地区的许宗力教授借鉴德国的基本权利功能理论的相关论述，对国家义务作了更为丰富和详尽的分析。其认为国家义务主要体现在五个方面：① 不作为、不干预公民权利；② 为公民权利提供给付或服务；③ 积极采取措施以保护公民权利免受第三人侵害；④ 提供适当程序以落实人权保障;⑤ 提供适当的人权保障制度。[1] 我们以为上述的五种分类显然是基于德国基本权利功能体系所做的更为详细的分类,只不过将之细化而已。如第一种所谓的"不作为、不干预"即可表述为尊重/消极义务,接下来依次可以归纳为给付义务、保护义务、组织与程序保障、制度性保障等,虽然字面含义可能有所区别,但是实质意义却大同小异。另外,按照张翔教授的观点,可将许宗力五方面分类的后两者纳入客观价值秩序功能下的保护义务。也即此五分法仍不脱三层次国家义务理论之窠臼。

另外,有学者基于基本权利的两大功能,扩大化适用国家保护义务。[2] 也即将国家义务等同于国家保护义务加以论述,而前提仍然是基本权利的两大功能即主观功能与客观功能。基本权利的主观功能包括防御功能和受益功能,其分别对应国家不作为义务与国家给付义务;客观功能则主要表现为国家保护基本权利的规范义务。而后者(这种规范保护义务)包括价值约束功能与制度保障功能。上述说法,虽然坚持基本权利的两大功能,然并没有将之与国家义务严格区分。此处的"保护"并不是三层次国家义务内容理论中的"保护义务",也不是德国基本权利客观价值秩序中包含的"保护义务",而只是在传统上所谓的宪法关系中的国家与公民双方地位上而言的一般意义上的保护。很显然,这种归纳方式有明显的中国本土语境色彩,对于国家义务而言仅仅是总结性的或者描述性的。这种表达显然无法完成将其体系化、条理化的任务,更别奢谈对于国家义务组成部分的内部逻辑和形成理路进行系统化分析。

在基本权利的规范建构中,将功能理论视为圭臬者并不是对其他视角下的国家义务视而不见。而基本权利的发展史不仅是宪法学的志业,而且也离不开法学理论界对权利本身孜孜不倦的推进。无论是自然法学派关于自然权利属性的论断,还是分析实证法学派关于权利四种类型即要求权、自由权、权力权和豁免权的总结[3],都对保障基本权利所要求的国家义务进行了理论论证。综合权利理论的发展理路和宪法基本权利保障的实践成果,只有运用基本权利的客观价值秩序功能才能更有效地对国家义务进行总体描述。

---

〔1〕 许宗力:《基本权的功能与司法审查》,载《宪法与法治国行政》,元照出版公司1999年版,第156页。

〔2〕 汪进元:《基本权利的保护范围:构成、限制及其合宪性》,法律出版社2013年版,第27-31页。

〔3〕 张文显:《二十世纪西方法哲学思潮研究》,法律出版社1996年版,第492-493页。

如果将这种跨越宪法学和法学理论界为国家义务找寻理论依据的方法论停留于此倒是不无遗憾。杜承铭教授将这种方法在国家义务理论中进一步加以运用,也即接纳人权法学界广泛运用的国家义务三层次理论即尊重义务、保护义务和实现义务[1],并对其用宪法学的具体理论加以充实。

二、人权法视角下的国家义务内容理论

从人权的视角来看待国家义务的内容主要源于有关国际人权公约的诞生。在我国,自20世纪90年代以来,"人权"一词解禁,对于人权法的研究踏上快车道。而人权研究又有国内人权法与国际人权法的区别,两者存在着制定主体、具体内容、法律渊源、实施机制、所属体系和产生历史等多方面的不同。[2]但这种严格的区分在一些基础理论方面却需要重新思考了,而最典型的便是国家义务理论。无论是国际人权法还是国内人权法的研究,重点都应该是对人权的保护与落实,然而保障人权的关键主体仍然是国家。因此,国家义务理论的运用能够为国际人权法与国内人权法搭建起沟通的桥梁,使两者在人权保障的实施主体上实现对话甚至达成一致。

(一)人权法学中国家义务内容理论的类型化探索

国家义务的理论在人权法研究中是必不可少的关键话题。人权保障重在落实,其执行者主要是国家。国际人权法学研究过程中将联合国人权组织、区域性人权组织和非政府人权组织当作人权保护的重要主体,然而以上组织的工作虽然重要,但较之于国家而言其作用和实现的人权保障效力方面则弱得多。鉴于国家人权保护义务的重要性,人权法学者对国家义务内容的层级化、类型化的追求不遗余力。纵观人权法学者对国家义务的探讨,可以对其主要的表达方法加以总结,主要包括"二分法""三分法""四分法"及"五分法"等。

1."二分法"

"二分法"是最基础、最简便的国家义务分类方法。除了上文提到的消极义务与积极义务的分类方法之外,还有以下内容:① 程序性义务与实质性义务。根据义务的属性,以及与实体法和程序法的对应关系,可以将国家义务分为程序性义务和实质性义务。程序性义务指国家在行使权力的过程中必

---

[1] 杜承铭:《论基本权利之国家义务:理论基础、结构形式与中国实践》,《法学评论》2011年第2期。

[2] 李步云、龚向和等:《人权法的若干理论问题》,湖南人民出版社2007年版,第3-5页。

须遵循的时间、秩序和方式等程序性要素的义务;实质性义务指国家承担的采取适当方式具体实现公民基本权利的义务。实质性义务依据国际公约也可以理解为国家依据公约承担的,采用适当方式具体实现公约规定的,个人享有的经济、社会和文化权利的义务;程序性义务在国际人权法层次可理解为国际社会对国家要求的一种监督制约机制。[1] ② 一般义务与核心义务。一般义务是指国家可以采取渐进措施努力充分实现公民权利的义务。核心义务则是指国家为维护人的尊严,利用可得的一切资源对作为优先事项的人权及其具体面向,履行最起码的义务。该种类义务为可即刻履行且不受资源的匮乏程度限制的义务,也即"探求权利的核心内容与相应的核心义务的全部目的在于增强经济社会权利的法律特征"。[2] 此种义务的分类方法与即刻义务和渐进义务的分类方法异曲同工,只不过后者主要是针对公民政治权利与自由和经济、社会和文化权利之间实现次序的不同而做出的义务分类。③ 行为义务与结果义务。将国家义务分为行为义务与结果义务的根据是将履行义务与否的标准界定为采取一定行为还是进一步要求达到某种结果。联合国经济、社会和文化权利委员会在关于缔约国义务性质的一般性评论中,明确提出这一划分。行为的义务主要是指《经济、社会和文化权利国际公约》中"采取步骤"的义务。[3] 结果的义务是指权利实现的义务。

2."三分法"

"三分法"作为对简便"二分法"的进一步深入,其理论主张和对国家义务内容的表述较为清晰与明确。"三分法"的主要观点如下:① 美国国际人权法学界对于该方法的表述主要基于国家对国际人权宪章的义务角度。对此,亨金教授把国家对人权宪章的义务分为承认(recognize)的义务、尊重(respect)的义务和保证(ensure)的义务[4]。② 美国学者亨利·舒(Henry

---

〔1〕 柳华文:《论国家在〈经济、社会和文化权利国际公约〉下义务的不对称性》,北京大学出版社2005年版,第17页。

〔2〕 Fon Coomans. *In Search of the Core Content of the Right to Education*. in Audrey R. Chapman, Sage Russell. *Core Obligations*: *Building a Framework for Economic, Social and Cultural Rights*. Inersentia, 2002, p. 245.

〔3〕《经济、社会和文化权利国际公约》第二条第一款规定:"每一缔约国承担尽最大能力个别采取步骤或经由国际援助和合作,特别是经济和技术方面的援助和合作,采取步骤,以便用一切适当方法,尤其包括用立法方法,逐渐达到本公约中所承认的权利的充分实现。"

〔4〕 Louis Henkin. *A Post-Cold War Human Rights Agenda*. Yale Journal of Internation Law,1994(19):250.

Shue)在对"二分法"提出质疑——认为将消极义务与消极权利对应、积极义务与积极权利对应太简单了——之时,在其《基本权利:生存、富足与美国的对外政策》一书中将基本权利的不同侧面与国家义务和责任相关联。将与权利对应的义务概括为三类:避免剥夺的义务、保护个人不受剥夺的义务和帮助被剥夺者的义务。[1] ③ 在亨利·舒提出上述"三分法"之后,1984年挪威人权专家艾德在《作为人权的食物权》一书中提出了新的国家义务三分法,即尊重、保护和实现。其具体内涵如下:首先是尊重义务,即要求国家及其所有机关和代表,不做任何侵犯人格完整性或者有损于她或他的自由的事情。其次是保护的义务,要求国家及其代表采取必要措施防止其他个人或团体侵犯人格完整性、行动自由或者其他人人权。最后是实现的义务,要求国家采取必要的措施保障其管辖下的每一个人有机会获得这些在人权文件中获得承认的、凭借个人努力不能保证的要求的满足。[2] ④ 有学者以人权的三种基本形态即应有人权、实有人权和法定人权为出发点将之转化为国家保障人权的义务,即国家尊重应有人权的义务、国家及时制定法定人权义务和国家落实和保障实有人权义务,也可概括为道德义务、法定义务和国际义务。[3] 此种分类回应了人权形态理论,对于当下人权保障具有现实意义,但是该论断缺乏理论上的关照。⑤ 还有学者将国家义务中的"国家"直接具体化为立法机关、行政机关和司法机关。"一般认为,人权保障会形成国家义务,而国家义务又具体表现为立法机关义务、行政机关义务和司法机关义务"[4],在此基础上描述三种国家机关所承担义务之不同。⑥ 我国台湾地区学者李惠宗教授在描述国家保护义务的内容时引入了三层次的分类方法,即国家保护义务的三层主张:第一,消极防止侵害的义务,此一层级属于保护义务最基本的要求,也是最低的保护;第二,建构适合实现基本权环境的保护义务,此为中级的保护义务,包括建立相关配套制度、基本权第三人效力的规制等;第三,积极提供具体给付的保护义务,此层级的保护义务乃使基本权主体可以

---

[1] Henry Shue. *Basic Rights*: *Subsistence, Affluence and U. S. Foreign Policy*, 2nd edition. Princeton University Press, 1996, p. 52.

[2] 参见1987年艾德作为食物权的特别调查员向联合国促进和保护人权小组委员会提交的关于食物权的最后报告。

[3] 刘志强:《人权保障与国家义务——以新生代农民工为视角》,《东南学术》2010年第2期。

[4] 钟会兵:《论社会保障权的实现》,中央编译出版社2007年版,第116页。

要求"具体的立法内容"或"实质的行政给付",此为国家最高度的保护义务。[1] 这种国家保护义务显然已经超越了"三分法"中所概括的"保护义务"的内涵,实质上就是一种国家义务的表述,且此三层主张也基本上与尊重、保护和给付义务相对应。

3."四分法"

"三分法"的内容已如上述,其已经基本涵盖了国家义务的具体内容,"四分法"可以看作是在"三分法基础上的进一步划分"[2]。但"四分法"的存在也并不是没有意义,其可以从另一个角度给予我们以启示。

"四分法"的具体主张和内容如下:① 1984 年,荷兰人权研究所举行题为"食物权:从弱法到强法"的研讨会时提出了国家义务的四分法:尊重的义务、保护的义务、实现或者保障的义务、促进的义务[3]。在此基础上,荷兰人权法学者范·霍夫(G. J. van Hoof)则进一步认为:无论是就公民权利和政治权利,还是就经济、社会、文化权利,国家负有四个层次的义务,即尊重(respect)的义务,保护(protect)的义务、保证(ensure)的义务和促进(promote)的义务,并将具体的内容作了解释。[4] ② 日本人权法学者大沼保昭也认同范·霍夫关于国家义务的四分法,但是在表达其具体含义时有不同看法。他认为:尊重的义务是指国家避免和自我控制对个人自由的侵害;保护的义务是指国家防止和阻止他人对个人权利侵害的义务;满足的义务是指国家满足个人通过努力也不能实现的个人所需、希求和愿望的义务;促进的义务是指国家在整体上促进上述人权而采取一定措施的义务。并且他认为"这些义务在性质上并不相互排斥,各种人权义务尽管程度上存在差异,但都

---

[1] 李惠宗:《论宗教信仰自由及国家保护义务》,《判例评析》1999 年第 12 期。

[2] 龚向和:《社会权的可诉性及其程度研究》,法律出版社 2012 年版,第 76 页。

[3] 柳华文:《论国家在〈经济、社会和文化权利国际公约〉下义务的不对称性》,北京大学出版社 2005 年版,第 17 页。

[4] 具体解释如下: 1. 尊重的义务表达为禁止国家自身以任何方式侵犯已被承认的权利或者自由,类似于传统的不干涉思想;2. 保护的义务要求国家采取立法或者其他步骤,防止或者禁止第三方对权利自由的侵犯;3. 保证的义务要求国家采取更具深远意义的措施积极创造获得某种结果的条件,实现已经被承认的权利;4. 促进的义务是为了达到某种结果,采取模糊性目标逐渐或长远达到。See G. J. van Hoof. *The Legal Nature of Economic, Social and Culture Rights: A Rebuttal of Some Traditional Views*. in Philip Alston, Katarina Tomasvski. The Right to Food. 1993,pp. 106 - 107.

是权利的一个侧面,而国家负有针对这些侧面采取措施的全面性义务"[1]。③孙世彦教授根据国际人权法规定,认为国家对人权负有承认、尊重、促进与保障、保护四个方面的义务。[2] ④杨成铭教授在论述受教育权的国家义务时认为,国家除了尊重、保护和实施受教育权外,国家所承担的促进和保护受教育权的一般性义务还应包括建立和组织起符合现代教育基本特征的各种形式和水平的教育。也即国家义务包括一般性义务、具体义务、特别义务、核心义务。[3]

除了上述分类方法之外,有学者提出了将国家义务界定为一般法律义务、具体法律义务、国际义务、核心义务及有限义务的"五分法"。[4]

(二)人权法学中国家义务内容理论的概括评述

以上关于人权法学中对国家义务类型化探索的总结已然显示了国家义务理论的蓬勃发展和百家争鸣。然从另一侧面也反映出国家义务理论存在的不统一的"乱象",这将势必制约国家义务理论的再发展以及学者之间研究话语体系与沟通机制的建立。为了更为深入地对人权法学领域国家义务理论进行整合研究,下面将对现存的国家义务理论体系的分类方法加以评述。

对于"二分法"来说,简便是其最大的优点,但这也恰恰制约了此分类方法下总结出的国家义务理论进一步发展的深度和内容。无论是消极义务与积极义务,还是程序性义务与实质性义务,都仅仅停留在一种现象学意义上的描述。这种二分法既不能表达出基本权利或者人权所具有的价值,更难以实现国家义务自身的规范化和实践性。因此,"二分法"注定只是完成了其基础性的义务,或者说是一种理论上的积淀,而这种积淀恰恰是为接下来国家义务理论"三分法"或者"四分法"的进一步具体化和操作性做准备。

相较于"二分法","三分法"则在理论深度和概括程度上实现了大幅度提升。其不仅将国家义务的要素予以清晰表达,而且更为重要的是将之与人权本身相结合,为国家义务履行过程指明方向。另外,三分法也进一步表达了国家义务的具体内容和实现路径。然而,"三分法"呈献给大家的仍然是一种

---

[1] [日]大沼保昭:《人权:国家与文明》,生活·读书·新知三联书店2003年版,第220页。

[2] 孙世彦:《论国际人权法下国家的义务》,《法学评论》2001年第2期。

[3] 杨成铭:《受教育权的国家义务研究》,《政法论坛》2005年第2期。

[4] 黄金荣:《司法保障人权的限度——经济和社会权利可诉性问题研究》,社会科学文献出版社2009年版,第232-237页。

"杂乱丛生"的表象,如何将之具象化并进一步表达出其实质内涵,进而更具体实现人权保障的国家责任,仍需对具体方法加以表述。如钟会兵教授将国家义务直接具体化为立法机关、行政机关和司法机关的义务的分类方法[1],我们不敢苟同。其一,该分类并不是基于一种基本权利或者人权理论而做的分类,而是一种含糊其词、放之四海而皆准的方式。从目前的国家组成形式来看,该三种国家机关乃国家之象征和重要组成部分,这丝毫没有脱离传统分类方法之窠臼。其二,该分类对于研究基本权利和国家义务的类型化助益不大。该种分类方法既没有突出两者的特殊性之所在,也没有在三大机关履行的内容上作更为详细和系统化的阐述。其三,基本权利和国家义务的体系化研究最终的落脚点仍然是各个国家机关的义务,如张翔教授在分析基本权利功能体系之时仍旧将国家机关具体承担的责任作为归宿。可见,基本权利和国家义务的体系化本身并不是也不可能排斥具体国家机关的责任承担,而其欲解决的问题在于保护权利与国家机关责任之间的沟通问题。体系化、系统性的理论的重要作用就在于在权利理念和保障途径,也可谓实体法与程序法、应然性与实然性之间架起桥梁。故,一切的简化和直接都是对理论体系化本身的否定。另外,对于艾德的尊重、保护和实现的义务层次划分我们基本赞同,但对"实现"一词抱有怀疑。首先,"实现"乃是对于一种结果的表达,并不是对于国家的具体性要求;其次,实现的程度解释的空间较大,使得无论是国家还是个人都难以准确把握。但是这种分类方法本身则是值得推崇的。而上述"四分法"也大概是"三分法"的再细化,其具有的特殊意义不是很明显,在此不再详述。

上述的分类方法较为全面,也明确了国家义务的具体内容,但进行体系化和类型化的建构较少。在人权法学界,对于该问题进行详细描述并加以层级化构造的当推蒋银华教授。蒋银华在其《国家义务论——以人权保障为视角》一书中对国家义务的层级化予以理论上的突破。

蒋银华认为国家义务的层级结构分为三种,即静态层构、动态层构和动态与静态相结合之层构。静态层构围绕着最低核心义务的内涵而展开,所谓权利的"最低核心内容"是指所有的人不论在什么地方都应享有该权利的最低标准。这个标准是最低的,若国家义务的履行情况在这个最低标准之下,甚至是非常差的情况,这都是不可取的。在某些特殊情况下,核心内容的某

---

[1] 钟会兵:《法治中国建设中人权保障的重心与路径》,《江西社会科学》2014年第8期。

些部分可能会受到限制；但最低核心内容是所有的政府都必须达到的最低标准，是绝对不能够受到限制的。相对于静态层构而言，动态层构则较为复杂。而动态层构也是建立在国际人权法学者如霍夫、舒和艾德的承认、尊重、保护/保证、实现和促进层次国家义务之上的。虽然有关国家义务层次的具体内容各个学者之间有所差异，但是其基本的要求相差不大，采用的是尊重、保护、实现与促进义务这种分类方法。蒋银华认为国家义务的动态层级分为：① 尊重人权的义务。尊重的前提乃是承认，故承认人权的义务无疑包含于尊重之中。拥有人权是一个不证自明的事实，因而不需要依赖于任何其他前提，但享有人权必须靠法律。所有人权必须转化为法律权利。② 保障和促进的义务。国家之"积极作为"，即国家有义务以其当前可供利用的资源，采取一切可能的措施达成这些权利的实现和享有，这就为国家设立了保障和促进人权的义务。③ 保护的义务。国家还必须保护在法律中规定的人权免受来自任何方面的侵犯。[1]

以上蒋银华教授对于国家义务的三层次理论架构呈现出其对国家义务理论的一种体系化、层级化架构的探索，是对国家义务内容理论的整体推进。我们认为在承认该论述的进步意义的同时，以下几方面也是值得商榷的：首先，对于结构而言，人权的国家保护义务是相互关联和互动的整体性义务，但是在对动态层级结构的具体内容即尊重、保障和促进、保护义务的描述中仍然采用的是一种内容列举式探讨，并没有涉及三者之间所谓的"互动关系"和"整体性"。其次，既然是层级架构的划分，显然各个层级之间或者各个要素的排列顺序是有要求的。我们赞同将尊重义务作为第一层级，然而将保障和促进义务置于保护义务之前还是可以讨论的。保护义务是一种救济义务，将救济渠道和形式作为一项权利或者一篇文章的"压轴"是司空见惯的。但是相对于人权的国家义务而言，保护义务更为基本还是给付义务更为重要？值得思考。故而在国家义务层级结构中应该将其层级样态加以梳理。再次，保障和促进的义务与保护义务之间在汉语语词方面有类同的嫌疑，很容易让人产生关于"保护"和"保障"的模糊不清的感觉。故而，我们仍然认为将保障和促进义务概称为给付义务更为合适。最后，也是层级结构划分中最为重要的，上述层级结构的划分其标准何在？依据是什么？既然是一种动态层级结

---

[1] 蒋银华：《国家义务论——以人权保障为视角》，中国政法大学出版社2012年版，第151-166页。

构,动态运行更需要一种标准,哪怕是更为抽象的依据。其中可能与人权法领域中大多数文章类似,即从国际人权法学者那里直接借鉴而来。这种借鉴能更有利于我国人权保障事业与国际话语相对接,但是其适用性和实践性需要进一步论证。正如蒋银华教授所言:"对于一项特定人权,国家的义务往往是多层级、多方面的,这些方面共同构成对人权的国内保证。"[1]因此,人权保障的国家义务仍然难以止步于此。

三、严格规范意义上的国家义务内容理论

当下,宪法学界关于宪法解释学、宪法教义学的研究蔚为大观。在国家义务理论的构建过程中,不少学者直接从宪法文本出发来分析、研究国家义务的规范依据;也有些学者以宪法解释学作为论证方法来规范化研究国家义务的内容。这种自觉的教义学方法论倾向,我们认为不仅对回应学界的文本研究热情具有现实意义,而且也从另一个侧面反映了国家义务内容理论研究方法的多元化。当然,教义学的研究方法也为国家义务的体系化、系统化建构提供前提。

国家义务内容理论之所以可以援用宪法解释学的方法与文本自身的完善密切相关。2004 年宪法修正案第二十四条将"国家尊重和保障人权"条款正式写入宪法,人权保障有了明确的文本依据。除人权保障之外,最为重要的莫过于"国家尊重和保障"的字眼。韩大元教授认为,从此款可以看出"国家对人权的尊重和保障义务不仅是一种政治道德的要求,同时也是一种约束一切国家权力的规范要求,是一种法的义务,在整个宪法规范体系中居于核心的地位,发挥最高法律效力"[2]。可见,此条款的地位已是整个宪法文本的核心内容和最高价值。除此之外,韩大元教授第一次针对该款对国家义务进行分析和论述。他指出"国家对人权的尊重与保护义务是相互联系的全面性的义务,尊重的背后实际上存在着国家应该履行的保护、满足与促进义务,尊重只是国家义务的前提与基本的道德基础而已"。而关于人权的保护义务实际上是指国家机关对基本权法益的"国家保护义务",这种义务包括:"作为人权而得到的保护利益;第三者的利益;紧急状态中对社会主体权利的

---

[1] 蒋银华:《国家义务论——以人权保障为视角》,中国政法大学出版社 2012 年版,第 164 页。

[2] 韩大元:《宪法文本中"人权条款"的规范分析》,《法学家》2004 年第 4 期。

保护；采取预防手段减少人权主体利益受到不当的危害"〔1〕等。这种严格遵守"国家尊重和保障人权"这一宪法修正案的文本，并在此基础上论述尊重与保障义务的关系的观点在当时的学界尚属首次。此观点仍是以人权法、国际人权法的理论为论证基础，并不是严格意义上的宪法学分析路径。但其作为早期有关国家义务理论的规范性探索，其不成熟的一面也即是成熟的开始。而期求在人权入宪伊始即能发展出完善的体系化的国家义务理论无疑是不现实的。

而以宪法文本为依据对国家义务进行分析更为成熟的是上官丕亮教授。上官丕亮在其《论国家对基本权利的双重义务——以生命权为例》一文中可谓严格遵循国家义务的规范分析路径，并直接将国家义务分为尊重义务和保障义务。文中将国家对基本权利的消极义务称为"尊重义务"，把国家对基本权利的积极义务称为"保护义务"〔2〕。可见，这一观点严格遵守积极义务/消极义务二分法。如此表述也是有一定的背景的，即该文以探讨生命权这一子权利为具体指向，最后将之扩大至整个基本权利领域。这种做法虽可称得上见微知著，但难以逃脱一叶障目的嫌疑。生命权自身的给付性质显然不是那么明显，但将给付义务忽略不谈可谓舍本逐末。另外，上官教授联系《中华人民共和国宪法修正案》第二十四条"国家尊重和保障人权"条款认为：这一新增加的条款明确而恰当地宣告了国家对基本权利的义务："尊重"与"保障"。"尊重"就是消极的不作为，而"保障"可以理解为积极保护的作为。在日常工作中，一切国家机关都必须严格遵守宪法并认真贯彻实施宪法，做到既尊重公民的基本权利又保障公民的基本权利，在消极尊重的基础上加以积极保护，并在消极尊重与积极保护之间取得恰到好处的平衡，切实保证我国每一个公民充分享有宪法所规定的人权和基本权。这种严格依据文本的做法固然值得肯定，但是拘泥于文本字面意义的解释也是解释的"大忌"。整个宪法文本的解释应照顾其内部的一致性，也即进行体系解释应重点关照"协调的法律秩序统一体的思想"〔3〕。否则，仅将国家义务解释成为尊重和保障的义务就无法对宪法文本第二章中有关具体的基本权利需要国家履行给付义务的要求予以回应。

---

〔1〕 韩大元：《宪法文本中"人权条款"的规范分析》，《法学家》2004年第4期。

〔2〕 上官丕亮：《论国家对基本权利的双重义务——以生命权为例》，《江海学刊》2008年第2期。

〔3〕 [德]魏德士：《法理学》，丁晓春、吴越译，法律出版社2013年版，第317页。

除了上述直接依据宪法文本对国家义务内容理论加以梳理和总结外,还有部分学者利用宪法文本,也即宪法第三十三条第三款的规定作为论证手段和方法来完善国家义务理论的具体内容。[1]这种利用宪法文本的做法虽然并不是严格意义上的教义学体系,然而正如将宪法应用于司法判决的说理中一样,此方法势必对提高宪法文本的利用层面和频率产生积极影响。并且此方法的运用也让宪法文本具有更加鲜活的生命力。

四、一种内容层面的国家义务理论审视

鉴于国家义务理论自形成之始至目前的广泛影响,其理论视角、研究方法、目的导向和价值依据都呈现多元化趋势。我们力所能及的上述梳理并不期求将之概括全面,而是仅仅对当下学界的研究状况和相关成果作一具体介绍。无论是宪法学基本权利功能理论的推衍,还是人权法对国家义务的特殊关照,抑或是对文本钟情者的演绎,不同的方法视角都集中于国家义务理论,也都服务于公民的基本权保障和人权事业的推进。鉴于这种目的论的考量,我们以为上述方法在实现国家义务理论的体系化过程中难免受到自身研究方法的局限,而无法对国家义务理论自身独立运作的可能性及其运行机制作进一步研究和架构。当然这种考量并不是说不重要,也并不表明没有必要,这仅仅是理论发展过程中的阶段局限性而已。针对上述的三种表达路径和有关国家义务的研究成果,我们以为存在以下可供评价和借鉴之处。

(一)国家义务的层次和内容选择

我们认为,在基本权利功能体系推衍下的国家义务理论是以三层次的构成模式为主要代表,除此之外的其他模式都是对三层次模式的一种演化。在人权法学界虽然存在着"二分法""三分法""四分法"等多种分类方法,但是这些分类方法正如前文提到的那样:"二分法"过于简单且漏洞百出,"四分法"又是"三分法"的细化。因此,"三分法"成为我们的首选。这种三分法同时也与基本权利理论推衍出的三层次国家义务理论相互呼应,故能更好地实现二者的衔接。严格规范意义的国家义务理论是不是和"三分法"相抵牾呢?我们以为虽然宪法第三十三条第三款规定了国家的尊重和保障义务,但是并不

---

[1] 张震:《社会权国家义务的实践维度——以公租房制度为例》,《当代法学》2014年第3期;龚向和、袁立:《劳动权的防御权功能与国家的尊重义务》,《北方法学》2013年第4期;徐钢:《论宪法上国家义务的序列与范围——以劳动权为例的规范分析》,《浙江社会科学》2009年第3期;龚向和、邓炜辉:《国家保障民生义务的宪政分析》,《河北法学》2009年第6期;等等。

是意味着将国家义务理论限定于"尊重"和"保障"两类。纵观上述所有的分类方法,"保障义务"基本很少提到,同时此处的"保障"与国家义务理论中的"保护"无论是词语的内涵还是外延均很难称得上是一致的。另外,严格的文义解释早已经受到学界的质疑。故将国家义务内容理论定位为"三分法"并不与宪法文本的规定相矛盾。相反,前者恰恰是对后者内涵的深化。但是这种"三分法"的模式也只是将尊重、保护和实现的义务内容作了一定程度的组合,并没有对其内部关系展开论述。

(二)国家义务内容构成的语词选择

无论是何种分类方法,其中相关语词是重复出现的,重复率最高的莫过于"保护义务"[1]。重复率高意味着学界达成共识的可能性就越大。而除了保护义务之外,在"三分法"的视角下还存在尊重、承认[2]、消极等针对国家不作为或者有限作为层面的义务。另一层面则是需要国家的主动作为,如给付、积极、满足、实现、促进或者保障等。这些语词的选择有些是因为翻译的问题,有些则是学者认为其含义较能表达其背后的国家义务的具体内涵。但是这种各说各话的情况对国家义务理论研究的深入带来了障碍。故我们认为应尽可能地将国家义务的语词在适用方面达到统一。首先,保护义务的适用范围已经很广,基本得到学界的一致认可,并且其内涵也相对固定,将之纳入国家义务内容理论中比较合适。其次,消极义务与积极义务的适用方面,笔者认为应当杜绝。正如大沼保昭所言:"在传统的理解上,社会权使国家负有积极的义务。这种理解只强调满足的义务,而忽视了尊重、保护和促进的义务等其他方面。而且,将自由权理解为国家的消极义务的传统性认识,也只强调了国家对自由权尊重的义务,而忽视了自由权的其他方面。这任何一种认识都忽视了国家为人权综合性实现所负义务的复合性特征。"[3]因此,使用消极义务或者积极义务可能造成与具体种类的基本权利或者人权的不

---

[1] 也有学者将保护义务的内涵用积极义务加以概括。参见张震:《社会权国家义务的实践维度——以公租房制度为例》,《当代法学》2014年第3期。

[2] 美国法学家亨金教授最早提出"承认"义务,后来我国国际人权法学者孙世彦教授也将"承认义务"作为国家义务之一。孙世彦认为,"国家作为一种政治和法律权威只能是承认或不承认人权为法律权利,而不能创造或消灭作为道德权利的人权本身"。并且"以法律形式承认人权则是国家,或至少是人权条约的缔约国,所承担的国际法律义务"。参见孙世彦:《论国际人权法下国家的义务》,《法学评论》2001年第2期。

[3] [日]大沼保昭:《人权、国家与文明:从普遍主义的人权观到文明相容的人权观》,王志安译,生活·读书·新知三联书店2003年版,第221页。

同面向相矛盾,并且国家义务的积极与消极方面是可能呈现在不同阶段和侧面的,故这种使用方法应予杜绝。再次,在针对国家不作为或者有限作为的层面而言,"承认"是一种对权利的前提性认可,而目前国际社会和国家层面对于人权的承认已经不再是十分突出的问题。另外,承认义务的确立也将会面临可诉性的尴尬。而尊重义务既能避免使用消极义务的弊端,也是对承认义务的发展并且不拘泥于承认义务的狭窄内涵。最重要的是,尊重义务本身要求国家的被动与义务的主动相互消解,其本身所具有的双重面向也能更好地解决可诉性问题。最后,国家对于基本权利的受益权功能和人权的积极面向予以回应的则是作为义务的展开。在作为义务领域中的用词较为广泛,艾德教授从国家面向自身行为、第三人侵害以及权利人本身局限等方面入手,将国家义务界定为尊重、保护和实现。这里我们重点说的是"实现义务",从实现的语词含义上可以看出其一般是指某一行为的结果状态,而不在于该行为的履行方式和手段,是故实现不仅包含了保护,而且事实上也囊括了尊重的含义在内。因此,实现义务的含义过于宽泛。而张翔教授提出的对应基本权利受益权功能的给付义务,我们认为可以采纳。其既避免了"实现"语词的过于宽泛,又清晰表达了国家对于以社会权为主的基本权利的积极自由侧面的义务。故而在国家义务理论的语词使用方面的选择是尊重、保护和给付三个层次。

（三）国家义务构成要素的内部逻辑关系

国家义务理论,从层次和分类方法上进行审视,我们选择了"三分法"和与基本权利功能理论对应的国家义务三层次理论;从要素和语词选择上,我们认为尊重、保护和给付能够更好地表达出国家义务内容的基本构成。然而,内容的分类和体系上的努力以及对语词的慎重选择是否足以对国家义务理论进行概括式总结呢? 上述许多学者都以此作为完成国家义务理论的标志。但是,我们认为上述两个侧面的分析仅仅是对国家义务理论的初步研究,应该说还处于"浅尝"阶段,如果就此"辄止",未免过于遗憾。接下来我们应该考虑的问题是什么? 我们认为应该是国家义务构成要素之间的逻辑关系。前面两种面向皆是从外部环境着手进行的考虑,如分类方法上我们更多地采取对基本权利理论的考察和国家人权法对人权保障的要求等方面,另外便是立足于语言学的立场对国家义务的要素进行选择。虽然这并不是只考虑外部因素的影响,但是其着眼点和方法论的选择并没有关照国家义务理论内容本身。因此,对于国家义务理论的深化和发展与其在繁杂的外部影响因素中寻找,不如反求诸己,将自己内部要素之间的关系加以梳理和整合,更好地促使该理论走向内部完善。这一点,是上述学者没有涉及的,也将是接下来论述的重点。

(四)国家义务理论功能体系的忽视

国家义务理论之所以能够浮出水面并茁壮成长,最关键的原因就是该理论对现实问题的关注和回馈。而纵观学术界的研究成果,莫不是将之作为一种方法和工具服从或者服务于基本权利/人权。我们并不反对这种目的导向的研究方法,或许就是这种问题意识才促使国家义务理论的繁荣。但是以上论述,无论是对基本权利功能理论的推衍,还是人权法学者基于一系列人权公约而作出的价值判断,甚至是对基本规范文本的思考,学术界都将国家义务理论作为一种附属,一种作用的表达——国家义务理论对于基本权利保障的作用,如对于食物权等具体权利的作用[1],对于生命权的作用[2]等等。这种对具体问题进行有针对性的研究和适用对于国家义务理论固然重要,但其也有可能使得该理论走向一种彻底的实用主义立场。人们只关注于此理论在自己领域的工具价值,而忽视了理论本身应当具有的特色和立场。也即国家义务理论功能体系的建构——一种对作用的超越——才是学界应重点着眼之处。

国家义务理论目前所处的阶段仍然是一种静态的、组合式与阶层式相结合相交叉的内容层面的理论研究。也可谓一种平面组合和阶层递进相结合的研究模式。所谓的平面组合也即是对要素的简单堆砌或从国际文件和法律条文中的"拿来主义";而阶层递进只不过是对平面组合的再组合,也只是停留在各种要素之间的进一步的体系性整理。这种从工具性立场出发,以实用主义为价值取向的研究方法限制了国家义务理论研究进路的扩展和深化。正如张翔教授所言:"基本权利的功能体系及其对应的国家义务是一个非常复杂的系统……对这一系统作出详细分析,最终将使国家义务完全地类型化和条理化,从而为基本权利研究确立一套严格的规范和逻辑体系。"[3]这种体系化,甚至系统化的理论自觉可谓十分超前,但是张翔教授的论述仍没有

---

[1] 柳华文:《论国家在〈经济、社会和文化权利国际公约〉下义务的不对称性》,北京大学出版社2005年版,第17页。

[2] 上官丕亮:《论国家对基本权利的双重义务——以生命权为例》,《江海学刊》2008年第2期。

[3] 张翔:《基本权利的规范建构》,高等教育出版社2008年版,第46页。

将国家义务理论作为独立的规范体系和系统。另外,在接下来的叙述中,张翔教授对国家义务的"类型化"努力得以实现,但是融贯的体系化和独立的系统构造却是缺失的。

第二节　国家义务构造：国家义务内容理论的超越

国家义务内容理论已然成为学界关于基本权利/人权保障与实现的必要诉诸工具,尽管内容理论本身存在着一些自身难以克服的缺陷。然而,学界对于国家义务理论的研究并没有止步不前,人们出于对国家义务理论的钟情和重视,基本上都将研究的目光指向了国家义务理论的规范化、体系化和系统化。有鉴于现存国家义务内容理论的一系列缺陷,如:内容组合模式缺乏内在的协调、理论体系结构功能的重视不足、各种基础理论的单一性难以统一、实践维度的缺失、对外部环境的应对捉襟见肘等,下文拟从平面组合与阶层递进的交叉模式转向更为独立和复杂的系统构造范式。

一、国家义务构造理论的前期探索

上述组合式与阶层式的国家义务内容理论的研究模式充斥于国家义务理论的研究领域。面对国家义务内容理论研究方法和价值指向的复杂形势,无论是宪法学界还是人权法学界的相关学者并没有冷眼旁观,而是以一种探索式的心态对国家义务理论进行一定程度的理论架构。正如前文提到的,张翔教授试图从基本权利的规范建构入手来推动国家义务的体系化和系统化,并最终服务于基本权利理论自身的圆融。这种体系化的研究方法无疑是值得推崇的,但就将基本权利与国家义务相互服务的手段而言虽然能够减小建构国家义务独立系统的压力,却无法构建具有自身话语的体系并很难进一步对其内部层次、结构、功能加以阐述。因此,张翔教授的研究为我们指出一条方法论意义的通道,但将国家义务理论构建成何种模式的系统还需进一步探索。

除了张翔教授从宪法学基本权利理论出发建构国家义务理论系统之外,蒋银华教授对于国家义务理论的层级化努力在人权法领域可谓影响很大。他认为,国家义务的层级结构有三种,即静态层构、动态层构和动态与静态相结合的层构。在这三种层构中,动态层构是核心内容。蒋银华所谓的动态层构即是尊重、保障和促进、保护三层次。这种三层次理论的建构虽与我们的用词有所差异,但正如蒋银华所言:"从语言学上说,'尊重'、'保护'和'履行'以及上述的其他相关用语相互之间并无截然不同之界限,而是存在着字义本身之相互交叉以及广义与狭义之适用带来的模糊。"[1] 面对这种模糊,蒋教授并没有诉诸统一的努力,而是寄希望于解释者的阐释和定义,也即在实践中国家会将之统一。但这并不妨碍其对国家义务层化分类的肯定,"层化分类有着非常重要的意义,它有助于促进国家对在公约下的义务的认识,使各国对公约全面履行和易于操作"[2]。这种寄托于实践的看法,我们是持怀疑态度的。首先,实践中的发展并不能代替理论研究者对国家义务理论体系化的努力,相反,有时候恰恰是这种努力给实践提供依据。其次,虽然各个国家和地区对于公约的履行范围和力度都有差别,难以做到一体化的实践需要,但是这并不能否认国家义务理论体系化建构的意义。

蒋银华教授除了将国家义务理论进行层级化建构之外,还尝试论述国家义务功能要素之间的关系。但是这种探索也仅仅停留在对尊重义务的关照上,即"国家对人权的尊重和保护义务是相互联系和互动的整体性义务,尊重的背后实际上存在着国家应该履行保护、满足和促进的义务,尊重只是国家义务的前提与基本的道德基础而已"[3]。这种立足于尊重义务对国家义务理论各要素之间关系的论述也是对理论内部逻辑关系的涉入,尽管只是处于一种较低层面。

张翔和蒋银华分别从基本权利理论和人权法的相关理论出发对国家义务理论予以体系化和层级化努力。他们都是从一种宏观层面——无论是基本权利还是人权——把握国家义务的整体框架。具体到有关民生的社会权领域,国家义务理论体系化的努力也在继续。张震在论述社会权的国家义务时,运用了"立体架构"字眼[4],他直接以社会权为背景,对国家义务的积极性一面充分予以论述。其提出的三层次国家义务分别是尊重、

---

[1] 蒋银华:《国家义务论——以人权保障为视角》,中国政法大学出版社2012年版,第158-159页。

[2] 蒋银华:《国家义务论——以人权保障为视角》,中国政法大学出版社2012年版,第159页。

[3] 蒋银华:《国家义务论——以人权保障为视角》,中国政法大学出版社2012年版,第158页。

[4] 张震:《社会权国家义务的实践维度——以公租房制度为例》,《当代法学》2014年第3期。

积极、给付。这种分类有别于传统的三层次国家义务论。也即在张教授这里将积极义务和给付义务并列,而保护义务的具体内容没有得到相应提及。就积极义务的实质内容来看,其对应受益权功能,这明显是保护义务的扩大化使用,也即在阿列克西(Robert Alexy)"狭义上的受益权"[1]理论基础上架构的新型的或者说是另一种样态的"保护义务"。而在论述义务时,张震也进行了一定程度的层级分类,谓之"立体架构""立体义务体系",即从标准和程度出发依次是:尊重、积极和给付。有关民生保障和社会权的国家义务理论分析,我们认为义务层次理论仍然可以作为国家保障民生义务的基本体系,但在其义务内容上则应按照履行难易程度分为从低到高的三个层次:尊重、保护和给付。[2]在此基础上,将国家义务的实现寄托于积极义务和消极义务的共同履行,而积极义务的保护和给付层次是社会权保障的主要手段,消极义务的尊重内涵则是次要手段。为了充分实现社会权的国家义务,借鉴李惠宗教授的研究成果,认为"由于人民权利之保障与国家权力之分立互为表里,而彼此制约;宪法上各项原则与制度的适用,必须注意到所谓'宪法一体性'的关系"[3],也即在国家义务的内部层次中遵循尊重、保护和给付,而在实践面向离不开立法、司法和行政的具体运作,此种研究进路和张翔教授可谓不谋而合。

  大陆学界有关国家义务理论体系化、层级化探索的主要观点大致不超出上述进路,这种进路对于国家义务构造理论无疑是一种有益的探索。无论基于何种立场和目的导向,目前的探索还仅处于一种初级阶段,这种初级阶段具体表现如下:第一,以上的讨论只是一种小心翼翼的迈进。这种层级化和体系化只是对原有内容的稍加整合,并没有推出一种耳目一新且能够形成独立系统的学说。对于国家义务理论而言,其仍旧是一种内容式的体系化,仅仅探讨内容的不同而不涉及内容自身的关系仍是不够充分。第二,国家义务理论的内部逻辑关系的处理仍然没有得到相应的改观。尊重、保护和给付义务之间关系的层级结构的具体呈现尤显不足。我们在说明自身论述的体系化与层级化,然而这种层级化和体系化的外在形象和内在表达并不是那么清晰。当然,纯粹去追求层级化和体系化本身是没有意义的,国家义务理论

---

  [1] Robert Alexy. *A Theory of Constitutional rights*. Translated by Julian Rivers. Oxford University Press, 2002, pp. 295 – 296.
  [2] 龚向和、邓炜辉:《国家保障民生义务的宪政分析》,《河北法学》2009年第6期。
  [3] 李惠宗:《权力分立与基本权利保障》,元照出版公司1999年版,第44页。

本身也并不唯体系化至上。但面对基本权利/人权保护的重任,以及国家自身权力的天然扩张性,没有义务理念的约束,没有体系性的保护内容,国家义务理论本身也只是纸上谈兵。故体系化和层级化最终还是要服务于实践,其价值的彰显仍旧是国家义务成为独立系统的目的所在,也是国家义务理论从内容层面向构造层面的转向。

既然国家义务的体系化和层级化关系到国家权力的合理配置和行使,也关系到公民基本权利的保护和人权保障理念的落实,且宪法学界和人权法学界对于构建国家义务体系和系统的追求也基本一致,在方法论缺失的情况下我们应该如何去完成这一任务呢？方法的不足并不能阻止我们对国家义务理论的整合和发展,既然目前的研究范式无法达成一致追求的目标,我们何不于"法"之外去寻找。系统构造论方法的"他山之石",或许可以攻下国家义务理论这块正在开发中的"璞玉"。

二、国家义务构造的理论基础

国家义务理论从内容层面向系统构造理论的发展是不可逆的趋势,也是国家义务理论走向成熟的标志。国家义务构造理论的建立离不开对国家义务内容理论的扬弃。相比较而言,国家义务构造的描述就是国家义务内容理论的进一步发展。首先,国家义务构造理论最重要的是"构造"意义的凸显。所谓的构造如果脱离了内容和要素也只能是无源之水、无本之木而已。故而,内容理论是构造理论的基础和前提,是国家义务理论最根本、最原始的问题。构造理论的提出就是内容的升华和再创造,不能仅停留于表面的组合而对实质问题避而不谈。其次,构造理论不能离开权利保障的价值取向。国家义务理论最根本的属性还是宪法学和人权法赋予的,也可以说"权利"才是国家义务理论的最终目的和最高价值。任何研究国家义务理论的方法只是在这一目的导向下的思考,也只是为了更好地服务于权利的实现。再次,构造理论使用的研究方法最终应该是法学的研究方法。接下来我们将从融贯的体系化和系统构造论视角对国家义务的构造理论展开论述。无论是融贯论还是体系化都是目前法律解释学和宪法教义学坚持的分析方法,这种借鉴仍然是对宪法学研究方法的坚持和回归,都没有背离法学的"世界"。而系统构造论虽然有一定社会学和政治学的意味,然而无论是卢曼、马克斯·韦伯还是庞德、托依布纳、昂格尔等都已经从社会学角度对法律进行分析,并进而将系统论和构造方法引入法学。[1]故而,国家义务构造理论的研究视角和方法仍然是法学的。最后,构造理论的诞生并不是一种臆想,它不仅坚持教义学的方法,努力对宪法文本中"国家尊重和保障人权"条款进行国家义务式的解释和分析,而且同时对于国家这一政治系统与法律系统的交集所在,展开社会学意义的梳理,力图在论述国家义务构造理论时能较好地运用教义学方法和社会学方法,并在理论运用过程中和价值取向上实现两者的结合。

国家义务构造理论既不是对内容理论的彻底决裂,也并没有放弃宪法学与人权法学的价值立场和研究方法,那为什么会选择国家义务构造理论将是我们所要面临的重要问题。国家义务内容理论的缺陷和不足已如前述,而构造理论的提出其最大的指向和欲达到的目的便在于对上述不足的弥补。除此之外,构造理论也有自身的理论自觉和价值取向,而其中最关键的莫过于对国家义务理论自身独立性和系统性的珍视。当然,这也是接下来将要论证的重点,即国家义务构造理论如何被选择以及构造理论自身的功能和价值,下文将从国家义务构造论的基础理论入手加以剖析。

(一)融贯的体系化:教义学立场

国家义务理论的形成是对宪法基本权利功能体系理论的推衍,但没有研究表明只是对人权法、国际人权法以及国家公约所赋予国家的责任的履行的回应。欲要使国家义务理论走向深入,除了回应现有理论的发展外,还应在宪法文本中找寻其规范依据,并运用解释学、教义学的方法使国家义务构造理论体系化、融贯化。而融贯的体系化是系统构造论的一部分,也可以说是系统构造论在规范层面的展示。

1. 体系化思维

所谓体系,乃"若干有关事物相互联系、相互制约而构成的一个整体",[2]此处的事物并不仅仅是物质层面的理解。《现代汉语词典》的解释也包含意识在内。而体系化就是将事物或意识整合成体系的过程。在法学里,

---

[1] [德]卢曼:《法社会学》,宾凯、赵春燕译,上海人民出版社2013年版;[德]卢曼:《社会的法律》,郑伊倩译,人民出版社2009年版;[德]马克斯·韦伯:《论经济与社会中的法律》,张乃根译,中国大百科全书出版社1998年版;[德]马克斯·韦伯:《韦伯作品集:法律社会学》,康乐、简惠美译,广西师范大学出版社2005年版;[美]罗斯科·庞德:《通过法律的社会控制》,沈宗灵译,商务印书馆2013年版;[美]R. M. 昂格尔:《现代社会中的法律》,吴玉章、周汉华译,译林出版社2001年版;[德]贡塔·托依布纳:《法律:一个自创生系统》,张骐译,北京大学出版社2004年版;等等。

[2] 夏征农、陈至立:《辞海》,上海辞书出版社2009年版,第1856页。

体系化一般涉及的是整个法秩序的体系化。大多数学者将所有法律部门和文本直接称为法律体系,此时的法律体系是指"一国现行的全部法律规范按照不同的法律部门分类组合而形成的一个呈体系化的有机联系的统一整体"[1]。而在法教义学里,法律体系是其发展的前提,一个部门和一个领域的法律规范体系化也是其自身追求的价值所在。法教义学的任务便是"发现个别规范、规整之间,及其与法秩序主导原则间的意义脉络,并以得以概观的方式,质言之,以体系的形式表现出来"[2]。在大陆法系国家,由于历史原因和法律传统等因素的影响,法律的体系化工作之价值被推崇到极高的地位,有学者将体系化的法律上升到正义的实现层面,言"唯有体系化才能维护法秩序的安定和正义"[3]。

体系化对于正义的维护是间接的,其主要通过自身所具有的两种功能来实现。[4] 体系化使得法的稳定性维护和创造性、开放性之间保持的统一得以成为可能。法的稳定性是法律秩序的前提,也是法律得以适用的保障。"凭借一个表现出一贯性和统一性的法律体系,远比依赖于无法综览的、互不相属的,甚至自相矛盾的、杂乱无章的零散规范群更能保证法律的确定性和可预测性"[5],而这种确定性与可预测性的追求如果摆脱体系化的方法利用,是很难想象的。追求法秩序稳定性固然是法学发展的基本要求,但是稳定并不能成为法学故步自封的理由。社会形势的发展同时要求法学,尤其是以法律文本为基础的法教义学提供解决问题的方法。此时体系化的第二个功能则显得更为重要,即如何在已有体系化的法秩序中找寻对现实问题的解决途径,这也就要求法的开放性和创造性。创造性对于法律适用而言更多地要求司法机关在裁决案件过程中不仅要对以往案例及其价值进行继承,更要针对案件本身作出有益的探索。虽然,"稳定的法学体系的存在,会使得法官

---

[1] 张文显:《法理学》,高等教育出版社、北京大学出版社2010年版,第126页。
[2] [德]拉伦茨:《法学方法论》,陈爱娥译,商务印书馆2003年版,第316页。
[3] [德]茨威格特、克茨:《比较法总论》,潘汉典、米健、高鸿钧、贺卫方译,法律出版社2003年版,第109页。
[4] 魏德士曾说:规范体系化之后"才能了解法律制度内部的评价体系,才便于讲授与学习,才能让人们在总体上把握具体规范之间的联系,才能使具体规范之间的联系、顺序和依赖关系一目了然"。参见[德]魏德士:《法理学》,丁晓春、吴越译,法律出版社2013年版,第140页。
[5] 梁迎修:《方法论视野中的法律体系与体系思维》,《政法论坛》2008年第1期。

的恣意得到控制"[1],但是法官作为立法者的功能却表现得越来越明显[2]。

综上,体系化思维和方法的功能和目标是实现法的稳定性与法的开放性之间的平衡,在平衡的基础上服务于法律的解释与适用。这正如佩策尼克所言,"体系化是为解释服务的"[3]。解释固然重要,但并不是为了解释而解释。体系化的目标更为重要的仍旧是实践,也即"就是使法律成为一个具备自我发展与再生能力的活体,通过洞悉这个活体的基本公理与原则,掌握各个组织器官的机能与协作方式,揭示概念、规则之间的内在关系,就可以从已知的原理与规则中推导出未知的规则,从而解决实践中的法律问题"[4]。故,法理论体系化的最终指向仍然是实践问题的解决。

为了寻求体系化的方法,实现上述体系化之价值,有学者从萨维尼的有关论述中找寻出四种实现规则,笔者深以为然。萨维尼体系化方法的第一条规则是有关体系化实现的前提性工作,即体系化研究应当具备一定的抽象性与无矛盾性。在抽象与无矛盾的基础上,萨维尼体系化方法的第二条规则指向了体系化的文本要求,即体系化研究应当以实在法为基础,避免任意性与空洞化。在文本基础上,对概念进行准确界定,但不是都需要把它们概括为学究式的定义,这可以称得上是萨维尼体系化方法的第三条规则。而萨维尼体系化方法的最后一条规则涉及法体系的整合,其目的是发现体系而不是发明体系。[5] 这四种规则,在总体原则、文本依据、概念和法体系等层面对体系化方法加以整合,既有微观面向,又有宏观架构,可谓是实现规范和概念体系化的必备路径。

法教义学所理解的体系化已经远远超过了萨维尼时代所谓的法律规范,

---

[1] 张翔:《宪法释义学:原理、技术与实践》,法律出版社2013年版,第123页。

[2] [美]本杰明·卡多佐:《司法过程的性质》,苏力译,商务印书馆2013年版,第59页。

[3] 转引自白斌:《宪法教义学》,北京大学出版社2014年版,第154页。

[4] [德]弗里德里希·卡尔·冯·萨维尼:《论立法与法学的当代使命》,许章润译,中国法制出版社2001年版,第18页。

[5] 杨代雄:《萨维尼法学方法论中的体系化方法》,《法制与社会发展》2006年第6期。张翔教授将体系化的方法总结为:以实定法为基础;抽象与整合;对于法律规则的内在关联的探究等。笔者认为这种总结仍不脱萨维尼四规则的内容,甚至有重合之处,故本书采纳萨维尼的规则方法。参见张翔:《宪法释义学:原理、技术与实践》,法律出版社2013年版,第124-125页。

即立法的体系化[1]。而"依形式逻辑规则建构之抽象、一般概念的体系"[2]也是众多实现法学重要任务的可能之一。国家义务理论构建体系化的可能性,不仅依托于宪法文本的规定,而且将人权法和法学实践中的有关理论纳入教义学的解释范畴中去,从而将这种体系化不再单纯地限于文本和逻辑。这样的两种方法的结合使得国家义务理论体系化有了更为充足的依据。但需要指出的是,国家义务理论的体系化并不只是狭义上的内部体系化。由于国家义务理论内容颇为庞杂,其不可回避地涉及宪法学或者人权法学以外的法律体系。因此,国家义务理论体系化融合了外部与内部、抽象与具体的体系类型,属于广义的体系化。

2. 融贯论

体系化的内容旨在在法律文本和抽象概念领域都建构一种稳定的、秩序化的理论模型或者规范体系。然而,法律文本的复杂和不一致甚至是矛盾都制约着体系化的发展。尤其是如何看待宪法教义学问题,因为宪法是母法,是其他一切法律规范产生的根据。在部门立法文本中基本都能看到"根据宪法,制定本法"的字眼。但要想真正地将宪法规范条文作为统摄部门法的根本依据在现实中几乎行不通。另外,部门法的大量存在导致一些法概念遇到难以统一的弊端,而最根本的法律逻辑证成恰恰就是建立在这些概念之上的。这样,体系化的建立并没有彻底改变法律体系相互矛盾和冲突的现状。而为了体系化的体系化反而导致大量部门法规范自我证成、排斥上位法甚至是僵化于已成形的体系现状。这样的问题也就需要另一种理论方法加以改变。

其实,融贯论并不是在体系化之后才出现的,或者说并不是为了解决法律体系化弊端而生成的理论模式。哲学上的融贯论,是一种认识论的方法,是一种对体系化的评价,即为一种关于程度的概念。"在哲学上对于融贯的讨论主要在两个方面:一是作为认识论的观点与基础论相对应;二是作为知识论中真之理论与真之符合论、真之实用论等相对应。"[3]所谓的基础主义理论,起源于笛卡尔的"我思"基础,其主要表现为一种元理论、元标准的追

---

[1] [德]弗里德里希·卡尔·冯·萨维尼、雅各布·格林:《萨维尼法学方法论讲义与格林笔记》,杨代雄译,法律出版社2008年版,第108页。
[2] [德]拉伦茨:《法学方法论》,陈爱娥译,商务印书馆2003年版,第316页。
[3] 蔡琳:《法律论证中的融贯论》,《法制与社会发展》2006年第2期。

求。根据不同的侧重点,基础主义又可称为绝对主义、本质主义、客观主义等[1]。这种认知理论认为,"知识可以展现为一种具有基础和上层建筑的结构","基础是稳定且自我证立的,无须经受进一步的证立,而其他非基础的信念——上层建筑都要通过诉诸它们而获得证立"[2],也就是说,所有的证立过程的展开都不能离开一个根本的"基础"。而与此相反的是,融贯主义认为,"全部的信念构成了一个网络,在这个网络里,每一个信念都有着平等的认识论地位",并通过交织在一起的联系网得以连接;"这种联系在本质上是推论性的,但不必然是演绎性的。而正当化就是一个融贯的问题。一个信念被证立,当且仅当其与作为其背景的信念体系融会贯通"[3]。可见,融贯性离不开内部的一致性和无矛盾,同时也包含着内在各个因素和体系构成要件的相互依赖程度。

到了法律领域,融贯理论得以发展,且主要表现在两种方式上,一种是关于法律体系的融贯,另一种是在法律推理/法律论证中的融贯。[4] 前者的理论代表人物是德沃金,而后者主要是佩策尼克和阿列克西。所谓法律体系的融贯所关注的是使整个法律体系的各个组成部分之间达到融贯状态,而法律论证中的融贯则关注如何在论证中将其理由得以融贯的联结,推导出裁判结果。也有学者认为法律证成的融贯理论存在着两种检测方式,即规范的融贯性检测和叙事的融贯性检测。规范的融贯性检测主要与法律裁定或者规范命题的证成有关,这些法律裁定或者规范命题一般在法律体系的语境中被视为规范秩序;而叙事的融贯性则与发现事实和对理性的描述证据进行证成有关。[5] 下文将分别对佩策尼克、阿列克西和德沃金的融贯理论加以介绍。

(1) 佩策尼克的融贯论

佩策尼克是将哲学上融贯理论引入法学论证领域的第一人。他的融贯理论离不开两个前提性的假设:可辩驳性和反思平衡性。所谓的可辩驳性

---

[1] 张卫:《基础主义之"基础"探析》,《自然辩证法研究》2009年第7期。

[2] [英]尼古拉斯·布宁、余纪元:《西方哲学英汉对照词典》,人民出版社2001年版,第392页。转引自白斌:《宪法教义学》,北京大学出版社2014年版,第172页。

[3] [英]尼古拉斯·布宁、余纪元:《西方哲学英汉对照辞典》,人民出版社2001年版,第392页。转引自白斌:《宪法教义学》,北京大学出版社2014年版,173页。

[4] Leonor Moral Soriano. *A Modest Notion of Coherence in Legal Reasoning*: *A Model for the European Court of Justice*. Ratio Juris, 2003(16).

[5] [英]尼尔·麦考密克:《修辞与法治——一种法律推理理论》,程朝阳、孙光宁译,北京大学出版社2014年版,第250页。

是指,"一个规范可以被一个例外情形'打败'",但这并不代表法教义学是不确定的和无序的,"只要这些选择与人们已经接受的命题以及法律和道德方面的偏好相融贯,那么,它们就是可证成的"[1]。而另一个与融贯论相关联的反思平衡性,其"目标是在一般原则和个人道德确信之间的相互适应"。但一般而言,"一个信念体系的融贯比反思平衡理论要复杂得多"[2]。在可辩驳性和反思平衡性的前提之上,佩策尼克继续对融贯性理论进行深入研究。佩策尼克借鉴相关融贯论的哲学视角,从六个方面[3]对融贯论的基本性质加以探讨,并认为一个信念体系如果满足以上条件,就是一个奠基于论证的、融贯的体系。也可以这么认为,一个观点、主张或者理论,其支持结构越接近于这个性质标准,其融贯性越强。上述标准也可以理解为一种融贯理论的支持结构,而这只是佩策尼克的融贯理论形式标准之一。

除了支持结构之外,还包含概念的特性这一构成。在融贯的理论中,概念与支持结构紧密结合构成了形式标准的重要组成部分,而概念的范围大致包括了逻辑概念和法律与道德领域的概念。佩策尼克认为对概念的基本要求有两项:第一项是一般性的要求,此处的一般性是指"在融贯的体系里所使用的概念应该是一种普遍性的概念,而并非特指。但是,这样的普遍的概念并非是不可分层的,在具体的法律论证中,可以对这些普遍性概念所指的对象进行界定,以决定是否适用相应的法律。另外,在相类似的概念之间,应允许类比的存在"。第二项便是概念上的交叉联系,"所谓概念上的交叉联系是指不同的理论所使用的概念相同或越近似,理论之间也就越融贯"[4]。

佩策尼克的融贯论并不是一种空穴来风,他也是在反思规则/原则在法律论证过程中呈现的一系列弊端而作出的思考。与此同时,他还对非单调逻

---

[1] Aleksander Peczenik, Scientia Juris. *Legal Doctrine as Knowledge of Law and as a Source of Law*. Springer,2005,pp. 115, 124.

[2] 侯学勇:《佩策尼克的融贯性理论研究》,《法律方法》,2008年第7卷,第176-186页。

[3] 佩策尼克认为的六个条件主要包括:1. 它是逻辑上无矛盾的;2. 它拥有高度的无矛盾可能性;3. 它的组成信念彼此之间,有着相当数量相互强烈逻辑蕴涵的关系;4. 只有少数无法说明的异常情况;5. 它提供了某种对于世界相对稳定的理解方式,且此种理解方式能维持融贯性(意指,在一个相当长的时期内持续满足前四个条件);6. 它满足了观察的要求,亦即,它必须包含一套法则,这套法则足以提供人们在合理范围内形成自发性、多样性的认识信念,包括内省性的信念。参见侯学勇:《佩策尼克的融贯性理论研究》,《法律方法》2008年第7卷,第176-186页。

[4] 蔡琳:《法律论证中的融贯论》,《法制与社会发展》2006年第2期。

辑,即逻辑的非单调性作出批判。在此基础上,佩策尼克提出了自己复杂的融贯论体系。

(2) 阿列克西的融贯论

在法律论证/推理理论中的融贯论,除了佩策尼克之外,最具代表性的应该就是德国著名法学家罗伯特·阿列克西。阿列克西的融贯理论与佩策尼克的融贯理论有相似之处,两人曾经共同完成了《融贯性的概念》这份报告。阿列克西认为,融贯性的前提乃是法秩序本身,这是其研究融贯性理论的一个宏观条件。在论述融贯性的概念时,阿列克西采用的是概念比较的方法,也即将融贯性与连贯性加以对比,后者仅指"一种理论不存在逻辑矛盾",而前者则包含积极层面和消极层面。在消极层面上,融贯性理论将连贯性包含进来,而在积极关联关系中的促成类型是"证立关系",故而,阿列克西认为"证立的概念是分析融贯性概念的关键",两者存在一种"概念上的必然联系"[1]。而接下来关于融贯理论的论述都围绕着"证立关系"而展开。阿列克西在对证立关系与融贯论的关系上采用了与佩策尼克几乎一样的论调,他将佩策尼克那里的"支持结构"理解为证立关系,而用"陈述集合"的概念取代了"一个主张或一个观点"的通俗讲法。故阿列克西认为,一个陈述集合的证立结构越完美,这个陈述集合就越融贯。在这一基本理论之下,阿列克西分别从四个方面展开了讨论,也即"陈述"概念、"证立"概念、"证立结构"和融贯性具有的"度"的性质。

阿列克西紧接着对融贯性的标准加以论述,他认为"融贯性的标准的典型特征不仅在于它们能以不同的度被满足,而且在于它们能相互冲突"。而这种标准间的冲突"可以作为最佳化命令意义上的原则来表述"。这种意义上的融贯性标准可以分为三组:① 那些直接涉及某个陈述体系之证立结构的特征的标准;② 那些作为在某个陈述体系中所使用之概念特征而发挥作用的标准;③ 那些涉及某个陈述体系之对象域的特征的标准。[2] 融贯性的标准最终服务于实践理性,服务于法教义学的稳定性与进步。阿列克西对于融贯性理论的表达并没有限制在这一表达的语境范围之内。也即,阿列克西认为,融贯性优点的发挥受到三个必然缺陷的限制,这些缺陷分别是:融贯

---

[1] [德]罗伯特·阿列克西:《法:作为理性的制度化》,雷磊编译,中国法制出版社2012年版,第113页。

[2] [德]罗伯特·阿列克西:《法:作为理性的制度化》,雷磊编译,中国法制出版社2012年版,第115页。

性的概念本身、融贯性的形式性构成和融贯性的实践意义。由此,阿列克西关于融贯性理论的表述已经呈现出这样的脉络,即融贯性的前提—融贯性的概念和标准—融贯性的实践理性—融贯性的缺陷与共识。这一脉络反映出了法律论证领域融贯性理论发展的成熟。但是,融贯性的法律论证与推理并不是融贯性的全部内容,在法律解释领域的宏观的融贯性的意义仍不可忽视。

(3)德沃金的融贯论

德沃金的融贯理论的提出被较多的学者认为是对符合理论与怀疑理论、绝对主义与相对主义的超越。然而德沃金的融贯论及其立场和内容也受到非常大的争议,例如其被拉兹称为整全的融贯论而大加批判。故,德沃金的融贯论对法律解释的体系建构作用不容小觑[1]。首先,德沃金的融贯论是建立在对罗尔斯反思性均衡的理论模型进行批判和改造的基础之上的。其由暂时性定点的两端关系改造为包括三端关系的"建构性解释"[2]。而这种对罗尔斯的批判性恰恰是德沃金融贯性理论的起点与前提,即在司法活动的参与者的实践中去寻求理论的渊源。有鉴于此,德沃金用前诠释阶段、诠释阶段和后诠释阶段来表示上述问题。在前诠释阶段,法官根据实践确定作为"暂时的固定点"的规则和标准,此时,确认暂时固定点时不可避免会受法官前理解的制约,而法官的前理解无法摆脱过去体制中价值观的影响;诠释阶段是法官根据前诠释阶段所确认的实践要素对法律进行解释的过程,此阶段要求法官的解释要符合过去体制中的价值取向;在后诠释阶段,法官根据解释结果调整或修正自己最初形成的理念。[3] 其次,德沃金在表达其整全性解释的过程中认为,"整全性的法律诠释最终应该满足在法律原则上的适合性要求,就是要实现法律诠释在法律原则上实现一种实质性价值论证的体系融贯,融贯也就意味着一种正确性的实现","整全性要求,只要有可能,社群

---

[1] 有学者认为,德沃金的融贯论是一种建构性解释论,"法官的解释正如连环小说的创作一样,通过解释保证司法信念的融贯和法律的整体性,通过司法保证法律的优化发展"。参见王彬:《论法律解释的融贯性——评德沃金的法律真理观》,《法制与社会发展》2007年第5期;王国龙:《法律解释的有效性问题研究》,山东大学2010年博士学位论文,第380页。

[2] 此三端关系主要指:"1. 蕴含在判例中的前代法官的价值观(或者说体制的价值信念);2. 当今法官个人的价值信念;3. 当下法官所要建构的道德理论。"参见王锴:《宪法解释的融贯性》,《当代法学》2012年第1期。

[3] 侯学勇、郑宏雁:《整体性等于融贯性吗?——评德沃金法律理论中的融贯论》,《法律方法》2010年第10卷,第85-86页。

的公共标准必须被当作成与看成表达处于正确关系之正义与公平的单一融贯体系。"[1]这种整全式的解释观也是一种融贯论的表达。最后,在德沃金看来,分离命题——法律实证主义在法律渊源问题上的这一主张无法正确地解释法官创设新的法律权利这一事实,乃是一种虚构的法律权利观。法律在内容上的正确性要求导致法律必须与道德尤其是政治道德,即是与政治制度相关的道德行为保持一致性。而为了弄清楚一个国家的法律内容是什么,我们首先需要找出在这个国家中有效法的渊源是什么,它们大致包括宪法、法规、普通法等。[2]从以上论述,我们已然看出德沃金的融贯理论已经有求诸法律体系的倾向。而融贯论本身服务于法律体系化的面向也呼之欲出。

3. 融贯的国家义务理论体系化

融贯论追求一种法律论证和法律解释中的无矛盾,且不排除个别例外的存在。这种要求就势必与体系化的内涵发生某种在价值上的一致性。无论论证融贯还是解释融贯都要面临一个共同的问题就是对象。解释的对象是文本和规范,而论证的对象也指向了规范的适用。这种交叉关系就使融贯理论无法摆脱两个前提:文本规范和体系化,也可以称为体系化的文本规范。

(1) 融贯论与体系化的关系

融贯论与体系化的关系并没有统一的说法。但我们从上述的分析中可以看出两者密不可分,互为融洽。对于两者的关系,大部分的学者认为,融贯性是体系化追求的目标,也即"依照处于法体系中的各要素之间的关联,法体系最为完善的状态便是融贯性"[3]。这种将融贯程度作为对法体系化进行衡量的标准,甚至是最高的标准,值得参考。正如上文所说,无论是佩策尼克还是阿列克西,他们在论述中都将一个论点或者理论的证立结构或者支持结构的完美程度作为衡量标准来对融贯理论加以支持。这种观点显然是对上述融贯标准的肯定。虽然立足点不同,但是体系化程度越高,对融贯性的要求越高;反之,一个体系本身的融贯度也即证立结构和支持结构十分完美,它的体系化程度显然不会很低。低劣、粗糙的体系化绝对支撑不了较高的融贯性,体系化与融贯性两者可谓一体。正如麦考密克在对法体系、融贯论和解

---

[1] 王国龙:《法律解释的有效性问题研究》,山东大学2010年博士学位论文,第366-383页。

[2] 王国龙:《法律解释的有效性问题研究》,山东大学2010年博士学位论文,第365-380页。

[3] 白斌:《宪法教义学》,北京大学出版社2014年版,第176页。

释学加以综合比照时所说的,"法律体系的详细条款应当是可以解释的,为相互兼容的价值服务。这样,'融贯性'就能够至少是部分地被这一体系满足,因为该体系将理性与那些被认真地视为价值的内容相联系"。这一总结指出,"融贯性是法律体系中可取的理想特征"[1]。关于融贯性和体系化关系的详细叙述如下:首先,体系化是融贯论的依据和前提。对于融贯论而言,没有体系化的构造前提,其存在的意义将大打折扣。而融贯论所要完成的任务也是进一步对体系化的支持和完善。体系化的内涵中就包含着融贯的思想,试想如果一个体系内部无法达成一致,也即无矛盾性难以体现,则体系本身也就无从谈起了。对融贯的否定正是否定体系自身。其次,融贯论是体系化的更高、更完善的要求。成体系本身并不是体系化最终所要达到的效果,体系化还需要在已成体系的基础上进行更加细化的工作,我们完全可以将此工作称为融贯性。当然,融贯论本身内涵较之要广泛得多。体系的融贯性追求的是内部各要素在无矛盾性和一致性基础上实现相互依存,并借由循环论证的方法,使融贯的体系是"自我支承、自生自发和完全独立的"[2]。

(2) 国家义务体系需要融贯论思想

国家义务理论的体系化梳理已在宪法学和人权法学的学者那里得到完善。目前国家义务理论的体系化主要表现为一种层次理论和层级结构的体系化。这种方法与基本权利功能体系和国际人权法学界赋予的国家义务有很大的渊源。但这种体系化仍然需要融贯论思想。

首先,融贯论本身就是国家义务理论体系化的内在要求。我们认为国家义务理论体系没有解决无矛盾性问题,其原因在于真正的国家义务理论体系没有建立起来。而建构国家义务理论体系本身就需要融贯论思想作为依据或者标准。体系化程度决定了融贯理论的适用空间,同时融贯理论又促使体系化建构不断完善。国家义务理论体系化的过程就需要积极采纳融贯论的思想和方法,从而促使自身的完善。

其次,融贯论思想要求体系的无矛盾性。所谓的无矛盾性不仅表现在对体系化构成要素的选择上,也表现在体系化的建构以及内部各要素的关系处理上。目前,国家义务理论体系已经完成了关于要素选择层面的任务,即从体系化角度出发,综合多种理论,秉承多元取向,兼顾人权法和宪法学领域已

―――――――――
[1] [英]尼尔·麦考密克:《修辞与法治——一种法律推理理论》,程朝阳、孙光宁译,北京大学出版社2014年版,第266-268页。
[2] 白斌:《宪法教义学》,北京大学出版社2014年版,第173页。

有的研究成果,将之概括为尊重、保护和给付三要素。在体系化建构方面,无论是人权法领域还是宪法学领域,我们认为都是有所欠缺的。虽然从已有的研究成果来看,所谓的国家义务架构、国家义务层级或国家义务体系等说法不一而足,但是真正的国家义务体系并没有彻底建立起来。人们大多认为,要素选择出来以后,从外在面向考虑国家义务理论中的这些要素分别对应基本权利或人权的不同功能,并且这三要素有一定的区别如强度的不同等。这虽然是对国家义务理论进行的比较全面的探讨,但全面不等于体系化。人们还没有解决国家义务理论体系的无矛盾性,甚至没有将三个构成要素的矛盾之处或重合之处加以论述和总结,更不能奢谈所谓的子体系或者子系统了。故,国家义务理论体系在无矛盾性方面需要引入融贯论的思想。

再次,体系化和融贯论在法学中的应用都离不开教义学的方法。而国家义务理论体系的建构也不可能离开宪法教义学和宪法规范。从广义上来讲,"宪法教义学所借由体系化工作所形成的宪法规范体系,其正当性的鉴别标准之一当是其教义之间内在的融贯程度"[1]。从该层面来看,体系化和融贯论最终要诉诸教义学的面向。从宪法教义学方法出发来审视国家义务理论的体系构造,其规范基础应该是也必须是宪法第三十三条第三款"国家尊重和保障人权"这一规定。在该款的基础上,利用目的解释和体系解释的方法将国家义务的具体内容和构成要素总结为尊重、保护和给付。

复次,融贯论要求国家义务理论体系构建的实践面向。不从实践意义上考量国家义务理论体系的必要性和可行性,教义学方法的运用和努力也将付诸流水。实践面向的思考并不是刚刚被意识到。无论是人权法三层次理论的提出,还是基本权利功能体系的总结都是来源于并服务于实践。[2]但是,这种抽象的体系化在实践中发挥作用的空间有多大,还需反思。因此,在体

---

[1] 白斌:《宪法教义学》,北京大学出版社2014年版,第177页。
[2] 1987年,艾德作为联合国防止歧视和保护少数者分委员会的特别报告员,提交了他的最后报告:《国际经济新秩序和促进人权:关于作为人权的充分食物权的报告》。此时,他将国家义务的三分法运用到经济、社会、文化权利的领域。虽然在具体适用时也是不无分歧的,但这种对国家义务进行层化分类的方法已经被经济、社会、文化权利委员会采用。参见柳华文:《论国家在〈经济、社会和文化权利国际公约〉下义务的不对称性》,北京大学出版社2005年版,第18页。而在论述基本权利功能体系理论指引下的国家义务理论体系的实践时,张翔教授具体将消极、保护和给付功能的落实诉诸立法、行政和司法机关,即这三种功能都与三大机关产生作用、发生效力。参见张翔:《基本权利的规范建构》,高等教育出版社2008年版,第58-76、98-103、139-142页。

系化的基础上完善国家义务理论体系各要素的内部子系统,并合理处置好国家义务各个要素之间的冲突和矛盾实属必要。除此之外,我们不难看出国家义务理论体系的实践面向离不开处理国家义务自身与外部环境的关系。即国家义务理论在实施中如何协调与基本权利的关系,如何在保证其独立性的基础上面对个案时能提出合理的解决方案。

最后,融贯论使国家义务理论在基础主义"基础"之上实现体系化。如前文所述,融贯论的提出是与基础主义的认识论相争鸣的。即融贯论自身反对基础主义这种追求"绝对真理、永恒标准和元标准"[1]的绝对主义。但是,"尽管各派现代西方哲学家都在力图反对传统西方哲学中的基础主义,但是在他们批判基础主义的过程中却不可避免地显露出新的'基础'"[2]。这种基础的出现,显然具有多元倾向。无论是否形成了多元主义的基础主义之"基础",但我们很清晰地看到融贯论的论证方法和解释方法都需要基础主义。这一点是确定无疑的。我们的宪法文本在制定时并不是所谓的"价值无涉",从来没有人怀疑过国家对人权和基本权利尊重和保障的义务,即使该条款在被纳入宪法之前。因此,宪法教义学视野下国家义务理论体系化的过程必须遵守的"基础"便是对公民权利和人权的保障。

(二)系统构造论:法社会学立场

国家义务理论体系化的努力和成果已经显现,代之而起的是体系化内部不可避免的矛盾、冲突以及理论的不完善等问题。虽然体系化构造最终离不开融贯论的参与,也即融贯的程度会成为体系化所欲达到的目的,但是融贯并不能将上述问题彻底解决,何况体系的融贯也仅仅是立足于教义学的立场,狭义上的融贯更是仅为一种法律论证理论而已。因此,国家义务的体系化构造之路不可能仅仅诉诸融贯理论的运用。法教义学视野下融贯的体系化是一种对国家义务进行整体研究的路径,一种方法论的铺垫和独立研究的自觉。在融贯的体系化面临一系列问题而无能为力时,我们不妨将视野扩大至我们这个社会,采行一种系统论的视角来为国家义务理论立基和发展。

1. 构造论

对于构造论或者构造主义的引入离不开对于"构造"内涵的探讨。所谓构造,《辞海》中给出三种解释:捏造、制造和结构。[3] 在解释"构造体系"时,

---

[1] 张卫:《基础主义之"基础"探析》,《自然辩证法研究》2009年第7期。

[2] 孙利天、张岩磊:《多元基础主义的哲学观》,《社会科学战线》2012年第2期。

[3] 夏征农、陈至立:《辞海》,上海辞书出版社2009年版,第609页。

《辞海》则纯粹从地质学角度进行解释。[1] 在《中国百科大辞典》中对构造的解释已经不仅仅局限于地质学等自然科学层面,其认为构造泛指"物体各组成部分的相互排列关系"。[2] 构造引入社会科学领域,这种方法最早可以追溯到社会学功能主义学派的开创者孔德主张的"有机体类比"说[3]。此后,社会学领域的分析功能主义在此基础上得以长足发展。

  关于构造理论的探讨,首先需要界定的应该是构造与结构的区别。结构相对于构造而言,对其本身的理解更为简便。但是从结构到结构主义的跨越则需要理顺其中的脉络。所谓结构,皮亚杰认为,"也叫作一个整体、一个系统、一个集合。一个结构的界限要由组成这个结构的那些转换规律来确定"。而结构主义则是一种关于"整体、系统、全部集合来从事的研究"[4]。可见,结构是结构主义研究的对象,而结构主义则是一种方法论,是一种对于结构、整体等进行集合研究的方法。而结构和构造的关系又是什么呢?在皮亚杰那里,结构是相对静止的对象,是一种广义的社会存在。而构造则不同,如皮亚杰所说:"不存在没有构造过程的结构,抽象的结构体系是与永远不会完结而受到形式化限制的整个构造过程相互关联的。"[5]在皮亚杰那里,构造相对于结构来说是一个过程,其是作为动词加以使用的。结构本身的形成和发展过程就是其构造的过程,只不过在这个过程里赋予了构造自身以目的和价值。而在论述构造过程时,皮亚杰用了"永远不会完结而受到形式化限制"的修饰语,这一修饰语针对的是所谓的"抽象的结构体系"。从中可以看出以下问题:首先,结构体系具有抽象性,但这种抽象性并不是绝对的。当结构体系具体到某一社会存在时,这种抽象性将具象化。其次,具象化后的结构体系的构造过程则不再是"永远不会完结"的。抽象的结构体系因其处于一种无限循环或者转化性发展的过程之中,故而它并不是某种具体过程的表达,也即这种过程伴随着抽象结构体系本身。当然,最后不得不说的是这个"形式化限制"的问题。构造本身就具有形式性,而决定它形式性特征的乃是其

---

  [1]《辞海》介绍"构造体系"时认为,构造体系是指:"同一应力场作用下所产生的不同形态、不同性质、不同等级、不同序次的许多构造现象以及这些构造间所夹之岩块或地块的总称。"参见夏征农、陈至立:《辞海》,上海辞书出版社2009年版,第610页。
  [2] 中国百科大辞典编委会:《中国百科大辞典》,中国大百科全书出版社2005年版,第1768页。
  [3] [美]乔纳森·特纳:《社会学理论的结构》,邱泽奇译,华夏出版社2001年版,第4页。
  [4] [瑞士]皮亚杰:《结构主义》,倪连生、王琳译,商务印书馆2007年版,第3页。
  [5] [瑞士]皮亚杰:《结构主义》,倪连生、王琳译,商务印书馆2007年版,第13页。

背后的过程意义。构造就是对结构的塑造过程。有规律的过程,也可以说是一种程序,其形式性是不言自明的。

以上,从结构与构造的关系着手,依据皮亚杰的相关理论对相对于结构而言的构造的特征进行分析。较之于结构而言,在皮亚杰那里,构造是一种具有过程性、形式性的结构具象化产物。也有学者认为皮亚杰的结构主义又可以被称为结构构造论[1]。从此观点出发,可见构造本身离不开结构的组成,如果独立并不是没有意义,相反有可能进一步促进结构主义走向一种抽象与具体的结合。

对构造的过程性进行探讨的并不仅仅是皮亚杰一人。在构造主义的代表者海汀那里,构造是一个过程的讨论更加彻底。海汀对构造进行解释时认为,"'构造'即是实现的(fulfilled)或者是可实现的(fulfillable)意向"[2]。这种从意向的角度来给予构造以定位,必然赋予构造比较强的动态性。在海汀这一经典定义的基础上,达米特的意义构造论基本成形。在达米特这里,"构造"成了言语者实现理解、把握意义并继而融合自我倾向来进行语用表达的复杂能力的运用。在此基础上,达米特对构造进行分析,从以下方面对其进行梳理。首先,构造是一种过程,在这一过程中进行着对原始符号的组合。构造的起点是言语者的内在知识,同时,它又以这种知识的呈现为结果。其次,构造包容了意向内容。它的发展方向基本上受意向的规约,按照意向的要求来进行,表现出可行的趋向。最后,构造是一种实现意向的活动,在这一活动中,意向在向能力演变。[3] 概言之,构造即是一种过程的体现,且这一过程具有明显的目的导向,而构造的价值也就表现在这种过程与目的的实现。因此,在皮亚杰、海汀与达米特对构造进行分析的基础上,我们认为构造论自身的价值在于服务于其所指向的社会存在,或者说一种结构。而在国家义务理论体系视角下,构造论的最大价值在于实现国家义务理论的体系化、结构化,并进而为实现这一目的而进行程序化、过程化的工作。

---

[1] 朱高建:《评皮亚杰结构构造论》,《四川大学学报(哲学社会科学版)》1995年第2期。

[2] Richard Tieszen. *Intuitionism, meaning Theory and Cognition.* History and Philosophy of Logic,2000,21(3):179.

[3] 王航赞:《达米特的意义构造论》,山西大学2004年博士学位论文,第23页。

2. 系统论

以上对于构造论的研究,无论是将构造视为一种方法还是将其作为事物的主体本身,构造论的完善都不能摆脱对构造对象的依赖。构造论方法的运用离不开构造过程和构造物的生成。此时,系统理论呼之欲出。系统理论十分庞杂,其最直接的含义在方法论层面上莫过于是指一种整体研究的方法,在实体层面则是指事物的全局性、体系化面向。也即如贝塔朗菲所说的,系统乃是"处于一定的相互关系中并与环境发生关系的各组成部分(要素)的总体(集)"[1]。关于系统论的研究,最早可以追溯至20世纪40年代美国著名学者贝塔朗菲,其代表作《一般系统论:基础、发展和应用》可谓是打开了一般系统论研究的闸门,也为系统论作为一种独立的研究对象和方法开辟了道路。系统论发展至今,其运用领域之广泛、运用方法之多元、研究成果之丰富已成大观之势。在贝塔朗菲那里,系统论已经关涉数学、物理学、生物学、心理学、社会学等多个学科[2]。下文在论述系统论的一般理论时,分别从贝塔朗菲的一般系统论、系统哲学论、社会学上的系统论以及卢曼、托依布纳等人引入法学领域的法律自创生系统等理论出发,试图较为全面展示系统论的多元理论色彩。

(1) 贝塔朗菲的一般系统论

系统论在国内的研究很难绕开贝塔朗菲及其所著的《一般系统论:基础、发展和应用》一书。在该书中,贝塔朗菲将系统论的基本理论加以梳理和概括,总称之"一般系统论"。

在贝塔朗菲这里,"系统论"是广义的,并将之与"进化论""行为理论"相比,并列作为一种新范式加以采用。在广义层面谈系统的领域,贝塔朗菲认为主要有三个层面,分别是"系统科学""系统技术"和"系统哲学"。[3] 所谓"系统科学"是指"各门科学(如物理学、生物学、心理学和社会科学)中的'系统'的科学探索和科学理论,以及适用于所有系统(或确定的支级系统)的原

---

[1] [美]冯·贝塔朗菲:《普通系统论的历史和现状》,载《科学学译文集》,科学出版社1981年版,第315页。

[2] [美]冯·贝塔朗菲:《一般系统论:基础、发展和应用》,林康义、魏宏森等译,清华大学出版社1987年版,第3—5页。

[3] [美]冯·贝塔朗菲:《一般系统论:基础、发展和应用》,林康义、魏宏森等译,清华大学出版社1987年版,第2—5页。

理性学说———一般系统论"[1]。这里所谓的一般系统论可被称为狭义的一般系统论,也是贝塔朗菲在书中主要论述的对象。第二个领域指的是"系统技术",它包括现代科技以及社会所要求的"硬件"或者"软件"。技术的进步、社会的发展使得传统的方法捉襟见肘,而整体论和系统论的方法、跨学科的视野不可或缺。第三个领域"系统哲学",其倡导"世界是一个庞大的组织"的观点。而在系统哲学内部也可以分为系统本体论、系统认识论和"价值"三个层面。从这三个层面可以看出,系统论可谓是无处不在。

虽然广义的系统论覆盖的学科和领域十分广泛,但是关于系统的基本理论———一般系统论则是整个系统论构建的关键,贝塔朗菲将之称为"一般地适用于系统的普遍原理"。而一般系统论作为一个学科其主题则是"阐述和推导一般地适用于'系统'的各种原理"[2]。在这种定义之下,贝塔朗菲认为一般系统论不再是简单的综合,也不再是学科之间的拼接。这种整体的、跨学科的方法的宗旨,贝塔朗菲认为首先要承认这样一种趋势,即各种不同学科,包括自然科学和社会科学有着走向综合的普遍趋势。这种综合的方法论则要以系统的一般理论为中心。并且这样的理论可能成为非物理领域的科学面向精确理论的一种重要方法。另外,这一理论通过寻找出能统一"纵向地"贯穿于各个单个科学的共性原理,可使我们更接近于科学大一统的目标。最后,这一理论能够促成迫切需要的综合科学教育。从这个一般系统论的主旨宣言可以看出,系统论离不开学科的跨越与借鉴,甚至能够超越传统的自然科学与社会科学的鸿沟。对一项问题的考察离不开综合的视角和方法,一般系统论就是对这种方法的肯认。当然,一般系统论并不仅仅只是构建一种基础的普遍适用于各个学科的方法论性质的理论,相反,对于每个学科如何贯彻和体现一般系统论,贝塔朗菲也作了介绍。在这里,我们主要立足于贝塔朗菲关于一般系统论在社会科学中的主张。

西方自有科学问世,物理学和数学便是各门学科的基础。随着生命科学、行为科学和社会科学等新科学类型的诞生,原本认为"世界是无序的"假设逐渐向"世界是组织"这一命题过渡。这一过渡在贝塔朗菲看来是不可逆的,其方法论必然是系统论的。而对于社会科学的论述,贝塔朗菲则直陈"社

---

[1] [美]冯·贝塔朗菲:《一般系统论:基础、发展和应用》,林康义、魏宏森等译,清华大学出版社1987年版,第3页。
[2] [美]冯·贝塔朗菲:《一般系统论:基础、发展和应用》,林康义、魏宏森等译,清华大学出版社1987年版,第30页。

会科学是社会系统的科学……，它应该使用一般系统科学的方法"[1]。在这里，贝塔朗菲对社会学的发展作出论断，并以社会学的功能主义有机体说作为依据。有关社会学系统论的相关内容，下文将予以详述。除了社会学具有明显的系统论色彩外，历史学的研究也在充分利用系统论的方法，颠覆原来认为"历史学只能是特殊规律研究法"的观点。这些坚持系统论方法研究历史的学者们坚信"历史的过程并非完全偶然的，而是遵循可以确定的规则或定律的"[2]。这也是综合性历史研究的开端。最后，贝塔朗菲从系统论出发作出关于未来全球社会的论断，即物质文化的相似性终究会证明强于意识形态上的差异。这一论断在全球化日益推进的今天，应该说是印证了的。

（2）哲学意义上的系统论

系统论在贝塔朗菲处有三大领域，系统哲学便是其中之一。系统哲学研究的主要内容是系统本体论、系统认识论、系统价值论和系统方法论，这是一种横向维度的考量。而从发展历程来看，其可以划分为一般系统哲学、自组织系统哲学和进化系统哲学三个阶段[3]。

系统哲学作为一种哲学研究范畴出现并不是偶然的，其发生与发展具有内在与外在不同的理由。首先，一种外在的理由是知识需要积累，但以往将知识划分为学科的七拼八凑的研究方法难以达到知识的创造和积累的预期目的。这些学科的划分，"并不是自然把自己细分为物理学、生物学、心理学、社会学等等，倒是我们把这些区分强加给了自然；而且它们在我们的思想中变得如此根深蒂固"[4]。其次，面对"过分的分类研究和零碎的分析所造成的意义丧失"的情势，"整体看待事物和把世界看作相互关联、相互依存的领域或连续系统"的反应能够更好地分析研究已经存在的事物和事实。但不可避免的则是这种方法无法回应"一些人类关心的事物"[5]。因此，在科学方

---

[1] [美]冯·贝塔朗菲：《一般系统论：基础、发展和应用》，林康义、魏宏森等译，清华大学出版社1987年版，第185页。

[2] [美]冯·贝塔朗菲：《一般系统论：基础、发展和应用》，林康义、魏宏森等译，清华大学出版社1987年版，第189页。

[3] 颜泽贤、张华夏：《进化的系统哲学和我们的研究纲领》，《自然辩证法研究》2003年第9期。

[4] [英]P.切克兰德：《系统论的思想与实践》，左晓斯、史然译，华夏出版社1990年版，第75页。

[5] [美]欧文·拉兹洛：《系统哲学引论：一种当代思想的新范式》，钱兆华、熊继宁、刘俊生译，商务印书馆1998年版，第19页。

法上我们可以诉诸系统论,在事关人类最关心的哲学领域仍然可以运用系统论的方法。除了以上外在理由以外,拉兹洛在批判经验世界的连贯的和成体系的理论所依赖的两个"基本假定"——世界是存在的和世界具有至少在某方面可以理解的秩序(向理性探究开放)——的基础上,从系统论视角出发而得出系统经验论的必要条件和假设。即所谓的"从属假定":① 在特定领域里,世界具有可以理解的秩序;② 世界作为整体,具有可以理解的秩序。除了以上存在的外在和内理由以外,系统哲学自身也能够回应其存在的进一步理由。首先,系统的概念可以用科学领域的元语言来对其加以考虑,这也就为系统哲学成为哲学提供了前提。另外,古典哲学并不能完美地阐释系统哲学所含摄的有关问题。其中最关键的是古典哲学无法在不同的层次之间架起联系的桥梁,所以必须诉诸系统哲学自身的内在意义。

系统哲学的表达不仅仅是西方话语的借鉴,我国传统哲学思想中也孕育着系统哲学的思想和方法。当然,近现代马克思主义哲学中的系统哲学思想也是十分丰富的。我国古代阴阳学说和"天人合一"理念都在表达一种整体性思维方式。正如李约瑟所言:"可以极详细地证明中国的传统哲学是一种有机的唯物主义。""中国的思想家中普遍持有一种有机的观点,认为每一个现象都是按照等级而和每一种别的现象联系着的。"[1]马克思主义哲学中的系统思想则更为丰富。其中,"马克思主义哲学把自然界、人类社会和人类认识(以人为承担者)本身都看成为系统。特别是马克思主义哲学的系统历史观在世界学界产生了极大的影响"[2]。无论是中国传统哲学思想还是马克思主义哲学中都蕴含着系统哲学的部分思想。那么系统哲学所包含的本体论、认识论、价值论和方法论的具体内容到底是什么呢?从本体论视角来考察,所谓的系统本体论主要包括系统是什么和系统何以为系统两个本质问题。系统可以说是一种物质实在,而这种物质实在的形成和演化则构成第二个问题的答案。认识论层面的系统,又可谓系统认识论,它是对认识的本质和如何认识的回答。系统认识论分别从身心哲学问题和认识的本质与结果两个方面回答系统认识论的具体内容。而系统的价值论主要是运用系统的方法对价值判断发挥作用,此时的价值判断不是一种孤立的判断而是一种系统判断。在实现这种价值判断的过程中,方法的掌握最关键的便是系统分析

---

[1] [英]李约瑟:《中国科学传统的贫困与成就》,《科学与哲学》1982年第1期。
[2] 黄小寒:《世界视野中的系统哲学》,商务印书馆2006年版,第517-518页。

与系统综合相结合以及世界系统模型构建的方法。通过这种方法的运用,使得系统哲学实现本体论、认识论、价值论和方法论的体系化和系统化。

(3) 社会学上的功能主义系统论

无论是贝塔朗菲的一般系统论还是哲学意义上的系统观,都不是孤立的。相反,这两种有关系统的基础理论都不能离开具体学科如物理学、社会学等领域的知识。甚至可以说,系统论的方法也要通过具体学科的运用加以证立。这并不是一种对系统自身的结构,而恰恰是在运用有关系统方法论中分析与综合相结合的方式。社会学中功能主义理论以及有关社会有机体学说都是对系统论的具体化。

功能主义是社会学理论发展中的重要流派,其在社会学领域占统治地位达几十年之久。功能主义最早可以溯源至法国社会学家孔德和英国哲学家斯宾塞,其后经过长时间的发展在帕森斯、默顿那里逐渐成熟。何为功能主义呢?美国《现代社会学词典》将功能主义定义为:"根据在特定社会文化系统中所发挥的功能,对社会现象和文化现象进行分析。在功能主义看来,社会是一个由相互联系的不同部分所组成的系统,而且任何部分都不能独立于整体而存在。任何部分所发生的变化将导致一定程度的不平衡,进而导致其他部分也发生相应的变化,最终导致整个系统发生一定程度的重组。功能主义的发展以生物科学的有机系统模型为依据。"[1]这种有机系统模型的引入最早可以在孔德思想里找到雏形。孔德将"社会学视为生物学中对有机体的研究向社会组织的延伸"[2]。此观点强调社会是一个有机整体,它的各个组成部分相互联系着。而孔德自己也坦言:"如果把它分割成各个部分,并将这些部分分开研究,那么无论是在它的环境中还是在它的发展过程中,都不能实现对社会的科学研究。"[3]这里明显具有一种系统论的色彩。在孔德提出社会有机体说之后,斯宾塞将此说继续发展,提出了自己的第一原理和超有机体说。斯宾塞在其所著的《社会学原理》一书中,直接将社会学定义为对超有机现象,即对有机体之间的关系的研究。以此,他认为社会学上研究的"社

---

〔1〕 George A. Theodorson. Achilles S. Theodorson. *A Modern Dictionary of Sociology*. Thomas Y. Crowell, 1969, p. 167.

〔2〕 [美]乔纳森·特纳、勒奥纳德·毕福勒、查尔斯·鲍尔斯:《社会学理论的兴起》(第五版),侯钧生等译,天津人民出版社2006年版,第24页。

〔3〕 [美]乔纳森·特纳、勒奥纳德·毕福勒、查尔斯·鲍尔斯:《社会学理论的兴起》(第五版),侯钧生等译,天津人民出版社2006年版,第24页。

会"与有机体之间都展现出了成分间的组织关系,故两者应该显现出组织的一些共有原理。[1] 从以上可以看出,功能主义者在对社会系统进行分析时,往往强调三个因素:① 从总体上看,社会系统各部分之间所存在的相互关系或者互相依赖;② 事件的"正常"状态或者说平衡状态;③ 为了使系统恢复正常,系统的所有部分如何进行重组。[2]

以上对功能主义的渊源和基本概念作了厘定,不难看出功能主义学者对有机体理论的借鉴和发展。然而,无论是在孔德还是斯宾塞那里,功能主义也只是萌芽,对于社会系统的肯认也只是处于一种较低层面。这种局面到帕森斯那里可以说得到了转变。帕森斯是功能主义的集大成者,其最具代表性的莫过于社会系统理论的提出。社会系统理论将一般行动系统分成了四个子系统,即文化系统、社会系统、人格系统和行为有机体。这四种系统又分别对应四种基本功能即适应环境的功能、目标达成功能、整合功能、模式维护功能。帕森斯认为这四个子系统所建构的是一个整体的、均衡的、自我调解和相互支持的系统。"结构内的各部分都对整体发挥作用;同时,通过不断的分化与整合,维持整体的动态的均衡秩序,……结构表现为一种功能。"[3]而居于第二位的社会系统是帕森斯重点分析的对象。社会系统是由彼此之间相互联系的众多个体行动者组成,且存在于至少一个自然环境或社会环境之中。社会系统的构成也进一步表达出了系统或者结构所具有的功能,由此帕森斯提出了著名的"四功能范式"[4]。这种四功能范式研究立足于各个系统的分类,而帕森斯对于四功能的阐述也是建立在他对美国社会不同系统进行分类的基础之上的,如经济系统、政治系统和法律系统等等。

---

[1] [美]乔纳森·特纳、勒奥纳德·毕福勒、查尔斯·鲍尔斯:《社会学理论的兴起》(第五版),侯钧生等译,天津人民出版社2006年版,第60-62页。

[2] [美]鲁思·华莱士、[英]艾莉森·沃尔夫:《当代社会学理论:对古典理论的扩展》(第六版),刘少杰等译,中国人民大学出版社2008年版,第15页。

[3] 周怡:《社会结构:由"形构"到"解构"——结构功能主义、结构主义和后结构主义理论之走向》,《社会学研究》2000年第3期。

[4] 帕森斯认为所有行动系统都面临以下四个基本问题或者说存在四个基本的需求:适应(adaptation)、达鹄(goal attainment)、整合(integration)和维模(pattern maintenance),帕森斯后来把它重新命名为"潜在模式的维持—紧张关系的管理(latent pattern maintenance-tension management)"。对社会系统进行阐述的过程中,帕森斯通常把社会或者社会系统描述成有四个面积相通的部分所组成的大方格。这四个部分分别代表四个系统功能问题,英文缩写为"AGIL"。参见[美]鲁思·华莱士、[英]艾莉森·沃尔夫:《当代社会学理论:对古典理论的扩展》(第六版),刘少杰等译,中国人民大学出版社2008年版,第31页。

(4) 法律的自创生系统论

法律的自创生系统理论最早是由德国学者托依布纳提出来的。而托依布纳的有关理论基础都是建立在卢曼有关社会系统理论之上的。卢曼社会系统理论可以称得上是一种新功能主义的立场,因为卢曼的美国老师是结构功能主义大师帕森斯。帕森斯的相关理论主张已在上文表述,下文将从卢曼的系统理论着手对法律的自创生系统论加以展开。

卢曼的社会系统理论是在对帕森斯功能主义理论的反思与批判中生成的。卢曼认为帕森斯的理论缺少自我反省和复杂性的概念。他的研究便是要建立一种包括两者在内的宏大社会理论系统。[1] 首先,卢曼认为自我反省是系统功能得以有效发挥的必要条件之一。卢曼将自我反省作为系统完善的重要理论使得每一个单独的系统拥有了独立的价值,当然法律系统也不例外。这种反省意味着系统能够自我观察、自我成长,甚至可以说这种系统具有"结构自治权"。因此,卢曼认为法律系统具有"运作自成一体性","就像其他职能系统一样,也拥有一个在运作的变幻中产生系统统一性的标志"[2]。但是,卢曼也直言这种自成一体和独立性并不是拒绝与其他系统的互动与交流,恰恰相反,承认一个系统独立的同时也必须尊重与其他系统的交流。也即论述法律系统的独立性时,"这并不排除当法律系统已经在社会中分立的时候从外部来观察法律系统,在进行这种观察时要避免受该系统的功能、原则和规范的束缚,但是必须为此选用另一种系统参照和另外的约束"[3]。卢曼的这一表述为接下来托依布纳提出法律的自创生系统理论奠定了基础。

法律,作为一个自创生系统,托依布纳将其"当作一个只能进行现存系统之外的进一步的法律沟通的闭合的沟通系统"[4]。我们从托依布纳的观点中可以得出有关法律系统的以下问题:首先,法律本身就是一个系统。当然这并不是托依布纳自己的观点。在卢曼那里,甚至是帕森斯时期也已经承认法律作为独立系统的地位。其次,法律系统的闭合性。法律系统的闭合性主

---

[1] [美]鲁思·华莱士、[英]艾莉森·沃尔夫:《当代社会学理论:对古典理论的扩展》(第六版),刘少杰等译,中国人民大学出版社2008年版,第49页。

[2] [德]卢曼:《社会的法律》,郑伊倩译,人民出版社2009年版,第49页。

[3] [德]卢曼:《社会的法律》,郑伊倩译,人民出版社2009年版,第261页。

[4] [德]贡塔·托依布纳:《法律:一个自创生系统》,张骐译,北京大学出版社2004年版,第4页。

要是通过"超循环"理论的引入来实现和表达的。超循环理论是一种源自生物学的旨在回答生命起源问题的理论。在法律系统内,这种超循环主要表现在"实现法律自创生的决定因素要在一定的要素基础上才能形成,更重要的是,法律系统的自创生并不仅仅是对系统构成要素的再生产,而是所有组成部分,诸如结构、过程、边界及统一性都要能够自我生产,而且这种生产的循环还必须有能力维持自己"[1]。另外,不可否认的是法律系统也是一个沟通系统。其独立性是绝对的,但是对于环境的回应也使得这种绝对性受到限制。而自创生系统理论通过"反身法"的作用来实现法律系统与外部环境的沟通与协调。所谓的反身法也可被称为"通过自我调整而调整他者"的方法。由此,托依布纳提出了一个关于法律自创生系统的完善的理论体系。

三、国家义务构造的内部标准和外部环境

(一) 国家义务构造的内部标准

国家义务系统构造理论在法学尤其是宪法学上得以证立主要是源于国家作为系统的合理性。国家义务可以看作是国家的另一种表达,也可以说是一种价值层面对国家内涵的概括。然而这种概括不可能只存在于对国家义务系统构造的外部证立上。决定国家义务系统构造实质内容和构成的应该源自国家义务系统内部。上文中已经将国家义务理论的基本内容界定为尊重、保护和给付,并对这三大义务内容的确立和来源作了简要分析。但是那种表述还是囿于一种内容层面的理论渊源,而没有对其内部关系作出更为详尽的论证。有别于内容层面的国家义务理论,系统构造的内部证立则更为严谨,其各种关系的决定因素也更为复杂。下文将对国家义务系统构造理论的内部决定标准作出分析。

1. 权利发展的时间维度

近代以来,人权保障的过程大致经历了从自由权到社会权的变迁。尤其是 20 世纪初,社会主义运动不断发展,劳动人群对其应有的生存权、受教育权、劳动权等社会权利的重视也促使当时的资本主义国家予以重视,从而在国家层面上发生了"从夜警国家到福利国家"的变迁。

在前近代和近代时期,对人权和公民权利的保障主要强调的是公民的政

---

[1] 杜健荣:《卢曼法社会学理论研究:以法律与社会的关系问题为中心》,法律出版社 2012 年版,第 204 页。

治权利和自由。由于资本主义奉行极端的市场自由和契约自由原则,对于劳工权利的保障基本没有成形,甚至于理念上也没有成立。一切靠市场、靠个人的理念加剧了资本主义社会的两极分化,也使得劳工的生存权等社会权利问题凸显。19世纪以来,随着选举权的扩大和劳工政治的不断发展,对经济和社会正义的要求逐步成为主流诉求,这些要求逐步被看作是争取工人权利的要求。到20世纪初,西欧较发达国家中劳资之间的斗争越来越多地被看作是普通人的权利,尤其是劳工权利与财产权之间的冲突,这种斗争转而表现为经济和社会权利与公民和政治权利之间的斗争。德国《魏玛宪法》颁布以后,特别是第二次世界大战后,关于社会权与自由权的交锋在不断激烈进行。原来争论主要发生在发展中国家,后来逐渐扩及发达国家,最后甚至及至国际组织。论战双方争论的焦点主要是社会权的人权属性,其是否与自由权享有同样的法律地位等等。故而纵观社会权的发展历程,"从它产生的那天起就与自由权关系紧张甚至对立,至今还是一个纠缠不清的老问题"[1]。虽然社会权和自由权的发展历程相互交错,发展到今天仍然争议不断,但是现实是福利国家的理念已经在实践中得到广泛运用,社会基本权利的保护程度无论是在国际法律文本还是国内法上都得到足够的重视。

  国家保障权利的重心由自由权转向社会权这一结论至今仍存在争议,但是权利的发展并不是非此即彼的。社会权的发展向国家提出了更高的要求,对社会公平正义的追求上升到更高层次,但是这并不排斥国家对自由权的保障。由权利发展的历史进程来看,社会权的出现较之于自由权晚,社会权的发展和保障程度较之于自由权而言较弱。对此,从时间维度上考量国家义务系统构造理论处理权利发展问题时就不可避免地提出更高的要求。夜警国家时代只需要国家履行治安、国防、税收等基本的职能[2],国家的义务便是来源于纳税人对和平安全的追求。然而,随着社会发展,国家的角色发生极大转变,福利国家要求国家提供的力量越来越多。关于福利国家的讨论十分庞杂,我们认为福利国家最基本的特质莫过于以下几个方面:① 国家或政府

---

  [1] 龚向和:《作为人权的社会权——社会权法律问题研究》,人民出版社2007年版,第14页。

  [2] 这一时期,国家职能虽然不像现在如此强调,不过"最小"或"守夜人"国家仍有三种核心功能:第一,也是首要的,即国家的存在是为维持内部秩序;第二,确保私人公民间的契约或自愿协议得以执行;第三,提供保护,防止外来的攻击。参见[英]安德鲁·海伍德:《政治学》,张立鹏译,中国人民大学出版社2007年版,第120页。

介入市场经济;② 保障每一个国民最基本的需求满足;③ 福利是一种国民的权利,亦即社会权,而非慈善;④ 福利的提供是国家提供强制性、集体性而非差别性的直接满足人民需求为主的福利。[1] 从以上特质中我们可以看出,即使在福利国家,市场经济仍是主流,而国家只是一种介入,这种介入必须是以尊重市场和社会的自主权为前提的。福利本身是一种权利,承认一种权利的同时国家就应该提供相应的保护,无论是自由权还是社会权。最后,福利要求国家的直接满足,这种直接满足的方式离不开给付义务的履行。因此,从权利的时间发展维度和国家类型的转变来看待国家义务系统构造理论仍然无法摆脱尊重、保护和给付的架构。或许这种架构正是对福利国家理念的回应。

2. 权利实现的难易程度

自近代以来,权利的发展历程除了自由权与社会权相向而行以外,新型权利随着社会不断变迁而涌现出来。权利类型的增多,尤其是一段时期以来权利宪法化问题越来越普遍,这种现象所带来的隐忧不容忽视。有学者指出"'权利宪法化'诉求主张将社会权写入宪法,不但无益,反而有害,它会抑制日常政治过程的审议范围,并凸显政府的强制性义务。这一诉求在本质上有助于强化政府——尤其是中央政府——的再分配权力"[2]。这种担心有一定的合理性,然而社会权入宪问题本身就是一个伪问题。我国现行宪法虽然没有直接规定社会权,但是基本权利和义务章节对于受教育权、物质帮助权、休息权等都已经作出了规定,在此种情况下讨论所谓的"社会权入宪"问题明显是与我国宪法文本相抵牾。故而社会权已经规定在宪法文本中,讨论是否入宪也无补于事。对于学者而言,目前的关键问题应该是如何实现宪法权利,以及在实现过程中如何避免社会权入宪所导致的弊端。[3]

讨论权利的实现,首先应该明确一个大前提,也即"自休谟以后,权利的二分法——应然权利与实然权利——成了一种经典"[4]。这种经典的分类不自然地提出了一个十分重要的问题:应然权利如何转变成实然权利的问题,也即权利的实现或者权利的现实化问题。而在人权法上,著名的"人权三

---

[1] 林万亿:《福利国家:历史比较的分析》,巨流图书公司1994年版,第13页。

[2] 姜峰:《权利宪法化的隐忧——以社会权为中心的思考》,《清华法学》2010年第5期。

[3] 有学者指出:"作为对社会国理念的回应,德国魏玛宪法并没有处理好传统自由权利与新兴社会权的关系,为日后的纳粹上台埋下了祸根。"参见聂鑫:《宪法基本权利的法律限制问题——以中国近代制宪史为中心》,《中外法学》2007年第1期。

[4] 郝铁川:《权利实现的差序格局》,《中国社会科学》2002年第5期。

形态说"也对人权的分类和实现予以说明,"从应有权利转化为法定权利,再从法定权利转化为实有权利,这是人权在社会生活中得到实现的基本形式"[1]。权利的实现在权利类型上应该是法定权利的实现。法定权利是指已经在宪法法律上作出具体规定的权利类型,这种权利类型是经过制宪机构或者立法机关肯认的,其合法性是不容置疑的,国家作为权利实现的主体之一也必然负有宪法法律上的义务。然而,权利的实现并不是一蹴而就的,也不是规定在宪法法律文本上即可完成的。决定法定权利实现的因素十分复杂,大致有经济发展状况、国家治理能力、人民主体地位等。但是不可否认,权利的实现离不开国家义务的履行,而权利的经典分类即社会权与自由权的划分也使得权利属性存在差异,其实现的难易程度也有不同。

权利具有消极自由和积极自由两种面向。消极自由一般是指国家消极不作为、不侵犯的自由,而积极自由则要求国家履行一定的义务给予公民权利相应的保障。一种权利类型一般都要求国家履行尊重、保护和给付三种义务。但是由于权利自身的属性要求不同,使得部分权利要求国家履行尊重、保护和给付义务的程度存在差别。而决定权利履行程度也只能诉诸现实案例,而不能说平等权只需要尊重义务就可以了。故而,权利实现的难易程度取决于权利自身属性,而这种属性也需要通过具体要求予以完成。但是,权利的实现在这三重义务履行过程中,如果其主要偏重于诉诸给付义务的实现方可完成,则这种权利实现的难度较大,如最低生活保障权、社会救助权等权利。这种复杂权利类型的实现难易程度使得国家义务系统构造有了可操作的具体路径。这一标准相应地也为实现国家义务的独立构造提供方法论依据。

3. 人的需求层次理论

在人本主义心理学那里,需要即动机的观点早已不再是需要论证的问题。人类的需要都来自基本的、天定的本性,这种本性在心理学家那里表现出来的各种需要是有层次的,而这种层次是心理的,而非生理的。在所有的需要中,著名心理学家马斯洛认为,最简单的分类莫过于高级需要与低级需要。[2] 但是这种抽象的表达还是无法满足对需要的细化,于是需求层次理

---

[1] 李步云:《论人权的三种存在形态》,《法学研究》1991年第4期。

[2] 在马斯洛看来,人类价值体系存在两类不同的需要:一类是沿生物谱系上升方向逐渐变弱的本能或冲动,称为低级需要和生理需要;一类是随生物进化而逐渐显现的潜能或需要,称为高级需要。参见[美]亚伯拉罕·马斯洛:《动机与人格》(第三版),许金声等译,中国人民大学出版社2012年版,第74页。

论呼之欲出。

所谓的需求层次理论,马斯洛认为人潜藏着五种基本需要,而这五种需要在不同时期、不同阶段对人的支配作用不同。这种不同的支配作用也就反映出人类的行事动机。这五种需求分别是生理上的需要、安全上的需要、感情上的需要、尊重需要和自我实现的需要。人的生理需要是"最基本、最强烈、最明显的一种,主要包括食物、饮料、住所、性交、睡眠和氧气等"[1]。而如果生理需要得到满足,则安全需要会提上日程。感情的需要则指的是爱和归属的需要。人对尊重的需要,在马斯洛那里主要表现为自尊和来自他人的尊重。当一个人对爱和尊重的需要得到合理满足之后,自我实现的需要就出现了。五种基本需要"在相对潜力原则的基础上按相当确定的层次排列"。按照如此顺序可知"安全需要比爱的需要更强烈,因为当两种需要都受到挫折时,安全需要以各种可以被证实的方式支配着机体"[2]。以此类推,生理需要强于安全需要,安全需要强于爱的需要,爱的需要强于自尊的需要,自我实现的需要强度则最弱。

以上可知,在马斯洛的需求层次中人类需求最为强烈的应该是生理需要,即对食物、住房等的需要。而自我尊重与要求他人尊重的需要对于个体来说则是不那么重要。正如马斯洛所言,"自由也许是一种基本的心理需要,但他又指出,证明这一观点的科学依据目前远远不够"[3]。那么自由的需要,也即自由权的需要是不是理由不那么充分呢？在权利需要说那里,自由权的合法性与正当性将会受到质疑。这种观点在法学界几乎可以说是一个噩梦。我们认为,这种理论的冲突是不可避免的,但是最关键的是我们用理论去解决什么问题。在法学界,人类为权利斗争的历史可以说就是一部追求自由、民主和公正的历史。在追求的过程中,人类发现其权利的束缚者是所谓的贵族、宗教团体、国家和所谓的统治阶级,历史的教训告诉我们民主是解决问题最为重要的方式,而这些问题不仅是一种生理需要的表达,也包括尊重的需要和自我实现的需要。另外,马斯洛提醒我们不要过于拘泥地理解诸

---

[1] [美]弗兰克·G.戈布尔:《第三思潮:马斯洛心理学》,吕明、陈红雯译,上海译文出版社2001年版,第40页。

[2] [美]亚伯拉罕·马斯洛:《动机与人格》(第三版),许金声等译,中国人民大学出版社2012年版,第73-75页。

[3] [美]弗兰克·G.戈布尔:《第三思潮:马斯洛心理学》,吕明、陈红雯译,上海译文出版社2001年版,第45页。

需要的顺序,我们绝不能以为只有当人们对食物的欲望得到了完全的满足,才会出现对安全的需要。社会上的很多人,他们的绝大多数基本需要都得到了满足,正是如此,人类才能非常强调对自由权的保障,尤其是在发达国家,公民的政治权利和自由相对于经济、社会、文化权利而言获得的重视程度要高得多。

对于个体而言,某个阶段主张多种需要也是常态。纵观资产阶级革命的历史,生产力的发展满足了新兴资产阶级对于生存和财富的需要,为了财产安全和社会地位而诉诸权利革命,最终以法律的形式将权利加以制度性保障,这一群体性的为权利而斗争的过程亦符合马斯洛需求层次理论。马斯洛需求层次理论之所以能成为形塑国家义务的内部层级,其理由如下:首先,人的需要决定人的权利类型。国家的义务就是为了满足人类的需要和保障权利的实现。其次,国家义务与个人需要之间存在十分重要的关系,其具体内容可见表2-1:

表 2-1

	需求的强烈程度	自愿投入资源的力度	需求实现的自我依赖性	国家义务实现难度	国家义务的重要性	国家义务主要类型
生理需要	强	大	强	大	强	给付义务
安全需要	强	大	强	大	强	保护义务
感情需要	中	中	中	小	中	尊重义务
尊重需要	中	中	弱	小	弱	尊重义务
自我实现需要	弱	小	弱	小	弱	尊重义务

以生理需要为例,其乃最基本、最重要的需求,人们会调集最大限度的力量去实现,故其自我依赖性程度较高,当依赖自己的力量无法满足时,国家应积极履行给付义务予以救助,此时国家履行给付义务的重要性程度较高,但是难度也较大。因此,人类的基本需求决定权利实现的先后顺序及其重要性程度,而权利实现直接决定了国家义务的层级。具有层级性的国家义务构造理论之所以具有科学性,马斯洛需求层次理论是其佐证。

4. 可诉性程度理论

国家义务系统构造理论旨在解决公民基本权利保障的层次问题。将国家义务理论作为一种独立的保障系统能够更深入地对基本权利加以系统、全方位的保障。但是,"无救济则无权利"的法谚告诉我们,再高明的理论构建仍然不能摆脱司法救济的最后考验。如果无法实现司法层面的保护，那么这个法学理论是不完善的。可诉性程度是国家义务系统构造的最后"验收标准"，也是论证其作为独立法律理论的重要一环。关于具体国家义务的可诉性问题，将在最后一章予以详细探讨。在这里，主要论证的是国家义务可诉性程度对国家义务系统构造理论的作用以及运作框架。同时也试图简要说明由于可诉性程度不同带来的国家义务排列次序和空间架构的设置。

可诉性问题在国家义务系统构造论这里主要指向国家义务的怠于履行或者不履行。可诉性存在广义和狭义两个层面，所谓的广义可诉性主要运用于国际法层面，其审理机关一般包括法院、受理申诉的专家委员会和作为国家审查机构的专家委员会。相反，狭义的可诉性主要适用于国内法层面，审查机构相对狭窄，主要指一国的司法机关即法院。[1] 这两个层面也分别回答了国际人权法和宪法学领域内的可诉性问题，而国家义务的可诉性在这两个层面都有涉及。首先，国家义务系统构造需要可诉性程度理论予以证立。从国家视角出发，仅仅赋予其保障公民基本权利的义务并没有完成相应的权利保障流程。权利的保障还在于义务没有实现时的救济。在这里，可诉性是国家义务的延伸，是对国家义务系统构造论的完善。其次，国家义务系统构造理论如果缺乏可诉性，则会导致系统自身的残缺不全。这一论点可以从公民角度出发，权利保障的要求是国家义务必须予以回应的重要问题，也是国家义务系统最重要的外部环境因素。基本权利被侵犯的可能性，在宪法学视域内，其主体绝大多数为国家，也即国家义务履行不善。此时，救济是不可避免的。由此可见，可诉性问题直接决定了国家义务理论能否成为独立系统构造的关键。

可诉性问题是证立国家义务系统构造的条件之一，同时可诉性也是其内容的重要组成部分。国家义务的可诉性框架源自基本权利双重属性，虽然两者存在差异。在宪法层面上，主观公权利和客观法的性质与基本权利功能理论相对应，而可诉性理论也是与之相应。而人权法层面的国家义务因其适用的是一种广义上的救济审查机制，故其可诉性程度更为广泛，但是在细节上较少有人详细论述。我们借鉴基本权利的功能理论来对国家义务可诉性进行分析。在国家义务理论体系中，国家义务的可诉性包括如下方面：① 与基本权利防御权功能对应的尊重义务具有完全的可诉性，为典型可诉的国家义

---

[1] 龚向和：《社会权的可诉性及其程度研究》，法律出版社2012年版，第18-19页。

务；② 以积极方式履行存在于给付义务与保护义务之间，与基本权利的制度性保障和组织与程序保障对应的义务，则不具可诉性或只具有特定情形可诉；③ 与自由法治国性质的受益权功能对应的保护义务中的排除和救济层次的义务，具有完全可诉性；④ 与社会法治国性质的受益权功能对应的给付义务，具有可诉性，但其程度受制于现实条件。[1] 由此，从完全的可诉性到部分可诉性，国家义务系统构造理论的次序架构在这里也得到进一步论证。

（二）国家义务构造的外部环境

法律系统是社会系统的一部分，国家义务系统则是法律系统的一环。社会中的任何一个系统必然不能和外部社会环境断绝关系，自我形成超循环。法律的自创生理论也是如此。国家义务系统构造理论不是旨在寻求一种孤立的、单一的方法看待国家及国家义务自身，相反，这种构造理论必然要与外界发生关系。论述国家义务系统构造的外部环境因素也并不是否定国家义务自身的独立性。正如人和社会的关系一样，社会的整体发展规律并不会也不能否定个人所具有的独立性，但是个人的独立性不可避免地受到社会环境的影响。

1. 国家义务系统构造的外部环境要素

国家义务系统构造的外部环境要素主要是指影响国家义务系统理论成立、发展和实现的一系列因素的总称。决定国家义务系统构造理论的最关键因素来自系统内部的国家这一主体。系统内部的影响是在超循环中使得系统实现自创生，而外部因素则是对系统产生较大影响且不可忽视的另一层面。我们认为影响国家义务系统构造理论的外部因素主要包括人权/基本权利、经济发展水平和国家治理能力等。

首先，从目的论视角出发，国家义务系统构造理论的价值取向在于保障人权/基本权利。故而，人权理念和公民基本权利理论成为影响国家义务系统构造理论最重要的外部环境要素。① 在实质层面，保障人权和基本权利的精神贯穿于国家义务系统理论构造的全过程。基本权利与国家义务可谓是事物的"一体两面"。从公民角度出发，基本权利决定公民的自由平等。事关每个个体成员的人权理念也是尊重个人人性尊严的延伸和发展。国家义务系统所要完成的任务便是在现有的基础上对国家层面的公民基本权利和人权保障的义务与责任的更为完美的履行。从国家的角度出发，国家义务的

---

[1] 刘耀辉：《国家义务的可诉性》，《法学论坛》2010年第5期。

主体是国家,但是国家又是人民创立出来的"虚体",国家除了保障人民权利、实现人民幸福之外不存在其他的目的。而作为主体的国家,便是义务的主体,这里的主体也只体现在履行义务的过程中。② 在形式层面,保障人权的一系列程序性要求也都落实在国家义务的创设和完成过程中。程序性权利虽然不能直接给予公民实质利益,但却是实质利益得到保障的途径。国家保护义务中的排除与救济义务"所针对的权利主体以及国家行为又都系具体的、明确的、特定的,因此该层次的社会权保护义务应当被同时视为一种主观权利"[1]。这种主观权利的保障完全可以通过诉讼程序完成。可见,无论在形式层面还是实质层面,公民基本权利和人权保障理念都在影响着国家义务系统构造,从而成为最重要的外部环境因素。

其次,经济发展水平对国家义务系统的影响。权利的保障离不开经济发展程度,在此层面上可谓"所有的权利都是积极权利","贫困的政府不能保障权利"[2]。无论是自由权还是社会权的实现都要依赖于国家的投入,经济发展水平是国家税收收入的决定性因素。在国家义务系统里,只有尊重义务一般要求国家消极不作为,保护义务和给付义务则要求国家主动作为和投入。尤其是给付义务,无论是物质性给付还是服务性给付都需要国家的经济投入。在社会权领域,尤其是民生保障层面对于经济发展水平的依赖程度则更高。另外,以社会保障权为例,我国宪法第十四条第四款明确规定"国家建立健全同经济发展水平相适应的社会保障制度"。该款明确说明了国家的制度建构义务,但是国家制度建构义务的履行必须满足同经济发展水平相适应的前提。社会权要求的国家义务履行不能有悖于经济发展的程度,否则"过度消耗社会资源的社会权保障不利于经济发展"[3]。

最后,国家治理能力与国家义务。国家治理能力与国家义务同属于"国家"概念的次级概念,都是对作为主体的国家的属性进行的描述。所谓国家治理,"它是国家政权的所有者或者说主权的拥有者、国家政权的职业管理阶层以及利益相关者等多元的行动者在国家的范围内对社会公共事务的合作

---

[1] 邓炜辉:《论社会权的国家保护义务:起源、体系结构及类型化》,《法商研究》2015年第5期。

[2] [美]史蒂芬·霍尔姆斯、凯斯·R.桑斯坦:《权利的成本:为什么自由依赖于税》,毕竞悦译,北京大学出版社2011年版,第20-29页。

[3] 龚向和等:《从民生改善到经济发展:社会权法律保障新视角研究》,法律出版社2013年版,第165页。

管理,其目的就是增进公共利益维护公共秩序"〔1〕。现阶段的国家治理体系现代化的基本前提主要包括"完善的宪法法律体系、健全的政府职能体系、良好的社会自组织体系、互补的政社合作体系"〔2〕等。国家治理能力现代化是一个国家或者政府从"管理者"角色转变到"治理主体"的必然选择。国家义务的履行对国家治理能力的要求也随着社会发展和公民权利理念提升而发生变化。从这一层面上说,国家治理能力现代化的程度直接决定了国家义务履行的程度,而国家义务的履行是国家义务系统构造论功能发挥的关键,因此国家治理能力的提升直接关系到国家义务系统构造论的形成、发展和完善。

2. 反身法的应用

系统论尤其是自创生理论中的反身法是一个闭合的自循环系统介入社会调整的方式,也即托依布纳所言的"通过自我调整来调整他者"〔3〕。反身法,又可谓"反应型法"。在反应型法"构想的法律形式主义的转换中,可以观察到,形式理性,一方面为实质的导向所取代及丰富了,另一方面,通过一个反应性导向得以继续发展"〔4〕。所谓的反应,也有三重意义,即"首先是指这种法律系统中的自我识别过程,其次,指明了在其他社会系统的自我识别过程中法律的支撑作用。最后,反应是指关涉自身的、法律秩序为之服务的规范性机制"〔5〕。虽然上述对"反应"进行解释时表现出对内与对外的两重性质,但在这里系统参与社会调整的意义对于反身法的要求较之于系统内部自我调整更为迫切,现实意义也更大。因此,在国家义务系统构造论中,反身法主要反映的仍然是系统自身对外部环境的影响,以及对系统外部社会调整的嵌入。

保障人权和基本权利作为国家义务的首要影响因素,在反身法的作用下系统构成仍然对此作出回应。很明显的是,国家义务系统构造的运行过程中其实现的价值和功能便是实现人权的更高层次保护和宪法基本权利的落实。

---

〔1〕 何增科:《准确理解国家治理及其现代化》,《理论视野》2014年第1期。

〔2〕 桑玉成:《论现代国家治理体系的建构》,《思想理论教育》2014年第1期。

〔3〕 [德]贡塔·托依布纳:《法律:一个自创生系统》,张骐译,北京大学出版社2004年版,第27页。

〔4〕 [德]阿图尔·考夫曼、温弗里德·哈斯默尔:《当代法哲学和法律理论导论》,郑永流译,法律出版社2013年版,第417页。

〔5〕 [德]阿图尔·考夫曼、温弗里德·哈斯默尔:《当代法哲学和法律理论导论》,郑永流译,法律出版社2013年版,第417页。

这一运行过程便要求基本权利参与其中。也就是说,国家义务系统运作和基本权利功能秩序,以及人权法和国际人权法实施机制共同完成了对人的关注和对人性尊严的高度保障。这个过程并不是孤立的、静止的。理论的交流必不可少,实践过程的互动也是如此。因此,国家义务系统构造与基本权利功能体系之间虽有显著不同,但关系也异常紧密。在与经济发展水平的互动中,反身法的作用更为明显。我们关注的重点仍然是社会权保障过程中的国家义务问题。国家义务的履行促进社会权保障的力度加大,这一过程对经济发展的影响是什么呢?以社会权的保障为例,社会权的保障对于经济发展有内在和外在两种价值。内在价值主要体现在两方面:一者社会权是经济发展的构成性要素,二者社会权作为资本是人力资本的核心内容。外在价值也体现在两个方面:首先提供公平有序的制度环境,其次则是形成稳定和谐的精神环境。[1] 社会权的保障首先归结于国家义务的履行,国家义务系统构造论本身也就具有了反作用于经济发展的价值。

第三节 国家义务构造理论的空间架构

从融贯的体系化到系统的构造论,国家义务理论逐步成熟。从系统论观点出发,国家义务系统构造论首先应该解决的问题是该系统得以证立的标准,在此标准的指导下才能完成对系统构造的证立。国家义务系统构造离不开与环境的关系,这时反身法的运用不可或缺。当然这里的环境最关键的便是基本权利,除此之外还应包括经济发展状况和国家治理能力等方面。反身法的运用不仅是在处理国家义务理论与外部环境的关系上,国家义务构造理论的内部结构的完善也离不开这种方法。结构决定功能,结构甚至就是功能。故而,国家义务系统构造理论的子系统和细化的体系共同完成了系统作用的发挥。

一、国家义务构造理论架构的系统证成

根据上述分析,国家义务系统构造的内部标准和外部环境已基本理清,主要包括权利发展的时间维度、权利实现的难易程度、人的需求层次理论和可诉性程度等方面,同时也包括反身法的具体应用。在上述标准的指导下,

---

[1] 龚向和:《论社会权的经济发展价值》,《中国法学》2013年第5期。

国家义务系统构造理论得以顺畅展开。国家义务系统构造论的证成不仅需要在系统科学的视野下得以完善,同时也必须符合系统哲学有关本体、认识、价值、方法的理解。

(一)系统科学视野下的国家义务构造理论

系统论的多元表达不仅涉及社会科学和哲学领域,在科学发展的历程中系统论也发挥着重要的作用。系统科学认为系统一般具有以下四种同构性:① 系统是由两个以上的要素组成的整体,世界上一切具体事物、概念、现象都可以构成系统。要素可以是单个事物,也可以是一个小系统。② 系统的各要素之间、要素与整体之间以及整体与环境之间存在着一定的有机联系,从而在系统内部和外部形成一定的结构和秩序,我们可以把环境看成是系统所属的更大的系统。③ 系统整体具有不同于各个组成要素(部分)的新功能。没有同一功能的要素集合体就不是一个系统,所有要素按照一定关系组合起来时才能构成系统。④ 系统和要素的区分是相对的。要素只有相对于由它和其他要素构成的系统而言,才是要素,而相对于构成它的要素而言,则是一个系统。[1] 这四种同构性共同组成了系统构造的层次性和等级性。系统的同构性是一个系统所必不可少的属性,如果能够达成这一同构性,某一理论也就基本符合系统构造的要求。

国家义务系统理论的构造同样符合这一系统科学的同构性要求。首先,国家义务系统构造拥有自己的要素,分别是尊重义务、保护义务和给付义务,而这些要素本身又是一个小的理论系统。系统与子系统之间构成了复杂的系统网络。其次,国家义务系统构造内部各要素之间存在有机的联系,这一联系在上述内部构成标准中业已论述。而国家义务系统构造本身也是对外部环境的一种回应和反作用。再次,尊重、保护和给付义务虽然都是独立的子系统,但是其组合起来方能构成国家义务的系统构造论。如果将之独立出来考察其单个意义,则与系统中的考察相差悬殊。最后,国家义务系统的子系统与要素的区分是相对的。正如国家保护义务,其在国家义务系统构造中处于子系统地位,然而其自身又有广义和狭义的区分。广义的保护义务又称为制度性保障义务,主要包括组织与程序保障义务和给付保障义务;狭义的保护义务包括预防、排除和救济三个层面的义务类型。因此国家义务系统构造理论不仅是单个的理论系统,也包含一系列的次级系统,它们协力共同构

---

[1] 邹珊刚、黄麟雏、李继宗等:《系统科学》,上海人民出版社1987年版,第47-48页。

成国家义务系统构造的理论。

（二）从系统哲学看国家义务构造理论

哲学领域的系统主要表现的是系统本身的哲学意蕴，以及从系统的视角出发对哲学问题的重新定义。而哲学大致关心的问题有本体论、认识论、价值论和方法论等。从系统哲学的视角来观察、研究国家义务理论，必不可少的要涉及上述四个方面的问题。

1. 国家义务构造的本体论

何为本体论？本体论旨在回答两个方面的问题：是什么和为什么是。在国家义务系统构造理论这里，是什么的问题较为简单。国家义务系统构造理论主要是从系统的观点出发来研究国家义务理论。在这里系统则是指国家义务系统，构造是指国家义务系统构成的过程和方法。而国家义务为什么是系统的问题，其具体理由也已在上文指出。在这里主要强调的是，国家义务并不是因为符合系统的一系列特点而成为系统的。相反，正是由于国家义务本身乃是一种系统的表现，具有理论上所谓的系统符合性。也即从本体上讲，国家义务已然可以从系统的侧面反映出来，而无需过多的证成，之所以证成也只不过是一种实在物与理论学说的协调罢了。

2. 国家义务构造的认识论

认识论是哲学研究的基本问题之一，甚至可以说哲学总体上是认识论的学说。系统的认识论则是指"关于运用系统整体的辩证方法来认识自然界、人类社会和思维发展过程的理论"[1]。此处对认识主体、认识对象和认识的方法都有所交代。由此可见，系统认识论主要是相对于"片面的主体、片面的客体、片面的认识手段、片面的检验体系而言的"。另外，"认识系统在方法论上要求系统主体从整体出发，以系统的观点，运用系统的方法，获得对客体系统的全方位认识，并用系统的检验体系系统地检验认识的真理性，基于这种系统视域下的主体对于客体的认识，是一种系统认识"[2]。

国家义务系统构造的最主要的认识论意义就是，跳出以往以基本权利为主体性认识的方法，将个别的权利要求简单地作个别对待，试图通过司法途径对个案进行公正的审判从而实现个案正义。这种思维方式对于个人权利的保护有积极的意义，但是不可否认，法学是一门体系化的学问，不可能仅仅

---

〔1〕 李建中：《关于系统认识论研究初探》，《系统辩证学学报》1995年第2期。

〔2〕 黄正元：《认识系统与系统认识——谈系统论视域下的认识论》，《兰州学刊》2009年第4期。

依赖于法官审理,否则只能是一种法律学而已。为了克服这种弊端,实现国家义务的类型化和体系化,系统构造理论是不可避免的方法论运用。国家义务的系统构造就是旨在对国家义务做规范化、类型化爬梳,从而实现国家义务实践上的独立性和理论上的融贯性。国家义务被具体化为尊重、保护和给付义务,并对其具体内容和可诉性加以分析,试图通过三大义务的履行来实现公民基本权利的保障和人权理念的落实,这本身显然就是系统认识论的运用。

3. 国家义务构造的价值论

系统价值论,也即"系统的价值断定"[1]。事物具有价值,各个系统同样具有自身不可替代的价值。系统哲学对于事物价值问题的讨论也就构成了系统价值论问题,其最突出的表现便是系统价值判断。系统价值判断立基于整体方法,既要考虑自身系统价值的影响,又要关照此价值对于其他系统所带来的利弊两端。也可以说,对于系统的价值"不能孤立地、静止地、片面地、简单地定位,而要从这个系统与其他系统的相互作用的结果全面地加以评定"[2]。这主要涉及内在价值和外在价值的问题。

国家义务系统构造的价值也表现在内在价值与外在价值的区分上。其内在价值主要针对的是国家义务系统内部,也即是对国家的价值。国家义务系统的构造主体是国家,将义务赋予国家是一种超越责任的理解。国家义务之于国家的价值就是将国家所应履行和所能履行的保障基本权利的责任与义务予以条分缕析,意图实现国家义务的明确化,使国家机关在履行职责时有法可依,有章可循,同时还能避免国家机关责任的无限扩大和国家机关怠于履行职责等问题的出现。国家义务系统构造的外部价值则直指公民基本权利的保护。公民基本权利的保护并不是国家自己的职责,而是全社会共同致力的事业。在这里,将国家义务单独作为一个重要系统进行纵向梳理,理清了公民基本权利保障中国家层面的义务。相对而言,国家义务的梳理也有利于其他权利保障主体责任的履行。这对于基本权利的充分保障不可谓不重要。

4. 国家义务构造的方法论

系统哲学的方法论主要是一种整体性思维的运用。整体性思维运用的

---

[1] 黄小寒:《世界视野中的系统哲学》,商务印书馆2006年版,第541页。
[2] 黄小寒:《世界视野中的系统哲学》,商务印书馆2006年版,第541页。

同时应兼顾部分要素的个性。国家义务系统构造理论的方法论意义也即是系统分析与系统整合相结合的方法运用。这种方法运用时首先要求国家义务系统要素的清晰明确。要素是最基本的部分，把握住要素的内容对于实现系统整体构造至为关键。我们并没有彻底走向整体、系统的极端，一开始本章就对国家义务理论争议作了批判，这种批判与其说是总体性的，不如说是对要素的审视和筛选。国家义务理论的要素也可谓次级系统，如尊重义务、保护义务和给付义务的选择，都是对整体之中部分的研究。但是，选择要素至关重要，如何将要素有理有据地进行排列组合使其发挥单个要素所无法企及的效果才是系统整合的关键。

国家义务系统构造理论在系统整合层面主要借鉴基本权利保障的国家义务模型。从保障基本权利这一目的出发建构国家义务的模型无疑是系统方法的具体运用。基本权利功能体系模型本身就是对国家义务理论另外一个侧面的表达。在权利发展维度、权利实现难易程度、人的需求层次和可诉性程度的标准下建构起了"尊重—保护—给付"纵向层次的国家义务系统模型。同时，基本义务内容的落实又发展出各个具体义务的子系统，最后又归结于人权的保障这一基本理念。故而，国家义务系统构造总体上运用的仍然是系统哲学中关于系统分析与系统整合相结合的方法。

二、国家义务构造理论的模型建构

系统论的表达，尤其是法律作为自创生系统理论的内容在法学研究中广泛应用。这种将法律作为独立系统的观点不仅有利于整体性地研究法律自身运行的规律，也从另一个侧面更好地实现在法律系统之内观察与其他社会系统的关系。法律系统是社会系统的次级系统，是构成社会不可或缺的一部分。而法律系统内部也并不是零碎散乱的，恰恰相反，法律系统内部也由不同的子系统或者次级系统所构成。我们并不旨在将法律内部的子系统予以梳理和分类，此项工作也并不是本书所关注的。在这里，我们论述的只是构成法律系统不可缺少的一部分的国家系统及国家义务理论体系。

（一）法律系统中的国家：一种义务的表达

法律系统相对于经济系统与政治系统而言，其对国家的依赖程度和与国家的关系都十分复杂。法律面对的最大问题是其产生于国家出现之前还是国家出现之后，而今最经典的法律定义都无法避开其源自国家的强制性。这便使得国家与法律的关系显得十分"暧昧"。在这里，我们既无法也没有必要用较小的篇幅将国家与法律的关系这一历史性的宏观问题解释清楚。相反，法律系统视角下的国家更应该注重法律理念和精神的落实，以及其自身义务的履行。在部门法学中，对于国家义务的讨论最为广泛的是宪法学与人权法学。上述两大学科直接研究的便是国家与人权/基本权利的关系，故而接下来就国家义务的讨论也依托这两大学科的内容。

人权法视角下的国家，尤其是国际人权领域对国家的讨论，总不可避免国家对义务的履行。简言之，人权法即是保障人权的法律。这种解释虽有扩大人权法内容的嫌疑，但也道出了法律尤其是公法的真谛。谈及保障人权，不可回避的便是保障人权的主体。"人类社会组织国家，创设政府，并非为了给自己套上一副权力的枷锁，而是为了更自由、更健康、更有尊严地生活，因而政府的唯一正当的、合乎道德的目的，就是保护人民的权利，即保护人的生命权、自由权和财产权的实现。"[1]这从目的论的角度道出了国家建立的宗旨。与以上出发点相似，威廉·邓宁在谈及人民创建国家和政府的目的时也认为，"个人的安全与幸福不是维持政府的条件，而是所以要建立政府的唯一目的"[2]。只不过在邓宁这里，国家保障人权不再是诸多目的中的一项，而是唯一目的。当然，在人权法尤其是国际人权法中，并不认为国家是保障人权的唯一主体，非营利组织、全球性和区域性政府组织等也是人权保障的重要主体。[3]故人权保障的最重要主体仍然是也必须是国家。

在宪法学领域，国家与公民的关系是宪法关系的核心内容。国家，在宪法学研究中是不可回避的重要内容。在德国，也有将宪法学称为国家学的，并且较为普遍。宪法学中的国家离不开国家产生的原因分析。契约论的国家观源自洛克、卢梭等启蒙思想家，以其为代表的自然法学派在论述国家内容时往往将国家天然地解读成"利维坦"一样的东西。这种解释回答了国家产生的根源与责任。因为人民和国家的关系是契约形式的产物，国家只不过是人民为了更好地实现结合目的，通过法律而创立的一种组织、主权者或者共同体罢了。[4]在契约论的国家观之下，国家履行保障人权的义务是一种

---

[1] 徐显明：《人权研究》（第二卷），山东人民出版社2002年版，第148页。

[2] [美]威廉·邓宁：《政治学说史》（中卷），谢义伟译，吉林出版集团有限公司2009年版，第190页。

[3] 张子扬：《非政府组织与人权：挑战与回应》，必中出版社2006年版；[英]安德鲁·克拉帕姆：《非国家行为人的人权义务》，陈辉萍等译，法律出版社2013年版。

[4] [法]卢梭：《社会契约论》，何兆武译，商务印书馆2014年版，第40-45页。

天然的、不可回避的责任。对于宪法与权利的关系则有更为经典的论述，如"宪法是一张写满公民权利的纸"，"宪法是人民权利的保障书"，等等。公民权利与国家的关系在宪法学视野中显得十分简单。公民权利需要国家保障，也就是需要国家履行相应的义务。

除了上述从义务的视角研究国家的方法即所谓霍布斯的利维坦式国家观和近代契约论国家观，在政治学、社会学和法学领域大致还存在以下观点：如马克思主义所论及的阶级国家观，社会学上的国家三要素理论，德国盛行的国家法人说（国家权利客体说和国家权利主体说）和凯尔森提出的国家法秩序自同说，等等。[1] 上述学说尽管内容上千差万别，有些学说甚至只是一种客观的评价，但是我们不难看出国家作为一个独立系统的必要性和可行性。尤其是在凯尔森那里，其明言国家与法律的二元性是站不住脚的，"既然我们没有理由假定有两个不同的规范性秩序——国家的秩序与国家的法律秩序，那么，我们就必须承认我们称为'国家'的那个共同体就是'它的'法律秩序"[2]。这种将国家秩序超越于法律秩序之上的论断虽然不可能应用于全部法律领域，但是，20世纪以来国家权力的扩张使得法律秩序难以摆脱国家而独立存在的局面已然形成。故而，国家作为独立的系统不仅有别于法律系统本身，同时也是对法律系统的承认和超越。虽然凯尔森认为"所谓国家的自我义务问题就是由于国家和法律的错误的二元论而生的那些伪造的问题之一"[3]，但是这种否认国家自我义务的理由并不适用于国家与公民的关系，在论述国家的权利时凯尔森又回到了国家的责任问题上。

（二）国家义务理论作为独立系统

国家义务理论自提出以来，从一种纯粹的法律话语体系转变为一种理论立场，最后诉诸教义学的方法和宪法规范文本。自此，国家义务理论已然成形。在这种背景下，融贯体系化的引入使得国家义务在规范层面和逻辑论证层面实现基本理论的圆融。然而，面对社会发展、公民权利意识增强和国家能力的提高，已有的体系化成果在宪法司法审查制度阙如、宪法诉讼缺失的背景下无法实现宪法的具体实施。在学界，宪法之外的宪法实施路径正在得以广泛探讨。在此背景下，或可将国家义务理论从形式走向实质的方法落实在融贯体系化向系统构造论的跨越，以期摆脱融贯的体系化仅仅是一种法律

---

[1] 林来梵：《宪法学讲义》（第二版），法律出版社2015年版，第159-170页。
[2] [奥]凯尔森：《法与国家的一般理论》，沈宗灵译，商务印书馆2013年版，第271页。
[3] [奥]凯尔森：《法与国家的一般理论》，沈宗灵译，商务印书馆2013年版，第293页。

论证形式的弊端,实现国家义务系统构造论中要素之间的内部整合。

系统的表达首先需要考察的是欲成为独立系统者的独立性,而这种独立性的前提首先是系统得以成为系统。国家义务理论是一个独立的系统,不仅仅是因为国家本身的系统构成,即国家在现代社会作为事关政治、经济和法律等各类系统的交叉点,还因为国家义务与国家的关系构成。如前文所述,国家作为独立的系统,无论何种观点都能够得到证立。那么在这一前提下,国家义务能否具有系统所要求的独立性呢?我们认为这是必然的。国家与国家义务的关系可谓是国家职能的抽象表达。国家职能[1],在现代社会并不仅是义务一途,管理职能、调控职能、服务职能等皆是题中之义。然而,从法律上表达,国家职能的分类和多少都需要用义务来阐释,"国家义务是国家的最基本范畴,国家权利、国家权力和国家责任都是从国家义务中衍生出来"[2]。既然国家所具有的权利、权力和责任都是源于国家义务,国家的社会学要素论也在法学界受到阻碍,那么法学上,尤其是宪法学上的国家应该如何表达呢?笔者认为,无论是早期的契约论还是目前盛行的服务论、福利国家论,归根结蒂都是一种义务理念的落实。从这个角度讲,"国家义务与公民权利已经成为现代国家与公民关系的主轴",而国家与公民关系的历史发展及趋势表明,"我们必须正确认识并认真对待当前国家与公民之间义务权利关系发生深刻变化这一事实,深究国家义务与公民权利之间的密切联系,突出国家义务对公民权利保障的价值和意义"[3]。这种从义务出发来表述法学上的国家这一进路,既确定了国家的地位和作用,也使得宪法学所贯彻的人权保障理念得以落实。从这一层面出发,国家的内涵在宪法学上的表达完全可以从国家义务的角度进行理解。作为系统存在的国家决定了国家义务系统顺理成章地在法律意义上证立。

(三)国家义务构造理论的内部建构

国家义务作为一种独立的系统,其构造理论呼之欲出。对于国家义务构造理论而言,首先,在层次上我们已经将其廓清,也即对"三层次"的坚守;其

---

[1] 有学者从国家的公共性和阶级性本质出发认为国家职能包括政治职能、经济职能和公共管理职能。参见郭小聪:《论国家职能与政府职能》,《中山大学学报(社会科学版)》1997年第2期。

[2] 高鹏程:《国家义务析论》,《理论探讨》2004年第1期。

[3] 龚向和:《国家义务是公民权利的根本保障——国家与公民关系新视角》,《法律科学(西北政法大学学报)》2010年第4期。

次,在语词选择上,尊重、保护和给付的确定也为构造理论奠定了基础。另外,国家义务构造理论并不是关注自身的自成一体,也是对国家义务构造理论的功能主义立场的回应。在以上介绍的基础上,我们初步建构了国家义务构造的理论模型,如图2-1:

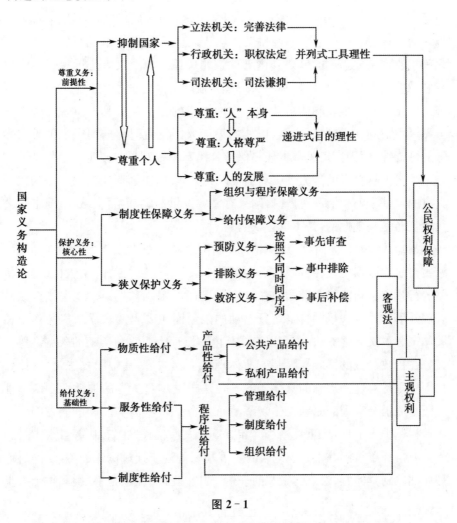

图2-1

关于图2-1有关内容,我们认为有必要从以下方面加以介绍:

(1)国家义务构造理论的基本构成要素主要是尊重、保护和给付的"三层次"选择。对"尊重"的语词选择,主要基于其不仅超越"承认"所具备的消极意义的规范内涵,还从积极意义上要求国家机关必须作出相关主动的行动来履行尊重义务所要求的责任内涵。而"保护"的选择主要基于两种原因:一是保护义务在德国法上得到普遍承认,虽然含义有所不同,但已基本得到学界认可;二是保护义务本身较之于文本中的"保障"一词来说更为具体。"给付"义务语词的确定,其不仅直观表达了该层次义务的主要内容和实现形态,而且更能解决以社会权为主要代表的积极权利色彩较为浓厚的一系列权利类型欲以实现所要求的国家责任。

(2) 尊重、保护和给付的"三层次"义务理论的内部关系表现为:尊重义务是前提;保护义务是核心;给付义务是基础。尊重、保护和给付义务的体系化和构造论主要强调的便是其内部的逻辑关系。尊重义务是国家保障公民权利的前提性要求,公民权利的保障首先强调的便是国家机关不能恣意干预公民依靠自身实现权利的可能性。作为核心的保护义务其地位主要表现在公民基本权利在受到来自国家以外的第三人的侵犯时有向国家机关寻求救济的可能性,而国家机关有责任去保护公民基本权利免受侵犯。给付义务则是指公民依靠自身的努力其权利仍难以充分实现,也即无法获得人作为人所具有的最基本的生活和尊严时,国家有义务提供照顾和给付。这一要求对公民而言乃是基础性的,是不可否认的。

(3) 对尊重义务而言,其表现为抑制国家和尊重个人双重内涵。抑制国家主要是对国家机关在行使权力时的抑制,即对立法机关的立法权、行政机关的行政权和司法机关的司法权的不同层面的限制和约束。立法权抑制的表现并不是对立法机关自身运行活动的限制而主要是要求立法机关作出相关体现尊重义务之立法,也可以说是从内容层面上对立法活动的限制。尊重义务在行政机关的行政权限制方面体现得更为明显,其中职权法定、法律保留等原则是对这一理念的具体落实。司法机关本身具有的被动性和谦抑性以及不可拒绝审理的原则也体现了尊重义务的基本内容。尊重个人层面主要包括尊重人本身,尊重人格尊严和尊重个人的自我发展。从尊重人本身到尊重人格尊严再到尊重个人的自我发展是一种逐步递进深入的关系,同时也是从抽象到具体、从宏观到微观的表达。其中,抑制国家是手段,尊重个人是目的。

(4) 对于保护义务而言,其主要包括两个层面的含义:制度性保障义务和狭义保护义务。制度性保障义务包括组织与程序保障义务和给付保障义务。狭义保护义务包括预防义务、排除义务和救济义务。其中,预防义务是事前义务,排除义务是事中义务,救济义务是事后义务。制度性保障义务和狭义的保护义务之间的关系可以概括为,前者是国家对公民权利提供的制度性基础上的总体保障,而后者则可以理解为对具体国家行为的一般审查。两者大致是一种总体和具体、普遍与特殊的关系。

（5）作为基础的给付义务，按照提供的不同给付内容，主要包括物质性给付义务、服务性给付义务和制度性给付义务。其中，物质性给付是一种产品性给付，服务性给付和制度性给付是一种程序性给付。作为产品性给付的进一步深化，物质性给付主要包括公共产品的给付和私利产品的给付。程序性给付是一种行为和组织方式的给付，服务性给付在传统意义上是一种管理上的给付，制度性给付则包含制度和组织两个层面的给付，除此之外还包括其他行为方式上的给付。

（6）程序性给付义务和制度性保障义务之间的内在关系。两者都是积极权利性质的表达，其在内容上有一定的重合之处。但是制度性保障义务是一种源于基本权利的"客观法"面向，而程序性给付则源于"福利国家"和权利的"积极自由"性质，两者在此处表现为渊源上的差异。同时这也决定了两者在司法救济层面的渠道存在不同。另外，制度性保障义务是德国国家保护义务的一个侧面，作为现代意义上的制度性保障，其核心内涵包括：① 其目的在于强化对基本权利的保障；② 它要求国家通过履行立法义务，进而形塑出基本权利的核心内涵；③ 它要求国家立法内容应具保护取向，并明确其应"如何保障"。[1] 而给付义务层面的程序性给付义务其内容更加细致和丰富，同时主要强调的是公民需求层面的意义。

三、民生保障的国家义务构造

上述理论成果为国家义务构造理论的提出奠定了基础，但是国家义务构造理论并不是独立于国家义务内容理论之外的一种"创造"。内容理论是构造理论的先期准备，为构造理论提供了充足的理论前提和基础。其不仅表现在语词选择、适用范围方面，甚至国家义务理论的体系化层面也离不开内容理论的影响。两者的关系表现出理论上的延续性和研究问题的多元性。国家义务内容理论和构造理论的这种区别直接影响着民生保障中国家义务的履行，以及与民生相关的公民权利的维护。

（一）国家义务内容理论对民生保障的影响

国家义务内容理论是国家义务理论的最初表现形态，也是国家义务理论研究者作出的开拓性努力。而公民权利与国家义务这一对应性的理论研究，

---

[1] 李惠宗：《宪法工作权保障系谱之再探》，《宪政时代》2003年第1期。

不仅为国家义务理论提供了价值方向,也从实践维度进一步扩展了国家义务理论的应用范围。因此,作为原始意义上的国家义务理论,不仅对于公民相关权利的保障起到重要作用,也服务于民生保障这一国家的重点工作和公民最基本的需要。因此,本书认为国家义务内容理论为民生保障工作开拓了新的视野和领域。更为重要的是,国家义务内容理论不仅对国家义务本身作出一定程度的梳理,也间接形成并促进了民生保障的权利化、制度化和法治化。国家义务内容理论对民生保障的至关重要作用从历史维度看是不可替代的,当然更不可否认。然而内容理论的弊端对于民生保障的影响也不可忽视。

  国家义务内容理论在语词运用上的随意性和不确定性使得民生保障的体系化受到制约。内容理论是一种形成阶段的国家义务理论,其先天具有的复杂性和探索阶段不可避免的模糊性使其面对更为复杂的民生保障时显得捉襟见肘。郑功成教授认为,现阶段的民生问题已不再是改革开放初期的衣食之忧,而是包括教育、就业、收入分配、社会保障、医疗卫生乃至公平正义、民主法制等更高层次的问题。民生问题具体可概括为四个基本方面,即教育是民生之基,就业是民生之本,收入分配是民生之源,社会保障是民生之安全网。这四大问题是民生的基本问题,解决好这四大问题,民生问题就基本能够得到解决。[1]因此,民生问题的复杂性就需要国家给予更为专业和精细化的保障。国家义务理论能够在民生保障与国家之间搭建起桥梁,从而促使民生问题法律化。然而,国家义务内容理论无法完成这一使命,最为关键的是缺少统一的、体系化的要素和语词上的选择,这也是内容理论面临的前提性、基础性的缺陷。

  国家义务内容理论体系化的缺失导致其无法系统回应民生保障过程中的问题。国家义务内容理论不仅在语词上存在不确定性的问题,在体系上也无法称得上健全。众所周知,"民生问题,从法律上看是社会公平问题"[2],由此可以看出,民生内在包含自由、平等和正义的价值。民生问题的复杂性并不仅仅只是因为其具有自然法意义上的伦理价值,从其对应的权利类型来考察,也可窥见其不同面向。民生可以直接上升为公民权利,这种语言的转换基本上不存在障碍。但是作为权利的民生不再仅仅是一种权利,而是一个

---

  [1] 郑功成:《科学发展与共享和谐:民生视角下的和谐社会》,人民出版社2006年版,第47页。

  [2] 邓成明、蒋银华:《论国家保障民生之义务的宪法哲学基础——以客观价值秩序理论为导向》,《法学杂志》2009年第2期。

权利集合。构成这一权利集合的要素主要有：第一,基本生存权是民生权利集合的最根本元素;第二,劳动权是民生权利集合的关键元素;第三,公正报酬权是民生权利集合的核心元素;第四,平等的基础教育权利是民生权利集合的加强性元素;第五,社会保障权是民生权利集合的保护性元素。[1]作为"民生类宪法权利",其范围并不是固定的,基本上有广、狭二义,"狭义而言,所涉及的主要是社会权;广义而言,则与现实中民生问题所涉及的宪法权利均相关,这就溢出了第二代人权的范畴,也包含了财产权、住宅不受侵犯等自由权"[2]。这种"类权利"的表述虽然有待于考量,但是足见民生保障内容的复杂性。

国家义务内容理论无法满足民生保障的基本需要,更无法进一步表达公民民生类权利的应有内涵。众所周知,法治的基本要义便是限制公权力、保障公民权利。民生的法治化需求不仅需要国家提供一般的保障,更要求国家机关能够全面保障关涉公民人性尊严的最基本的民生权利。因此,国家义务构造理论成为解决上述民生问题的关键途径。

(二)国家义务构造理论视角下的民生保障

国家义务构造理论立足法社会学和法教义学两种立场,综合运用不同的方法,坚守"保障公民权利"这一终极价值,构建体系化、系统化的国家义务理论模型。民生问题反馈到法律以及权利视野中可称得上是一种"类权利"和"权利组合",而反映到现实社会中又涉及不同的系统领域,甚至是不同系统的交叉和融合,如政治系统、经济系统和社会系统等。而民生保障的法治化共识[3],又促使民生问题必须寄生在法律系统中方可得到完美解决。故而,民生问题俨然成为关涉各个系统并影响各个系统的基础性问题。国家义务构造理论也正是面对这种复杂性和系统问题而提出来的。

国家义务构造理论是国家义务理论的体系化、层级化和系统化的塑造。构造理论在批判和扬弃宪法学、人权法中涉及国家义务内容的基础上,运用规范研究方法将国家义务理论在语词上确定为尊重、保护和给付三个维度。这三个维度共同构建其国家义务这一理论系统的基石。民生问题十分复杂,但其具体化为各个权利时,国家保护权利的角色定位促使义务类型整体出现,而这种整体并不是杂乱无章的,而是具有鲜明的内部层级化和精细化。

---

[1] 谢金林、张艺:《民生问题的政治伦理诠释》,《理论探讨》2008年第3期。
[2] 郑磊:《民生问题的宪法权利之维》,《浙江大学学报(人文社会科学版)》2008年第6期。
[3] 龚向和:《论民生保障的国家义务》,《法学论坛》2013年第3期。

因此，语词选择的确定和民生问题权利化的成功使得国家义务构造理论在基础性和前提性问题上取得突破。

系统领域的不同，导致其产生的问题及其强调的着重点也存在差异。这种差异并不是宏观上的，而是涉及民生保障最细节的层面。这种精致化的要求是国家义务构造理论的先天优势。以国家保护义务为例，其本身就包含广义和狭义两个层面。广义的国家保护义务还包括制度性保障义务，其内涵又可以细化为组织与程序保障义务和给付保障义务。狭义保护义务其主要针对的是个案的审查，也即公民具体的民生权利在受到侵害之虞时，国家机关作为保护主体所应尽到的审查和保障义务。其主要包含预防、排除和救济三个层次，这三个层次也分别对应侵害行为发生时的事先、事中和事后三个层面。民生保障的复杂性不仅涉及个体权利的侵害，同时也需要国家通过立法来型构宏观的国家、社会制度以保障公民的民生权利。

另外，国家义务的体系化并不仅仅表现在这一层面。就从上述民生问题的制度性解决途径而言，并不是仅仅涉及尊重、保护和给付三层次义务之一种，可以说实际上需要三层次义务的合力。尊重义务主要表现在抑制国家和尊重个人两个层面，制度性解决途径的探索在尊重义务领域主要集中在抑制国家层面。抑制国家主要是限制立法机关、行政机关和司法机关的权限。这种抑制并不是仅仅强调一种"禁止"，其中要求作为也是一种抑制。民生保障的国家尊重义务要求国家立法机关积极制定相关法律，构建民生保障的国家制度。民生问题的制度性解决途径在国家保护义务层面的表达是一种宏观的制度性保障义务中的组织与程序保障。其中在狭义保护义务中也有涉及，即预防义务层面也是要求国家进一步履行制度的构建义务。而在国家给付义务中，其主要表现在程序性给付层面，主要包括管理给付、制度给付及组织给付。制度给付便是民生问题的制度性解决途径在给付义务层面的反映。从以上论述可知，国家义务构造理论并不是只在广义上论述，在微观层面上的建构也是其最鲜明的特色。

民生保障不仅是要诉诸国家宏观层面的制度性建构，也涉及公民具体权利的救济；其不仅是典型的政治问题和社会问题，也是重要的法律问题；其既要求国家机关履行基础性的给付义务，同时也要求前提性的尊重义务和核心性的保护义务。国家义务构造理论为民生保障提供了理论框架和制度模型，具体问题的探讨下文将进行详细论述。

第三章

民生保障的国家尊重义务

　　从现代汉语的词义上来看,"尊重"存在三种语境:① 作为动词的尊敬、敬重;② 作为动词的重视并严肃对待;③ 作为形容词的庄重(指行为)、自重。[1] 而从英汉词义对照的角度来看,我们至少也可以对"尊重"一词作出如下三类解读:① 作为名词,同 deference,指敬重的行为或态度。它包含两层含义:一是出于尊重别人的地位、愿望或已知的意见而在行动上或态度上对之顺从或加以优先选择;对别人的愿望的有礼貌的、体面的或奉承的尊重(如被占领区的全体居民必须受到极度尊重)。二是因尊敬或敬畏而顺从或听从别人的判断或偏爱之意(这种尊重的表示,是优良的教育而不是优越的出身使人不得不这样做)。② 既可为动词又可为名词时,也存在三层语义:一是同 obeisance,指以鞠躬或屈膝的方式表示的尊敬或敬畏,常用作承认失败或服从的一种谦卑的姿态(如法庭对于行政部门和主管部门的意图也表示出极大程度的尊重);二是同 compliment,指正式承认,尊重的考虑;三是同 honor,指对……表示高度的尊重或赞赏、赞扬、吹捧。③ 作为动词,有三层含义:一是同 respect,指致以崇高或特殊的敬意,尊敬地对待;重视,有礼貌地看重或重视(如尊重少数民族的风俗习惯)。二是同 value,指重视其价值

---

　　[1]《商务国际·现代汉语词典:彩色插图本》,商务印书馆国际有限公司2013年版,第1435页。在《中华大辞林》中,尊重的第二种语境解释稍微有点不同,特指尊贵、显要,如尊重之位。参见《中华大辞林》编委会:《中华大辞林》,福建人民出版社2012年版,第2942页。

（如尊重知识和人才）。三是同 establish，指使处于被接受的、被尊敬的或被惧怕的地位（如英国的权威受到充分的尊重）。[1]

从以上语义上的解析可知，尊重不仅表达了一种从内在心理到外在行为的运动轨迹，而且还表征了一项良性的社会交往关系；更为重要的是，它还为现代法治国建设的蓝图绘制了"国家权力—民生利益"之间互动的行为指南。然而，考虑到现有理论研究和国内规范实践中对国家尊重义务内涵探索的欠缺状态，本章我们就主要采用了"剥洋葱"式的研究思路，即为了找准民生保障所对应的国家尊重义务内涵，我们就从"尊重—尊重义务—法律上的尊重义务"层层剥离尊重所辖的外壳。具体而言，本章的论证先从"尊重"的词源学解释和运行轨迹来了解尊重一词所能辐射的领域，然后从上升到了义务层面的尊重所能表征的价值来探索尊重义务存在的必要性，接着再从规范论视角来展开法律上的国家尊重义务研究现状，最后是具体定位有关中国法治话语体系下民生保障的国家尊重义务之内涵诉求。

第一节　尊重义务的理论源流与价值表征

本节在讨论了尊重所含涉的四大领域，即心理、认知（能力）、道德到法律的基础上，再探究了其上升到义务层面之后的价值表征，以期论证尊重义务的重要性并为后文民生保障的国家尊重义务内涵研究奠定理论基石。

一、"尊重"的运行轨迹：从心理、认知、道德到法律

尊重概念源于康德，在他看来，尊重是实践理性直接赋予情感感受性的唯一动力。在这个意义上，尊重外在于历史。由此，承认规范的有效性与承认个人的能力这两个层面之间的联系就得以证实。而从保罗·利科的总结性观点来看，尊重不仅表示了在司法维度上的人人平等的自由，而且它还以对普遍性的奢望为标志。也就是说，尊重（为承认而斗争）的意旨是权利规范

---

[1]　王同亿：《语言大典（下）》，三环出版社 1990 年版，第 4628 页。与此稍有不同的是，在《新时代汉英大词典》中，则是仍然按照汉语的习惯用法，除了 to respect, to revere, to value, to esteem 与 to set store by, to recognize 这两种动词词性外，还将"尊重"定性为形容词，表示（of behaviour）dignified, serious。参见潘绍中：《新时代汉英大词典》（第 2 版），商务印书馆 2014 年版，第 2461 页。

领域的扩大和个人能力的丰富两个方面。[1] 将利科对尊重两个层面的理解加以展开,并以"尊重"的词性含义和缘起由来为线索,我们可以将尊重的运行轨迹作出如下描述:个体心理的自我认同—普遍他者的认知—主体间性的伦理价值—法律上的承认。

尊重首先是一种心理活动,这一需求的产生源于作为道德主体的人对自我认同的需要。用泰勒关于现代自我最广义的人性概念来说,"自我不是一种状态,而是一种不断生长的、有巨大的可塑性、无限的可能性、无限的内在深度的过程。"[2] 马斯洛在 1943 年的《人类动机理论》一文提出人类需求层次理论,他将人类需求按层次高低分为生理需要、安全需要、归属和爱的需要、尊重的需要和自我实现五种。其中,第四层次尊重的需要又包括自尊、自重和来自他人的尊重三个方面。不过,马斯洛还指出,除了无害他人的言论、表达、行动、寻求信息、调研、防御等诸类自由以及满足集体中的正义、公平、诚信、秩序等满足基本需要的直接性先决条件之外,认知和审美的能力也会为需要的满足发挥作用。[3] 由此可知,自我认同的形成也依赖于对他者的认知与评价。也就是说,"原子式"的个人并不会产生自我认同的需求,也就是不会存在尊重的问题。真正的自我认同源自与他者的交往活动之中,并以普遍他者的认知作为参照的标准。俞可平先生曾指出,"人首先是社会的存在,正是社会的现实生活构成了他的认同和价值,包括他的道德立场,尤其是关于善的观念。个人的善首先也是社会的善的反映,社会的公共善对于社群成员的个人之善具有优先性"[4]。

而何谓"普遍他者"? 它指向的是普遍意义上的角色扮演过程。[5] 同样,在康德的哲学体系中,主体之间的道德尊严也同样包含了个体的自我认同和自我尊重与他者的承认和尊重两项内容。也就是说,他者的尊严是我的

---

[1] [法]保罗·利科:《承认的过程》,汪堂家、李之喆译,中国人民大学出版社 2011 年版,第 167 - 168 页。
[2] [加]查尔斯·泰勒:《自我的根源:现代认同的形成》,韩震等译,译林出版社 2008 年版,第 3 页。
[3] [美]亚伯拉罕·马斯洛:《动机与人格》(第三版),许金声等译,中国人民大学出版社 2012 年版,第 15 - 28 页。
[4] 俞可平:《社群主义》,中国社会科学出版社 1998 年版,第 97 - 98 页。
[5] 原文为"所谓'普遍化的他人',就是指角色扮演过程的普遍化,是普遍意义上的角色扮演动作"。参见王凤才:《"为承认而斗争":霍耐特对黑格尔承认学说的重构》,《马克思主义与现实》2010 年第 3 期,第 109 页。

目的而非手段,不得蔑视和伤害他者,承认并尊重他者是我应当的道德责任。[1]查尔斯·泰勒在《承认的政治》一文中也指出,他者的承认是认同的重要组成部分,得不到他者的承认,或只得到他者扭曲的承认,对自我的认同也会造成严重的消极影响,从而导致应有尊重的缺乏、使人囚禁在虚假的、被扭曲的、被贬损的存在方式之中而产生自身蔑视与自我仇恨。[2]也就是说,源于自我认同的心理诉求的尊重需要,必须推及以普遍他者的认知为基准的相互承认才能产生尊重的行为。所以,普遍他者的认知是形成自我认同所必不可少的环节和关键性的因素,同时也是导致尊重行为发生的关键性外在准则。

不过,普遍他者的认知必须通过具备主体性的个人或群体的发现、判断和评价等系列活动才能衍生。也就是说,自我首先必须承认他者也是与自我相一致的道德主体,同样具备情感、认知、判断等能力。其实,"承认"作为一个政治哲学和道德哲学概念,是指在平等基础上各个个体之间、个体与共同体之间、不同的共同体之间的相互认可、认同或确认。在当今多元文化主义发展的背景之下,"承认"这一概念也突出了在要求平等对待基础上各式主体间的自我认可与肯定。[3]正如丁三东先生所解析的那样,"承认"这个词至少具有心理、知识、道德和存在四层含义:第一,作为我接受一个情况、事实而为的一种心理活动、一种情绪态度,但在这一层次中并不必然表示我赞同它、欢迎它。第二,作为一种认知意义上的对某个事实的承认。第三,除了指向理智上的"认识""认知"之外,作为一个法律术语的"erkennen"(承认)更多的是用实践行动来表示判断、发现(比如一个人的罪行)。第四,在上述三层含义之外,"承认"还具有存在层面的含义。即被承认就同时意味着它没有被排除出这个系统,而是在一个系统中获得了存在。黑格尔实践哲学中的"承

---

[1] [德]康德:《康德著作全集(第6卷):纯然理性界限内的宗教、道德形而上学》,李秋零主编,中国人民大学出版社2007年版,第473-476页。

[2] [加]查尔斯·泰勒:《承认的政治》,董之林、陈燕谷译,载汪晖、陈燕谷主编:《文化与公共性》,生活·读书·新知三联书店2005年版,第290-291页。

[3] 周穗明:《N.弗雷泽和A.霍耐特关于承认理论的争论——对近十余年来西方批判理论第三代的一场政治哲学论战的评析》,《世界哲学》2009年第2期,第58页。

认"概念正是围绕着第四个层面而展开。[1] 王凤才教授也指出，在协调集体意志与个体化诉求间的道德冲突之时，全部社会成员的承认起着举足轻重的作用，因为它已转化为了内在化规范控制个人行为的共同意志。[2] 在为争取法律权利的法治演进史上，公民权利与国家权力的法益冲突也往往续演了道德冲突的解决范式，通过普遍意志达成的标志——法律——来达成两者的共识性行为准则。

因此，尊重的运行轨迹不仅仅停留在个体的一种心理诉求和认知能力，还应当扩展到伦理道德的判断，以及法律上的承认这样的实践活动层面。也即，道德主体的价值通过自我实践活动，在群体交往、集体活动和国家生活之中，得到了以道德伦理、法律所塑造的普遍他者的认知标准的承认，从而实现了自我并完整地形成了"尊重"链。

二、尊重义务的价值表征：个体与社会的连接纽带

17世纪德国法哲学的开创者塞缪尔·普芬道夫曾指出，"人类关于义务的知识有三个来源：理性、市民法和神的特别启示。从第一个来源产生了人类最普遍的义务，特别是那些使他适合于和别人过社会生活的义务；从第二个来源产生了居住于特定国家的公民的义务；从第三个来源产生了基督教徒的义务"[3]。承上所述，尊重一词串联了从心理、认知、道德到法律四个方面的逻辑链。因而，上升到义务层面之后，尊重义务也必然将形成个体与社会的连接纽带：不仅在社会生活的个体与自身、个体与个体之间，而且在个体与国家（以及团体组织）、国家（以及团体组织）之间也通过尊重义务的践行来实现对尊严/主权、权利/权力、自由/管辖权等的维护和确证，这些都分别

---

[1] 丁三东：《"承认"：黑格尔实践哲学的复兴》，《世界哲学》2007年第2期，第83-84页。此外，范志均先生还曾指出，"就承认这个词来看，它除含有认识这层含义之外，还含有比纯粹认识更强的接受和担当等意思，承认就是一种承担、'归责'，能够把某种行为归于自身"。承认的这层含义其实已经渐渐暗含了尊重义务的要求，而本章我们将在后文具体介绍尊重义务的重要性及其内涵要求。范志均：《尊严与承认——康德尊严论道德的承认前提》，《道德与文明》2012年第3期，第65-66页。

[2] 王凤才：《"为承认而斗争"：霍耐特对黑格尔承认学说的重构》，《马克思主义与现实》2010年第3期，第109页。

[3] 需要注意的是，并不能从普芬道夫开篇的这一论述就想当然地断定他不承认国家义务。恰恰相反，他在该书的第十一章特意阐述了主权者的义务，因为在他看来，人民的安全是最高的法律，所以主权者同样具备立法、施法、奖惩等方面的诸多义务。参见[德]塞缪尔·普芬道夫著：《人和公民的自然法义务》，鞠成伟译，商务印书馆2010年版，第50、209-212页。

展现了尊重义务的道德伦理价值与法理学价值。

按照张恒山先生"义务即是应当做的行为"这一定义[1]，尊重义务首先是一种尊重态度，表示社会对义务主体和与"应当"相连的尊重行为的关系的态度，即意味着社会其他成员希望或要求义务主体做出或实现与"应当"一语相连的尊重行为。美国环境伦理学大师保罗·沃伦·泰勒曾在其《尊重自然：一种环境伦理学理论》一书中向我们揭示出了尊重的态度所包含的一套道德代理人的四维度意向，它们分别是指：作出某种自在价值判断或自为价值判断意向的评价维度；具有某种目的或想要达到某种目标意向的意动维度；因某些理由而行动，以及把这些理由视为正当行动理由意向的实际维度；具有某种情感意向的情感维度。[2] 因此，当尊重的态度转变为一种客观义务的要求之后，其四个维度也会发生对应的变化：首先，尊重的评价维度将以义务性行为规则为意向标准；其次，尊重的意动维度将以特定法律目的或社会目的为意向目标；再次，尊重的实际维度将按照法律的或道德的要求而行动，并视这些要求为正当行动的意向理由；最后，尊重的情感维度将以特定法律利益（简称"法益"）或道德伦理结果如爱（含亲情和友情）、团结（团体凝聚力、爱国主义等）的达成为情感意向和价值表征。

进一步来说，义务性的尊重对我们提出了如下要求：不论是否是出于个人偏好或愿望，为实现这种尊重而采取的行动是法律或道德上所必需的。所以，当尊重的态度外显为尊重义务之后，道德伦理的或法律的行为规则都将为实际行动提供明确的指引。譬如，罗尔斯也曾认为，"对于我们来说，尊重，顾名思义，就是承认意志原理是一个法则，也就是承认它直接地决定着我们的意志，而不管它是否符合我们的嗜好"[3]。同样，达沃尔（Stephen Darwall）也曾指出，对道德律的尊重也是一种基于承认的尊重，即承认道德律的

---

[1] 张恒山先生指出，严格说来，"应当"是表示社会（或集团、群体、组织）对于义务主体和与"应当"相连的那种行为的关系的态度。"应当"实际上表示着社会其他成员（或集团、群体、组织）对义务主体实现或做出与"应当"一语相连的那种行为的愿望与要求。同时，他还认为，义务的价值表现为：义务的伦理意义、义务的利益保护作用、义务的信息价值、义务的规范操作功能。也就是说，"义务"用明确的语义指明人们某些行为的事项、划定某些行为不为的禁区，这就足以消除人们对所涉及事项的不定性。分别参见张恒山：《义务先定论》，山东人民出版社 1999 年版，第 51-56、24-28 页。

[2] [美]保罗·沃伦·泰勒：《尊重自然：一种环境伦理学理论》，雷毅等译，首都师范大学出版社 2010 年版，第 50 页。

[3] [美]罗尔斯：《道德哲学史讲义》，张国清译，上海三联书店 2003 年版，第 207 页。

威严并据此来规范我们的行动。也就是说,当我们在思虑如何根据与法则的关系来采取行动时,尊重法则主要体现为承认法则的权威,并且不顾任何偏好地把道德律作为我们行动的充足理由。[1]而当代研究中,对承认理论作出了最为深入剖析的,当推泰勒的承认政治和霍耐特的承认理论。其中,泰勒的承认政治在本章的上一部分略有提及,它主要是指法律对个体的自我认同,在尊严政治(对平等的同质性要求)和差异政治(以种族为中心的自我封闭)之间寻找一条中间道路,这条道路就是承认政治;而霍耐特的承认理论则以米德的社会心理学为依托,实现了青年黑格尔"为承认而斗争"模式理念的经验转型,并对爱、法律和团结这三种承认形式及对应的蔑视形式展开了系统性的论述。[2]所以,正如王凤才教授所总结,"霍氏对泰氏狭隘的法律承认概念并不感兴趣,因为在霍氏那里,法律承认只是三种相互承认形式之一,情感关怀、社会尊重,至少是与法律承认同等重要的承认形式"[3]。

由此可知,通过对尊重义务的遵循,人在社会生活中不仅符合了法律的或道德伦理的行为规则要求本身,而且还实现了对自身的认同和自身与他人间的相互承认。此外,我们还注意到,整个过程中"不仅对象被承认,而且附加在对象上的价值也得到承认",德勒兹(Gilles Deleuze)曾说承认实践的结果就在于承认法益或爱、团结性的伦理道德这些"已经建立的价值"。[4]

---

[1] Stephen Darwall. *Kant on Respect, Dignity, and the Duty of Respect*. in Monika Betzler. *Kant's Ethics of Virtue*. Walter de Gruyter, 2008, p.179.

[2] 在霍耐特看来,现代社会有三种基本的社会领域和相应的承认形式:以爱和亲密关系为纽带的家庭,以法权平等维系的市民社会,以贡献和荣誉为纽带形成的共同体。第一种承认形式是爱。在这里,人作为家庭的成员给予或接受来自其他成员的爱。爱是对他者的情感依恋和归属感,一种感情上的承认关系,这种承认关系是人的"自信"的基础。第二种承认形式是尊重。在这里,人作为权利主体在法律共同体中受到平等的尊重和保护。尊重是一种市民社会成员之间的"法律承认"关系,它通过各种法定的权利来保护每个人的经济和社会权利。这种承认是个人"自尊"的基础。最后一种承认形式是团结,它是指一个人通过参与社会共同体的生活获得的"社会威望"。在此,每个人是根据其作为有价值的公民的成就而享有社会声望,这种社会威望是通过集体承认实现的,因而是社会团结的机制。社会团结是个人自重的基础。上述观点的凝练分别参见两位学者各自的作品。[加]查尔斯·泰勒:《承认的政治》,董之林、陈燕谷译,载汪晖、陈燕谷主编:《文化与公共性》,生活·读书·新知三联书店2005年版,第290-237页;[德]霍耐特:《为承认而斗争》,胡继华译,上海人民出版社2005年版。

[3] 王凤才:《从霍耐特承认理论到泰勒承认政治构想》,《哲学动态》2007年第9期,第54页。

[4] Gilles Deleuze. *Difference and Repetition*. Translated by Paul Patton. Columbia University Press, 1994, p.135.

第二节 民生保障国家尊重义务的规范学缘起

谈论普遍的、天赋的或人的权利,就是把对人类生命和完整性的尊重与自律概念结合起来,就是设想人们在建立和保障他们应得的尊重方面,是积极的合作者。这个表述是现代西方道德观的关键特征。[1] 然而扩展到现代国家,国家权力的扩张性、侵犯性、腐蚀性、诱惑性[2]等负面属性使其极易对权利造成巨大的伤害。所以,我们对国家也提出了尊重权利与权力自我约束的消极义务要求,也即民生保障国家尊重义务的双重面向。

对国家或国家机关而言,国家义务的存在形式有两种:一是意味着它必须履行对社会和公民的职责,或者说是它必须履行国家义务的内容,也即第一性义务(或称肯定性义务);二是意味着它不履行第一性义务所应承担的不利后果,或者说是国家责任,也即第二性义务(或称否定性义务)。而我们所构造的尊重、保护和给付这一国家义务体系论主要是指第一性义务。其中,仅就尊重义务本身的含义而言,我们需要追溯到最初提出该一义务层次论的话语圈。所以,在本节中,我们先是探讨民生保障国家尊重义务的最初规范样态,然后再进一步摸索民生保障国家尊重义务的主要法理渊源及其在国家义务体系中的地位,以为本章最后一部分有关中国语境下的民生保障的国家尊重义务内涵作对照与铺垫。

一、民生保障国家尊重义务的最初规范样态

最初有关民生保障国家尊重义务的明文规定,主要是源自国际规范性文件,尤其是两个人权公约及其一般性意见。譬如,1966年《公民权利与政治权利国际公约》(以下简称"公民政治权利公约")第二条第一款规定了缔约国尊重和保证公约所承认的权利的义务。著名国际人权法专家曼弗雷德·诺瓦克在对这一条款进行评注时指出,"尊重的义务表示了公民权利和政治权利的消极性质,这意味着缔约国必须克制自己,不对这些权利的行使进行限

---

〔1〕 [加]查尔斯·泰勒:《自我的根源:现代认同的形成》,韩震等译,译林出版社2008年版,第14页。

〔2〕 如博登海默认为:"一个被授予权力的人,总是面临着滥用权力的诱惑,面临着超越正义与道德界限的诱惑。"参见[美]埃德加·博登海默:《法理学——法律哲学及其方法》,邓正来译,中国政法大学出版社1999年版,第361页。

制,除非这些限制是为《公约》所明确允许的"[1]。相较之下,尽管《经济、社会和文化权利国际公约》(以下简称"经社文公约")本身并未规定缔约国尊重经济、社会和文化权利的义务,而只是规定缔约国采取步骤逐渐实现这些权利的义务,但是该公约的一般性意见则多次出现了对尊重义务的具体要求。这在很大程度上归功于学界对有关国家义务层次理论的推动:继亨利·舒(Henry Shue)将人权的义务分为避免剥夺的义务、保护个人不受剥夺的义务和帮助被剥夺者的义务的义务层次论[2]以后,在菲利普·阿尔斯顿和阿斯布左恩·艾德主编的《作为人权的食物权》一书中,阿尔斯顿完全接受了亨利·舒的三分法。[3]然而,艾德则将亨利·舒的义务层次论术语作了适当改变,他将三层次的义务论划分为尊重(respect)、保护(protect)和实现(fulfill)。其中,尊重义务是指尊重个人所拥有的资源,尊重个人依照自己的意愿寻找工作的自由,尊重个人最大限度地使用个人的知识并采取适当的行动的自由,以及尊重个人单独或与他人一起使用必要资源从而满足自己需要的自由。[4]

对照经济、社会和文化权利委员会通过的一般性意见之后,我们可以发现这些意见对国家尊重义务的要求与具体规定是比较明确的,尤其体现在取得足够食物的权利、受教育权、享有能达到的最高健康标准的权利、水权、男

---

[1] 诺瓦克在评注中还进一步指出,这一克制义务的具体内容取决于每项权利的表述。有些权利,如第七条所规定的禁止酷刑,是绝对权利,即有关国家在任何情况下,即使在国内紧急状况下都不得施行酷刑。其他一些规定,如第六条第一款规定的生命权和第十七条规定的对隐私权的保护,只禁止任意的干预。而另一些规定,特别是第十八条、第十九条、第二十一条和第二十二条中有关政治自由的规定,则明确授权缔约国进行某些限制。参见[奥]曼弗雷德·诺瓦克:《民权公约评注:联合国〈公民权利和政治权利国际公约〉(上册)》,毕小青、孙世彦译,生活·读书·新知三联书店2003年版,第38页。

[2] Henry Shue. *Basic Rights: Subsistence, Affluence and U. S. Foreign Policy*. Princeton University Press, 1980, p. 52.

[3] 黄金荣:《司法保障人权的限度——经济和社会权利可诉性问题研究》,社会科学文献出版社2009年版,第149页。不过,另有学者认为,阿尔斯顿在与艾德合作中进行了妥协,不再一味坚持亨利·舒的观点,而是将第三类国家义务表述为帮助和实现,以强调预防和补救两方面的内容。参见柳华文:《论国家在〈经济、社会和文化权利国际公约〉下义务的不对称性》,北京大学出版社2005年版,第17页。

[4] Asbjørn Eide. *Freedom from Hunger as a Basic Human Right: Principles and Implementation*. in Per Pinstrup-Andersen, Peter Sandøe. *Ethics, Hunger and Globalization: In Search of Appropriate Policies*. Springer, 2007, p. 100.

女平等权、知识产权、工作权和社会保障权等几个方面。[1]

---

[1] 具体而言，笔者将这些一般性意见中有关缔约国尊重义务的规定整理如下："经社文公约第12号一般性意见：取得足够食物的权利"的第15段规定，尊重现有的取得足够粮食的机会的义务要求各缔约国避免采取任何会妨碍这种机会的措施。"经社文公约第13号一般性意见：受教育的权利"的第47、50段规定，尊重义务要求缔约国不采取任何妨碍或阻止受教育的权利的享受的措施。具体而言，一国必须尊重教育的可提供性，不关闭私立学校。"经社文公约第14号一般性意见：享有能达到的最高健康标准的权利"的第33、34段规定，尊重的义务，要求缔约国不得直接或间接地干预享有的健康权。具体而言，各国有义务尊重健康权，特别不能剥夺或限制所有人得到预防、治疗和减轻痛苦的卫生服务的平等机会，包括囚犯和被拘留者、少数群体、寻求庇护者和非法移民；不得作为一项国家政策采取歧视性做法；也不得对妇女的健康状况和需要推行歧视性做法。此外，尊重的义务还包括国家有义务不得禁止或阻扰传统的预防护理、治疗办法和医药，不得销售不安全的药品和采取带有威胁性的治疗办法，除非是在特殊情况下为治疗精神病，或预防和控制传染病。这种特殊情况必须符合具体而限制性的条件，考虑到最佳做法和适用国际标准，包括"保护精神病患者和改进精神保健的整套原则"。此外，各国不应限制得到避孕和其他保持性健康和生育卫生手段的途径，不应审查、扣押或故意提供错误的健康信息，包括性教育及有关信息，也不得阻止人民参与健康方面的事务。各国也不得违法污染空气、水和土壤等，如因国有设施的工业废料；不得在可造成释放有害人类健康物质的情况下使用或试验核武器、生物武器或化学武器；不得作为惩罚性措施限制得到卫生服务，如在武装冲突期间违反国际人道主义法。该一般性意见的第50段还进一步规定了违反尊重义务的具体情形：违反经社文公约第十二条规定的标准，或有可能造成身体伤害、不必要的疾病和可预防的死亡，此类国家行为，政策或法律，即是违反遵守的义务。这方面的例子包括：由于法律上或事实上的歧视，拒绝某些个人或群体得到医疗设施、物资和服务；蓄意隐瞒或歪曲对保护健康或治疗极为重要的信息，中止法律或实行妨碍享有一切健康权的法律或政策；或国家在与其他国家、国际组织和其他实体如跨国公司，签订双边或多边协议时，未能在其法律义务中考虑到健康权。"经社文公约第15号一般性意见：水权"的第21段规定，尊重的义务要求缔约国不直接或间接干涉水权的享有。这类义务包括：不参与任何剥夺或限制平等获取足够水的行动或活动；不任意干涉惯或传统的水资源配置安排；不利用国有设施的废物或通过使用和试验武器，非法减少或污染水源；不在武装冲突期间违反国际人道主义法，限制使用或摧毁供水设备和基础设施。同时，该一般性意见的第22段还提出，委员会注意到，在武装冲突、紧急状态和自然灾害期间，水权包含了国际人道主义法对缔约国施加的义务。这类义务有：保护平民人口赖以生存的物体，如饮水设施、供水管道和灌溉工程；保护自然环境不受广泛、长期和严重的破坏；确保公民、被拘留者和囚犯得到足够的水。此外，该一般性意见的第44段a项还列举了缔约国对水权的干预构成违背尊重义务具体的情形：（一）任意或没有任何理由地切断或禁止利用供水设备或供水设施；（二）歧视性或过高地提高水价；（三）污染和减少水资源，影响到人的健康。"经社文公约第16号一般性意见：男女在享受一切经济、社会及文化权利方面的平等权利"的第18段规定，尊重的义务要求缔约国不采取歧视性行动，直接或间接地导致剥夺男子和妇女在享受经济、社会和文化权利方面的平等权利。尊重这项权利就要求各缔约国不通过法律，或撤销法律及撤销不符合第三条所保护的该项权利之政策、行政措施和方案。尤其是，缔约国有义务考虑到表面上对性别中立的法律、政策和方案所产生的影响，并考虑这些法律、政策和方案对于男女平等

而总结上述两大国际公约文件的要求可知,它们所提出的国家尊重义务至少涵盖如下四个方面的要求:① 避免采取任何会妨碍或阻止公约中的权利行使的措施,除非依据合法的理由。譬如不得中止法律或任意否定合法权利,不关闭私立学校和各类社会保障机构,不得禁止或阻挠传统的预防护理、治疗办法和医药,不得阻止人民参与健康方面的事物,不干涉习惯或传统的水资源配置安排,不得干预用于社会保障的互助性的或习俗的或传统的安

(接上页)地享受其人权是否会产生消极影响。"经社文公约第 17 号一般性意见:人人有权享有对其本人的任何科学、文学和艺术作品所产生的精神和物质利益的保护"的第 28、30 段规定,尊重义务要求缔约国不直接或间接干涉作者享受其物质和精神利益的保护。具体而言,缔约国有义务尊重作者有权享受对其精神利益和物质利益的保护这一人权,为此,除其他外,缔约国应不干涉作者有权被承认为其科学、文学或艺术作品的创作者,并反对任何有害于作者荣誉或声誉的对其作品的任何歪曲、割裂或其他修改,或对其作品采取的任何贬损性行动。缔约国不得不正当地干涉作者的物质利益,这些利益是使作者享受适足生活水准所必要的。此外,该一般性意见的第 44 段还列举了违反尊重义务的情形。包括缔约国所采取的行动、政策或法律其结果是侵犯了作者被承认为其科学、文学和艺术作品的创作者的权利,以及反对对其作品进行任何有害于其声誉或荣誉的歪曲、割裂或其他修改,或采取其他损害性行动;不当地干涉作者的物质利益,这对于使作者享受充足的生活水准是必要的;使作者无法使用行政、司法或其他适当补救办法,以在其精神和物质利益受到侵犯时寻求补救;在保护精神和物质利益方面对个别作者实行歧视。"经社文公约第 18 号一般性意见:工作权利"的第 22、23 段规定,工作权利的尊重义务要求缔约国避免直接或间接妨碍享有这种权利。具体而言,缔约国有义务尊重工作权利,尤其是通过禁止强迫或强加劳动和避免拒绝或限制所有人平等获得体面的工作,尤其是弱势和遭边缘化的个人和群体,其中包括囚犯或在押犯,少数群体成员和移徙工人。尤其是,缔约国有义务尊重妇女和年轻人获得体面工作的权利,进而采取措施,减少歧视并促进平等获得机会。此外,该一般性意见的第 33、34 段还规定了违反尊重义务的两种具体情形:一是实施了与"经社文公约"第六条规定的标准相抵触的法律、政策和行动。具体而言,任何基于种族、肤色、性别、语言、年龄、宗教、政治或其他见解、民族或社会出身、财产、出生,或以妨碍平等享有或行使经济、社会和文化权利为目的的其他情况,在进入劳务市场或获得就业途径和权利方面的歧视,均构成对"经社文公约"的违反。"经社文公约"第二条第二款中提到的无歧视原则应当立即适用,它既不受逐步实施的限制,也不依赖所拥有的资源。它直接适用于工作权利的所有方面。缔约国在与其他国家、国际组织和其他实体,如多边实体达成双边或多边协议时不考虑其关于工作权利的法律义务,构成对尊重工作权利义务的违反。二是就工作权利采取倒退措施是不被允许的。这类倒退措施包括拒绝某些个人或群体获得工作,而无论这种歧视基于的是立法还是习惯,废除或终止行使工作权利所必要的立法,或通过明显与工作权利方面的国际法律义务相违背的法律或政策。譬如规定强迫劳动,或废除保护员工免遭非法解雇的立法。"经社文公约第 19 号一般性意见:社会保障的权利"的第 45 段规定,尊重的义务要求缔约国不得直接或间接地干预社会保障权利的享有。除其他外,这项义务还包括不得参与以下的做法或活动:限制或者不准平等地享有适当的社会保障;任意或无理干预用于社会保障的互助性的或习俗的或传统的安排;任意或无理干个人或法人团体为提供社会保障而设立的机构。参见徐爽:《人权指南:国际人权保护机制、标准与中国执行情况汇编手册》,法律出版社 2011 年版,第 178-238 页。

排，不得切断或禁止利用供水设备或供水设施等等。② 不得采取歧视性做法直接或间接地干预公约中的权利。譬如签订协议、制定国家政策或立法以及施法的过程中采取歧视性做法，拒绝某些个人或群体得到医疗设施、物资和服务，不得作为惩罚性措施限制得到卫生服务，歧视性或过高地提高水价等。③ 不能侵犯或剥夺公约中的权利。譬如不得剥夺或限制所有人得到预防、治疗和减轻痛苦的卫生服务，不得销售不安全的药品和采取带有威胁性的治疗办法，不得蓄意隐瞒或歪曲对保护健康或治疗极为重要的信息，不得污染或破坏空气、水源、土壤等。④ 应将民生保障水准保持在适度的范围内，不得采取倒退措施。譬如在将某人逮捕时告知其逮捕理由，通过禁止强迫或强加劳动和避免拒绝或限制所有人平等获得体面的工作，反对任何有害于作者荣誉或声誉的对其作品的歪曲、割裂或其他修改，或对其作品采取的任何贬损性行动等等。

从如上的这些规定可以发现，"经社文公约"中的经济和社会权利也有消极的一面，国家尊重义务的履行并不需要消耗太多的资源，因而也并不需要缔约国逐渐实现。因而，"至少说明实现这个义务层次的经济和社会权利的可诉性并不会遇到什么困难"[1]。所以，在国际公约中缔约国对民生保障尊重义务的履行呈现出了两种方式：一种方式是单纯的"有所不为"，即缔约国不采取任何可能影响所涉权利之享有的行为，一旦采取则可能构成对权利的阻碍、干涉或侵犯；另一种方式是"有所为、有所不为"，即缔约国在采取任何可能影响所涉权利之享有的行为时，对自己的行为进行约束，以符合公约有关限制权利的各种条件，一旦违反这些条件或超出公约允许的限制程度，则也将构成对权利的侵犯。[2] 这一点，也在联合国人权事务委员会第八十届会议关于"《公民权利和政治权利国际公约》第 31 号一般性意见：《公民权利和政治权利国际公约》缔约国的一般法律义务的性质"这一文件的第 6 段有所体现。[3]

---

[1] 黄金荣：《司法保障人权的限度——经济和社会权利可诉性问题研究》，社会科学文献出版社 2009 年版，第 149 页。

[2] 孙世彦：《〈公民及政治权利国际公约〉缔约国的义务》，社会科学文献出版社 2012 年版，第 105 页。

[3] 该规定如下：第二条第一款所规定的法律义务从性质上来说既是消极的又是积极的。缔约国不得侵犯《公约》所承认的权利，只有在符合《公约》有关条款的情况下才能对其中任何权利进行限制。在进行限制时，缔约国必须说明其必要性，而且所采取的措施必须符合合法的目的，以便确保不断和有效地保护《公约》权利。在任何情况下都不能以可能损害《公约》权利实质的方式实行限制。HRC. *General Comment No. 31*: *The Nature of the General Legal Obligation Imposed on States Parties to the Covenant*. U. N. Doc. CCPR/C/21/Rev. 1/Add. 13, 26 May 2004, para. 6.

二、民生保障国家尊重义务的主要法理渊源

既然两大人权公约文件都对民生保障国家尊重义务进行了浓墨重彩的规定,那么其存在的法理根基也即其重要性到底体现在哪里呢?

首先,尊重和保障民生是国家权力合法性的基石,这一点我们在本书第一章的第三节也曾论述过。传统的主流理论认为,公民权利决定国家权力,国家权力决定国家义务,公民权利通过国家权力中介间接决定国家义务。其实,这种国家权力决定国家义务的观点是错误的。相反,国家义务才是国家权力的直接来源,而国家义务又直接源自公民权利。理由如下:第一,从法哲学意义上来说,国家义务产生于个人利益的需求,而由此衍生出国家权力。如有学者认为,基于霍菲尔德的要求权、自由权、权力权和豁免权四组权利体系逻辑,可以推导出这样一个政治学结论:个人的要求权引发国家义务,它是国家存在的根本理由;为完成国家义务,国家需要权力。[1] 第二,从分析法学的角度来说,授权规则是寄生于义务规则(即主要规则)的次要规则,它以后者的存在为前提。哈特认为,授权规则作为寄生性的次要规则,其运作是对主要规则作用范围的一种确认,或者说是对主要规则不确定性的一种补充。[2] 从这一点也可以看到,主体行为的义务性。第三,从社会法学的角度来说,权力的根据和来源是义务,而统治者的义务是为全体人们提供公共服务。狄骥认为,"那些统治者们只有出于实施他们的义务的目的,并且只有在实施其义务的范围之内,才能够拥有权力"[3]。所以,从国家权力的渊源来说,只有基于因履行满足权利需要的国家义务而衍生的国家权力,才是正当的、合乎理性的。不是基于这种义务需要而存在或行使的国家权力是缺乏正当性基础、缺乏制度维系根基的。

其次,国家尊重义务是主观权利防御权功能的客观要求。基本权的双重属性及其功能是由德国宪法学理论所构造出的权利保障体系。在德国,基本权包括个人主观权利(Subjektives Recht)和共同体客观秩序(Objektives Recht)这双重属性。其中,当基本权作为一种抵抗国家权力的主观防御权

---

〔1〕 高鹏程:《国家义务析论》,《理论探讨》2004年第1期,第19页。

〔2〕 [英]H. L. A.哈特:《法律的概念》(第二版),许家馨、李冠宜译,法律出版社2006年版,第77页。

〔3〕 [法]莱昂·狄骥:《公法的变迁 法律与国家》,郑戈、冷静译,辽海出版社、春风文艺出版社1999年版,第444页。

(Abwehrrechte)时,它使得个人有可能通过法律途径来对抗国家权力对个人宪法地位的非法侵害。[1]确切地说,国民法治国的基本权利并非依照国家法律而被授予的权利,而是一些先于国家或凌驾于国家之上的权利。因此,国家法律只是将这些权利当作先于国家而存在的东西予以承认和保护,并且只能在一个原则上预测的范围内按照规定的程序限制这些权利。由此,这些基本权利作为一种主观防御权就自然形成了一定的"自由域",在这个自由空间内个人抵抗权作为一种"最极端的预防手段",是一种不可让渡的、不可组织的免受公权力干预的权利。[2]最早使用"防御权(Abwehrrechte)""防御权功能(Funktion der Grundrechte als Abwehrrechte)"概念的是德国联邦宪法法院。早在1958年吕特(Lüth)判决中德国联邦宪法法院就将基本权定性为人民对抗国家的防御权;基本法关于基本权的章节显示人及人的尊严优先于国家权力。[3]防御权的主要目的在于确保个人的自由免受公权力干预,以创设人民的"自由空间",就此一空间,人民有独立自主权,亦即"人民自由于国家之外"。"人民自己的问题自己即可设法解决,无须国家介入,而人民社会共同生活也无须国家参与,自己即可支配。"[4]人民基于防御权所能获得的是一种"消极请求权",或称"不作为请求权",在基本权功能体系中归属于"主观权利"范畴,故又称为"主观防御权"。因此,从防御权角度观之,基本权划定了国家权力的行使界限,以确保个人自由的空间。质言之,防御权即"国家不要为我做什么"。我们认为,防御权功能是指公民享有要求国家承担不侵害基本权利所保障的法益之消极不作为义务的能力,当国家侵犯该法益时,公民享有"不作为请求权""停止侵害请求权"。对于此定义,可从三方面考察:第一,防御权只是基本权利的"一项"权能,与受益权功能、制度性保障、组织与程序性保障功能相并列。防御权本身并非权利,不能将其作为一项具体的权利,而是基本权利的一种权能。第二,防御的对象是"国家"而非私主体。防御权要求国家履行消极不作为义务,防止国家的侵害行为,国家只需不作为,即构成防御权的实现。而私主体的行为,归属基本权利"第三人效力""国家保护义务"范畴,已然超出了防御权的规范领域。第三,从基本权利

---

〔1〕[德]康拉德·黑塞:《联邦德国宪法纲要》,李辉译,商务印书馆2007年版,第226-234页。

〔2〕[德]卡尔·施米特:《宪法学说》,刘锋译,上海人民出版社2005年版,第175页。

〔3〕吴庚:《宪法的解释与适用》(修订版),台湾三民书局2003年版,第88-89页。

〔4〕法治斌、董保城:《宪法新论》,元照出版公司2004年版,第130页。

的"主观权利"与"客观价值秩序"双重属性看,防御权归属于"主观权利"范围。

不过,防御权功能确实主要是与自由侧面的基本权相对应,产生国家的消极性尊重义务,但是在现代宪法时期,自由侧面除了纯粹的"消极自由"外,还增添了"积极自由"的内容,亦即除了排除国家干预外,还需要国家的积极行为,这就是现代"社会法治国理论"对民生保障国家尊重义务提出的新论据。

社会法治国奠基于大部分自由主义基本理念诸如基本权保障、私法自治原理、权力区分理论、法治原理等之上,另辅之以基本权社会化、劳工社会立法之强制禁止规定,及私法中保留有不得违反公共利益之概括条款,从而将原为保障资产阶级之财产权转换成财产权附有社会义务:其一为增进公共利益;其二对人民之营业、职业等自由作最低程度限制且符合必要范围。质言之,社会法治国的本质乃是干预性租税国家、以促成社会正义为己任的计划性社会国家、保障性的给付国家和经济自由受限制的法治国家。[1] 因而,有学者就进一步归纳为,现代社会法治国原则是指依据宪法或者应人民的请求,国家对社会正义、社会安全与公共福祉等负有广泛的责任,可以通过采取制度性规范、收取税款、提供给付和法院判决等方式践行。[2] 所以,社会法治国的意旨是国家履行对弱势群体的保护,以维护最低限度的实质平等,创造机会平等。郭道晖先生就曾主张,"国家对人权的尊重义务与保护义务是相互联系的,在现代社会法治国家或福利国家、社会主义法治国家,'尊重'的内涵已不限于自由主义法治国时代的国家的消极义务(不干预也不保护),而进一步要求国家承担促进人权完满实现的义务"[3]。韩大元先生也曾指出,"当自由国家向社会国家转变后,对人权的尊重扩大到社会权领域,尊重义务范围得到了扩大。为了履行尊重人权的义务,国家既负有积极的义务,同时也要负消极的义务。在社会权领域,国家尊重人权的义务主要表现为满足与促进,积极而适度地干预公民的生活。在自由权领域,国家尊重人权主要表现为国家负有消极的义务,自我控制国家权力对自由权的侵害。因此,国家尊重人权义务是全面性的、综合性的义务,不能片面地强调其中的一项内容"[4]。然而需要注意的是,在民生保障国家义务体系中仅就尊重义务本身

---

[1] 葛克昌:《国家学与国家法:社会国、租税国与法治国理念》,月旦出版社1996年版,第48-57页。
[2] 法治斌、董保城:《宪法新论》,元照出版公司2004年版,第81-82页。
[3] 郭道晖:《人权的国家保障义务》,《河北法学》2009年第8期,第12页。
[4] 韩大元:《宪法文本中"人权条款"的规范分析》,《法学家》2004年第4期,第12页。

而言,社会法治国原则所要求的国家积极义务仅仅是为了表示出国家对自身的克制而为的某种或某些行为,或是保持国家行为的适度性而不对私主体加以侵犯,从而有别于防范第三方侵权的国家保护义务与国家积极促成以创造有利条件或环境的国家给付义务。关于这三种义务的区别将在本节第三部分有关尊重义务在国家义务体系中的地位部分加以详细说明。

三、民生保障尊重义务在国家义务体系中的地位

在上文中,我们曾介绍国家尊重义务针对的是国家自身对权利的阻碍、干涉和侵犯,是一种国家对己的克制和限制。与此相对,国家保护义务针对的则是非国家行为或"第三方"对权利的侵害。因而,国家保护义务"所关注的是国家在私人之间相互侵权之时应承担何种义务,也是宪法规定的基本权利被视为客观价值时对各种国家机关产生何种法上拘束力"[1]。在国家对民生权利保障过程中保护义务的具体承担上,应依据内在的预防、排除及救济三层次脉络予以分别实现。国家给付义务则是指,"国家以确保人之为人的尊严为出发点,给予以基本物质和经济利益为主的积极作为方式"[2];它的目的是促成公民权利的实现,并使这些权利之上所附着的各项利益获得满足。在尊重、保护和给付三层次的国家义务体系之中,尊重义务是前提性的、首要的、严格的、最为根本的义务。

一方面,从尊重词义中所蕴含的从心理认同、认知能力、道德评价到法律承认的逻辑链可知,国家尊重义务是义务体系中前提性的、首要的和最为根本的义务,只有在尊重的基础上才会履行后续的义务要求。另一方面,从义务履行的难易程度来看,国家尊重义务主要是以不阻碍、不干涉、不侵犯等消极性克制或限制义务为内容,并附带有为了表示国家对自身的克制或是保持国家行为的适度性而为的积极性义务,因而它是三者中最为容易的,也是最为严格的义务。那么,在同为积极性义务的层面,国家尊重义务与国家保护义务、国家给付义务又有何区别呢?

从与保护义务的区别来看,由于义务本身针对的对像不同,一个是国家自身,一个是非国家行为或第三方行为,因而这种积极性的义务比较容易区分。难点就在于如何区分尊重的积极性义务面向与给付义务。按照通常的

---

[1] 郑贤君:《非国家行为体与社会权——兼议社会基本权的国家保护义务》,《浙江学刊》2009年第1期,第136-137页。

[2] 龚向和:《社会权的可诉性及其程度研究》,法律出版社2012年版,第84页。

理解,民生保障国家给付义务的措施大致可以分为如下两类:一类是为民生保障国家尊重和保护义务创造必要条件的措施,另一类是为个人享有和行使其权利创造更好环境的措施。[1]前者是为国家尊重义务(和保护义务)而来并为国家尊重义务的履行创造必要的前提条件,但其并非国家尊重义务(或保护义务)本身,也就是说还只是尊重的"预热"阶段;后者则是在尊重行为发生的整个过程中为权利的充分享有营造氛围,它可以通过法律手段,也可以依靠行政、经济、社会、文化、教育等其他性质的多项措施来达成,但是国家尊重义务(和保护义务)则主要指法律手段。不过,在一项行为中往往三类义务是相互混同出现的,并不像理论上划定的界限那样泾渭分明。譬如,《文摘周报》2008年12月19日刊载的《芬兰社会创新横扫全球》一文,指出了号称以"人权立国"的芬兰所实行的诸多社会福利政策。其中,在住房保障问题上,提出了营造"没有贫民窟"的社区体制、为无业游民提供住房居住、设立基金会以供贫民房屋贷款;在婚姻家庭领域,提出了对单身、离婚、独居的男性给予特殊照顾等;在法治建设领域,实行地方自治的基层民主,提倡透明且清廉的政府,司法独立不受政治干预,普及中高等教育以提高人民的法治素质……这些举措都体现了民生保障领域国家尊重、保护和给付义务的紧密结合。[2]

第三节　中国实践:民生保障国家尊重义务体系的内涵

正如美国学者路易斯·亨金所言:"在美国人的心中,权利既不是社会赠与的也不是政府赠与的,它们是天赋的和固有的。权利既不是宪法授予的,也非源于宪法,它们先于宪法而存在。宪法规定政府有义务尊重这些现在的权利。"[3]在我国宪法文本中,"尊重"一词总共出现了3次,分别为序言部分的尊重主权和领土完整、公民的基本权利和义务部分的国家尊重和保障人权以及尊重社会公德。其中,国家尊重和保障人权条款无疑是民生保障国家尊重义务的基本根据。

---

〔1〕 孙世彦:《〈公民及政治权利国际公约〉缔约国的义务》,社会科学文献出版社2012年版,第120-123页。

〔2〕 胡志信:《芬兰社会创新横扫全球》,《文摘周报》2008年12月19日第4版。

〔3〕 [美]路易斯·亨金、阿尔伯特·J.罗森塔尔:《宪政与人权》,郑戈等译,生活·读书·新知三联书店1996年版,第512页。

那么,"民生保障"作为一个独具中国特色的话语,在法治的前提条件下如何规范国家尊重义务的内涵呢?为了找到此解,本节我们先从我国的规范现状出发,归纳分析现有法律规范对尊重义务内涵的规定方式,然后结合理论和现实需求再提炼出中国法治话语体系下民生保障的国家尊重义务之内涵诉求。

一、民生保障尊重义务的中国立法现状分析

通过北大法律信息网这一检索工具,截至 2015 年 12 月 31 日我国现有法规中含有"尊重"一词的检索结果如下:① 中国法律法规规章司法解释全库共 5 176 条检索结果,其中法律 168 条,行政法规 354 条,司法解释 297 条,部门规章 3 597 条,团体规定、行业规定、军事法规、军事规章及其他 760 条;② 中国地方法规规章全库共 27 961 条检索结果,其中地方性法规 2 565 条,地方政府规章 879 条,地方规范性文件 24 290 条,地方司法文件 227 条;③ 中华人民共和国条约库共 1 742 条检索结果;④ 外国与国际法律数据库共 30 条检索结果;⑤ 最高人民法院公报案例库共 67 条检索结果;⑥ 中国法院裁判文书数据库共 18 527 条检索结果;⑦ 仲裁裁决与案例库共 37 条检索结果;⑧ 条文释义共 595 条检索结果等。[1] 以上述结果当中的"法律"为例,除了国际交往上的尊重主权和领土完整、尊重他国及其法律制度之外,我国法律上的尊重义务的要求主要体现在这样几个方面:

(一)尊重人大代表主体地位及其权利

人大代表制是我国实现民主政治的主要途径,尊重代表权利的实质就是尊重人民的权利。因此,在近年来中央 9 号文件、历次全国人大常委会年度立法工作计划、全国人大常委会年度工作要点、全国人民代表大会关于全国人民代表大会常务委员会工作报告的决议、全国人大秘书处关于全国人大会议代表提出议案处理意见的报告、全国人大常委会各专委会关于交付审议的代表提出的议案审议结果的报告、《中华人民共和国民族区域自治法》等相关文件中,都重点提出了要尊重人大代表主体地位和权利,在立法工作中更加注重分专业、有重点发挥人大代表的优势和作用,加强并完善人大代表权利的保障机制。而具体的做法要求则主要体现在以下两个方面。一方面,在注

---

[1] 此外,还有经典案例评析共 243 条检索结果、实务指南共 261 条检索结果、立法背景资料库共 831 条检索结果、香港法律法规库共 13 条检索结果、台湾法律法规库共 102 条检索结果、澳门法律法规库共 239 条检索结果。

重发挥人大代表的特点、优势和作用的前提下：① 健全法律起草、法律案审议征求人大代表意见制度，从而更好地发挥人大代表参与起草和修改法律的作用；② 认真办理人大代表依法提出的议案、建议，并将其同拟订立法工作计划、制定和修改法律紧密结合起来；③ 健全人大代表参与立法论证、立法调研、立法评估的工作机制。另一方面，为了使人大代表更好地依法行使职权，应当注重对人大代表权利的保障，因此需要：① 加强人大代表同原选举单位的联系，密切代表同人民群众的联系。在代表大会闭会期间，认真组织人大代表开展专题调研和集中视察活动，完善代表小组的组织和活动方式，增强代表活动实效，从而使人大代表可以深入了解民情，充分反映民意，广泛集中民智。② 加强人大代表同各享有立法权、监督权的机构，尤其是各专门委员会的积极合作，积极主动邀请相关代表参与立法起草、论证、协商、审议、评估，参加有关立法调研、执法检查活动，列席全国人大常委会和专门委员会会议，从而扩大人大代表对常委会、专门委员会等机关的立法活动的参与，努力做到民有所呼、我有所应。同时改进议案审议结果答复工作，直接向提出议案的代表反馈审议结果和意见采纳情况，加强和改进议案审议工作宣传报道，积极回应社会关切。③ 加强人大代表与国务院及其有关部门、最高人民法院、最高人民检察院的联系，从而拓宽人大代表知情知政渠道，使其为代表提供更多信息资料。同时，也要进一步加强全国人大代表联络机构的工作。④ 健全完善人大代表的依法履职培训工作，切实提高代表的依法履职能力。总之，就是加强人大代表与人民群众、国务院及其有关部门、最高人民法院、最高人民检察院的联系，加强人大代表同相关专门委员会和常委会工作机构、办事机构的协调，努力形成工作合力，在保障人大代表所享权利的前提下提高议案审议质量。

另外，除了对人大代表的主体地位表示尊重外，我国《中华人民共和国全国人民代表大会和地方各级人民代表大会代表法》第四十四条还规定，一切组织和个人都必须尊重代表的权利，支持代表执行代表职务。而对其执行代表职务表示尊重的具体形式则以"否定性"规范来作出要求：一是不得拒绝协助，二是不得阻碍代表依法执行代表职务，三是不得对执行职务的代表加以打击报复。为了表明对民意的尊重，《中华人民共和国现役军官法》第四条还规定，军官的选拔和使用，坚持任人唯贤、德才兼备、注重实绩、适时交流的原则，实行民主监督，尊重群众公论。

（二）尊重和保障人权

有学者指出，宪法规定人权有两种缘由：其一是缘于该国家内人民的共识,这要求人民有着强烈和正确的宪政意识;其二是从其他国家的相关规定中进行移植,这要求国家领导层能明智而练达地决策。[1]《中华人民共和国宪法》《中华人民共和国刑事诉讼法》《中华人民共和国国家安全法》《中华人民共和国反间谍法》《中华人民共和国治安管理处罚法》等都明确提出了尊重和保障人权要求。无论这一规定出于何由,现有的法律规范本身都往往只将该条视为原则性的规定或者将"国家尊重人权"视为默认的、约定俗成的概念,并未对该条文加以解释与细化。

在理论界,有部分学者曾试图阐释该一规定的具体内涵。[2]其中,较为典型的观点可归纳如下:焦洪昌先生认为,据词义"可以对该规范中的'尊重'作出两种理解:一是表明国家对人权的基本立场和宪政理念的提升,即以人权的实现为国家权力运作的价值取向,而不再仅单纯地追求社会秩序的稳定性;二是国家权力要受到合理的限制,防止国家公共权力对人权的侵犯,从而从国家根本法的角度约束公权对人权的侵害。在公民的基本权利中,对那些自由权利,如人身自由、宗教信仰自由等不需要国家干预即可实现的权利,国家除基于正当事由依法定程序可对其限制外,不得对其限制。此时,'尊重'意味着'不侵犯',国家负有不侵犯的消极义务。因为国家作为义务主体,处于强势地位,如果公共权力对公民的自由权利没有'尊重'之意,公民必将丧失这些权利"[3]。于沛霖先生指出,从法律关系的视角来看,"国家尊重和保障人权"这一条款的法理意蕴应当强调公民是人权关系的权利主体,而国家则是尊重和保障人权的义务主体。进一步来说,尊重人权主要指向的是国家对待公民消极权利的态度,或者说尊重人权是国家消极义务的法律表现。尊重人权只要求国家不干预公民享有或行使权利,保障人权则与此相反,它要求国家以积极义务去对待公民的积极权利,从而需要国家采取措施确认和促进实现某些方面的人权,包括经济性的、社会福利性的和受益性的权利等。[4]然而,郭道晖先生则视尊重与保护为一体,他认为就不侵犯人权

---

[1] 邹波、涂四益:《关于宪法权利三个基本问题的讨论》,《贵州社会科学》2010年第5期。

[2] 据笔者统计,在中国知网的期刊数据库中截至2016年1月4日,以篇名中含有"尊重和保障人权"以及类似标题的有效搜索结果为237条,其中以刑法的修改为契机的2012年的研究成果占了近1/3。相较于同类主题而言,可以说这方面研究遭遇了"冷门"。不过,这种现象还可能与关注重点转移到其他尤为重要的、具体的基本权利的尊重与保障有关。

[3] 焦洪昌:《"国家尊重和保障人权"的宪法分析》,《中国法学》2004年第3期,第46页。

[4] 于沛霖:《"国家尊重和保障人权"之法律关系解读》,《法学杂志》2007年第6期,第31页。

的整体内涵而言,禁止性意义上的尊重只是国家义务的道德、法治的底线和人权保障的必要前提而已。而其积极义务才是充分的义务,它主要体现为政府应当创设条件和采取积极的措施防止侵犯人权现象的发生这两个方面的内容。[1]但是,这些研究的一个突出点就在于或者是将尊重的对象仅限于消极权利,或者是混淆了尊重义务与保障(或保护)义务之间的区别,或者是忽视了尊重义务本身的首要性、根本性和严格性地位。

(三)尊重特殊群体的权利

在"法律"中,有关尊重特殊群体规定的数量是十分丰富的,大体而言,可分为如下几类特殊群体的权利:

1. 尊重村民意愿。在《中华人民共和国城乡规划法》《中华人民共和国防震减灾法》《中华人民共和国农业技术推广法》等法律中都明文要求要从农村实际出发,因地制宜,充分尊重村民(农民或农业劳动者和农业生产经营组织)的意愿,从而体现并发挥基层民主和村民自治。此外,据《中华人民共和国农村土地承包法》第十四条的规定,发包方应尊重承包方的生产经营自主权,不得干涉承包方依法进行正常的生产经营活动。《中华人民共和国村民委员会组织法》第八条也规定,村民委员会应当尊重并支持集体经济组织依法独立进行经济活动的自主权。

而且,由于意思自治是近代私法三大基本原则之一,对意愿的尊重在诸多私法规范中都有强调。譬如《中华人民共和国婚姻法》规定:夫妻应当互相忠实,互相尊重;子女应当尊重父母的婚姻权利,不得干涉父母再婚以及其婚后的生活。《中华人民共和国收养法》第二十二条规定,收养人、送养人要求保守收养秘密的,其他人应当尊重其意愿,不得泄露。《中华人民共和国公益事业捐赠法》第五条规定,捐赠财产的使用应当尊重捐赠人的意愿,符合公益目的,不得将捐赠财产挪作他用。《中华人民共和国红十字会法》第十三条规定,在处分捐赠款物时,应当尊重捐赠者的意愿。《中华人民共和国文物保护法》第五十二条第二款规定,国有文物收藏单位应当尊重并按照捐赠人的意愿,对捐赠的文物妥善收藏、保管和展示。《中华人民共和国非物质文化遗产法》第二十六条规定,确定对非物质文化遗产实行区域性整体保护,应当尊重当地居民的意愿,并保护属于非物质文化遗产组成部分的实物和场所,避免遭受破坏。《中华人民共和国人民调解法》第三条第(三)项提出了尊重当

---

[1] 郭道晖:《人权的国家保障义务》,《河北法学》2009年第8期,第12页。

事人的权利,不得因调解而阻止当事人依法通过仲裁、行政、司法等途径维护自己的权利的原则性要求。

在所搜索到的30条外国法律记录中,绝大部分也都是私法领域的尊重,如《莫桑比克劳动法》《日本残疾人基本法》和《越南投资法》等规定尊重劳动权;《越南公司法》《日本关于对内直接投资等的自由化》《日本关于引进技术自由化》《日本中小企业基本法》《日本外资法》,欧洲议会与欧盟理事会的第2003/6/EC、2003/71/EC、2004/109/EC号指令等提倡尊重商事贸易自由及其行业自律;《突尼斯国际私法典》规定尊重禁止反言原则;《阿根廷国际私法(草案)》和《意大利版权法》要求尊重遗嘱。

2. 尊重风俗习惯和少数民族的权利。《中华人民共和国戒严法》《中华人民共和国人民警察法》和《中华人民共和国人民武装警察法》中都规定了人民(武装)警察必须做到尊重公民的宗教信仰和风俗习惯。《中华人民共和国消费者权益保护法》第十四条规定,消费者在购买、使用商品和接受服务时,享有人格尊严、民族风俗习惯得到尊重的权利,享有个人信息依法得到保护的权利。《中华人民共和国旅游法》规定:旅游者的人格尊严、民族风俗习惯和宗教信仰应当得到尊重;旅游活动应当尊重当地的风俗习惯、文化传统和宗教信仰;旅游资源利用应当尊重和维护当地传统文化和习俗,维护资源的区域整体性、文化代表性和地域特殊性,并考虑军事设施保护的需要。《中华人民共和国非物质文化遗产法》规定:使用非物质文化遗产,应当尊重其形式和内涵;禁止以歪曲、贬损等方式使用非物质文化遗产。同时,该法还规定,进行非物质文化遗产调查,应当征得调查对象的同意,尊重其风俗习惯,不得损害其合法权益。

我国作为一个多民族的国家,为了实现民族平等,《中华人民共和国民族区域自治法》提出应当尊重当地自治机关的自治权。同时,该法还提倡各民族的干部和群众应互相尊重语言文字、风俗习惯和宗教信仰,以共同维护国家的统一和各民族的团结。其实,早在我国《中华人民共和国地方各级人民代表大会和地方各级人民政府组织法》第五十九条中就曾规定,县级以上的地方各级人民政府应保障少数民族的权利和尊重少数民族的风俗习惯。在历次的全国人大会议文件,如《第七届全国人民代表大会第一次会议关于第六届全国人民代表大会常务委员会工作报告的决议》《全国人民代表大会民族委员会关于第十一届全国人民代表大会第一次会议主席团交付审议的代表提出的议案审议结果的报告》等都出现了尊重和保障各少数民族管理本民族内部事务的民主权利、尊重少数民族的语言文字权利、尊重少数民族风俗习惯和饮食习惯的内容。另外,《中华人民共和国村民委员会组织法》和《中华人民共和国城市居民委员会组织法》也关注了多民族居住地区的村或居民委员会的情况,提出教育和引导各民族互相帮助、互相尊重、加强民族团结的要求。

3. 尊重未成年人、老年人、残疾人和精神病患者的权利。在我国已专门针对未成年人、老年人、残疾人和精神病患者这四类特殊群体分别制定了单行法。其中,《中华人民共和国未成年人保护法》《中华人民共和国义务教育法》《中华人民共和国教师法》和《中华人民共和国预防未成年人犯罪法》都提出了应尊重未成年人的人格尊严,不得进行体罚、虐待、歧视或者其他侮辱人格尊严的行为。前一法律还进一步要求,国家、社会、学校和家庭尊重和保障未成年人的受教育权。《中华人民共和国老年人权益保障法》提出了全社会应当广泛开展敬老、养老、助老宣传教育活动,树立尊重、关心、帮助老年人的社会风尚的要求,并倡导家庭成员应当尊重、关心和照料老年人。《中华人民共和国残疾人保障法》及《全国人民代表大会内务司法委员会关于〈中华人民共和国残疾人保障法〉立法后评估的报告》指出,全社会应当发扬人道主义精神,理解、尊重、关心、帮助残疾人,从而塑造平等、公正的无歧视氛围和人人理解、帮助、尊重、关心残疾人的社会风尚。《中华人民共和国精神卫生法》强调全社会应当尊重、理解、关爱精神障碍患者。其中,心理咨询人员应当尊重接受咨询人员的隐私,并为其保守秘密;精神障碍的诊断、治疗,应尊重患者人格尊严的原则;医疗机构及其医务人员应当尊重住院精神障碍患者的通信和会见探访者等权利。

4. 尊重特殊岗位的人员或特定团体。一方面,或因岗位而作出了特别牺牲或贡献,或是为了树立岗位的威信,抑或因其他事由,在我国现有的法律中,特别规定了应当尊重如下人员:《中华人民共和国国防法》规定国家和社会尊重、优待军人,国防科学技术工作者应当受到全社会的尊重;《中华人民共和国兵役法》进一步规定,现役军人,残疾军人,退出现役军人,烈士、因公牺牲、病故军人遗属,现役军人家属,应当受到社会的尊重,受到国家和社会的优待。《中华人民共和国人民调解法》规定当事人应遵守调解现场秩序,尊重人民调解员。《中华人民共和国教育法》《中华人民共和国教师法》和《中华人民共和国义务教育法》规定全社会应当尊重教师。《中华人民共和国执业医师法》规定全社会应当尊重医师,同时也规定医师应关心、爱护、尊重患者,保护患者的隐私。《中华人民共和国精神卫生法》规定全社会应当尊重精神卫生工作人员。另一方面,《中华人民共和国红十字会法》和《中华人民共和国工会法》等法律也确立了独立、平等、互相尊重的原则以体现对特定团体的自治的尊重。其中,前者第十六条还规定,红十字标志的保护使用是标示在武装冲突中必须受到尊重和保护的人员和设备、设施。

5. 尊重国旗、国徽和港澳台地区。国旗和国徽作为国家主权的象征,我们必须对其加以尊重。《中华人民共和国国旗法》和《中华人民共和国国徽法》中都规定,一切组织和公民,都应当尊重和爱护国旗、国徽。同时,在"一国两制"的方针指导下,《中华人民共和国香港特别行政区基本法》《中华人民共和国澳门特别行政区基本法》《中华人民共和国香港特别行政区区旗、区徽使用暂行办法》《中华人民共和国澳门特别行政区区旗、区徽使用暂行办法》《中华人民共和国香港特别行政区驻军法》《中华人民共和国澳门特别行政区驻军法》等都规定了尊重港、澳特别行政区的政权机构,尊重和爱护港、澳特别行政区的区旗、区徽,尊重港、澳特别行政区的社会制度和生活方式等。同时《中华人民共和国全国人民代表大会常务委员会告台湾同胞书》中也提出了在解决统一问题时,尊重台湾现状和台湾各界人士的意见,采取合情合理的政策和办法,不使台湾人民蒙受损失。

(四) 尊重特殊的事物

除了上述尊重人大代表、人权、特殊群体等对象外,我国现有法律还规定一些特殊的事物应受到尊重。譬如,《中华人民共和国宪法》《中华人民共和国民法通则》《全国人民代表大会常务委员会关于〈中华人民共和国民法通则〉第九十九条第一款、〈中华人民共和国婚姻法〉第二十二条的解释》《中华人民共和国物权法》《中华人民共和国侵权责任法》《中华人民共和国保险法》《中华人民共和国农村土地承包经营纠纷调解仲裁法》《中华人民共和国妇女权益保障法》和《中华人民共和国残疾人保障法》等都规定应当尊重社会公德,且大部分法律都辅之以不得损害社会公共利益的要求。

在知识经济的今天,知识、人才、科学等都是一国振兴、富强的关键,因而在历次全国人大会议有关决议,以及《中华人民共和国科学技术进步法》《中华人民共和国物权法》《中华人民共和国食品安全法》《中华人民共和国精神卫生法》《全国人民代表大会常务委员会关于司法鉴定管理问题的决定》《中华人民共和国安全生产法》等法律文件中都曾强调过尊重劳动、尊重知识、尊重人才、尊重创造、尊重科学,恪守职业道德和技术操作规范,尊重自然界、行业和立法工作自身的规律等之类的规定。

此外,也有少数法律只是笼统地规定要尊重和保护相对人的权利,譬如《中华人民共和国税收征收管理法》第九条第二款规定,税务机关、税务人员必须尊重和保护纳税人、扣缴义务人的权利。

从上述归纳可知,我国法律有关"尊重"的规定不仅涵摄到了特殊的群体,包括人大代表、少数民族、村民、未成年人、老年人、残疾人、精神病患者、军人及其家属、教师、医生等,也覆盖到了具备一定独立价值、社会意义或权威标志的事物,如自由意志、基本权利、风俗习惯、知识技术、科学规律、港澳台制度、国旗国徽等等。可以说,法律制度已经将"尊重"的所有词义都已用到。而将这些词义放归规范语境之后,国家尊重义务自然又展现出了其双重面向,即尊重义务的本义包括抑制国家权力和尊重公民权利相辅相成的两个方面。这两者实际上是一个问题的两个方面,抑制国家是手段、方式,尊重个人是目的、价值。[1] 但是,现有法律规定同时也存在一定的不足,至少在我国法律层面对尊重义务的内涵规定得仍然比较笼统,缺乏义务种类的二级细分和阐释。而且,对尊重义务的义务主体也比较泛泛而谈,常常借用"全社会"之类的语词,对国家尊重义务更是很少有专门规定。尤其是谈及保障民生的国家尊重义务,现有法律和理论则更是缺乏系统性的概括和要求。譬如,上述盘根交错的法律中到底最终指向的是哪些应当尊重的民生利益?针对这些民生利益国家又应当以何种方式来表示出对尊重义务的履行?为了弥补这些现状的不足,并明确回应本书的主题,下文中笔者试图将民生保障国家尊重义务的双重面向一分为二,即首先介绍哪些民生利益是国家尊重义务的主要对象,然后再进一步细分国家履行尊重义务的具体行为内容与要求。

二、民生保障国家尊重义务的民生利益面向

墨子从正欲的观点出发认为,"民有三患:饥者不得食,寒者不得衣,劳者不得息。三者,民之巨患也"。(《墨子·非乐上》)他主张满足庶民这些生活必需的欲望,同时反对统治者追求奢侈生活和危害民生的欲望。回归到现代法治中国,民生利益无非与学有所教、幼有所育、老有所养、弱有所扶、劳有所得、病有所医、住有所居等需求的保障息息相关,然而考虑到国家尊重义务

---

[1] 龚向和:《社会权的可诉性及其程度研究》,法律出版社2012年版,第80页。

又主要是一种国家的消极义务,所以民生保障国家尊重义务的民生利益面向主要是受教育权、劳动权、社会保障权、健康权、适足住房权等社会权中所赋含的根本性价值。在这些根本性价值中,人格尊严与自由是国家尊重民生利益的核心要求,平等权是国家尊重民生利益的重要组成部分,隐私权和知情权是国家尊重民生利益的后备保障,参与权是确保国家尊重民生利益的有力手段。

（一）国家尊重民生利益的核心对象是人格尊严与自由

人格尊严是人之为人的根本保障,自由则是人具备行为能力的关键。所以,对于国家尊重义务而言,人格尊严与自由是民生保障的核心要求。在人们衣、食、住、行、学习、工作、看病疗伤以及接受公共服务等各项活动中有尊严地、可选择地"活着",既是社会群体渴望得到尊重的内心呐喊,也是国家机关切实履行国家尊重义务的首要前提。譬如,为了体现对公民体面生活的维护,国家制定最低工资标准;同时在2011年11月中央扶贫开发工作会议上,时任国务院总理温家宝宣布中央决定将农民人均纯收入2 300元(与此前1 274元相较,提高了80%)作为新的国家扶贫标准。这一新标准的出台,使得全国贫困人口数量和覆盖面由2010年的2 688万人扩大到了1.28亿人。

（二）平等权的保障是国家尊重民生利益的重要内容

平等是社会人的根本需要,作为社会的一员,任何人都希望自己不受歧视,也即在相同的条件下能受到相同的待遇,在不同的情况下能受到与境况相称的不同对待。正如汪进元先生所分析的,"自近代以来,平等的含义经过了从法律适用的平等到法律制定的平等,进而在立法上从消极的禁止歧视到积极的免于歧视;平等的拘束对象也经过了从单纯的执法和司法机关到包括立法机关在内的各类国家机关和其他依法行使公权力的各种社会组织"[1]。民生利益中的平等权面向就是要求人人在法律面前平等(法律适用的平等),同时享受法律的平等保护(法律制定的平等)。在受教育权中对特殊种族、肤色、宗教信仰者的歧视,在劳动权中对农民工、妇女、残疾人的歧视,在交通事故中"同命不同价"的歧视等,都已作为社会诟病对象而被诸多的正义实践诸如立法、司法判例所清算和剔除。

不过,在讨论平等对待时,人们经常认为,有一种情形并不违反平等对

---

[1] 汪进元:《基本权利的保护范围:构成、限制及其合宪性》,法律出版社2013年版,第98页。

待,这种情形的特征之一是,在某些据称具有相关性的类似情形中,立法机关没有采取行动。譬如只惩罚男人的通奸或惩罚男性同性恋而放纵女性。其实,平等并不要求实现"数学上的"或"抽象的"对称,或者在断定某种分类是否合理时,应关注人们已经形成的习惯、习性和传统(尽管这些因素可能已经过时),或者平等并不要求把所有的祸害全部铲除。当然这只是极少数的例外,譬如现实中一些重大盗窃犯受到了应得之罚,而贪得无厌的窃国贪官却可逍遥法外时,这就是一种明显、突出、不容置疑的歧视。[1]

(三)隐私权与知情权的平衡是国家尊重民生利益的后备保障

按照通常的理解,"隐私权是人格尊严的重要内容,其基本含义是,个人有权按照自己的意愿和要求生活,包括享有与同伴隔离或者退出公共生活以保有自己的私人生活空间的权利"[2]。隐私权是个人主权的表征,因而国家尊重隐私权也就体现了对个体存在的尊重。在民生利益的保障中,隐私权可以体现为享受国家救助(含助学贷款)时尊重受助者的个人家境隐私而不大肆"张榜公布";可以体现为尊重受到医治、进行心理咨询的患者或残疾人的个人健康隐私而不对外传播或利用;可以体现为尊重受害人、犯罪嫌疑人或被告人的隐私而不公开审理等等。

就私主体间的关系来说,知情权看似是一种与隐私权截然相对的权利,国家尊重知情权就必须平衡好其与隐私权间的冲突。但是对于国家公共事务的知情权来说,这种冲突将不复存在或者极其稀有。国家尊重民生利益的知情权要求国家公布与民生相关的政策立法,告知与民生相关的执法理由和享有的监督申诉救济权利等,就目前来看,《中华人民共和国政府信息公开条例》是这方面的主要法律依据。由此可以看出,与民生利益的知情权尊重所对应的往往是国家的积极"作为",这就与前文所述的国家尊重义务的性质遥相呼应。

因此,只有尊重个人隐私权,公民才能毫无后顾之忧地享受国家提供的民生待遇;只有承认和尊重公民个人拥有真实、可靠、翔实的知情权,才能为

---

[1] [英]杰弗里·马歇尔:《宪法理论》,刘刚译,法律出版社2006年版,第169页。该书同时还列举了 Azizi v. State of Bombay, 1954 S. C. R. 930. 6B. Verf G. E. 389, (1957). Patsone v. Pennsylvania, 232 U. S. 138 at 144(1914). Plessy v. Ferguson, 163 U. S. 537 at 550 (1896). Skinner v. Oklahoma, 316 U. S. 535 at 541(1942)等案例来加以佐证。

[2] 陈泽宪:《〈公民权利与政治权利国际公约〉的批准与实施》,中国社会科学出版社2008年版,第353页。

公民参与民生建设、享受民生红利提供对称的信息资源。所以,这两者是国家尊重民生利益的后备保障。

(四)参与权是确保国家尊重民生利益的有力手段

其实,参与权和知情权一样,都是加强国家和公民之间相互沟通、相互了解的主要途径和方式。中华人民共和国是人民当家做主的国家,因而民意的搜集、提炼、反馈和成形(主要是制定成文法)都离不开民众的积极参与,与人民生活生产息息相关的民生利益当然更是需要尊重民众的参与权。公民可以通过选举权和被选举权,六项政治自由权(即言论、出版、集会、结社、游行、示威的自由),批评权和建议权,申诉、控告或者检举权的行使来一同参与民生建设,同时监督民生保障国家尊重义务的履行。不过,相较于上述三项内容(隐私权、知情权、平等权)而言,参与权的行使更需要国家保护义务和给付义务的配合,并由其来创造条件和营造氛围。

三、国家尊重民生利益的具体义务内容与要求

解析了需要尊重的民生利益内容之后,接下来亟需做的就是要明确国家到底通过哪些行为形式来履行尊重义务,抑或说是义务的履行程度需要通过何种标准来进行判断。本部分就是针对这类问题而展开的。

首先,民生保障国家尊重义务的义务主体是国家权力机关。正如郭道晖先生所说:"我国宪法确认'国家尊重和保障人权'的原则,表明国家是人权保障的义务主体中最主要的主体。这里'国家'实际上是指具体行使国家权力的国家机关,包括国家立法机关、司法机关与行政机关、军事机关,以及与公权力活动有关或实际上行使公权力的社会组织。"[1]这一结论已为学术界和实务界所公认,毋庸赘言。

众所周知,在环境伦理领域尊重自然有四条义务规则:不伤害规则、不干涉规则、忠诚规则和补偿正义规则。其中,不伤害是指替他者着想,不行动或有意识地节制。不干预要求不偏不倚,它蕴含两种消极义务:一种要求我们不要限制个体生物的自由,另一种要求我们不仅要对个体生物,还要对整个生态系统和生物共同体采取"不干涉"的政策。忠诚意味着值得信赖,要求我们维护与个体动物间的期望而不打破信任、不欺骗或误导。补偿正义预示

---

[1] 郭道晖:《人权的国家保障义务》,《河北法学》2009年第8期,第10页。

着公正公平,在扶弱除强之下弥补错误,重新恢复正义平衡。[1]人与个体生物、人与自然之间尊重义务的伦理规则尚且如此,国家与公民之间尊重义务的法律规则又怎能逊色?结合我国现行含有"尊重"条文的所有法律类的规定可知:国家尊重民生利益的主要义务形式表现为国家消极义务,且从消极态度的轻重来看包括不阻碍、不干涉、不侵犯三个层次的义务要求。也就是说,民生保障的国家尊重义务主要是一项消极义务,即无需国家作出具体行为,只要不在无正当的、无合法理由的前提下实施阻碍、干预或侵害民生利益的行为,国家的尊重义务即告履行。譬如,"生命权对应的就是国家不能杀戮的义务;身心完整性的权利对应的是国家不施行酷刑的义务;选举权对应的是不能武断地将任何人排除在民主选举之外的义务;而工作、健康和教育权对应的是国家不能武断地将任何人排除在劳动市场、保健和教育制度之外的义务"[2]。

然而需要充分注意的是,作为尊重义务所对应的国家消极行为,并非简单性地理解为仅仅是"不作为",或者简单性地表明国家仅可以对上述民生利益做出一个口头上的允诺,而是要求国家在具体的行为过程中切实承认并尊重公民的各项权利,并在一般情形下不得无故实施侵害公民民生利益的行为。也就是说,这并非意味着国家可以作为公民民生保障实现的纯粹看客,而是要国家用一种"有所不为"、或"在有所为的前提下有所不为"的行为方式来表示对自我克制或限制权利的适当性。用孙世彦先生的话来说,国家履行民生保障"尊重的义务并非仅仅是消极的不作为义务,而是包括采取各种必要措施以避免个人的权利不受侵犯的义务",也即"尊重义务的履行不仅包括消极的不作为,而且还包括积极的作为",且"积极的作为仍需要从其'不侵犯'的消极角度来理解"。[3]

为达到该目的,结合上一部分有关国家尊重义务的义务主体内容可知,在立法层面、行政层面及司法层面,国家都需明确相关部门履行尊重义务的具体要求,以在实务层面确保国家对民生保障的尊重义务获得落实。

在立法层面,有学者认为,"基本权利的尊重义务首先或者说最集中通过

---

〔1〕[美]保罗·沃伦·泰勒:《尊重自然:一种环境伦理学理论》,雷毅等译,首都师范大学出版社2010年版,第132-135页。

〔2〕[奥]曼弗雷德·诺瓦克:《国际人权制度导论》,柳华文译,北京大学出版社2010年版,第47页。

〔3〕孙世彦著:《〈公民及政治权利国际公约〉缔约国的义务》,社会科学文献出版社2012年版,第171-175页。

立法权对基本权利的尊重表现出来"[1];有学者甚至进一步指出,立法机关应是尊重义务的第一承担者[2]。目前世界多数国家或直接或间接地都在法律条文中载明国家负有该项义务。从世界各国的立法实践来看,"各国宪法在表述基本权利的国家尊重义务时的方式不同,美国宪法以'国会不得制定……法律'和著名的'正当法律程序'条款来表达国家对基本权的尊重义务。更有一些国家的宪法直接规定了国家的尊重义务,如日本宪法第十三条规定'一切国民作为个人都受到尊重。对于国民的生命、自由和追求幸福的权利,只要不违反公共福祉,在立法上和其他国政上必须给予最大尊重'。爱尔兰宪法第四十条规定'国家在法律中尊重并尽可能通过法律捍卫和维护公民的个人权利'"。[3] 我国历次人大会议文件、政府工作报告、国民经济和社会发展纲要,以及宪法类法律(含组织法)、民事类法律(如《中华人民共和国民法通则》《中华人民共和国婚姻法》《中华人民共和国物权法》《中华人民共和国消费者权益保护法》《中华人民共和国侵权责任法》等)、军事行政类法律(如《中华人民共和国国防法》《中华人民共和国兵役法》《中华人民共和国国家安全法》《中华人民共和国反间谍法》《中华人民共和国治安管理处罚法》《中华人民共和国教育法》《中华人民共和国义务教育法》等)、刑事类法律(如《中华人民共和国刑事诉讼法》《中华人民共和国预防未成年人犯罪法》等)都曾明文规定过"尊重"义务。然而,对于民生保障在立法层面尊重义务的履行,国家不应止步于此,国家对于民生保障的尊重义务不应仅停留于宪法层面上的理论宣示,不应停留于法律条文概念性的介绍。尤其在我国,在宪法尚难以适用于司法实践活动的情况下,各部门法律应更加深入地落实"国家尊重和保障人权"这一基本价值诉求,坚决去除部门法中各种人为设定的有关民生保障实现的不平等规定,坚持履行法律制定上的平等,并实现法律对人格尊严和自由、法律适用的平等、隐私权和知情权以及参与权等民生利益的承认。但这也并不是说,立法机关不得制定任何限制公民民生利益的法律,而是立法机关不得违背宪法规定的条件(方式和理由)而对基本权利加以

---

〔1〕 杜承铭:《论基本权利之国家义务:理论基础、结构形式与中国实践》,《法学评论》2011年第2期。

〔2〕 上官丕亮:《论国家对基本权利的双重义务——以生命权为例》,《江海学刊》2008年第2期。

〔3〕 杜承铭:《论基本权利之国家义务:理论基础、结构形式与中国实践》,《法学评论》2011年第2期,第34页。

恣意的限制。运用张翔先生的结论来说,"从我国宪法对基本权利的规定以及宪法学的原理来看,立法机关对公民基本权利作出限制需要遵守两个方面的原则:(1)在限制方式上,遵循'法律保留原则';(2)在限制理由上,必须出于'公共利益'的需要。前者构成基本权利限制的形式标准,而后者构成了基本权利限制的实质标准"[1]。

  在行政和司法层面,无论是行政机关还是司法机关,都是法律的执行者而非制定者,尊重了法律的具体规定与立法要求,就是履行了法律所规定的尊重义务。需要注意的是,由于我国是成文法国家,在法律的具体适用过程中,不论是行政机关,抑或是司法机关,都存在一个法律适用过程中的解释与裁量问题。就行政机关而言,主要表现为在执法过程中,执法部门应当本着尊重民生保障,履行法律所赋予的职责来行使自己的职务,而这些部门在对相关法律条文进行解读与裁量时,应立足于尊重与保障人权这一基本要义之上,一旦僭越这一原则,即是行政机关违背了尊重义务的内在要求。譬如,从他国经验来看,行政机关对私生活的侵犯的形式主要可以归结为以下三种:泄露(个人私生活资料,divulgation)、调查或刺探(个人私生活资料,investigation)以及保存以非法手段得来的(个人私生活资料,conservation)。[2] 根据我国《中华人民共和国政府信息公开条例》第三十五条的规定,行政机关不尊重公民知情权的行为形式大致有如下五种(包括作为与不作为义务的违反):"(一)不依法履行政府信息公开义务的;(二)不及时更新公开的政府信息内容、政府信息公开指南和政府信息公开目录的;(三)违反规定收取费用的;(四)通过其他组织、个人以有偿服务方式提供政府信息的;(五)公开不应当公开的政府信息的。"另外,由于行政机关的职能分工决定了其在保障民生过程中的首要地位与作用,因而必然要求我们格外注重其不阻碍、不干涉和不侵犯公民的人身自由、人格尊严、法律面前的平等权等等,这些在我国《中华人民共和国行政诉讼法》上都有规定,因而无须赘述。而对于司法机关而言,在我国,由于地方司法机关不具有解释法律的权力,仅仅是依据法律以及最高人民法院的司法解释来裁判案件。从这个意义上来说,在我国除了最高人民法院以外,其他地方法院只要严格依法办案,即为履行了国家所规定的对公民民生保障的尊重义务。而最高人民法院在解释相关法律条文时,应

---

  [1] 张翔:《基本权利的规范建构》,高等教育出版社2008年版,第58页。
  [2] 朱国斌:《法国关于私生活受尊重权利的法律与司法实践》,《法学评论》1999年第3期,第133-134页。

本着尊重法律[1]、尊重和保障人权的基本要求,切实履行民生保障的尊重义务。

此外,从上述具体的行为内容我们可以再次总结出民生保障国家尊重义务的几项总体性要求:第一,首要标准在于遵循以人为本、民生保障优位原则,即尊重人本身;第二,公民义务的设置(权利的限制)应符合其人性本能,不能强人所难,即尊重人格尊严;第三,国家权力的行使应符合法定程序的要求,具备正当、合理的理由,即尊重法律;第四,国家权力的行使旨在逐步实现民生利益需求,而不会使之倒退,即尊重发展。

---

〔1〕 有学者曾指出,司法机关在法律解释的过程中体现"尊重法律"的要求主要有以下途径:推定法律的合宪性;规避合宪性审查问题;解释任务的"阐释性";尊重立法解释。参见胡玉鸿:《尊重法律:司法解释的首要原则》,《华东政法大学学报》2010 年第 1 期,第 101－105 页。

第四章

民生保障的国家保护义务

第一节 民生保障国家保护义务的理论证成

一、人性尊严的价值证成

(一) 人性尊严的概念释义

1. 作为哲学伦理学概念的"人性尊严"

虽然早在古希腊时期,即已出现作为哲学伦理学意义上的尊严观念,例如,塞涅卡(Seneca)在抨击当时盛行的奴隶制度、剑术决斗和把人扔到野兽中表演时,即表达了关于人的尊严的强烈情绪:"人被献祭给人"[1]。但关于何谓"人性尊严",学界至今仍未达成统一意见,而现实中关于人性尊严概念的运用也是五花八门。例如,它"有时是作为人权的本源,有时它又是人权的一种(特别是关系到个人的自尊);有时用来界定人权的主体,有时又用来界定被保护的人权的客体"[2]。也正是因为这种模糊性与不确定性,不少学者认为"尊严"概念作为一种"空洞的公式",没有任何精确含义,宜将其从现代

---

[1] [德]海因里希·罗门:《自然法的观念史和哲学》,姚中秋译,上海三联书店2007年版,第22页。

[2] [英]德里克·贝勒费尔德、罗杰·布朗斯沃德:《人的尊严、人权和人类遗传学》,韩德强、郝红梅编译,载徐显明:《人权研究》(第4卷),山东人民出版社2004年版,第521页。

伦理学词汇表中剔除出去。

总体说来,当前学界关于人性尊严哲学伦理学内涵的阐述,主要存在以下两种学说[1]:一是"属性—尊严说"。该学说的基本观点为,人的尊严乃来自人的生物属性。也就是说,所有的生物个体,不论它是否已经出生,也不论它拥有了何种程度的意识水平,只要它是人,它就应当无差别地享有人之为人的尊严。二是认为人的尊严乃是来源于人的理性选择能力。该理论学说又可以细分为以下三种观点:

① "自主性—尊严说"。持此种观点的代表人物为奥古斯丁,他认为人的尊严乃来自人的自主性本身,这种自主性不仅包括自主选择的能力,还表现为意志自由。同时,他还指出尊严本身与意志自由所指向的目的,即善或恶,没有本质联系。它只与在善恶之间的选择自由联系在一起,其决定性作用仅在于其能够在善恶之间作出选择。

② "道德完满性/成就—尊严说"。该学说认为人性尊严"只是个人较高社会地位的一种功能或标志"。它与"自主性—尊严说"的区别主要在于,它认为人享有尊严不仅是因为其享有自主性,同时还在于其在行使自主性时选择了善。在当代,持此一观点的代表人物为德国社会学家卢曼,他认为,人性尊严绝非一种自然禀赋,它只是一个愿望之概念,它标志着一种作为成功的自我展示。

③ "自我目的—尊严说"。该学说是当前论述人性尊严内涵之最有影响力的学说,其代表人物为德国著名哲学家康德。该观点的核心思想为:人作为目的而绝不允许被纯粹工具化,即他认为不论何时,"都不应把自己和他人仅仅当作工具,而应该永远看作自身就是目的"。"一个有价值的东西能被其他东西所代替,这是等价;与此相反,超越于一切价值之上,没有等价物可代替,才是尊严。"[2]

针对以上各种学说,我国学者甘绍平教授指出其均存在不同程度的缺陷。第一,"属性—尊严说"主张任何个体在形式上都享有同等的尊严,由此导致其无法解决两个及两个以上"尊严主体"间发生冲突的难题。第二,若坚持"自主性—尊严说",则很可能导致"尊严"成为强者的专利品。质言之,该学说的重大缺陷即在于它认为享有尊严的唯一根据乃是行为主体的自主性,

---

[1] 关于以下两种学说的总结,主要可参见甘绍平:《作为一项权利的人的尊严》,《哲学研究》2008 年第 6 期。

[2] [德]康德:《道德形而上学原理》,苗力田译,上海人民出版社 1986 年版,第 87 页。

如此,则很可能导致将拥有尊严需求的人进而排除在尊严的保护圈之外。第三,"道德完满性/成就—尊严说"。该学说就其实质乃是将"尊严"与"尊荣"混为一谈,并且将道德完满或成就视为尊严的前提条件,亦容易导致将更多的人被排除在尊严保护范围之外。第四,对于当前颇具影响力的"自我目的—尊严说",甘教授认为其最大问题是容易将"使人工具化"与"侵害其尊严"简单画等号。事实上,并不是所有的使人工具化的行为都是侵害其尊严的。

在上述评析的基础上,甘教授进一步认为,尊严确实归因于人的某种特性,但它并不是人的自主性或道德性,而是人的脆弱性和易受伤害性。质言之,"尊严并不是一个崇高的理想目标,而只是代表着一种根植于人的自我或个体性的最基本的需求:'人的尊严是一种权利,即不被侮辱'"[1]。虽然甘教授的上述分析已经非常深刻、精辟,但仍有学者对其提出了批评性借鉴意见。例如,学者任丑指出,仅有法律尊严肯定是不够的,不受侮辱的权利的尊严只能明确限定在法律尊严的范畴内,道德尊严是法律尊严不可或缺的要素之一,"法律尊严应以道德尊严为基础和目的,接受道德尊严的批判和审视。同时,道德尊严应以法律尊严为坚强的底线保障"[2]。

2. 作为法学概念的"人性尊严"

虽然"人性尊严为法治的核心价值"[3]已广为法学界人士所接受,但在法律层面应当如何去理解人性尊严的概念,学界则至今仍未达成一致意见。从既有观点来看,法学界主要是从正面和反面两个面向去对其进行定义的。

第一,正面定义。例如,德国学者Günter Dürig认为:"人性尊严与时间及空间均无关系,而是应在法律上被实现的东西。它的存立基础在于:人之所以为人乃在于其心智,这种心智使其有能力自非人的本质脱离,并基于自我的决定去意识自我,决定自我,形成自我。"[4]我国台湾地区学者李震山教授认为自治与自决,"与'个人本身即是目的'之概念互为表里,几已成为人性尊严之本质或核心内容"[5]。学者陈清秀认为,人性尊严可具体表现为以下五项内容:① 作为个人人格的独立价值的尊重;② 专属性事物的自主决定;

---

[1] 甘绍平:《作为一项权利的人的尊严》,《哲学研究》2008年第6期。
[2] 任丑:《人权视阈的尊严理念》,《哲学动态》2009年第1期。
[3] 庄世同:《法治与人性尊严——从实践到理论的反思》,《法制与社会发展》2009年第1期。
[4] 蔡维音:《德国基本法第一条"人性尊严"规定之探讨》,《宪政时代》1992年第1期。
[5] 李震山:《人性尊严与人权保障》,元照出版公司2000年版,第13-14页。

③ 个人私人领域的尊重；④ 维持具有人性尊严的生活；⑤ 自治与自决。[1]大陆学者韩德强博士认为，人性尊严的核心内涵是"人的人格，是凝聚在特定个体人身上的社会关系所表达出的主体性地位"[2]。学者林发新认为，"公民享有体面生活权、享有充分政治权、拥有个性自由发展权和隐私不受侵犯权，这就可以说比较充分享有了人的尊严"[3]。

第二，反面定义。目前从反面对人性尊严进行定义之最经典的表述，乃是上述德国学者 Günter Dürig 所提出的"客体公式"（Objektformel），他认为"当具体之人被贬低成为客体、单纯之工具或是不可替代之数值时，此即侵害了人性尊严"[4]。该公式现已被德国宪法法院采纳并发展，即德国宪法法院在此基础上还附加提出了以"当人的主体性原则上成为疑问"，以及"当以恣意地对于人的尊严之轻蔑对待存在"[5]此两要件作为判别是否侵犯人性尊严之标准。

斟酌以上观点，笔者认为以上两种定义方式均有其可取之处，但又都存在些许不足，最好的界定方式是将以上两者完美结合起来。具体来说，我们认为所谓人性尊严，即是指"为避免社会共同体间彼此相互承认、相互尊重之个人最基本的主体性、自我决定、自我形成及自我塑造之能力完全被单纯客体化及工具化的情形"[6]。作为法学意义上的"人性尊严"概念，其至少应当包含如下几层含义：

第一，基于人之固有属性，每个人都应平等享有人之为人的尊严。此种尊严既不得因人的年龄、心智等内在原因，也不得因个人的国籍、民族、种族、信仰和身份等外在原因而予以区别对待。

第二，在理论上，任何人在法律上均可充分享有自治与自决的权利，并在此基础上保有不受国家支配的私人生活领域。具体来说，① 国家和社会应当保持权力上的自制，不得非法干预理应属于社会成员的自我决定事项；

---

[1] 陈清秀：《宪法上人性尊严》，载《李鸿禧教授六秩华诞祝寿论文集》，月旦出版社1997年版，第99页。

[2] 韩德强：《论人的尊严：法学视角下人的尊严理论的诠释》，法律出版社2009年版，第232页。

[3] 林发新：《人权法论》，厦门大学出版社2011年版，第390页。

[4] Günter Dürig, in: Maunz/ Dürig, GG, Art. 1 Abs. 1, Rn. 28.

[5] BVerfGE 30,1,25f.

[6] 陈品铮：《论人性尊严之宪法意义——以德国基本法第一条第一项为基础》，台湾中正大学法律学研究所2010年硕士学位论文，第37页。

② 人出于真实的自由意志所实施的行为,在法律上拥有最高的效力;③ 任何人均有权拥有能够为自己所独立支配的私人空间,其隐私不应受到侵犯。[1]

第三,任何个体在法律上都应是权利义务的统一体。其中,对于后者而言,个人在主张自己具有人性尊严的同时,必须加以自律的维度,即要把尊重他人的尊严作为自己行使人性尊严的义务,把促成公共利益实现作为自己行使人性尊严的责任。

第四,国家负有尊重和保障人性尊严的法律义务。具体来说,国家除不得消极侵犯其社会成员的人性尊严外,还必须对涉及人性尊严的各项权利作出最合理的安排,此外其还必须建立保障人性尊严得以实现的相关法律制度等。

(二)人性尊严:人权诉求的价值皈依

"人权思想之所以能够在出现之后受到公众的推崇,并在以后的世代中迅速而广泛地传播,是因为它符合了人类基本共同价值标准。"[2]而对于此一"人类基本共同价值标准"的理解,学界普遍认为其乃是人之为人的尊严,即"一切人权都源于人类固有的尊严和价值"[3]。社会权作为一种具体的人权类型,将人性尊严思想作为其诞生的终极根源,无疑具有天然的正当性。

在人性尊严与具体的基本权利之间,存在着诸多起连接作用的中介性价值。这种"中介性价值",也有学者将其概括为人性尊严的"基本维度",即它包括"普遍的人格平等、广泛的个人自由和适足的生存保障"[4]。根据学者王蕾博士的论述,社会权乃是平等权的衍生形态,即"在事实平等作为一项政策被包括进宪法平等规范之后,宪法平等权在内容上增加了被取消法律上平等时充分考虑的权利,以及因事实平等的政策而产生的要求在法律上区别对待的权利——社会权"[5]。虽然该论述是在规范层面探讨社会权的起源问题,但我们认为不论是在规范层面,还是在价值层面,社会权同平等之间都存在着千丝万缕的联系。正是这种千丝万缕的联系,促成了社会权作为基本人权的诞生。质言之,社会权作为一类基本人权诞生,其实质根源即在于对形式和实质平等的遵循和追求,而此种价值追求,在终极意义上即是为了满足

---

[1] 胡玉鸿:《"人的尊严"的法理疏释》,《法学评论》2007年第6期。
[2] 何志鹏:《权利基本理论:反思与构建》,北京大学出版社2012年版,第113页。
[3] 曲相霏:《论人的尊严权》,载徐显明:《人权研究》(第3卷),山东人民出版社2003年版,第163页。
[4] 李累:《宪法上人的尊严》,四川人民出版社2010年版,第64页。
[5] 王蕾:《论社会权的宪法规范基础》,《环球法律评论》2009年第5期。

人之为人的尊严。概言之,"社会权是人格尊严获得保障的前提条件,若抛弃它,则人就失去了人格尊严的保障。因此在人格尊严的基础上,可以发展出一系列社会权"[1]。

对于上述逻辑观点,在实证法上,《世界人权宣言》等国际或区域人权宪章及诸多国家宪法也都表示了支持和认同。具体来说,在国际层面,"人性尊严"显然已经成为一种不证自明的根本准则。例如,《世界人权宣言》第二十二条明确规定,任何人均"有权享受其人性尊严及人格自由发展所必需的各种经济、社会和文化权利";《经济、社会和文化权利国际公约》序言强调:"确认这些权利是源于人身的固有尊严。"在区域层面,例如,《欧盟基本权利宪章》在序言中明确指出:"体认到它的精神和道德遗产,联盟乃是以人的尊严、自由、平等和团结等这些不可分割的、普遍的价值为基础的。"在国家法层面,1922年《拉脱维亚共和国宪法》第三章第九十五条率先提出了人性尊严概念,1949年德国《基本法》更是将人性尊严的宪政地位提到了最高点。此后,为了顺应此一发展潮流,已有越来越多的国家在其宪法中规定了人性尊严条款。据不完全统计,目前世界上至少已有四十余个国家,在宪法中直接规定了人性尊严。[2]

(三)国家义务：人性尊严实现的根本径路

正如学者韩德强博士所言,作为宪法原则的人性尊严,其主要宪政价值在于它"在宪法上明确了国家应致力于保护每个人的尊严不受侵害,并为每个人能够有尊严地生存、发展提供所必需的基本条件"[3]。从上述各国的宪法文本规定来看,不少国家明确规定保护人性尊严是国家的基本义务。例如,1967年《玻利维亚共和国宪法》第六条第二款规定:"人的尊严和自由不容侵犯;对人的尊严和自由予以尊重和保护是国家的首要义务。"1949年德国《基本法》第一条第一款不仅将人性尊严置于其宪法基本权利部分的顶端,同时还明确规定尊重和保护人的尊严是一切国家权力的义务。此外,根据宪

---

[1] 夏正林:《社会权规范研究》,山东人民出版社2007年版,第112页。

[2] 根据不完全统计,这些国家至少包括：阿塞拜疆、阿尔及利亚、比利时、波黑、白俄罗斯、保加利亚、柬埔寨、捷克、克罗地亚、爱沙尼亚、斐济、芬兰、德国、刚果(希)、爱尔兰、希腊、匈牙利、伊朗、以色列、意大利、波兰、韩国、南非、拉脱维亚、斯洛伐克、马其顿、马达加斯加、毛里塔尼亚、新西兰、巴拉圭、葡萄牙、罗马尼亚、俄罗斯、卢旺达、西班牙、瑞典、沙特阿拉伯、突尼斯、也门等等。参见李累:《宪法上人的尊严》,四川人民出版社2010年版,第202页。

[3] 韩德强:《论人的尊严：法学视角下人的尊严理论的诠释》,法律出版社2009年版,第244页。

法学者李忠夏教授的阐述,"在整个(德国)基本法第1条当中,第1款的人性尊严与第2款的人权条款以及第3款的基本权利对公权力的直接拘束力一起形成了一个严密的系统,并鉴于纳粹恐怖政权的阴影以及对康德道德哲学的反思,从而使人性尊严成为基本法'客观价值秩序思维'的最主要推动力。……同时也为'国家保护义务'提供了分析的基础"[1]。

在明定上述具有确定性规范的国家对人性尊严应当负有法定义务的基础上,对于那些尚未在宪法中规定"人性尊严",以及虽有规定但并不是从最高宪法价值角度规定的国家,我国台湾学者李震山认为,人性尊严乃"先于国家而存在,不待宪法规定而自明的权利,若未规定在宪法上,应解释为'有意省略'。若已规定在宪法上,是属事后'确认'的追认性质"。"此种不可放弃、不容破坏之自由与权利,由国家权力加以尊重和保护,不但是国家存在之合法性与正当性基础,亦可视为宪法当然内涵,由宪法的整体规范中导出。"[2] 我们认为通过人民主权理论,亦可以证成国家对人性尊严应当负有承认、尊重和保护义务。具体来说,其论证思路如下:

如前文所述,人性尊严主要是作为一种关系性概念存在的,其存在的意义主要是为了强调人在一定的关系中能够被尊严地对待。在现代社会,人性尊严所体现的社会关系,不仅包括个人与个人间的私人关系,同时也包括个人与国家间的关系,并且通常认为,"对人的尊严的实现最具体制性、根本意义的关系是人与国家的关系"[3]。也正是因为此,我们认为对人性尊严的探讨,首先必须将其置于个人与国家的关系视域之内。

虽然在人类历史上,政府与人民之间曾出现过几种被颠倒的政治关系,如主奴关系、畜牧关系、舟水关系、父子关系及精英与群氓关系等,但自近代以来,以"人民主权"替代"君主主权",可以说是资产阶级"为权利而斗争"的最伟大胜利成果之一。即使是在今天,虽然有关人民主权的理论仍不断受到非议,但其"作为一项政治原则依然坚持不倒,而且由于民主政治实践的深入,人们对它的态度也从最初情感上的盲信升华到理性的信仰"[4]。

在现代,坚持人民主权的国家观念,即意味着在处理国家与人民的关系

---

[1] 李忠夏:《人性尊严的宪法保护——德国的路径》,《学习与探索》2011年第4期。

[2] 李震山:《多元、宽容与人权保障——以宪法未列举权之保障为中心》,元照出版公司2005年版,第131,132页。

[3] 孙莉:《人的尊严与国家的修为》,《江苏行政学院学报》2011年第1期。

[4] 徐邦友:《政府的逻辑:现代政府的制度原理》,上海人民出版社2011年版,第97页。

时,必须遵循国家只是人民权利的代言人,国家的一切行为都必须以人民的利益和价值为皈依。当然,这种皈依本身即反映了国家对人民应当负有保护义务的内容,但这种国家义务与国家对人权的保障义务是否具有同一性,通常由于人民是被作为一个整体的、不可分割的、集体的抽象人格来看待,而人权又是从"国民个体"的意义来理解的,因而不少学者据此认为,"人民主权与人权之间存在着紧张关系"。[1]但笔者认为,虽然"人民"与作为人权主体的"个体"间可能会存在某种紧张关系,但这并不表明其与抽象于个体本身的"人性尊严"亦具有此种紧张性。换句话说,我们认为在本质上,人性尊严与人民主权应当具有完全的契合性。因为作为现代意义上的人民主权,其核心内容乃源于法国著名思想家卢梭的"公意"理论。而众所周知,"公意永远是正确的,而且永远以公共利益为依归"[2]。此时,我们再反观前文所述的人性尊严,即其作为一种公理性价值,上述"公意"不可能与其发生矛盾。也正因为此,我们认为"人性尊严,是法律和政府得以建立的基础和理由,是世界各国共同追求的价值理念"[3]。对于人性尊严的维护,可以借助人民主权的相关理论,即作为人民组成部分的"个人",为维护其人之为人的尊严,国家在享有权力的同时必须承担起相应的保护义务。

（四）人性尊严：民生保障与国家义务的逻辑契合

正如法国学者乔治·勒费弗尔所言："国家本身不是目的,国家的存在是因为它负有保障公民享有其公民权的使命。"[4]根据前文所述,既然民生保障是以人性尊严为最终的价值皈依,而国家义务又是人性尊严保障的根本路径,那么由此可以推论,上述三者之间事实上乃存在着一种复合的目的与手段结构,具体如图4-1所示：

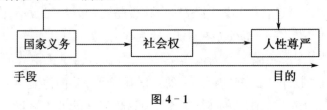

图4-1

---

[1] 关于"人民主权与人权之间的紧张关系"的具体内容和观点,可参见秦前红：《宪法原则论》,武汉大学出版社2012年版,第143页。

[2] [法]卢梭：《社会契约论》,何兆武译,商务印书馆2010年版,第35页。

[3] 杨解君：《中国大陆行政法的革命——契约理论的确立及其展开》,元照出版公司2009年版,第147页。

[4] [法]勒费弗尔：《法国革命史》,顾良等译,商务印书馆1989年版,第130页。

结合上文,笔者认为图 4-1 至少可以包括以下几层含义:

第一,相对于民生保障和国家义务而言,人性尊严是它们得以存立的终极基础。① 人性尊严是民生保障的本源。虽然传统视域下,个人和国家的关系通常被理解为自由权关系,自由是人性尊严的唯一因素,但随着时代的发展变迁,这种狭隘的人性尊严观念已经被悄然改变。即除自由因素之外,人性尊严亦应当包含平等及适当生存保障等其他因素。也正是因为此,以"人性尊严"为价值皈依的社会权作为一项基本人权开始步入了历史舞台。② 人性尊严是国家义务履行的根本目的。自近代宣扬人民主权的国家观念伊始,国家与人民之间的关系就逐渐演变为人是国家得以成立的基础与核心,国家运行的根本目的即在于维护人之为人的尊严,国家权力的获得乃是以国家负有人性尊严保障义务为前提和基本界限。

第二,在国家义务与人性尊严之间,通常不产生直接的权利义务关系。除上述某些国家在宪法中明确将人性尊严视为一种具体的基本权利,或将其视为基本权利的概括条款外,人性尊严本身并不具备权利的基本属性。质言之,通常人性尊严只能用来表示国家得以成立的根本目的及国家义务履行的根本准则,它本身只是一种地位宣示而非一种具体人权内容。质言之,人的尊严是"所有人权的渊源和依据。所有的人权都促进了对人的这种独一价值的尊重"[1]。也正是基于如上因由,在通常情形下,国家并不是直接以人性尊严为依据进而行使权力履行义务,相反必须依靠某项具体人权作为其实现的中介。

第三,人权是连接国家义务与人性尊严的重要纽带。国家对人性尊严虽然负有尊重和保护义务,但在通常情形下,这种义务的履行并不是直接作用于作为人之价值的尊严本身。在人性尊严的具体实现问题上,美国学者唐纳利曾犀利地指出:"人权是人类智慧所发明的保护个人尊严不受现代社会的常见威胁侵害的最好的政治手段,而且我认为也是唯一有效的手段。"[2]对于此一观点,笔者也表示赞同,但是需要补充的是,人权作为保护人性尊严的唯一有效手段,其本身与人性尊严一样都不会自动实现。质言之,人权的实现同样需要借助其他手段的施行,这种手段在宪法与人权法视域内,即主

---

[1] [德]莫尔特曼:《基督信仰与人权》,蒋庆等译,载刘小枫:《当代政治神学文选》,吉林人民出版社 2002 年版,第 143 页。

[2] [美]杰克·唐纳利:《普遍人权的理论与实践》,王浦劬等译,中国社会科学出版社 2001 年版,第 69 页。

要表现为国家义务。

二、国家目的变迁的现实证成

关于何谓国家任务,我国台湾地区学者张桐锐曾指出,它"在古典的国家学理论中乃集中于所谓之'国家目的理论',其所关注的问题在于国家之存在目的,亦即国家之正当性问题"[1]。我们认为,国家任务不仅包括国家应否存在之问题,同时更重要的还包括国家如何存在之问题,即国家的活动范围问题。其中,对于后者的思考,通常认为,"国家目的成为决定国家活动范围之基本思考点"[2]。如果将国家任务分为扩张型和限缩型两种基本类型,则可以发现在整个历史发展长河中,国家任务大致呈现出了"扩张型—限缩型—扩张型"交替发展的整体性特征。具体来说,在近代之前,世界上大多数国家均是以君主政体形式表现出来,虽然该种政体在很长时期内都受到追捧,但在根本上,君主所关心的只是他自己或其所属皇家的利益,而非天下百姓的利益,即使有时君主也会关心百姓的利益,但这只是被视为施恩,而非权利。所以在此一时期,国家任务因君主欲望的私利性及无限性而表现为扩张型,并没有产生现代意义的权利保障思想。

在近代古典自由主义时期,受启蒙思想家的"社会契约"思想影响,人民主权理论逐渐替代了传统的君主主权观念,人们普遍认为应当"把政府看作宛如人民所建立的一样,并根据政府是否为保护把它们建立起来的人民这个目的服务来评价这个政府"[3]。虽然诸如霍布斯、洛克等启蒙思想家关于社会契约模式的论证并不一致,但总体说来,不论是霍布斯所强调的创建国家是"为了免于自然状态中人与人之间可怕的争斗",还是洛克所强调的为了"保护他们的财产",事实上它们都限缩了国家权力的范围,即国家只具有维持社会秩序和国家安全的职能。而在同时代的欧洲的德国,虽然其仍处于君主专制时期,但其国内思想家关于法治国的设计亦暗含着如上类似观点。例如,18世纪德国哲学家普拉西杜斯认为,"国家的首要及根本目的是保证公

---

[1] 张桐锐:《合作国家》,载翁岳生教授祝寿论文编辑委员会:《当代公法新论》(中),元照出版公司2002年,第562页。

[2] 张桐锐:《合作国家》,载翁岳生教授祝寿论文编辑委员会:《当代公法新论》(中),元照出版公司2002年,第562页。

[3] [英]亚当·库珀、杰西卡·库珀:《社会科学百科全书》,上海译文出版社1989年版,第705页。

民的人权或最大限度的自由"[1]。威廉·冯·洪堡指出:"国家关心公民负面的福利即他们的安全——这种关心是必要的——它构成国家固有的最终目的。"[2]弗希特指出:"国家应为其民众提供保护,其余应由公民自身去解决。他们应该总是工作,自己去解决温饱。如果用宪法去规定应给他们提供福利是不合适的。"[3]

总体说来,在自由主义早期,国家的角色通常被定位在"守夜人"上,这种"夜警国家"观念或模式,其国家任务通常指向保护人的自由,即"国家应是最大限度地给予公民自由的活动空间,不去干预(哪怕是为了他们的幸福)公民个人的私生活,只有当公民的自由受到威胁与侵害时,才出面通过法律予以纠正和保护"[4]。由此,国家任务仅表现为对公民自由权的尊重和保护(此种指狭义)。

此后,自19世纪中叶开始,受上述放任自由主义之消极影响,资本主义国家逐渐陷入了严重的政治、经济危机。在其国内,"个人的生存强烈地依存于作为国家公共行政的积极的生存考虑(Daseinsvorsorge)行政"[5]。正是在此一社会背景催生下,国家任务类型从"限缩型"再次回归到了"扩张型",它为社会权国家保护义务提供了最直接的现实渊源。具体来说,为了积极遏制贫困、失业等社会问题,国家不得不突破传统的"守夜人"角色定位,进而积极地介入对产业的指导性规制。对于此一举措,日本学者大须贺明曾评论道:"从法的角度说,这就是对社会权的保障和对经济自由的限制。"[6]此种民生社会权保障,即标志着国家开始从消极、防御的干预国家演变成为积极、服务的社会国家形态。对于此种变革,通常认为其巨大宪政意义即在于,"社会国(Sozialstaat)在市民社会和政治国家这对传统自由主义理念下彼此对立

---

[1] J. W. Placidus. *Litteratur der Staatslehre. Ein Versuch*. Strasburg 1798, p. 10. 转引自郑永流:《德国"法治国"思想和制度的起源和变迁》,载夏勇:《公法》(第2卷),法律出版社2000年版,第39页。

[2] [德]威廉·冯·洪堡:《论国家的作用》,林荣远、冯兴元译,中国社会科学出版社2009年版,第59页。

[3] Ficht. *Der geschloβne Handdelsstaat*. 1800, p. 440. 转引自郑永流:《德国"法治国"思想和制度的起源和变迁》,载夏勇:《公法》(第2卷),法律出版社2000年版,第46页。

[4] 郑永流:《德国"法治国"思想和制度的起源和变迁》,载夏勇:《公法》(第2卷),法律出版社2000年版,第47页。

[5] 杨建顺:《比较行政法——给付行政的法原理及实证性研究》,中国人民大学出版社2008年版,第5页。

[6] [日]大须贺明:《生存权论》,林浩译,法律出版社2001年版,第14页。

的范畴之间建立起结构性连接,带来了现代国家目标设定的重大变革"[1]。即国家除须承担上述对人权的尊重和狭义保护义务外,其还负有一项更为重要的职责,即通过积极介入社会,对处于不利地位和贫困状态的社会成员提供帮助和适当关怀,减少贫富差别,提高风险保证和福利,实现机会平等,以消除个人自由发展所带来的社会不公平,稳定社会秩序。[2]而这也恰好是民生社会权国家保护义务的宗旨和正当性之所在。

三、"客观价值秩序"的规范证成

在德国传统宪法学说中,国家保护义务的理论缘起主要以自由权为核心。但随着时代的发展变迁,那些主张只有自由权才是基本人权的理论已经遭到越来越多的怀疑和批判。在当今世界,民生社会权作为人权体系的重要组成部分,已经获得越来越多的国际人权文件及各国宪法的承认和认可。例如,在国家法层面,根据学者王惠玲博士对世界107部宪法的统计研究,有80部宪法不同程度地规定或反映了社会权利,占74.8%。[3]既然在现代社会,社会权和自由权都被认为是宪法基本权利,那么在理论上,根据上述"基本权利—国家义务"的宪法分析框架,国家是否对民生社会权也应当承担相应的保护义务?对此,我们认为答案无疑是肯定的。因为,"作为客观价值秩序的基本权利,构成了国家一切行为的基础,任何政治问题都是在基本权利思维下展开讨论的"[4]。既然基本权利是法秩序内的最高内涵规范,那么当国家内部发生贫困、失业等结构性社会问题时,其作用效力必然会突破传统的防御权面向,而将其扩及行使自由所需的物质条件,以及防止来自社会自身对自由所带来的危害。

从全球视域来看,虽然民生社会权作为一种基本权利形态已经获得了广泛的承认,但关于民生社会权的宪法效力,同自由权相比,仍存在诸多差异。

---

[1] 赵宏:《社会国与公民的社会基本权:基本权利在社会国下的拓展与限定》,《比较法研究》2010年第5期。

[2] Ulrich Karpen. *Die geschichtliche Entwicklung des Liberalen Rechtsststes*. Mainz 1985, p. 39, 转引自郑永流:《德国"法治国"思想和制度的起源和变迁》,载夏勇:《公法》(第2卷),法律出版社2000年版,第55页。

[3] 王惠玲:《成文宪法的比较研究——以107部宪法文本为研究对象》,对外经济贸易大学出版社2010年版,第88-89页。

[4] Juergen Christoph Goedan. *The Influence of the West German Constitution on the Legal System of the County*. Int'l. J. Legal Info, 1989, 17, p. 121.

例如,在美国等严格奉行自由主义的国家,他们多认为:"社会主义的权利(此处主要意指社会权,笔者加注)主要并不是一种请求权,而只是一种政策宣示。即它们主要是确定了国家所欲追求的行为目标及公共标准,而不是保护个人自治。因此,社会主义的权利并不是一种武器,而更像是火车票:它们只是赋予持票者可以朝着指明的方向进行旅行。"[1]在德国等西欧国家,其学界多认为在宪法层次实践民生社会权,主要可以通过将其视为方针条款、宪法委托、制度保障及人民的公法权利,但在具体实现问题上,正如德国学者朗姆(T. Ramm)所言,上述所有可能达成的方式,多是以客观法形式存在的,而除了"社会主要基本权",即个人最起码的生存依据权利,可以直接由人民行使之。[2]在日本,以其宪法第二十五条第一款之规定为基础,其学界对民生社会权的宪法效力大致形成了纲领说、抽象权利说、立法裁量说、具体权利说。就目前而言,日本国内主流学说多认为有关社会权的具体立法,"要根据国家财政的情况等多方面政策的判断来进行,应委任于立法机关广泛的裁量,除非存在欠缺显著的合理性,明显逸脱、滥用裁量权的情况,否则不应成为法院审查判断的对象"[3]。

通过考察上述国家对民生社会权效力的基本认识,以及其效力的发展历程,我们可以发现民生社会权所对应的国家义务大致经历了从道德与政治义务向法律义务的转变,以及由抽象法律义务向具体法律义务的转变。具体来说,民生社会权在作为人权或基本权利诞生之初,其仅表现为一种纲领性效力。在此种宪法效力涵摄下,民生社会权仅是对国家政治方针、目标的宣示,其所科以国家的义务只是应努力确保国民之生存的政治和道德义务,而非一种法律上的强制性义务。此后,这一学说由于过度贬抑了民生社会权作为宪法规范的法律意义,并违反了宪法保障个人人格形成及充分发展的核心原则,因而遭到学界的广泛批评和否定。也正是在这一批判逻辑中,民生社会权最终被演进成为宪法规范意义上的"客观价值秩序",即它"对所有的法律领域都有规范效力,而且对所有的国家权力,……都具有纲要性的拘束

---

[1] Inga Markovits. *Socialist vs. Bourgeois Rights*: *An East-West Germany Comparison*. The University of Chicago Law Review,1978,45(3),p.165.

[2] 陈新民:《德国公法学基础理论》(上),山东人民出版社2001年版,第696-701页。

[3] 凌维慈:《公法视野下的住房保障——以日本为研究对象》,上海三联书店2010年版,第88页。

力"[1]。在此"客观价值"约束下,民生社会权被视为一种"客观的法"存在,国家被认定为是社会权保障之最主要的法律义务主体,社会权对一切国家公权力都具有法的约束力。在具体宪政实践中,民生社会权作为一种抽象性权利,其权利的具体实现主要依赖于宪法委托、制度保障等国家保护义务的履行。以日本为例,在"朝日诉讼"判决中,日本最高法院即明确指出宪法第二十五条科以国家通过立法与预算来实现生存权的法律义务,但由于生存权的内容是抽象且不明确的,因而要从该条款直接推导出请求生活救助的主观权利是有困难的。此后,在"堀木诉讼"判决中,日本最高法院又补充道:在对其进行具体立法时,绝"不能无视国家的财政状况,而且有必要进行涉及多方面的复杂多样的、且又具有高度专门技术性的考察,以及以此为依据的政策性判断"。[2]

总而言之,在以"基本权利—国家义务"为核心的分析框架中,民生社会权作为一项基本权利的诞生,主要侧重于要求国家必须努力采取各种积极法律举措去达成民生社会权目的的实现,至于其如何完成这一使命,以及采取何种保护手段或措施去实现等问题,其则认为除非是根据具体的情况判断,必须采取某种特定方式——如赋予公民主观请求权——才能尽到保护义务,否则国家乃享有完全的自主裁量空间。

第二节　民生保障国家保护义务的体系结构

一、基础性结构

民生保障的国家保护义务,首先直接根源于宪法社会权的"客观价值秩序功能"。受这一"客观价值秩序"约束,民生保障的国家保护义务主要体现为制定法律为公民社会权实现创造条件,保护公民的社会权免受第三方侵害等多方面的内容。根据台湾学者吴庚教授的论述,基本权利的国家保护义务可以分为禁止义务、安全义务和风险义务。而此处,民生保障的国家保护义务则主要表现为其中的"安全义务",即"这些义务,原则上是以一般国民为对象,而不是针对个人,保护制度及相关措施基本上是立法中自由形成的事项。

---

〔1〕 张嘉尹:《基本权理论、基本权功能与基本权客观面向》,载翁岳生教授祝寿论文编辑委员会:《当代公法新论》(上),元照出版公司2002年版,第52页。

〔2〕 [日]芦部信喜:《宪法》,林来梵等译,北京大学出版社2006年版,第236页。

个人主张权利受害,请求主管机关予以保障,则应视个案而定"[1]。具体来说,借鉴德国基本权利的相关理论,我们认为在横向上,作为客观法的民生保障的国家保护义务主要涵括以下两方面的内容:

(一) 国家对民生的制度性保障义务

将民生社会权视为宪法上的制度性保障,主要是指在宪法上明确规定某项社会基本权利是作为一种制度而存在。根据我国台湾吴庚教授的阐述,宪法所保障之各种基本权利,不论是自由权还是社会权,国家均负有使之实现之义务。"为达成此项义务,国家自应就各个权利之性质,依照社会生活之现实及国家整体发展之状况,提供适当之制度的保障。"[2]

"制度性保障"概念的最初起源,应归功于德国著名公法学者施米特。他认为在原初意义上,制度性保障"仅仅存在于国家之内,并非建基于原则上不受限制的自由领域的观念之上,而涉及一种受到法律承认的制度"[3]。质言之,在施米特眼中,"制度性保障"只是作为一般自由权的关联性及补充性保障而存在。也就是说,"自由与制度必须严格区分。制度有助于自由的保障,但不是自由本身。制度若要升格成为拘束立法者的制度性保障,至少必须在宪法中找到相关立足点,再据以组构之"[4]。此后,经过漫长的历史发展,上述"制度性保障"的存立背景发生了根本性变化,即一方面其保障的客体即基本权利已从单纯的自由权拓展至自由权与社会权并立的局面,而另一方面其保障的方式亦突破原有限制,即其同时包括了消极和积极两个面向。其中,消极意义上的制度性保障,主要意指被宪法纳入制度性保障的权利规范,国家立法机关虽有权对它进行修改,但却不能废弃或否定其本质内容;积极意义的"制度性保障",主要是指为充分保障作为基本权利的社会权,立法者负有构建相关具体法律制度的宪法义务。[5] 具体来说,作为现代意义上的制度性保障,其核心内涵包括:① 其目的在于强化对基本权利的保障;② 它要求国家通过履行立法义务,进而形塑出基本权利的核心内涵;③ 它要求国

---

[1] 转引自郑贤君:《基本权利原理》,法律出版社 2010 年版,第 256 - 266 页。

[2] 程明修:《宪法保障之制度与基本权之制度性保障》,载廖福特:《宪法解释之理论与实务》(第 6 辑),台湾法律学研究所筹备处 2009 年版,第 351 页。

[3] [德]卡尔·施米特:《宪法学说》,刘锋译,上海人民出版社 2005 年版,第 182 页。

[4] 李建良:《"制度性保障理论"探源——寻索卡尔·史密特学说的大义与微言》,载吴庚大法官荣退论文集编辑委员会:《公法学与政治理论》,元照出版公司 2004 年版,第 250 页。

[5] 欧爱民:《德国宪法制度性保障的二元结构及其对中国的启示》,《法学评论》2008 年第 2 期。

家立法内容应具保护取向,并明确其应"如何保障"。[1]

在现代视域下,制度性保障并非一种终结式的保障机制,其理应随时配合时代进步而异其制度之内容,"倘若由宪法明确的条文得知,宪法中已有某些社会基本权利理念之具体架构出现时,则认为是可以以制度保障之理论来实践该基本权利"[2]。纵观各国宪法文本规定,国家对民生社会权的制度性保障义务大致可以分为以下几种基本构造:

其一,作为整体的"基本国策"所涵摄的制度性保障义务。虽然世界各国宪法对"基本国策"的使用称谓不尽相同,例如,有的被称为"政策原则"(如巴基斯坦),有的被称为"国家政策"(如菲律宾),有的被称为国家政策的基本原则或指导原则(如印度、孟加拉国、斯里兰卡等),但就使用目的而言,其基本上都是用来表征民生社会权及其宪法实现路径,并将其与传统自由权区别开来。在通常意义上,学界多认为宪法所规定的基本国策条款,仅具有一种"纲领性"拘束力,其最终实现往往还须依赖于立法机关进一步制定法律,以明确具体概念、实施的标准和程序。尽管如此,不少国家在对民生社会权作如上规定时,仍明确表示国家须在整体上对其实现负有制度性保障义务。例如,《印度共和国宪法》在其第四篇"国家政策之指导原则"之首要位置,即第三十七条即明确规定:"本篇所述原则,系治理国家之根本,国家在制定法律时有贯彻此等原则之义务。"《巴基斯坦伊斯兰共和国宪法》(1973年)通过专设"政策原则"一章,在其第二十九条第一款明确规定:"任何国家机关和当局以及代表国家机关或当局执行职责的任何个人,必须依照有关的政策原则履行其职责。"

其二,作为单项民生社会权规定所涵摄的制度性保障义务。就此种类型的制度性保障义务而言,它主要可以细分为以下两种情形:① 直接以制度形式规定国家对民生社会权的制度性保障义务。例如,《孟加拉人民共和国宪法》(1972年)第十七条规定:"国家采取有效措施,以便 A. 建立统一的、群众性的和普及的教育制度,并把法定等级的免费义务教育扩大到所有儿童。"在我国,《中华人民共和国宪法》第四十三条第二款明确规定了国家"规定职工的工作时间和休假制度";第四十四条规定国家必须"依照法律规定实行……退休制度";第四十五条规定了国家必须"发展为公民享受这些权利所需要的

---

[1] 李惠宗:《宪法工作权保障系谱之再探》,《宪政时代》2003年第1期。
[2] 陈新民:《德国公法学基础理论》(上),山东人民出版社2001年版,第697-698页。

社会保险、社会救济和医疗卫生事业（即通常我们所称的'社会保障'）"。此外，宪法总纲第十四条第四款更是明确规定："国家建立健全同经济发展水平相适应的社会保障制度。"② 将民生制度性保障义务隐含于单个社会权文本规定中。例如，日本学者宫泽俊义即曾以《日本国宪法》第二十六条为依据，指出国民"有受教育的权利"是国家应采取能够实现这些权利的必要措施的意思，这些必要措施即暗含着"国家有设立各种学校、完善教育制度的义务"。[1]另外，就我国而言，根据《中华人民共和国宪法》第四十二条第二款规定，国家无疑应当建立各种促进劳动就业和保护劳动者的制度，如就业促进制度、最低工资制度、安全生产制度以及失业救济制度等等。

（二）国家民生保障的狭义保护义务

就目前而言，学界普遍认为狭义国家保护义务是建立在一个"等腰三角形"的关系结构当中，即侵害方 X—国家—被侵害方 Y。其中，该关系结构的核心是 X 和 Y，而国家只在其中处于中立的权衡地位。在传统宪法学领域中，狭义国家保护义务所针对的对象，主要是指公民的自由权。以德国联邦宪法法院判例为例，截至目前，其承认的保护义务裁判主要涉及生命权（含胎儿生命）、人格权利、财产权利，以及人身自由、职业与学术自由等。

尽管如此，在现代宪政秩序构架中，我们仍然可以发现狭义国家保护义务并非自由权的专利，民生社会权同样需要国家履行保护义务。因为，"就社会权本身来看，妨碍社会权实现的不仅仅是国家给付的欠缺，更可能来自'社会'的侵害"[2]。作为例证，首先，基本上，各国宪法文本所规定的诸多民生社会权条款，事实上都暗含有第三人对其侵犯的可能性。例如，根据《日本国宪法》第二十七条："不得以残酷手段使儿童劳动。"若用工单位违背了宪法的上述禁止性规定，那么显然构成对儿童的侵害。而根据日本宪法第二十六条第二款规定："全体国民依法律规定，都有使其保护的子女接受普通教育的义务。"倘若对子女行使亲权者（没有亲权者是监护人）没有履行上述教育义务，那么其无疑即侵犯了作为其子女所应享有的受义务教育权。无独有偶，在我国，根据现行《中华人民共和国宪法》第四十六条之规定："中华人民共和国公

---

〔1〕[日]宫泽俊义：《日本国宪法精解》，董璠舆译，中国民主法制出版社1990年版，第240页。

〔2〕郑贤君：《非国家行为体与社会权——兼议社会基本权的国家保护义务》，《浙江学刊》2009年第1期。

民有受教育的权利和义务。"有学者指出,"受教育义务的主体具有双重性,既包括未成年人,也包括他们的父母或法定监护人"。[1]既然父母或者法定监护人有保障他人(子女或被监护人)受教育的义务,那么当他们怠于行使或者违法履行上述义务时,即造成了对其子女或被监护人受教育权的侵害。此时,首先,在理论上,国家基于其"公权力独占"地位,自然可以同对自由权一样,对上述私人间存在的社会权冲突,以及社会权与自由权间的冲突进行衡平,并在此基础上适时保护被侵害一方的基本权利。其次,从具体宪政实践来看,作为狭义国家保护义务理论的发掘地,德国联邦宪法法院亦裁判了有关民生社会权的狭义保护义务案例。例如,国家对于医师责任法(Arzthaftungsrecht)及强制执行法所作之修改,以及对于夜间工作所为之限制,均属对人民生命及健康之保护。又联邦宪法法院在多项有关核能电厂、有害健康之飞机噪声、化学武器之安置以及空气污染等裁判中明确指出,国家负有保护人民身体及生命免受新兴科技危害之义务。[2]对于以上涉及健康权保护的宪法裁判,其显然属于民生保障狭义国家保护义务范畴。

二、派生性结构

所谓主观权利,是指"臣民相对于国家的地位,国民据此有权通过法律行为或者根据为保护其个人利益而制定的、可以针对行政机关适用的法律规范,向国家提出要求或者针对国家实施一定的行为"[3]。根据前文所述,民生社会权作为宪法上的一种"客观价值秩序",首先在客观法上抽象并概括性地科以国家帮助、促进与发展社会权的宪法义务。其后,在某些特定情况下,这一"客观价值秩序"又存在着涵括主观权利,以及"主观化"的可能。即当以上客观法义务在内容足够明确的情况下,若个人在特定情形下具有了可以确定的请求内容,则事实上已经存在相应的主观权利。具体来说,作为主观权利的国家民生保护义务,即国家民生保护义务的主观化,主要包括以下内容:

(一)"最低限度"的国家给付与服务义务

国家对民生之客观法保护义务的履行,不论是出于制度性保障还是狭义

---

〔1〕 马岭:《宪法权利解读》,中国人民公安大学出版社2010年版,第472页。

〔2〕 [德]Christian Starck:《法学、宪法法院审判权与基本权利》,杨子慧等译,元照出版公司2006年版,第424-425页。

〔3〕 [德]汉斯·J.沃尔夫等:《行政法》(第1卷),高家伟译,商务印书馆2002年版,第510-511页。

保护义务，都由于其内容涵摄及其实现方式过于抽象和宽泛，因而在具体落实的过程中，其首选举措都仰赖于国家立法的具体建构。对于这种立法上的先行建构义务，多数学者认为若将其单纯限定在客观法范畴，那么民生保障的实效性无疑将大打折扣。要突破上述局限与弊端，必须承认公民在特定情形下应当享有直接针对国家的主观权利，即给付请求权。具体来说，国家对于民生的"物质性"给付和服务义务，在作为上述制度性保障之重要组成部分的同时，依据学界目前一般之见解，其作为"主观权利"的性质至少应当在最起码的限度之内获得承认和认可。以我国为例，在台湾地区，学者蔡茂寅等曾明确指出，生存权可以划分为两个层次，即最低生活水准的维持（或称紧急生存权），以及生活权（较高水准），其中前者只以宪法为依据，即得发生给付请求权，而后者则有待于立法加以具体化。[1] 在大陆，亦有学者表达了类似看法，例如，学者龚向和教授即认为，"国家至少在某种程度上应承担直接的、立即生效的给付义务即可由司法裁决的法律义务。准确地说，国家应承担维持人的尊严的最低限度的核心义务，确保每种权利的实现至少达到一个最基本的水平，如最低生活保障、义务教育等"[2]。而黄金荣博士亦指出，"对于一些特别重要又比较容易界定的实现义务层次的经济和社会权利，宪法规定国家予以即刻保障"[3]。

当然，除此之外，亦有学者对于作为上述主观权利的给付义务标准提出了异议。例如，他们以生存权为例进而指出，宪法所保障的生存权应该在何种程度或条件下予以承认的讨论，应属于生存权"保障范围"的问题，而与生存权作为"主观权利"之效力问题无涉。换言之，一旦承认生存权作为"主观权利"的效力，就当然已经肯定人民得以直接向国家请求给付。[4] 针对这一质疑，我们认为上述两种观点其实并不存在本质上的分歧。具体来说，在终极意义上，国家对民生的制度性保障义务是作为一种客观规范存在的，而公民对国家的给付请求权是基于上述制度性保障中的"最低限度的生存保障"；由于它对于任何公民维护其人之为人的尊严都不可或缺，因而它才从客观法

---

〔1〕 许志雄等：《现代宪法论》，元照出版公司2000年版，第202页。

〔2〕 龚向和：《理想与现实：基本权利可诉性程度研究》，《法商研究》2009年第4期。

〔3〕 黄金荣：《司法保障人权的限度——经济和社会权利可诉性问题研究》，社会科学文献出版社2009年版，第369页。

〔4〕 黄舒芃：《社会权在"我国宪法"（指我国台湾地区，笔者注）中的保障》，《中原财经法学》2006年第16期。

立场转化成为主观权利。也正是基于这种主观化的权利要求,国家给付义务才作为民生社会权功能体系中的主观"受益权功能"而诞生。如是,可以说国家对民生的给付义务,在整个国家义务体系中,乃是作为上述国家制度性保障义务的一种特殊表现形式,即"最低限度的生存保障义务"。作为宪法上的一种主观权利,其事实上是由上述客观法规范所衍生,即使在具体表现形式上没有采用"最低限度"等类似词汇,但就逻辑内核而言,其无疑蕴含了上述本质性特征。

(二)排除与救济层面狭义国家保护义务的主观化问题

关于狭义国家保护义务是否可以作为一种主观权利形态存在,理论界至今尚未达成普遍共识。其中,持否定论观点的学者多担心,如果承认保护义务的主观权利地位,可能会导致侵害或减损其他第三人的基本权利地位,保护义务的主观化也会使立法者的形成自由受到过度的限制,而且保护义务的内容具有不确定的特征,它的实质内容会随着遭受私人侵犯的宪法权利的改变而改变。[1] 而持肯定论观点的学者,例如德国学者罗伯特·阿列克西曾明确指出,结合基本权的个人主义以及基本权最优化论据,作为客观法规范的保护义务应当存在有利于主观维度的倾向。具体来说,论证理由主要包括:① 基本权利的目的与理由在于保护个人,而不在于保障客观秩序或集体利益;② 一个纯粹客观的保护义务比一个内容相同的保护权利(在保护范围上)要小,因此,基本权规范的主观化是一个初显性命令,承认主观权利与确定内容相同的纯粹客观义务相比意味着更高的实现程度。[2] 除此之外,以德国学者 H. D. Jarass 为代表的部分学者对上述两种观点都表示了异议,他们认为:"因'法律原则'在内容上的开放性,不能以传统法解释的方式探究其内容,毋宁应针对不同案件类型,考量事实、法律上的可能性,决定如何(包括是否赋予人民主观权利以)实现'法律原则'所规定的目标。"[3] 对于这一观点,笔者亦表示认同。简而言之,我们认为是否应赋予国

---

[1] Thomas Giegerich. *Privatwirkung der Grundrechte in den U. S. A.* Spriger-Verlag, 1992, p. 468, 转引自李秀群:《宪法基本权利水平效力研究》,中国政法大学出版社 2009 年版,第 172 页。

[2] [德]罗伯特·阿列克西:《法·理性·商谈:法哲学研究》,朱光、雷磊译,中国法制出版社 2011 年版,第 271-273 页。

[3] 陈爱娥:《基本权作为客观法规范——以"组织与程序保障功能"为例,检讨其衍生的问题》,载李建良:《宪法解释之理论与实务》(第 2 辑),台湾中山人文社会科学研究所 1999 年版,第 262 页。

家保护义务以主观公权利的问题,实应针对其保护的不同领域与阶段,加以分别探讨。

具体来说,针对狭义国家保护义务中的第三人侵害,通常根据具体特性,我们可以将其分为三个阶段、三个层次。即事前阶段对应预防保护义务层次,事中阶段对应排除义务层次,事后阶段对应救济义务层次。具体来说,预防义务,主要是指针对第三人侵害的现实可能性,国家有义务事先设计相应对抗措施;排除义务,主要是指第三人侵害正在进行时,国家有义务排除侵扰确保公民社会权正常享有;救济义务,主要是指当第三人侵害致使社会权法益受损,国家有义务追究侵害者责任以补偿受害者。[1]

针对以上三个层次的保护义务,首先在预防层次,基于"司法谦抑主义"的宪法分权原理,其绝大部分内容都仅具有一种客观法规范的性质。当然,在特定情形下,其仍存在"主观化"的可能。例如,德国联邦宪法法院在1977年的"施莱耶案"中就详细论证了这种可能性的具体标准。该法院认为,"保护义务只是要求国家必须积极地保护基本权利,至于国家应如何完成这一使命,应采取何种保护手段和措施等问题,国家原则上享有相当大的自主裁量空间,除非是根据具体的情况判断,必须采取某种特定方式才足以尽到保护义务之时,国家的自主裁量空间才可能缩小,宪法法院才可能支持公民的请求"[2]。其次,在排除与救济层次,学界多认为虽然它与基本权利的客观面向相对应,但由于其在本质上仍被归入危险的防御以及自由法治国原则,其所针对的权利主体以及国家行为又都系具体的、明确的、特定的,因而应当将其同时视为一种主观权利。但必须指出的是,权利主体受到第三方的侵害而向法院提起的诉讼,只是民法上的可诉。亦即在由狭义保护义务所构成的国家、侵害者和受害者三角关系中,只有当相关国家机关不依法履行保护权利主体免受第三人侵害,那么此时受害人针对排除或救济层次的国家保护义务而主张的权利诉求,才能称得上是作为主观权利的狭义保护义务。而除此之外,正如台湾学者许育典教授所言,"国家是基于保护人民,而立于侵犯者与被侵犯者之间。……只有在国家对为侵扰的人采取行动的情况下,国家通常才能满足这个义务,而为侵扰的第三人本身也可依据基本权主张其权利"[3]。

---

〔1〕 龚向和、刘耀辉:《论国家对基本权利的保护义务》,《政治与法律》2009年第5期。

〔2〕 BVerfGE46, 160v. 16. 10. 1977.

〔3〕 许育典:《宪法》,元照出版公司2006年版,第120页。

总之,在规范意义上,民生保障国家保护义务的诞生,首先根源于宪法社会权所确立的"客观价值秩序",这一秩序作为整个社会共同体的价值基础,要求一切国家公权力都必须受其约束,并时刻将社会权作为其考量因素。从民生社会权的规范效力出发,国家保护义务体系结构分别可以从客观法与主观权利两个维度加以分析,具体如图4-2所示:

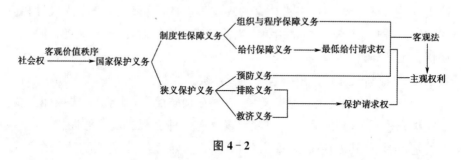

图4-2

第一,作为客观法规范的民生保障国家保护义务,主要包括制度性保障义务和狭义保护义务两项内容。其中,首先就制度性保障义务而言,虽然它最初缘起于德国魏玛宪法时代,但经过漫长的历史演进,其现代意义已经远远超过了传统内涵。具体来说,在现代民主宪政国家,制度性保障乃社会权实现的前提与基础,其功能价值在于科以立法者形成具体制度的宪法义务,即立法者有义务必须来落实这些保障民生社会权的具体制度。在内容结构上,制度性保障义务又可以细分为组织与程序保障义务以及给付保障义务。其中,就前者而言,正如德国学者黑贝勒教授所言,"通过组织法和程序法,给付国家可以在实现社会基本权利的意义上富有效果地提供真正的、自由的机会……今天,组织法和程序法中存在着对法、议会立法者而言最为重要的形成任务"[1]。在现实中,上述组织与程序保障义务,主要体现为国家在此生活领域,须透过相当民主的过程,且借由让人民足以信任的组织或程序,使人民在该领域仍有自我实现的可能性。而给付保障义务,则是社会权客观要求国家必须以积极作为之行为方式履行体现社会法治国性质的物质或服务性给付义务。质言之,所谓"给付",即是意指为使个人实际上能运用其自由,由

---

[1] [日]大桥洋一:《行政法学的结构性变革》,吕艳滨译,中国人民大学出版社2008年版,第169页。

国家提供财务性、实物性或劳务性的支援。[1]其次,就狭义保护义务而言,它特别强调国家负有义务去保护人民足以对抗第三人的侵害,尤其是其他私人所造成损害或危害法益。在保障范围上,它主要可以分为预防、排除和救济三个层次。其中,作为客观法范畴的狭义保护义务,主要是指上文所称的预防义务层次。在现实生活中,其主要表现为依照比例原则而划定相关权利主体的权利边界。

第二,国家民生保护义务的主观化,主要涵括了"最低限度"的国家给付与服务义务,以及排除与救济层次的狭义保护义务。首先,就给付保障义务而言,虽然在理论上,不少学者将其与受益权功能相对应,并指出个体均有权依此向国家主动请求给付,"只有与这种请求权直接对应的国家对公民的给付才属于给付义务范围"[2]。但在现实操作层面,这种直接的给付请求权通常并不存在,即因事涉国家财政能力、国家资源之运用以及社会利益之调整等多项因素,国家的创设性给付义务通常应被纳入作为客观法的制度性保障范畴,但作为例外,在涉及社会国原则的核心即社会安全要求时,也即当人民的生活无法达到维持人性尊严的最低标准时,即便国家的上述创设性义务没有履行,公民亦可以直接依据社会权的相关规定,请求国家提供帮助或救济。其次,针对排除和救济层次的狭义保护义务,由于其在本质上被归入危险的防御以及自由法治国原则,并且其所对应的权利主体以及国家行为都是具体的、明确的、特定的,因而在具体宪政实践中,它们应当作为一种主观权利形态存在。

第三节　民生保障国家保护义务的责任分担[3]

一、立法机关:以宪法委托为中心

关于宪法委托国家立法权行使民生保护义务,最先可以追溯到20世纪初德国《魏玛宪法》的"方针条款"。根据德国学者安序兹(Gerhard

---

〔1〕 陈爱娥:《基本权作为客观法规范——以"组织与程序保障功能"为例,检讨其衍生的问题》,载李建良:《宪法解释之理论与实务》(第2辑),台湾中山人文社会科学研究所1999年版,第266页。

〔2〕 张翔:《基本权利的规范建构》,高等教育出版社2008年版,第82页。

〔3〕 关于义务与责任的区别,德国学者沃尔夫曾指出:"义务是指法律规范要求实施特定的行为,而责任是指以自己的能力担保合法行为后果的实现。"参见[德]汉斯·J.沃尔夫等:《行政法》(第1卷),高家伟译,商务印书馆2002年版,第474页。

Anschütze)的阐述,《魏玛宪法》第二篇所规定的民生社会权条款,主要体现在第二章共同生活以及第五章经济生活中,其意图是十分明显的,即它并非直接创设权利,而是对立法者为将来之立法的一种指示。质言之,上述宪法民生规定,仅属于单纯的法律原则,"并不能直接产生法律效果,亦即无直接适用性,必须等待立法者,制定实行法律后,才有施行之可能"[1]。虽然安序兹的上述宪法实证主义主张在魏玛时代盛行一时,但终因其观点过于消极,即他将立法者的上述立法义务仅理解为一种没有法律约束力的宣示或方针,因而在德国《基本法》颁布后,即遭到全盘性的否定。具体来说,新颁布的德国《基本法》,一方面其第一条明确规定:"基本权利是直接有效约束立法、行政及司法的准则";另一方面,根据德国宪法学界的一致性见解,虽然没有明令社会权作为基本权利存在,但第二十条及第二十八条所规定的社会国原则,在性质上可以被理解为是一种"国家目标规定",即"为所有国家行为设定应持续遵循之目标及方向的一种具有法拘束效力之宪法规范",[2]它揭示着国家整体权力运作应遵循之基本方向与纲领,立法者据此有义务就宪法所委托的社会权立法事项作出及时、完整的规定。倘若立法者始终消极不作为而形成立法怠惰,抑或虽有立法,但其政策形成却明显与社会国目标所揭示的精神或方向背道而驰,则将产生违宪之问题。

虽然"宪法委托"之概念最先缘起于德国宪法学界,但这并不表明在世界其他国家就不存在上述类似之问题。纵观世界各国宪法,将宪法民生条款视为一种宪法委托,主要可以分为原始的委托和衍生的委托两种类型。其中,前者是依宪法之规定,是十分明显的宪法委托。例如,在西欧,《意大利共和国宪法》第三十六条在规定劳动权和休息权时,就明确了其相应的国家立法义务,即"劳动日的最长限度由法律规定之"。第三十七条在规定男女同工同酬的同时,又规定:"受雇作工之最低年龄,由法律规定之。"在亚洲,根据《日本国宪法》第二十六条规定,全体国民平等享有受教育的权利,必须按照法律实行之;紧随其后,第二十七条又明确规定,"有关工资、劳动时间、休息以及其他劳动条件的标准,由法律规定"。在我国,现行《中华人民共和国宪法》第四十四条明确规定国家"依照法律规定"施行退休制度。而对于后者,其则是迂回式的,亦即根据整体的立宪精神方能探寻得出宪法的委托。对此,上述

---

[1] 陈新民:《德国公法学基础理论》(上册),山东人民出版社2001年版,第141-142页。
[2] 詹镇荣:《社会国原则——起源、内涵及规范效力》,《月旦法学教室》2006年第41期。

德国《基本法》关于社会国原则的规定,以及我国《中华人民共和国宪法》第四十二至四十六条的大多内容规定均属于此种情形。

在内容上,将民生国家保护义务视为一种"宪法委托",国家立法机关主要应当承担两方面的宪法义务:一是制度性保障义务。据前文所述,国家民生保障的制度性保障义务主要可以分为组织与程序保障义务以及给付保障义务。其中,就前者而言,国家立法权需要在民生社会权实害发生前,事先透过适当之组织与程序的采用,或予以防止,或至少将实害的发生概率降至最低;同时,针对某些特定的民生权利类型,还必须积极营造一个适合上述民生保障实践的组织和程序环境,以促使其能够最大限度地获得实现。以公民受教育权为例,根据台湾学者许育典教授的论述,为了保证学生的自我实现,人民在学校中仍能独立于国家的目的利益之外,而受到组织与程序上的保障。在此面向上,主要的教育基本权保护法益至少应当涵括:以学生自我实现为核心的学校自治,以及学生和父母代表组织参与学校自治程序等。[1]而对于民生保障之国家给付保障义务,由于多涉及国家财政能力、国家资源之运用以及社会利益之调整等事项,因而根据现代宪政原理,以上种种调控作为国家政治决策之内容,自然离不开国家立法权的主导和参与。具体来说,国家必须通过立法权的运用,将笼统的民生保障之国家给付保障义务从内容、范围、方式和程度等方面予以具体化。当然,必须指出的是,立法权对民生保障国家给付保障义务的所谓分担,只是制定法律以建构基本制度,并不直接向公民提供给付。因为,狭义给付义务所对应的受益权功能,必然与公民的请求权相对应,而对于立法机关的这种给付保障义务,公民是否可以请求国家制定相关法律,则不无疑问。二是狭义保护义务。"国家保护义务首先是国家的立法义务。"民生保障狭义保护义务所表征的宪政价值,主要在于保护公民民生权益免受国家之外的第三方侵害,其义务的履行,首先体现在预防层次,即国家立法权有义务通过制定法律,包括刑法、行政法以及民法,以防止第三人对公民民生权益的非法侵害。以劳动权的刑法保护为例,世界各国立法权即积极通过对侵犯劳动权构成犯罪的行为追究刑事责任来确保劳动权实现的安全性。例如,在欧洲,《芬兰刑法典》第四十七章专门规定了"雇佣犯罪";《法国刑法典》明确规定了劳动歧视犯罪、童工犯罪、劳动安全卫生犯罪以及妨害工会活动的犯罪;《德国刑法典》规定了劳动安全保护犯罪,以及

---

[1] 许育典:《宪法》,元照出版公司2011年版,第343-344页。

扣留和盗用劳动报酬罪等。[1]

二、行政机关：以福利行政为基点

正如台湾著名学者翁岳生教授所言，"行政的作用在于形成社会生活、实现国家目的，特别是在福利国家或社会国家中，……行政往往必须积极介入社会、经济、文化、教育、交通等各种关系人民生活的领域"[2]。在现代宪政国家，虽然政府和议会是分开的独立实体，各自完成不同的工作，即一个部门领导、指导和命令，另一个部门批评性地讨论和审查。但正如英国学者白芝浩在论述英国宪法时所指出的那样，"宪法的有效秘密可以说是在于行政权和立法权之间的紧密联合，一种几乎完全的融合"[3]。随着国家从秩序行政向福利行政的转变，行政机关被赋予了更多的国家权力，亦即"行政机关也拥有了政治职能，而不仅仅被当作达成社会目标的工具或是获得法律目标的传送带"[4]。就民生保障国家保护义务的责任分担而言，除上述立法权须积极主动履行"宪法委托"的立法义务外，行政权所需承担的行政义务就不仅在于对上述立法义务履行成果——制定法的执行与适用，同时还应当包括政策拟定与决定的成分以及变迁中的周边条件。

具体来说，在福利行政领域，民生保障的义务主体事实上具有双重属性，即形式上表征为政府，而实质上则还暗含着社会以及公民个体对其他公民个体的义务，这种义务经过转化之后，即形成了相应的福利权利和福利给付义务，而政府则因承担上述给付行政责任而享有相应行政保护的权力。通过行政权以履行国家民生保护义务，其主要体现为警察权力向福利行政领域的扩张。所谓警察权力，即是指"政府对私人权利施加限制的权力"[5]。这种权力的运行与扩张，贯穿于行政运行的整个过程，即它不仅适用于传统的行政行为和行政救济等领域，同时还应当包括行政立法的内容。

首先，就传统保护方式而言，行政机关义务的履行主要体现在以下两个方面：① 当公民民生权益受到第三方私主体侵害时，公民有权就侵害行为向

---

[1] 薛长礼：《劳动权论》，科学出版社 2010 年版，第 158 - 160 页。

[2] 翁岳生：《行政法》(上册)，中国法制出版社 2009 年版，第 16 页。

[3] [英]沃尔特·白芝浩：《英国宪法》，夏彦才译，商务印书馆 2005 年版，第 62 页。

[4] 董炯：《国家、公民与行政法》，北京大学出版社 2001 年版，第 128 页。

[5] Randy E. Barnett. *The Proper Scope of the Police Power*. Noter Dame Law Review, 2004, 79(2), p. 439.

行政机关请求行政保护,相应地,行政机关负有保护公民民生权益的积极义务;② 当公民民生权益受到行政机关侵害时,根据行政救济法的基本原理,公民一般享有向上级行政机关申请复议的权利,行政复议机关有义务作为第三人对行政机关和行政相对人之间的社会权争议进行审查并作出裁决。当然必须指出的是,在此种情形下,国家行政保护义务的范围应当具有特定性,即它"仅限于私人侵权和部分行政机关侵害,而不包括立法机关侵权和另一部分行政侵权"[1]。例如,行政机关对于其上级和同级行政机关的侵权行为就无法实施行政调处。

其次,就保护性行政立法而言。在近代,基于民主法治国原则,有关公民权利义务的法规范规定原则上都是采用"法律"之形式。但自进入20世纪以来,伴随着社会以及福利国家的骤然兴起,"所谓'框架立法'的现象越来越多"[2]。即虽然对于那些国家调控的一般性、抽象性根据和基准,仍然是依靠法律来进行规制,但对于那些具体性、实质性的内容,则其大部分内容显然已经委任给行政立法。在现代行政秩序中,既然福利行政原理已经重构了个人与他人以及个人与政府之间的新型"权义"关系,那么这种关系首要的任务即是"获得实证法上的合法性。先是代议制机构的福利立法,然后是行政立法对福利权利和给付义务的配置"[3]。就后者而言,行政机关通过借助警察权力,进而以委任立法等形式履行社会权保护义务,主要可以体现为以下两个方面的内容:

① 进一步明确和细化宪法、法律中有关民生保障的"权义"关系及其具体内容。在现代社会,基于议会时间上的压力、所涉事项的技术性以及灵活性的要求等因素的考量,各国家法律制定机关在履行上述民生保障立法保护义务时,对其所应实施之政策目的或要件内容等,大都只作原则性或纲领性之规定。而为保证上述规定的贯彻落实,立法机关一般同时会将上述立法中的各种细部事项和技术性事项,委任给行政机关定之。以英国为例,自19世

---

[1] 王建学:《积极人权的司法保护》,载徐显明:《人权研究》(第5卷),山东人民出版社2005年版,第384页。

[2] 关于这种现象出现的原因,日本学者南博方认为可以包括:(1) 现代社会国家中的立法内容的复杂性、专业性和技术性;(2) 对应情况的变化,迅速地对相关规范加以改废的必要性;(3) 根据法律的一般规定,无法采取适应地方性实际情况的适当措施;等等。参见[日]南博方:《行政法》(第6版),杨建顺译,中国人民大学出版社2009年版,第65页。

[3] 于立深:《给付行政中的警察权力》,载杨建顺:《比较行政法——给付行政的法原理及实证性研究》,中国人民大学出版社2008年版,第165-166页。

纪以来,有一项非常宽泛的权力就一直具有法律效力,这项权力首先被授予贫困法专员,它就是"制定和颁布所有他们认为合适的条例、命令和规章,来管理贫困人口,……并执行该法令"[1]。而在我国,根据《中华人民共和国立法法》第八十和八十二条规定:一方面,国务院各部委、直属机构为贯彻执行有关社会权的法律或国务院的行政法规、决定、命令等事项,可以在其职权范围之内制定部门规章;另一方面,省、自治区、直辖市和设区的市、自治州的人民政府亦可以根据法律、行政法规、地方性法规等规定,通过地方规章形式,对涉及社会权保护的事项作进一步明确规定。

② 积极制定和发展与福利行政秩序相适应的行政程序规则。众所周知,"给付行政与构成行政程序基础的思考形式有着特别的亲和性"[2]。对于福利行政给予程序上的思考,它不仅有利于架构起民生保障与福利国家之间的"社会性接点",同时,也有利于寻求在行政与接受给付当事人之间构建持续性的关系。为保障公民民生权利的有效实现,在社会法领域,不仅给付接受者需要通过必要的程序支持以获得有效保护,而且在上述法律关系中,通常情形下,除了给付接受者之外,还必然会涉及其他众多参与性主体,为了保证上述各主体间的关系顺畅、互不侵犯,也有必要通过相应的程序规则对其予以规范。具体来说,在给付行政领域,行政权尤其是其中的警察权力,通过制定相应的行政程序规则以履行其社会权保护义务,不仅需要进一步细化传统的行政程序规则,如行政复议程序、行政诉讼程序等,同时还必须积极探索与给付行政秩序相适应的新的程序规则。根据日本学者大桥洋一的论述,探索社会福利行政程序的发展可能性,至少必须注重以下方面的内容:A. 咨询与调解的重要性;B. 规划制定程序和协作型程序的确立以及对服务过程的阐明;C. 监督专员制度的确立等。[3]

三、司法机关:以权利保障为始终

关于司法权是否应当承担民生保护义务,学界至今尚未达成统一意见。

---

[1] 英国《贫困法 1834 年修正案》(*Poor Law Amendment Act* 1834),第十五条。

[2] [日]大桥洋一:《行政法学的结构性变革》,吕艳滨译,中国人民大学出版社 2008 年版,第 169 页。

[3] [日]大桥洋一:《行政法学的结构性变革》,吕艳滨译,中国人民大学出版社 2008 年版,第 184 - 191 页。

从目前的研究状况来看,学者多是从社会权的可诉性[1]问题出发来进行分析的。因为,在通常情形下,"法律权利的可诉性问题在权利的角度看来是获得司法救济的可能性,而在司法机关的角度而言,则是司法机关是否具有保护权利的宪法义务与职权"[2]。否认社会权的可诉性即意味着否认司法权作为社会权保护义务载体存在的可能。一般说来,目前学界对于社会权可诉性的争论焦点,其主要集中在以下方面:① 社会权是否属于法律权利;② 承认社会权可诉性是否有违分权原则;③ 社会权可诉性是否受制于资源的有限性及其匮乏性;④ 社会权概念的含糊不清等。针对上述各种争辩理由,笔者曾采取各个击破的策略,对其进行了中肯的抨击。质言之,笔者认为虽然上述反对社会权可诉性的观点,具有一定的历史合理性与合法性,但"社会权的可诉性是社会权发展的必然结果",那种否定社会权可诉性的观点,无疑是自由主义权利观念的傲慢与偏见在新世纪的具体表现。从世界范围来看,国际、区域和国内三个层次的立法实践都表明了社会权具有一定范围和程度的可诉性。[3]

虽然根据上述学理上的分析,支持民生社会权可诉性的观点已经逐渐占据主流,但是否即可据此认定司法权对民生权利负有保护义务呢?对此,我们认为除上述学理上的论证考量之外,在本质上,决定司法权是否负有保护民生的终极宪法义务,主要取决于司法保护人权的可能性以及司法权本身所固有的权力属性及其宪政地位等。质言之,正如美国联邦党人汉密尔顿等人所言,"司法部门既无强制,又无意志,而只有判断"[4]。其唯一的宪法职责即是通过在法庭上查明案件事实以居中作出公正之裁决。也正是因为此,目前世界上多数国家都或直接或间接承认司法机关作为民生保障纠纷的最终调处者而存在,但源于各国司法机关在地位、权限和设

---

[1] 虽然学界对可诉性的认识存在诸多看法,但多数学者认为所谓可诉性,即是指权利应受法院或其他准司法机构审查的能力。它意味着"司法机关判定一个人的权利是否被侵犯,以及国家是否履行宪法所规定的尊重、保护和实现人权的义务"。See Craig Scott, Patrick Macklem. *Constitutional Ropes of Sand or Justiciable Guarantees? Social Rights in a New South African Constitution.* University of Pennsylvania Law Review, 1992,141(1):1-148.

[2] 王建学:《积极人权的司法保护》,载徐显明:《人权研究》(第5卷),山东人民出版社2005年版,第373页。

[3] 龚向和:《作为人权的社会权:社会权法律问题研究》,人民出版社2007年版,第78-97页。

[4] [美]汉密尔顿、杰伊、麦迪逊:《联邦党人文集》,程逢如、在汉、舒逊译,商务印书馆2009年版,第391页。

置上的具体差异，其对民生保障履行保护义务的方式却各有不同。例如，在英美法系国家，一般都采取由普通法院依据宪法和法律上的正当程序，以及平等条款等而实施对民生的司法保护义务；在大陆法系，德国是依赖于联邦宪法法院为首的法院系统，而法国则是依赖于普通法院以及行政法院。

通常而言，借助司法权以履行民生保护义务，主要存在于宪法诉讼和法律诉讼两个层次中。其中，对于后者，不论是在理论还是实务中，在世界各国都已不存在任何障碍或疑问。但对于前者，各国所表现的态度则"大为迥异"。首先，从权利救济维度看，正如上文所指出的那样，各国对于民生社会权可诉性的议题本身即存在争议；其次，从各国司法制度的具体设计来看，不少国家并不承认宪法诉讼在其国内具有制度生存的空间。即它们多认为，"要实现个人的宪法权利，首先是国家立法机关要尽立法之责，宪法权利对应的主要是国家立法机关立法的直接义务，行政法、诉讼法等法律上的个人权利对应的是国家行政机关、司法机关的法律义务（间接宪法义务）"[1]。而即便是在那些同时承认宪法诉讼以及社会权可诉性的国家，关于司法应当如何履行民生宪法保护义务也仍存在诸多不同的看法。

依照学界的通常理解，"由于社会权与传统自由权的规范特性并不完全相同，因此并不是每一个社会权都可基于其法拘束力而直接被理所当然地认为具有如同自由权一般之主观请求权的规范效力"[2]。在此基础上，若再以权利侵害主体为基本的区分标准，那么，通过司法履行民生宪法保护义务，至少可以存在以下几种情形：

第一，针对立法及行政机关的立法侵害。民生宪法权利，首先是且主要是作为"宪法委托"而存在的，在某种意义上，它不仅构成立法及行政机关对于民生之立法形成自由所划定的规范界限，同时也构成对国家执行上述相关社会福利政策的授权与任务要求。在此基础上，有且只有当上述国家机关完全无视民生"宪法委托"义务的存在，即完全不作为，或没有制定任何其他替代性解决方案，而径行根本性地终止某项给付或组织、程序机制，则此时若该国司法机关享有违宪审查之权力，那么它即同时亦有义务透过对以上所涉民生宪法规范的解释，宣示上述立法作为或不作为违宪。

---

〔1〕 马岭：《宪法权利的对应面及其法律化》，《国家行政学院学报》2008 年第 2 期。

〔2〕 黄舒芃：《社会权在"我国宪法"（指我国台湾地区，笔者注）中的保障》，《中原财经法学》2006 年第 16 期。

第二,针对第三人的侵害。在传统宪法学领域,宪法基本权利并不存在"第三人效力"[1]的问题。因为,根据当时学界的普遍见解,基本权利仅仅是与针对国家权力的理论相适应,它并不适用于公民与其他个体的相互关系。然而,随着时代的发展变迁,人们慢慢开始发现,"不仅对社会权力,在私人领域内,只要某人拥有相对于他人更优位的处置权力时,就有必要适用直接有效的基本权保障"[2]。也正是因为此,德国学界逐渐开始发展"将第三人效力作为国家保护义务的分支功能来看待"[3]。具体来说,一方面,最初提出社会权具有第三人效力的是以尼伯代(Nipperdey)为代表的德国联邦劳工法院,他们在"妇女同工同酬案""单身条款案"等一系列劳工案件中,明确主张为确保人类之尊严,基本权利之条文在私人法律关系中,应当具有绝对之效力,并可以直接予以适用。质言之,他们在判决中多认为,在所有宪法基本权利中,除去那些只针对国家权力所设的"自由权"外,仍有一些基本权利之条款,作为一种秩序原则而存在,它们无须等待立法者立法,便可直接拘束私人的法律关系。虽然上述直接"第三人效力"的观点遭到了学界广泛的批评和质疑,但从世界范围来看,目前爱尔兰、瑞士以及南非等少数国家仍承认并认可民生保障的这一司法保护义务模式。

而另一方面,在德国宪政实践中,其联邦宪法法院在批判、反思上述直接效力理论的基础上,进而创造了基本权利的间接"第三人效力"理论,并为世界诸多国家所承认和吸收。具体来说,以1958年"路特"案判决为标志,德国联邦宪法法院明确指出:基本权利的规定,就是要建立一个客观的价值秩序,以强化基本权利之适用力。对立法、司法及行政都有拘束力,并给他作为行为之方针及动因。对民事法亦然。……法官在具体审判案件之时,就必须以宪法基本权利之精神来审查、解释及适用民法条文,是乃私法的修正,亦即是法官受到基本权利的拘束之明证。倘若法官不循此方式,忽视宪法所保障的客观的规范——亦即基本权利之内质——之时,就是视为公权力之侵害,人民即可以提出宪法诉愿。[4] 根据如上论证之思

---

[1] 所谓第三人效力理论,其主要意指在探究除了宪法有明文规定外,宪法的基本权利在同为基本权之"享受者"的私人之间,在何种范围,以及以何种方式,能如同基本权利拘束国家权力般发生拘束力。详见 A. Bleckmann. *Allgemeine Grundrechtslehren*. 1979, p. 137.

[2] [德]齐佩利乌斯:《德国国家学》,赵宏译,法律出版社2011年版,第400页。

[3] 张巍:《德国基本权第三人效力问题》,《浙江社会科学》2007年第1期。

[4] 陈新民:《德国公法学基础理论》(上册),山东人民出版社2001年版,第314页。

路,可以说基本权利的间接"第三人效力",实属国家狭义保护义务理论的一种适用情形。它要求司法机关在解释和适用法律规定时,必须注意上述保护义务之存在。即法官"有义务将民法规范作合乎宪法基本决定的解释,有义务在衡量私人关系间基本权利冲突的基础上,保障基本权利免受侵害"[1]。

---

〔1〕 张翔:《基本权利的规范建构》,高等教育出版社2008年版,第121页。

第五章

民生保障的国家给付义务

国家给付义务保障民生的生成逻辑和价值都落实在内容上,并通过国家给付义务内容构造表现出来。国家给付义务究竟包括哪些内容?如何确定国家给付义务的内容?这是具体了解国家给付义务首先面对的问题。同时,确定国家给付义务内容是国家履行给付行为,监督和评价给付效果的前提,对民生保障实践具有重要意义。本章从基本生存需求、国家给付义务内容以及国家给付行为的对应关系入手,通过对国家给付行为的类型化概括国家给付义务内容,并阐述不同内容的可操作性。

第一节 民生保障的国家给付义务类型

国家给付义务旨在通过增加利益的形式保障民生,按照国家给付义务履行行为是否直接增加公民利益,将国家给付义务界分为产品性给付和程序性给付,这是国家给付义务内容的基本构造。在这一区分的基础之上,根据国家给付行为在利益对象和行为过程等不同方面对国家给付义务内容做进一步梳理,构建更为具体的国家给付义务内容体系。

将国家给付义务首先界定为产品性给付和程序性给付两种类型,除以国家给付行为类型化为指导外,还借鉴了社群主义对公共利益界分的方法。社群主义认为物化形式的公共利益可分为两大类:一类是非产品形式的公共利益;另一类是产品形式的公共利益。产品形式的公共利益比较简单,如各种各样的社会福利;而非产品形式的公共利益则较为复杂。[1] 物化形式的公共利益即具有经济性的利益,社群主义者认为任何国家行为都具有公共利益属性,故国家给付义务可视为物化形式的公共利益,并进行产品形式和非产品形式的区分。这一分法正好契合基于给付行为授益性质的划分,产品形式提供直接利益,非产品形式即产品形成过程中的程序性行为间接提供利益。

一、直接保障民生的产品性给付

产品性给付指国家给付义务中以产品形式直接满足公民基本生存需要的部分,是增进公民利益最直观的表现,在整个国家给付义务履行过程中处于结果状态。产品是一个经济概念,指满足消费需求的形式,在《中华人民共和国产品质量法》中包括有形的商品和无形的服务两种类型。这里所指的产品是由国家提供的经济利益的载体,是衔接国家责任与公民基本需求的桥梁,表现为满足基本需求的各种形式,如福利国家向公民提供的具体福利项目。其包括有形的物质形式,如现金、代物券、实物等,也包括服务形式,如医疗服务、教育培训等。

在产品性给付诸多可能性分类中,最重要的是依据给付对象是否特定而区分的私益产品给付和公益产品给付。依据不同的标准,产品性给付可区分为不同类型。依据产品表现形式,可以分为物质产品给付和服务产品给付。依据产品性质,可以分为医疗产品给付、教育产品给付等。以给付行为指向的对象是否特定为标准,则可以分为指向不特定人的公益产品给付和指向特定对象的私益产品给付。私益产品给付和公益产品给付的划分秉承了从所增进的利益本身界分国家给付义务的标准,即在将给付行为增进的利益界分为直接经济利益和间接经济利益之后,进一步将直接经济利益界分为满足不特定人的公共利益和针对特定人的私人利益。并且,这一划分还与国家给付义务本身的本位逻辑关联,更能体现国家给付义务的内涵和历史使命。国家给付义务与尊重义务和保护义务在维护个体自由权利所蕴含的个人本位逻

---

[1] 戴维·米勒认为非产品形式的公共利益有三种基本特性:(1) 不可能只提供给社群中某个人,而不提供给其他人,必然同时也自动地为同一社群的其他成员享有。(2) 这种利益具有相关性,即它不仅有利于某个人,而且有利于与它相关的许多人。(3) 这种公共利益还涉及某些基本的人际原则。参见戴维·米勒:《市场、国家与社群》,第81-82页,转引自俞可平:《社群主义》(修订版),中国社会科学出版社2005年版,第130页。

辑基础方面不同,国家给付义务既有保障个体基本生存体现个人本位的一面,也有维护社会安全体现社会本位的一面,因此国家给付义务在生成逻辑上是个人本位向社会本位延展的结果。

将产品性给付进一步界分为公益产品给付和私益产品给付,社群主义关于公共利益的一般性供给和特殊供给的观点亦有启发和验证作用。社群主义者根据个人与社群的同一性,认为国家对个人的所有给付都具有公益性。沃尔泽认为,社群为成员提供两种公共供给或公共利益:一种是一般性供给即公共利益,它不可能只由某些人享有,而不为其他人所有;另一种是特殊供给,在绝大多数情况下,表现为非排他性的个人利益,其与完全排他性的私人利益不同,因为它从整体上有利于社群,所以事实上也是一种公共利益。[1]对某一具体国家给付行为履行的最终阶段是否以特定方式针对特定对象进行考察,能更清晰地区分公益产品给付和私益产品给付。为了消除一般供给和特殊供给容易引起的误解,沃尔泽又通过实例阐述一般供给和特殊供给的区分。他认为:将一笔公共基金用来为所有人或大多数人谋福利,而不是将它分配给个别人时,就是一般供给;当将物品分配给个别成员时,就是特殊供给。在对水、食物等生活必需品的供给上,修造水库是一般供给,但把水分配给某些居民便是特殊供给;保证食品供应是一般供给,将食品分配给孤儿寡母便是特殊供给。同样,公共保健通常是一般供给,照看病人则是特殊供给。[2]沃尔泽所列举的实例表明,不仅可以在给付对象上区分公益产品给付和私益产品给付,而且可以从国家给付义务履行过程和方式等角度对两者作进一步考察。

(一)私益产品给付

私益产品给付是国家针对特定主体的实际情况提供相应保障产品的给付,主要面向基本需求中的基本生理需求,旨在保障基本生存。其体现的是国家的补缺职能,即以拾遗补阙的方式为通过社会和市场不能满足的基本需求提供帮助。国家给付义务主要针对社会弱势群体,即由于生理或心理缺陷不能自我保障以及在市场竞争中失利而陷入生活困顿的人们。因此,针对需

---

[1] 沃尔泽举例说,给孤儿的奖学金对于孤儿来说是私人利益,但对于整个社群来说又是公共利益,因为孤儿长大以后总有一天会服务于社群。转引自俞可平:《社群主义》(修订版),中国社会科学出版社2005年版,第131页。

[2] [美]迈克尔.沃尔泽:《正义诸领域——为多元主义与平等一辩》,褚松燕译,译林出版社2002年版,第105页。

求者的具体情况采取具体措施的私益产品给付,是国家给付义务的重要内容,通常所说的社会救济、社会救助、社会补偿等,便是私益产品给付的典型。

私益产品给付是国家针对特定情形下的个人贫困实施的一种特别救济,受益者必须满足特定的主体资格。在私益产品给付的实践中,相关的法律往往对主体资格进行严格限制,如英国和日本的济贫法,都明确规定了适用对象。随着社会的发展,私益产品给付的适用范围越来越广,而相关规定也越来越明细化。贝弗里奇报告详细地列举了私益产品给付的对象范围:① 不符合各社会保险费条件下的四种人:A. 未达到最低缴费额的;B. 一直不适合工作的;C. 不能享受失业、伤残或养老金全额待遇的;D. 由于总收入低申请豁免缴费的第二、四类人(根据社会保障需求将人口划分为六类,依次为雇员、其他有收入的人群、家庭妇女、工作年龄内的其他人、工作年龄以下的人、工作年龄以上的退休人员)。② 不符合社会保险金条件的人。多数条件下可能是下面两种人:A. 在拒绝接受适当的工作、无正当理由离开工作、因本人表现不好被解雇等情况不能享受失业保险金的;B. 因不到指定场所或培训中心而不能享受失业保险金的。③ 对饮食、护理和其他方面有特殊要求的。④ 由于不符合社会保险条件需要救助的,如某些形式的被遗弃或分居产生的救助者。[1]

我国法律也对私益产品给付对象作出了明确规定。我国宪法第四十五条规定,公民在年老、疾病或者丧失劳动能力的情况下,有从国家和社会获得物质帮助的权利。根据具体国情,我国最低生活保障给付主要针对传统社会救济对象和下岗失业人员。1997年出台的《国务院关于在全国建立城市居民最低生活保障制度的通知》规定,城市居民最低生活保障的受益对象为"家庭人均收入低于当地最低生活保障标准的持有非农业户口的城市(镇)居民",同时还规定了三种具体的保障对象:① 无生活来源、无劳动能力、无法定赡养人或抚养人的居民。② 领取失业救济金期间或失业救济期满仍未能重新就业,家庭人均收入低于最低生活保障标准的居民。③ 在职职工和下岗人员在领取工资和最低工资、基本生活费后以及退休人员领取退休金后,其家庭人均收入仍低于最低生活保障标准的居民。

私益产品给付是国家给付义务承担最初始的方式。国家给付义务的发

---

〔1〕《贝弗里奇报告——社会保险和相关服务》,劳动和社会保障部社会保险研究所组织翻译,中国劳动社会保障出版社2004年版,第160页。

展经历了从慈善到正义,从人道主义到公民权利的发展轨迹。私益产品给付是慈善事业和人道主义最主要的给付形式,也是国家给付从恩惠过渡到义务的基本形式,各国给付义务的承担都是从私益产品给付开始的。工业革命的发展破坏了以家庭为基础的社会保障模式,圈地运动又使大批农民流离失所,殖民地的贵重金属大量涌入造成商品普遍上涨,贫困成为一种社会现象,以英国《伊丽莎白济贫法》为代表的法定济贫措施成为国家给付义务的雏形。尽管早期济贫法规定的国家给付带有明显的慈善救济痕迹,但明确规定通过税收筹集资金,对老人、盲人等丧失劳动能力的人进行资助,以及组织穷人和儿童学艺,以特别救济的形式保障弱者的基本生存。作为后起的资本主义国家,日本最初的社会保障立法规定的国家给付义务也主要指私益产品给付。明治政府1874年颁布的《恤救规则》明确了政府对生活极端困难的鳏寡者,70岁以上和15岁以下的残疾者等的救济责任。

私益产品给付是国家给付义务的重要内容,是国家义务的其他方面无法替代的。首先,私益产品给付针对社会最脆弱的群体,以克服贫困、维护和保证贫困人口的最低生活水平为目标,为社会成员提供了最后一道安全保障。其次,在效率与公平之间,私益产品给付倾向公平,其产生和发展正是对正义价值不断追求的过程与结果。私益产品给付实现的是"底线公平",即对生活和发展中共同具有、必不可少的"基础性需求"的基本满足。最后,私益产品给付主要针对依然发生的风险的救济,不需要处于困境中的受益人给付任何相应代价,是对社会弱势群体基本生活最可能、最有效的保障。

(二)公益产品给付

公益产品给付是国家针对不特定社会主体的产品给付,主要面向基本需求中的必要的可行能力需求,旨在提高社会整体生活水平的基础上保障基本生存。公益产品给付体现国家保障基本生存职能的同时,体现了国家均衡生存负担、维护社会安全的职能,较私益产品给付更能全面地体现国家给付义务的性质。国家为保障民生,在教育、健康等基础设施建设上履行的积极义务,是针对非特定个人的公共利益给付,即典型的公益产品给付。

保障基本生存的公益产品给付是在私益产品给付的基础上发展而来的。首先,从私益产品给付和公益产品给付分别指向的基本需求类型看,私益产品给付主要依据特定个体的具体情况满足其基本生理需要,公益产品给付主要通过提供一系列公共资源确保所有人最低限度的可行能力。基本生理需求是可行能力的基础,能力又反过来影响基本生理需求的满足,只有提高可行能力,基本生理需求才能更好地实现。因此,对基本需求的满足,国家既要保证兜底性的私益产品给付,也要积极发展提高个体可行能力的公益产品给付。

其次,从整体上对基本生存的保障效果看,私益产品给付难以满足社会发展的需要,公益产品给付由此深受关注。补缺性的私益产品给付虽然能为个体的基本生存提供最后一道防线,但基本生存的保障效果面临现实问题:首先,私益产品给付能解决特定个人暂时的生存困顿,但却不能化解贫困造成的基本生存问题。高速发展和高度发达的经济使国家给付能力增强,生存问题面临更多威胁。其次,私益产品给付还被认为造就了一个持久贫困的"下层阶层",恶化了其试图要解决的问题。最后,随着对贫困的界定从以美元计算的绝对贫困线,发展到融合了物质和非物质需求的多维度概念,对基本需求的满足越来越重视可行能力的提高。面向提高可行能力的公益产品给付能克服私益产品给付造成接受者被动性的局限,能更好地保障基本生存。因此,现代各国更重视以公益产品给付的形式确保基本生存。例如,《哥本哈根宣言》推动世界各国采取积极行动实现充分就业、社会融合、性别平等以及人人享有广泛而平等的教育和监控机会的目标,以及包括到2015年绝对人口数减半、普及初等教育、促进性别平等、降低婴儿死亡率、改善母亲健康等的联合国千年发展目标,这些都意味着以公益产品给付的形式保障实现。

公益产品给付较之私益产品给付更能体现国家给付义务嫁接个人本位和社会本位的内生逻辑,以及均衡生存负担和维护社会安全的职能。生活资源具有稀缺性,而经济的发展趋向于加大稀缺性资源的不平等分配。[1]因此,经济的快速发展并不必然导致基本生存的改善,甚至还可能加剧生存危机。国家以社会为本位通过再分配形式将社会资源从高收入者向低收入者转移,在保障个体基本生存的同时促进社会平等、安全。一方面有利于平衡生存负担。在社会生活中,公民不仅要通过自身努力在市场竞争中满足生存所需,而且凭借公民资格享有在社会中获取资源的权利。从反面看,"任何一个社会成员都不应该被剥夺全面参与公共事务所需的基本条件"[2]。从正

---

[1] 世界上最穷的20%的人口只拥有世界总收入的大约1%,而最富的20%的人口拥有世界收入的82%。更为严重的是,这一局势正在不断的恶化中,1960年上述两组比值分别是2.3%和30%。参见[英]安东尼·哈尔、[美]詹姆斯·梅志里:《发展型社会政策》,罗敏、范西庆等译,社会科学文献出版社2006年版,第12页。

[2] J. H. Schaar. *Equality of Opportunity and Beyond*. in A. De Crespigny, A. Wertheimer. *Contemporary Political Theory*. Nelson,1971,p. 146.

面看,国家在经济增长的基础上应该加大对健康、住房、教育、卫生、城市发展、营养等公共产品及基础设施的开发和建设,确保所有公民都有机会利用这些条件,平等地参与社会发展、共享发展成果。另一方面,有利于维护社会安全。社会差距越大,社会弱者的作为人的尊严越得不到保障,社会秩序的合法性越低,而不稳定的系数越大。国家以给付的形式实现社会财富转移,事实上是暴力革命的一种替代方案。在国家以产品形式实现社会资源转移中,从社会本位出发的公益产品给付较个人本位的私益产品给付更具优势。私益产品给付虽然能缓解个人的生存压力,但始终难以回避滋生惰性、腐蚀独立人格、诱使接受者逃避社会责任等诘难,也难以澄清国家权力扩张的担忧。而公益产品给付虽然更多地从整体出发着眼社会利益,但其增加了提高个人可行能力的机会,既促进基本生存保障,也顺应且推动了市场的自由竞争,满足个人本位的要求。

在制度表现方面,公益产品给付表现是指大多数欧美国家从广义的角度理解的社会福利中,由政府举办和出资的一切旨在改善人民物质和文化、卫生、教育等的社会措施,包括政府举办的文化、教育和医疗卫生事业、城市住房事业和各种服务事业,以及各项福利性财政补贴。[1] 这种意义上的社会福利是指向全体国民的。而我国通常理解的民政部门代表国家提供的针对弱势老人、残疾人、孤儿和优抚对象提供收入和服务保障的社会福利,因为是对特定人的给付,根据本文的界定应归属于私益产品给付一类。

二、间接保障民生的程序性给付

程序性给付指国家给付义务中以行为形式间接促进公民基本生存保障的部分,是保障给付利益实现的必经环节。产品是给付利益的载体,是国家和给付对象之间的桥梁,程序则是给付利益的生成过程,针对接受者的给付只是国家给付过程的末端,必须以程序性给付作为前提和基础,因此程序性给付对给付义务的实现同样具有决定意义。

对程序性给付的理解,首先必须澄清其与产品性给付中服务行为的区别。产品性给付中的服务行为与程序性给付即行为性给付表面上都是通过行为方式增进或者满足公民的利益,其本质区别在于产品性给付中的服务行为是指由国家向公民提供的一种特别的受益项目,而公民在行使权利享有这

---

[1] 周良才:《中国社会福利》,北京大学出版社 2008 年版,第 3 页。

一服务的过程中具体满足公民需求的行为并不是由国家及其所属机构实施的。但是在程序性给付中，国家是所指行为的直接实施者。简言之，在产品性给付的服务形式中，国家只是服务项目的提供者或者称购买者，在程序性给付中国家是给付行为的行为者。在给付义务履行的实践中，一些以行为的方式满足受益人需要的给付，如对老人的家居养老服务、提供医疗和养老设施的服务、提供文化生活的服务，以及提供生活政策情报咨询的服务等等，实质上是社会福利产品或社会救助产品的提供，是针对特定老人具体需要的私益产品给付。

服务给付是指向受益人给付的具体利益在形成过程中以及给付之前，国家实施的组织和管理行为。给付利益在向接受者给付之前，国家要为此实施一系列行为，如"需要建立系统的、可预测的途径，从而确定资源的总量和分配。同时，还应建立系统的、可预测的方法，从而确立控制支出与确保公平、公正地使用资源的责任"[1]。具体而言，服务给付即是履行国家给付义务相关国家机关及其工作人员，为保障公民生存权利进行决策、计划、调节、监督，以及对给付资金（包括社会保险基金等各种专门用于民生保障的资金）进行筹集、运营、管理的活动。服务给付包括三个基本方面：其一，给付行政服务，指给付相应机关对给付活动实施的行政管理。从制定与国家给付有关的法律法规开始，到建立给付管理机构、制定给付保障计划、监督给付执行情况，以及调解和处理由给付活动引起的纠纷等等。其二，给付资金管理服务，譬如筹集社会保障基金、支付社会保障待遇、运营社会保障基金。其三，为给付对象提供一系列的服务。

根据我国给付义务履行的实际情况，确保给付义务公平、公正的履行，是当前服务给付尤其需要注意的问题。我国经济和社会发展的不平衡也导致了国家给付的不平衡。以国家对公民健康的给付为例，一份关于城市社区公共服务设施情况的基本统计显示：在全国31个省份中，平均每个设备服务的人数从756人（浙江）到30 908人（云南）不等，相差近41倍；平均每个社区服务单位所服务的人口从18 350人（青海）到933 730人（海南）不等，上下限相差近51倍。[2] 同时，城乡分布极不均衡。根据世界卫生组织调查，我国高达

---

〔1〕 [美]艾伦·克拉特：《社区福利与公共福利——公共保障系统管理：理念、模式和准则之完善》，麦哲伦国际公司译，东北师范大学出版社2008年版，第21页。

〔2〕 中华人民共和国统计局：《中国统计年鉴(2006)》，中国统计出版社2007年版，第352、376页。

80%的医疗机构集中在城市,而在2005年城市人口只占全国人口总数的35%。[1]

给付制度和组织机构建设是程序性给付中的重要部分,具有本身固有的特点和重要意义。在公民与国家的关系中,公民是目的,国家是手段,因此国家权力是受限制的,其行使必须严格限定在法律规定的范围之内。并且,任何国家权力的行使,都离不开相应的国家机关或机构。因此,制度和组织机构建设是国家权力运行的先决条件,而给付制度和组织建设则是服务给付的起点。更为重要的是,制度和组织建设属于积极作为的义务,但国家的作为义务除给付义务之外还有保护义务,如何确定它是否属于给付义务范畴呢?根据基本权利功能体系理论,基本权利制度保障功能和组织与程序保障功能分别对应国家的制度保障义务和组织与程序保障义务。这两种作为义务根据对权利的具体效用,既可以是给付义务,也可以是保护义务。给付义务的核心是体现社会法治国性质,"从体现的法治国家性质角度,可以将国家给付义务和尊重义务与保护义务作明确的界分"[2]。因为国家就保障基本生存进行制度和组织建设的行为体现的是社会法治国家义务性质,故给付制度及组织建设属于给付义务。但是,国家履行的制度及组织建设义务,并不都是给付义务的内容,体现社会法治国性质的那部分制度和组织建设义务才是给付义务。

(一)制度给付

国家对公民的生存保障虽然是授益行为,但根据公权力及其运行的特点,也必须依据法律规定的范围和程序行使。所以,作为给付义务内容之一的给付制度建设,既是国家给付义务履行的依据,也是给付义务履行过程的开端。国家对公民生存保障由慈善事业和人道援助转化为法律义务,正是从给付制度建设开始的。通过特定的法律程序,将国家原来对此承担的道德义务或政治义务,确定为具有法律约束力的义务。从英国《伊丽莎白济贫法》开始,伴随着自由法治国向社会法治国时代的转变,各国通过了一系列有关国家给付的社会救助、社会福利以及社会保险制度,以保证处于各种风险之下的人们的基本生存。

随着现代化的发展,贫困越来越少地归责于个人原因,国家给付义务履

---

[1] 转引自[美]艾伦·克拉特:《社区福利与公共福利——公共保障系统管理:理念、模式和准则之完善》,麦哲伦国际公司译,东北师范大学出版社2008年版,第8—9页。

[2] 龚向和、刘耀辉:《基本权利给付义务内涵界定》,《理论与改革》2010年第2期。

行对公民基本生活的影响已越来越大,这推动了给付制度建设的发展,也在给付制度建设发展中体现出来。首先,给付制度建设受到高度重视,给付范围越来越广,基本涉及现代社会可能存在的各种风险。我国台湾地区从1990年到2004年,有关给付义务的立法26项,内容涵括就业、健康、教育等基本民生领域,包括老人、儿童、妇女、农民等特殊群体,还涉及对民间保障的管理等(见表5-1)。其次,具体给付制度向精细化发展,力求更有效地满足真正需要者要求的同时避免投机行为。美国"1995年至2001年之间,与医疗补助相关的法律要求从22项增加到63项,反映了联邦政府对此计划的持续关注以及联邦和州政府机关为适应计划的管理而增加的责任"[1]。

表5-1 1990年以来中国台湾地区给付义务的有关立法

立法年度	立法名称	立法年度	立法名称
1991	社区发展工作纲要	1999	公益彩券发行条例
1993	就业服务法	2000	特殊境遇妇女家庭扶助条例
1994	全民健康保险法	2001	职业灾害劳工保护法
1995	儿童及少年性交易防治条例	2001	志愿服务法
1995	老年农民福利津贴暂行条例	2001	原住民族工作权保护法
1995	公务人员退休法	2002	两性工作平等法
1997	性侵害犯罪防治法	2002	就业保险法
1997	社会工作师法	2002	中低收入老人生活津贴发给办法
1997	身心障碍者保护法	2002	农民健康保险条例修订
1997	储蓄互助社法	2003	大量解雇劳工保护法
1998	老年农民福利津贴暂行条例修订	2003	敬老福利津贴暂行条例
1998	家庭暴力防治法	2003	儿童少年福利法
1999	公教人员保险法	2004	性别教育平等法

［参见第二届中国社会工作论坛暨第五次内地与香港社会福利发展研讨会论文(港、澳、台部分),官有恒的《回顾九零年代以来台湾的社会福利发展》一文。］

---

〔1〕[美]艾伦·克拉特:《社区福利与公共福利——公共保障系统管理:理念、模式和准则之完善》,麦哲伦国际公司译,东北师范大学出版社2008年版,第134页。

作为社会主义国家,我国一直重视保障人民基本生活,并视其为社会主义优越性的体现。中华人民共和国成立以后,截至2008年,我国制定有关国家给付的综合性文件,及包括养老保险、医疗保险、失业保险、生育保险、优抚安置、最低生活保障、住房、工作时间及休假、工资待遇等具体方面的相关法律政策文件共201件。[1]但是,由于在历史上,我国在给付制度建设中一直将农民和市民区别对待,农民往往被排除在国家给付范围之外,并且市场经济改革以来,对经济发展和效率的片面追求降低了国家给付力度,造成农民和底层城市居民尤其是下岗职工的普遍贫困,"上学难""看病难""住房难"成为三大社会问题。为保证人人享有基本生活保障,党的十七大报告明确要求:促进企业、机关、事业单位基本养老保险制度改革,探索建立农村养老保险制度;全面推进城镇职工基本医疗保险、城镇居民医疗保险、新型农村合作医疗保险制度建设。

(二)组织给付

制度建设为国家给付义务的履行提供依据,而组织建设则为给付义务的履行准备必要条件。给付义务在程序上包括面向受益人的产品给付和形成相关产品的服务给付两个部分,因此在组织建设上也相应地包括两个方面:一方面是直接向受益人给付产品的组织,即发放或者实施组织;另一方面是具体实施服务给付即给付产品在向受益人提供之前赖以形成的组织,被称为管理组织。

给付实施组织位于给付义务履行过程的末端,直接面向受益人,是沟通国家给付义务与公民生存权的桥梁,对国家给付义务的实现具有关键作用。给付实施组织的分布、数量以及工作的态度、效率,都直接影响到给付义务及其履行的目的和宗旨。我国的给付实施组织往往由行政机构兼任,并与管理机构混同,如民政局与街道办事处等。我国香港地区的给付实施组织建设较内地发达,早在1998年就建成了比较系统的给付实施组织(见表5-2)。管理组织是向受益人给付的利益由之产出的具体部门,给付利益的产生并到最终提供给相应受益人,要受很多因素影响,是一个非常复杂的过程,往往涉及很多国家机关或机构。比如,众所周知的美国食品券计划就涉及食品券计划局、营养援助计划处等相关州机构53个(见表5-3)。

---

[1] 详见《最新社会保障法律政策全书》,中国法制出版社2009年版。

表5-2 中国香港地区政府主办的社会服务福利提供机构(1998年)[1]

机构名称	项目	数量
家庭服务中心	机构数量(间)	42
	处理的个案(个)	58 462
儿童院舍照顾	机构数量(间)	3
	名额(人)	22
儿童非院舍照顾	机构数量(间)	0
	名额(人)	60
幼儿园/幼儿中心	机构数量(间)	1
	名额(人)	113
临时庇护中心	收容妇孺人数(人)	416
残疾人训练中心	机构数量(间)	3
庇护工场	机构数量(间)	6
残疾人辅助就业机构	机构数量(间)	1
残疾人住宿照顾机构	机构数量(间)	5
安老院/老年护理床位	机构数量(间)	0
社区服务中心	机构数量(间)	0

表5-3 美国农业部食品与营养服务局管理食品券计划涉及的州相关机构[2]

州相关机构概述	最大数量	制定部门、局或办公室
人员服务	17	县级运营处 自足办公室 福利及支持服务处 人力资本发展处 财务、健康和工作支持处 家庭独立处 儿童与家庭处 经济稳定过渡处 经济援助处 福利服务处

---

[1] 孙炳耀、常宗虎:《中国社会福利概论》,中国社会出版社2002年版,第120页。转引自周良才:《中国社会福利》,北京大学出版社2008年版,第14页。

[2] 资料源自[美]艾伦·克拉特:《社区福利与公共福利——公共保障系统管理:理念、模式和准则之完善》,麦哲伦国际公司译,东北师范大学出版社2008年版,第66-67页。

续表

州相关机构概述	最大数量	制定部门、局或办公室
人员服务	17	家庭发展处 收入支出处 财政援助处 家庭支持服务处 儿童、成年人与家庭处 成年人与家庭服务处 家庭援助处
[公共]健康与人员服务/资源	7	过渡时期援助部 人员与社区服务部 财政援助局 家庭援助局 社会服务局 财政计划局 儿童与家庭局
社会服务	5	食品券服务局 营养援助计划处 家庭支持办公室 家庭援助处 财政援助处
[公共]健康与社会服务	4	公共援助处 社会服务处 公共福利处 经济服务管理局
人力资源	4	食品券合作处 家庭与儿童服务处 家庭投资管理局 福利处
健康与家庭服务	2	社区服务部 卫生保健筹资局
儿童与家庭	1	经济自足处
预防、援助、过渡与卫生服务部	1	规划与评估处
社会与善后服务部	1	—
经济安全	1	福利与医疗资格处
家庭援助	1	临时与残疾人援助办公室
家庭与社会服务	1	家庭资源处
家庭服务	1	家庭援助处
健康与福利	1	自立计划处
工作与家庭服务	1	家庭稳定办公室

第二节 民生保障的国家给付义务的范围

国家给付义务范围是从横向角度对国家给付义务基准进行的考察,指国家具体对哪些事项承担给付的义务,或者国家在何种情况下承担给付的义务。国家给付义务的履行不可避免地妨碍和干涉到个人选择和自由,国家给付义务的履行虽然有利于保障和促进民生,但也并不是越多越好。与所有公权力行使一样,国家给付义务必须有一个确定的范围。在理论上,这是一个比较简单的问题,国家给付义务对应公民社会权,社会权各种具体要求指向的事项即构成国家给付义务的范围。但在实践中,给付范围却是国家给付义务履行面临的首要难题。给付义务的履行伴随着资源的消耗,在客观上受社会经济条件制约,并非所有的社会需求都能完全、适时地由国家给付满足。如何确定实践中给付义务的履行范围,是国家给付义务范围的学术生命所在。

学界对实践中的国家给付义务范围有过相关探讨,主要表现在由国家实施的福利项目和社会保障项目方面。如分别于1974年和20世纪90年代所做的7个主要欧洲国家的调查表明,绝大多数人赞成由政府来负责养老保险、医疗保险、卫生保健以及失业救济等福利。[1] 上述四项福利的给付,显然只是给付义务中最重要的部分,不能涵括国家给付义务的范围。福利国家论者提出,政府的福利给付应当包括社会保险、失业救济、卫生保健、家庭补助、养老金及教育、住房、文化活动等社会服务和设施等。[2]

该观点虽然涉及的给付内容更为宽泛,但在资源不足的情况下,国家应如何取舍,是确保其中几项优先给付,还是针对所有的低层次给付,或者其他?总之,现有对给付义务履行范围的相关探讨,一方面尚未有意识地区分理论与实践中的差别,以理论要求为标准增加了给付义务履行的难度甚至非现实状况;另一方面,出自个别国家的实践经验,未加以针对国情的具体分析,不具备普遍性。本书认为实践中国家给付义务的范围,应是在结合人的尊严需要和具体国情的基础之上,确定国家对各社会权具体要求的给付序列。

---

〔1〕 B. M. Huseby. *Attitudes Towards the Size of Goverment*. in O. Borre, E. Scarbrough. *The Scope of Government*. Oxford University Press,1995, p.94.

〔2〕 杨玲:《美国、瑞典社会保障制度比较研究》,武汉大学出版社2006年版,第131页。

一、界定国家给付义务范围的一般要素

随着自由法治国家向社会法治国的转变,国家对个人生活承担越来越多的给付义务。给付义务范围拓展是一个毋庸置疑的事实,在给付义务发展的过程中,国家给付义务履行总基于一定的要素,这些要素在一定程度上能反映国家给付的范围。在涉及给付义务范围的有关理论阐述和国内国际立法中,都隐现着界定给付义务范围的各种要素,主要表现为:

(一)从给付对象角度界定给付义务范围

通过规范给付对象资格以界定国家给付义务的范围,是国家给付义务范围最初始、最简单的界定标准,也是一项重要的界定标准,至今仍然在国家给付义务范围的界定中发挥重要意义。给付对象作为一项标准,主要看给付对象的资格限定程度。给付对象的资格被限定得越严格,给付对象群体越小,国家给付义务的范围就越小。反之,给付对象群体越大,国家给付义务范围就越大。

在国家给付义务启蒙阶段,集贫困救助法律之大成的《伊丽莎白济贫法》[1]体现的国家给付义务范围就是通过给付对象来确定的。为了减少贫困,《伊丽莎白济贫法》规定政府提供一系列资助,包括对那些失业者直接提供补助金,为年轻人一次性提供学徒费以及给身体强壮的成年人提供工作等。《伊丽莎白济贫法》将贫民分成三类:① 体力健全的贫民;② 不能工作的贫民,包括患病者、老人、残废者、精神病患者及需抚育幼小子女的母亲;③ 失去依靠的儿童,包括孤儿、弃儿或父母无力抚养的儿童。只有第②、③类和被迫失业的贫困成年人在没有家属和亲戚援助的情况下,才被列入国家给付的范围,而身体健壮但不愿工作的人不仅得不到资助还要受体罚或被监禁。在国家给付义务开始实施的很长一段时间,特别是在私益产品给付阶段,给付对象一直是确定国家给付义务范围的主要标准。

给付对象都是某种意义上的社会弱者,从生理上的弱者到竞争中的弱者,这一过程伴随着国家给付义务范围的扩张。最初的国家给付往往针对因生理缺陷而陷入贫困的个人,工业化发展带来的技术进步、经济萧条以及商品需求变化,使得贫困越来越超出健康个体的主观努力之外。当贫困不再仅

---

[1]《英国社会保险之历程》的作者斯威茨认为,《伊丽莎白济贫法》是1531年以来甚至是1349年以来人类福利史上的一个里程碑。

仅归责于个人的时候,国家必须为改善社会生存环境付出努力,为处于困境中的个人伸出援手,市场竞争的失败者逐渐成为国家给付对象,国家给付对象随之从生理意义上的弱者拓展到市场竞争中的失败者。资本主义进入垄断阶段以后,国家履行的给付义务越来越多,范围也越来越广。作为西方福利国家蓝本的贝弗里奇报告,构建了国家针对所有人的从"摇篮到坟墓"的给付义务体系。报告亦将社会成员分门别类,对不同情况的群体采取不同的给付义务履行方式。根据社会保障需求将人口划分为六类:第一类——雇员;第二类——其他有收入的人群;第三类——家庭妇女;第四类——工作年龄内的其他人;第五类——工作年龄以下的人;第六类——工作年龄以上的退休人员。国家对其分别承担不同形式和不同程度的给付义务。[1]

在现代国家以全民为给付对象的社会保障体系中,给付对象对国家给付义务范围在宏观上的界定作用已经失去了意义。但是,在给付义务范围之内的不同层次区分,给付对象仍然是一项重要的标准。首先,社会救助之类的私益产品给付,其范围往往以给付对象具体的现实情形为准。其次,按其他标准对给付义务范围的界定,在很多情形下离不开通过对给付对象进行附加性或辅助性说明。随着国家给付义务的发展,在早期作为界定给付义务范围基本标准的给付对象已经弱化为子标准或参考标准。

(二) 从给付风险角度界定给付义务范围

资本主义的发展既推动了生产力的进步,也加剧了无产阶级和资产阶级之间的对立。贫困由个人问题转变成经济问题和社会问题,以给付对象为标准界定国家承担给付义务的范围,远远滞后于贫困形势的变化。一方面,给付对象的标准意味着只针对现存贫困的补救性给付,随着贫困原因的社会化

---

〔1〕 有些需求(如医疗和丧葬需求)是各类人的共同需求。此外,第五类人(低于工作年龄)需要子女补贴,第六类人(超出工作年龄的退休人员)需要养老金;而这两类人均不要给付社会保险费。其他四类人都有不同的保障需求,而他们参保必须由本人和雇主为其缴费。第一类人(雇员)除医疗、丧葬费和养老金外,还需要针对失业或者伤残导致的收入中断进行保障,而不管其失业或伤残是什么原因引起的。第二类人,即有收入的非雇员,不能参加失业保险,但除了需要医疗、丧葬费用和养老金外,他们还需要补偿伤残以后的收入损失和某些维持生计方面的收入损失。第三类人(家庭妇女)未从事有收入的工作,不需要补偿伤残或其他原因造成的收入损失,但除了人们共同的医疗、丧葬费用和养老金需求外,她们还有婚姻本身引起的多种特殊保障需要。第四类人(劳动年龄段的其他人)属于特殊人群,其中相对说来,几乎没有多少人在其一生大部分时间都属于该群体:这类人需要医疗、丧葬费用和退休保障,也需要对必须找到新生计的风险进行保障。参见《贝弗里奇报告——社会保险和相关服务》,劳动和社会保障部社会保险研究所组织翻译,中国劳动社会保障出版社 2004 年版,第 138 页。

和贫困的普遍化,这种补救性的给付面临越来越多难以应付的需要,需要从预防的角度对贫困问题进行有效的控制。另一方面,给付对象为国家给付义务范围界定提供的只能是一个相对的标准,在贫困社会化的环境下,许多有绝对需要的对象往往被排除在国家给付范围之外,激化社会矛盾。因此,国家需要针对现实存在的社会风险而调整给付范围,而不仅仅是以处于贫困之中的个人为标准履行给付义务。

  对社会风险的认识,是与处于社会弱势地位的工人劳动联系在一起的。工业革命初期,法国古典经济学家西斯蒙第便笼统地提及在劳资关系中为生活而工作的工人动辄陷入贫困的风险,主张国家要采取劳动立法保证工人的福利。[1]为改变日益严峻的生存环境而团结起来的国际劳工组织,要求国家按照职业风险的标准,针对劳动者承担疾病、养老、丧失劳动能力以及因工负伤、患职业病后的补偿等给付义务。国际劳工局理事会1952年6月通过的《社会保障(最低标准)公约》,便从职业风险的角度界定了国家给付义务范围。公约共分十五部分八十七条,规定了在医疗、疾病津贴、失业津贴、老龄津贴、工伤津贴、家庭津贴、生育津贴、残废津贴、遗属津贴等九方面的津贴的支付范围。

  经历"二战"生灵涂炭的悲惨局面,因战争以及战后恢复的需要,社会保障理论进一步发展,主张向所有面临社会风险的人提供基本收入和充分医疗照顾。贝弗里奇报告认为造成收入减少或者中断的社会风险主要有八种,分别为:失业;伤残;失去生计;退休;结婚需要(包括结婚,生育,丈夫因为失业、伤残或退休中断收入,寡妇,分居,无料理家务能力的);丧葬费用;儿童;身体残疾或丧失劳动能力。国家应针对这些现实存在的风险履行相应的给付义务,其范围包括:失业保障金,伤残保险金,工伤养老金,退休养老金,培训保险金,结婚补助金,生育补助金,生育保险金,临时寡妇保险金,监护人保险金,分居保险金,子女补贴,交通、住宿补助金,丧葬补助金,治疗服务和医

---

[1] 西蒙斯第主张的劳动改革的具体措施包括:缩短劳动时间,保证工人的休息和休假;取缔童工劳动,因为它摧残儿童的身心发育,还容易导致人口的迅速增加;提高工资收入,要是工人阶级的工资收入和他们的劳动成果相适应,则能提高消费,消化过剩的产品,缓解经济危机。工资标准必须能保证劳动者下列四项安适的生活需要:丰富、多样、有益、健康的食物;根据气候需要有足够的、讲求清洁所必需的衣服;比较舒适的和具有取暖设备的住宅;能为将来的安全做好未雨绸缪的准备。参见陈红霞:《社会福利思想》,社会科学文献出版社2002年版,第171页。

疗后的康复服务等。[1]

(三) 从基本权利角度界定给付义务范围

随着社会权理论，特别是代际人权理论的发展，国际人权学界在对国家给付义务范围的界定上明确采用基本权利标准。以风险为基础界定国家给付义务范围，能够有效地避免国家给付对人不对事、脱离社会发展需要的局限，既使遭遇风险的人能得到保障，又尽量庇护到尚未实际发生的风险，增强了社会安全感，也促进了国家给付义务范围的扩展。但是，从风险角度界定国家给付义务范围，往往使国家旨在保障改善生存环境的给付行为局限于对风险本身救济和补偿，不能从更深层次原因采取根本的解决办法。同时，无论以给付对象还是给付风险作为范围界定标准，国家给付的授益性看上去更像是对接受者的恩赐，其正当性得不到体现。而从基本权利角度界定给付义务范围，则能避免上述弊端。

从基本权利视角考察给付义务范围，有利于提高给付义务改善生存环境的有效性。在社会生活中，尤其是由于商业化、城市化高速发展，人们不断从熟悉的行业走向陌生的领域，存在着许多既不表现为某种生存困境，也不属于社会风险的，但却从根本上制约着个人以及社会生存条件改善的因素。教育就是其中典型的示例。教育能够提高适应力和创造力等促进生存的能力，缩小个人因遗传决定的能力上的差距。在飞速发展的现代社会，只有通过教育改善个人的生存能力，才能从根本上改变其生存困境。受教育权也因此在

---

[1] 贝弗里奇报告详细列举了八种社会风险及相对人可从国家获得的给付。(1) 失业：即依靠工资生活的人，体力上适合就业却未能就业，领取失业保障金和交通、住宿补助金，弥补其收入损失。(2) 伤残：即处于劳动年龄的人因病或事故丧失劳动能力，不能从事有收入的工作，领取伤残保险金及工伤养老金。(3) 失去生计：不靠就业收入生活的人失去生计时，领取培训保险金。(4) 退休：从工作岗位退休后，不论从事的工作有无报酬，一直发给退休养老金。(5) 结婚需要：根据家庭妇女有关政策，妇女婚后享受各种保险待遇：① 结婚，发给结婚补助金；② 生育，不论什么情况均发给生育补助金，并且如已婚妇女从事有报酬的工作，产前产后一段时间还发给生育保险金；③ 丈夫因为失业、伤残或退休中断收入，与丈夫分享有关保险金和养老金；④ 寡妇，根据不同情况享受保险金，包括临时寡妇保险金，抚养小孩者有监护人保险金，不需要照顾子女的则有培训保险金；⑤ 分居，合法分居失去丈夫供养的，或被丈夫抛弃已既成事实的，比照享有关寡妇待遇，包括分居保险金、监护人保险金和培训保险金；⑥ 无料理家务能力，在患病时提供资助，将其作为医疗费用的一部分。(6) 丧葬费用：对本人或其抚养的任何人，可享受丧葬补助金。(7) 儿童：对受全日制教育的 16 岁以下少年儿童提供子女补贴。(8) 身体残疾或丧失劳动能力：通过上门医疗和慈善医院治疗为本人及其家属提供全方位的治疗服务和医疗后的康复服务。《贝弗里奇报告——社会保险和相关服务》，劳动和社会保障部社会保险研究所组织翻译，中国劳动社会保障出版社 2004 年版，第 140 页。

20世纪发展成为一项公认的基本人权,要求国家提供平等的受教育条件和创造平等的受教育机会。现代国家普遍在根本法中规定了国家对受教育权的给付义务,并建立了相应的教育给付机制以及教育给付救济机制。对受教育权的给付不仅能提高个人生存能力改变个人生活条件,而且能够有效地缩小社会差距促进社会和谐发展。"为纠正现有的分配不公平,更公平地分配知识和受教育的机会和权利比事后对财富进行再分配更有效。"[1]

国家给付对于相对人而言是一种无需对等代价的经济利益授予,只有从基本权利对应的国家义务视角考察国家给付,才能充分认识国家给付义务维护人的尊严的核心价值并在此基础上明确国家给付的适当范围。在国家给付的初级阶段,处于上升时期的资产阶级信仰的成功是勤劳工作和节俭,坚信个人应对自己的命运负责,作为"夜警"的国家不能过多干预个人生活。由于贫穷的责任在于个人而不在于社会,所以只对身心残障的个体,即主观努力之外的社会弱者予以给付保障,并附加牺牲人格或接受惩罚的条件。[2]随着贫困问题在工业化进程中的激化,社会责任取代个人责任被视为贫困的根源。个人改变命运的能力在普遍存在的社会风险中日渐式微,制度性、结构性的因素也被认为是造成贫困凝固化的重要原因。在个人为目的、国家为手段的宪政理念中,国家应该承担起改善生存条件的责任。因此,国家通过必要的给付形式满足公民需求,是公民基本权利的要求,不是国家的慈善,而是国家的法律义务。

在贫困问题不断走向严峻和与之伴生的人们对国家保障给付性质认识转变的过程中,社会权或称福利权、生存权等要求国家采取积极措施保障基本生存的新型权利逐渐出现并被写进宪法。马歇尔认为社会权利即公民要求得到福利国家的服务,包括获得医疗保健、教育和保持收入水平的权利,将确保每一个公民享有广泛的社会地位和平等机会。这种权利不再满足于消除社会底层的匮乏,而是要改变整个社会不平等方式。[3]马歇尔阐述了社

---

[1] 杨玲:《美国、瑞典社会保障制度比较研究》,武汉大学出版社2006年版,第173页。

[2] 例如,日本明治政府在1874年(明治七年)颁布《恤救规则》,明确了国家的救贫责任,对那些生活极端贫困者,70岁以上和15岁以下的残疾者等给予救济。1932年实施的《救护法》,把救济种类分为生活救助、医疗救助、生育救助、小本生意救助四种。救济对象因战争死亡时,还可以得到一定丧葬费。该法同时规定,从接受救助之日起,被救助人员即丧失选举权和被选举资格。

[3] T. H. Marshall, Tom Bottomore. *Citizenship and Social Class*. Pluto Press, 1992, pp. 27–28.

会权利与公民权利和政治权利即公民身份包括的三个类型权利之间的关系，"社会权利不同于公民权利和政治权利，但又是它们的延续和补充。它们使人们能够参与文明社会，并在一定程度上使公民权利和政治权利所取得的成就更加完满"[1]。德国早在《魏玛宪法》中便已经规定了国家对基本权利的给付义务，如第一百四十五条规定国民小学及完成学校之授课及教育用品完全免费，第一百五十一条规定国家经济制度应该保障每个人都能获得合乎尊严的基本生活等。经历"二战"的洗礼，人权呼声高涨，马歇尔基于公民身份的社会权利理论和基于代际人权理论的"第二人权"成为学界共识，各国宪法和国际法律文件规定了国家针对社会基本权利广泛的给付义务。[2]自此，国家改善生存条件的给付义务具有了最高且具体的法律依据，也为从基本权利的角度界定国家给付义务范围提供了可能。

由此可见，国家给付从针对特定弱势群体个体、具体的社会风险，再到基本权利，是一个伴随社会发展的历史进化过程。先后出现的不同给付依据，后者往往是对前者的超越，但后者不仅在前者基础上发展而来，而且没有排除或否定前者对国家给付的影响。从上述针对界定国家给付范围的一般标准发展情形的考察中，可以总结出两条基本规定：第一，国家给付义务伴随着一般界定标准的发展而扩展。第二，国家给付一般标准的发展是对不断出现的新的生存矛盾的回应，并且更加注重人的尊严的维护。

二、具体国情之下给付义务的具体范围

各国在政治、经济、自然、文化、历史背景等方面的差异，一方面决定了人们基本需求的差异，另一方面决定着给付义务所依赖的资源构成及其提供方式的更大区别。因此，国家给付义务范围不可能存在统一的标准。

（一）特定给付义务及其产生的典型

倘若"把欧洲的福利制度或者美国、日本、拉美的某种福利制度作为衡量的标准或楷模是多么的文不对题"[3]。譬如大规模推行公共住房计划是地

---

[1] [英]莫里斯·罗奇：《重新思考公民身份——现代社会中的福利意识形态和变迁》，郭忠华、黄冬娅、郭韵、何惠莹译，吉林出版集团有限责任公司2010年版，第20页。

[2] 薛小建：《论社会保障权》，中国法制出版社2007年版，第59-66页。[英]莫里斯·罗奇：《重新思考公民身份——现代社会中的福利意识形态和变迁》，郭忠华、黄冬娅、郭韵、何惠莹译，吉林出版集团有限责任公司2010年版，第20页。

[3] 周弘：《福利的解析——来自欧美的启示》，上海远东出版社1998年版，第24页。

少人多的新加坡与香港的福利政策重心,而英美一贯重视普及性的失业保险与养老保险的建立与完善;欧洲福利干预立法普遍进行较早、覆盖面较宽、保障水平较高,而在美国,政府对福利的干预明显地晚于前者,覆盖面也相对狭窄,并在支付项目与时间上有所限制。[1]

1. 特殊的战后社会矛盾导致日本医疗保障给付先于养老保障给付

国家给付义务范围随着经济社会发展而发展,国家在老年保障方面的给付早于医疗保障方面的给付。但在日本,由于"二战"后特殊的国情决定,其对医疗保障方面的给付先于养老保障给付出现。

工业社会改变了农业社会传统的生活方式和社会保障方式,年老造成的生活能力下降成为一种直观且必然的个体风险,随着资本主义危机对个人应该对命运负责观念的冲击,保障老年人的基本生活是国家最先采取制度化形式干预个人生活的领域之一。美国为了摆脱经济危机,作为罗斯福新政之一,1935年推出的《社会保障法》便设立了老年保险(OAI)制度和老年援助(OAA)项目。[2] 在美国的社会保障体系中,养老保障给付占很大一部分内容,老年社会保障主要包括:老年、遗嘱和残障保险,老年社会保障残障保险,老年收入补充保障,雇主养老社会保障,铁路部门退休与失业保障等方面。相对而言,医疗给付出现较晚,且最初伴随老年保障出现。1965年,美国国会通过《老年医疗保险法》,在法律层面确认了国家医疗保障给付的责任。20世纪70年代后,医疗保险问题突出,从尼克松到奥巴马美国经历了医疗改革——强化国家医疗保障给付责任的长征。[3] 瑞典早在1913年便通过"全国养老金法案",为全国的老年和丧失劳动能力的劳动者提供保障。从发展中国家看,19世纪初智利就已存在为公务员和铁路工人建立的职业养老计划,其早期的医疗保险制度建立于20世纪20年代,但功能是为不同阶

---

[1] 陈治:《论福利供给变迁中的经济法功能》,西南政法大学2007年博士学位论文,第14页。

[2] 养老保险制度规定,除政府雇员、农场工人、临时工、商船海员、教育、宗教及慈善机构雇员外,其他年收入在6 000美元以下的所有雇员都必须参加全国性的养老保险。凡在就业后缴纳社会保险税,且年满65岁的公民,都能够领取老年退休金。老年援助项目规定,对于那些不能参加养老保险制度或那些虽然参与了养老保险制度,但仍需要帮助的老年人,由联邦和州政府支付有关对其关照、护理等方面的成本。

[3] 该法案使目前3 200万没有医疗保险的美国人获保,从而使全美医保覆盖率从85%升至95%左右。同时,法案也对富人征收新税,以及禁止保险公司以投保人有病为理由拒绝受保等。

层的工人提供不同级别的养老基金。[1] 直到1942年、1952年分别成立了服务于白领工人的国家卫生服务体系(SERMENA)和雇员国家医疗服务体系(SNS),才确立实质意义的医疗保障给付。

与国家给付发展的一般规律相区别,日本医疗保险起步比较早,先于养老保险。1922年日本颁布局部实施的《健康保险法》,1927年扩大该法的适用对象,开启日本医疗保险的帷幕。1938年为了适应战争对人力资源的需求,日本建立了强制性的国民健康保险,1941年实行战时医疗统制政策。战后,1956年日本实施"全国普及国民健康保险四年计划",1958年颁布《国民健康保险法》,到1961年全国基本实现医疗保险100%覆盖。在养老保险方面,战前日本存在为军人和公职人员提供养老保险的制度,但具有强制性的全民保险制度得追溯到1959年通过、1961年进行较大修订的《国民年金制度要纲》。直到石油危机之后,面对产业结构和人口结构的巨大变化,1985年日本开始对《国民年金法》进行大幅度修改,养老保险体系才逐步完善。日本在国家给付义务范围拓展方面形成的与其他发达资本主义国家不同的特点,是由其实际国情决定的。以战后日本为例,其具体表现为两个主要方面:首先,大战期间确立的强制性医疗保险制度,在进入太平洋战争时期已经陷入瘫痪状态。战后,为了恢复国民对健康保险的信任感,政府需要用一种崭新的面貌吸引民众,全民医疗自然是最能打动民众的一面旗帜。其次,20世纪50年代以后,日本大量农村劳动力涌向城市,集中进入工资待遇差和劳动环境相对恶劣的中小企业。这些没有参加任何医疗保险的新增劳动力,出现高疾病发病率和高工伤致残率现象,导致以没有医疗保险的劳工为主体的社会运动蓬勃兴起,并逐渐发展到全体国民。是否实现医疗保险引起社会各界、各阶层的高度重视和呼应,成为政治家吸引选票的重要筹码,所以医疗保障给付变成政府的工作中心。随着"少子老龄化"的发展,社会保障的重点才转向老年保障给付。

2. 人口增长压力下的欧洲子女补贴给付

与我国实行计划生育、对超生子女征收社会抚养费相反,欧洲大部分国家实行子女补贴制度,国家按照子女数目对家庭予以金钱给付。欧洲国家子女补贴纳入国家给付义务范围,主要基于两方面的现实考虑:首先,子女补贴是解决贫困问题的有效措施。在市场逻辑主导的工业社会中,家庭

---

[1] 李曜、史丹丹:《智利社会保障制度》,上海人民出版社2010年版,第147页。

收入来自劳动力在市场上的交换价值。工资高低取决于劳动力的生产情况,与家庭人口数没有关系,因此国家实际上并不能靠工资分配制度实现全民最低生活保障。在两次世界大战期间,英国社会调查表明,尽管20世纪前30年工资实际增长了1/3,但对减少贫困意义不大。这种现象主要出现在劳动者中断或丧失劳动能力、家庭人口过多这两种情况之下。[1]因此,国家对尚不能进入劳动市场的未成年子女进行补贴,能有效地解决家庭贫困问题。

其次,鼓励生育、优化人口结构,实现人类自身的可持续发展。早在贝弗里奇报告中便明确指出,按当时的出生率,大不列颠民族将难以为继。该报告认为子女补贴是扭转出生状况的良方。虽然子女补贴或其他经济手段本身都不大可能让那些不想要小孩的父母为了得到经济补助而生育子女,但子女补贴有利于提高生存率。这一方面是因为它使那些还想再生育的父母能在不损害已出生子女机会的情况下,让其他的孩子来到这个世界;另一方面,能够作为国家鼓励生育的信号为社会舆论定调。至于抚育子女问题,不管将来家庭人口是否会比现在多一些,由于目前家庭子女少,我们更有必要让每个已出生的子女得到比过去更好一点的照顾。子女补贴一方面应视为帮助父母尽抚养责任,另一方面也可理解为由社会承担了这项过去并未承担的责任。[2]

基于欧洲社会的实际情况以及贝弗里奇报告的推动,欧洲大部分国家都实行了子女补贴制度,有的更在这一思路之下对补贴作了进一步的扩展。法国制定了《母子保护法》,德国还形成了"父母津贴"政策。德国的社会补贴制度[3]于1938年首次立法,主要针对妇女和儿童,覆盖范围包括有一个及一个以上子女的家庭,资金来源主要是政府的财政拨款。1975年德国政府颁布了《联邦子女补贴费用法》,以法律的形式对未成年者进行的补贴作出规

---

[1]《贝弗里奇报告——社会保险和相关服务》,劳动和社会保障部社会保险研究所组织翻译,中国劳动社会保障出版社2004年版,第174页。

[2]《贝弗里奇报告——社会保险和相关服务》,劳动和社会保障部社会保险研究所组织翻译,中国劳动社会保障出版社2004年版,第175页。

[3] 社会补贴的福利待遇主要包括母亲保护、儿童津贴、生育津贴、父母津贴等。按照社会补贴的相关规定,职业妇女及家庭妇女从怀孕至分娩后这一时期内都可享受一系列的特别保护和照顾。

定,补贴标准主要根据每一家庭子女的多少和家庭收入的多少来决定。[1]从2007年1月1日起,德国启动了"父母津贴"(Elterngeld)政策。[2]这项政策一经推出就得到德国民众的拥护,刺激了出生率的回升。根据联邦家庭事务部(Bundes familienministerium)统计,2007年德国有7%的父亲申请了父母津贴,是2007年之前申请儿童教育津贴比例的一倍。[3]

3. 不同福利政策下的妇女就业给付

早期的福利国家都以充分就业为基础,但不同国家的福利制度和就业政策致使妇女就业的情况差异显著。北欧四国到福利国家"黄金时代"结束时,还保持包括很低就业率、妇女的高劳动力参与率在内的四个斯堪的纳维亚模式特点。[4]而在欧洲大陆,迄今为止的福利国家制度安排是以特定的常态假设——家庭主妇式婚姻为基础的。[5]正因如此,丹麦和瑞典的妇女(带幼儿的妇女也一样)参加工作的比率高达80%,较欧洲其他国家青壮年就业比率还高。

妇女就业并非仅仅是一个福利制度和就业政策的问题,而是一个广泛的社会问题。首先,在家庭方面,妇女要求就业和更大的经济独立,相应地如果家庭能依赖于两个挣钱者,这个家庭在对抗贫困上就可能更有韧性。在人口结构方面,妇女就业可能推迟生育和减少生育,如果人口少、出生率下降,那么老龄化负担将加重。但如瑞典一样推广产假或父母假、儿童日托等,又将促进出生率的增加。在政府调控方面,随着制造业的不断下降,对无技能的群众(大多数为妇女)的就业解决,斯堪的纳维亚各国采取再培训和创造工作

---

〔1〕 子女越多,每个子女享受的补贴越多,每个家庭的前三个孩子每月可以获得154欧元的儿童津贴(Kindergeld),从第四个孩子以后每个孩子可获得每月179欧元的儿童津贴,儿童津贴的领取期限一般为未成年人18岁之前,18岁之后如未参加工作,期限最长可延至27周岁。而低收入家庭为照顾未成年人而无法工作,可申请儿童教育津贴(Erziehungsgeld),每月可领取300—450欧元。此项措施主要是针对目前德国人口出生率过低的现象,德国近几年来出生率始终低于死亡率,造成了老龄人口比例急剧上升。为了鼓励生育,德国的社会补贴还加入了生育津贴,第一个孩子出生以后的一年内,父母可以得到为期一年每月560欧元的生育津贴。

〔2〕 根据该项政策,凡是在家照顾子女的父母均可得到子女未出生前净收入的67%作为补贴,最高每月可达1800欧元。如果父亲停职两个月在家照顾子女,就可得到长达14个月的父母津贴。

〔3〕 王川:《德国社会保障制度的经济学分析》,吉林大学2008年博士学位论文,第58页。

〔4〕 另外两个特点为在公共医疗保健、教育和福利就业方面的较高水平。

〔5〕 [德]弗兰茨-克萨韦尔·考夫曼:《社会福利国家面临的挑战》,王学东译,商务印书馆2004年版,第48页。

岗位的办法,对过剩的就业人口"非工业化";而欧洲大陆各国则选择以进行补贴的办法让他们离开工作岗位(尤其是通过提前退休和离开工作岗位)。

与其他福利国家消极对待妇女就业不同,斯堪的纳维亚国家对妇女就业(尽管并非专门针对但主要指向妇女)进行积极给付。首先,积极创造公营部门的服务岗位,不仅表现在为妇女在公共医疗保健、教育和福利方面提供了就业机会,更形成妇女集中在公营部门工作,而男人集中在私营部门工作的就业格局。到20世纪80年代中期,公营部门的工作增长占丹麦和瑞典全部工作净增长的约80%,而社会工作在90年代末占全部工作的约30%。[1] 其次,公共就业增长的年代结束后[2],实施积极的劳动力市场措施,诸如劳动力的培训和流动,以及工资补贴等。这种就业给付直接与经济增长和就业政策有关。1970年,北欧四国失业率都很低的时候,瑞典花费了其他三国3倍的资金在积极劳动力市场措施上。1987年,当芬兰失业率是5%,丹麦失业率是8%时,瑞典的失业率只有1.9%。不过,瑞典将国内生产总值的1.9%用在了积极的劳动力市场措施上,而芬兰和丹麦分别只用了国内生产总值的0.9%和1.1%。[3]

(二) 具体国情下给付义务界定的一般规律

通过对特定国情之下不同给付义务的承担情况的考察,可以总结出如下国家给付义务的规律。

首先,国家给付义务是维护基本生存的需要,直接针对现实存在的比较突出的生存矛盾,最根本的目的在于确保符合人的尊严的基本生存。国家给付义务在生存困境的情况下才介入个人生活,旨在以帮助个人解决生存困境的方式保障个人生理面向的人的尊严。国家给付义务在实际上是一种利益授予,但在内容上以何种方式表现,既取决具体的受限制的基本需要,也取决于所在国家的当时当地的具体情境。比如,从各具体国家给付义务产生规律看,国家对养老的给付义务较针对医疗的给付义务产生在先,但由于日本"二战"后特殊的国情以及日本本身的发展阶段,医疗矛盾较之养老矛盾问题是

---

[1] [瑞典]哥斯塔·艾斯平-安德森:《转变中的福利国家》,周晓亮译,重庆出版社2003年版,第18页。

[2] 庞大的公营部门劳动力市场带来日益沉重的税收负担,其依赖于很高的生产增长率,而生产和私人投资的萧条化,使得衰退的财政能力面对创造公共就业岗位和收入补贴的压力日趋增长,最终导致将公共就业政策调整为着眼于促进就业。

[3] [瑞典]哥斯塔·艾斯平-安德森:《转变中的福利国家》,周晓亮译,重庆出版社2003年版,第55页。

更为尖锐的生存问题,国家为了保障迫切的医疗需求,选择了首先承担医疗保障的国家给付。毋庸置疑,医疗给付和养老给付都是对基本生理需要的维护,并且医疗给付事实上包括养老给付中对老年人的医疗照护。对基本需要的满足无论以何种方式进行,都是对人的尊严的维护。

其次,具体国家给付义务在法律上的认可及履行受具体国情影响,主要表现在经济、政治和社会矛盾方面。某一方面的基本需要虽然存在主要与之对应的具体国家义务,但事实上可以通过多种具体国家给付义务从不同的侧面获得不同程度的满足。但国家具体通过何种给付义务对基本需要予以关注,有国家裁量的因素。在经济方面,日本之所以先行开始对医疗的给付,并不是否认养老矛盾的存在,而是当时的经济条件只能选择最严重的矛盾予以缓和。德国将生育津贴由对母亲的保护扩大到对父亲的保护,这是与德国经济实力的增长密不可分的。在政治方面,无论相关的政治制度还是选民政治本身都影响对具体给付义务的选择。比如,欧洲大陆和斯堪的纳维亚国家不同的福利制度导致对妇女就业所负的给付义务不同,而日本针对医疗的国家给付义务的产生在一定意义上可以说是选民政治的结果。在社会矛盾方面,具体的国家给付义务总是针对突出的社会矛盾,国家针对生育的给付义务是迫于发达国家低生育引起的可持续发展压力,而对妇女就业的给付也不是出于对妇女权利的尊重[1],更重要的是针对家庭贫困以及生育压力问题。

三、"优势偏序"的给付义务范围之确定

国家给付义务维护人尊严的生存需要的宗旨恒定,但在具体国情中有不同的侧重和表现,因此可以结合基本需要与人的尊严的关联程度及实际情况确定国家义务的范围。事实上,这一思路已经在实践中得到应用,但需要进一步完善。为有效解决工业发展中不断扩张的贫困率带来的社会剥夺问题,1976年举行的世界就业会议规定了"基本需求的发展思路"。该思路强调优先制定政策和规划,确保发展中国家的穷人能获得清洁水、营养、栖身之地、卫生保健、教育和安全。基本需求的倡导者认为,政府不能等到经济增长之后才来解决贫困和社会剥夺的问题,而应当寻求立即解决的途径。

---

[1] 欧洲大陆国家和斯堪的纳维亚国家具有同样尊重权利的传统,二者在就业给付上的差异不能说是因为斯堪的纳维亚国家更加注重权利保障,更加注重男女权利的平等。

（一）"优势偏序"的标准及方法问题

1. 满足需要的"效用"标准

对国家给付义务范围的界定，事实上是一种评价活动。按照阿马蒂亚·森的观点，任何一种评价活动至少包括两个基本问题：第一，有价值的对象是什么？第二，它们有多大的价值？严格地说，第一个问题是第二个问题的基础。[1]所谓有价值的对象，就是与评价活动具有直接的、内在相关性的东西，这种相关性一方面与非相关性区分开来，另一方面也必须与非直接或派生的相关性区分开来。至于价值的大小问题，一般以比较的方法予以描述。确认有价值的对象，价值对象之间就会产生一种"偏序"。在同种价值的对象之间，可以通过比较价值量来确定。如两种具有相同价值的对象 x 和 y，如果 x 拥有的有价值的东西比 y 多，则 x 比 y 价值大。在不同种的价值对象之间，可以通过"序数性"比较，即比较价值与评价目的的相关程度来确定。如两种不同价值的对象 x 和 y，如果你在 x 和 y 之间选择 x，则对于你来说 x 比 y 具有更大的价值。亦即"当一个人更希望获得此物而非彼物时，则此物对其有更大效用"[2]。这样的偏序成为"优势偏序"。

对国家给付义务范围评价的目的在于使之更好地满足人的基本权利需要，故以满足需要的"效用"作为评价工具对不同的国家给付义务进行评价。生活是各种"行为"和"状态"的组合，对生活的评价活动中，有价值的对象就是功能性活动和可行能力。国家给付义务对基本权利的保障最终落实在对公民功能性活动和可行能力需要的满足上，"效用"即对这种需要满足的表述。因为"效用"与国家给付义务具有直接的、内在的关联性，因此"效用"即是国家给付义务范围评价活动中的第一个基本问题——有价值的对象。公民基本需要的内容和国家履行义务满足需要的方式都具有多样性，有价值的对象便是各种不同类型的"效用"。而评价活动中的第二个基本问题，便是"效用"的比较问题。以"序数性"比较来界定不同类型"效用"的大小，有人认为这混淆了选择与得益，故其受到质疑。但是选择是需要的一种反映，且选择的东西也与人的动机相关，所以用选择去评价满足需要的"效用"大小，具有一定可行性。并且国家给付义务所满足的基本生存主要包括基本生理需

---

[1] [印]阿马蒂亚·森等：《生活水准》，徐大建译，上海财经大学出版社2007年版，第2页。

[2] [英]亚瑟·赛斯尔·庇古：《福利经济学》，何玉长、丁晓钦译，上海财经大学出版社2009年版，第14页。

要和最低限度可行能力需要,满足生理需要的"效用"相对于满足可行能力需要的"效用"明显具有"优势偏序"。

2. 构成性多元的范围界定方式

国家给付义务范围的界定便是对多样性"效用"的衡量,必须通过相应的方法确定。阿马蒂亚·森在探讨生活水准多种多样的衡量标准时,对"竞争性多元"和"构成性多元"进行了区分。阿马蒂亚·森认为在生活水准观念中,存在着两种不同类型的多样性。其中一种类型的多样性,可被称为"竞争性多元"。在这种多样性之中,不同观点彼此之间都是备选方案。我们可以选择其中的一种对立的观点,但不能选择所有对立的观点(实际上只能选择其中一种)。另一类多样性,即"构成性多元"。这种多样性在某种意义上是一种观点内部的内在多元性,它可以具有一些不同的方面,这些方面彼此能补充。构成性多元意味着首先是用一个篮子不同的属性来衡量生活水准,哪怕接着很可能又以指数的形式用数字来表述这个篮子。另一方面,竞争性的多元所关注的却是考虑各种备选的篮子(每个篮子可以放一样东西,也可以放许多东西),看看应当选择其中的哪个篮子。[1]

对国家给付义务的界定,目的是在现有条件下更有效地保障基本权利,而不是减少国家给付的承担,因此只能选择"构成性多元"的方法。事实上,以"效用"为评价工具对不同的国家给付义务进行评价,即是选择了"效用"作为一个总的观点,那么各种不同类型的"效用"就是这一总的观点内部存在着的构成性的多元。多元"效用"之间的"优势偏序",决定具体的国家给付义务在范围上的"优势偏序"。首先,在不同类型的"效用"中,满足基本生理需要的"效用"相对于满足必要可行能力需要的"效用"明显具有"优势偏序"。因为满足基本生理需要不可克减、不容迟缓,我们将之称为根本性的国家给付义务。而可行能力能够提高个人的生存能力,对必要可行能力需要的满足有助于其他需要的满足,我们将之称为基础性的国家给付义务。在"优势偏序"的国家给付义务范围内,根本性的国家给付义务排在基础性的国家给付义务之前。其次,在相同类型的"效用"中,"效用"越大越反映需求的根本性和紧迫性,因此将"效用"大的称为即刻实现的国家给付义务,而将"效用"小的称为逐步实现的国家给付义务。在"优势偏序"的国家给付义务范围内,即刻实现的国家义务优先于逐步实现的国家给付义务。

---

〔1〕 [印]阿马蒂亚·森等:《生活水准》,徐大建译,上海财经大学出版社2007年版,第1页。

(二) 第一序列：根本性国家给付义务

根本性的国家给付义务指国家给付义务中满足基本生理需求的部分，基于其本身的特点和其体现的生理面向的人的尊严，根本性的国家给付义务必须即刻履行，在"优势偏序"的国家给付义务范围内处于第一序列。

首先，生理需要在人的需要层次中的根本性地位决定了旨在满足基本生理需要的根本性国家给付义务必须率先履行。对人的需要层次的区分可以从不同的角度和以不同的方式进行不同背景和目的的界分，但所有的分类方式具有一个共同的特点，无一例外地将生理需要及其相关的需要列为第一层次（以如图5-1所示为例），并且认为只有在第一个层次获得适当满足之后，才会产生后续的需求。也即在所有需求满足中，生理需求满足的"效用"最大。

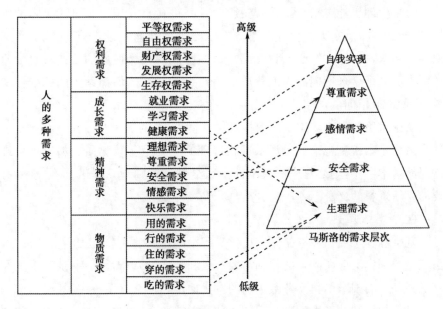

图5-1 人的多种需求及不同分类方式的对应

（资料来自李佐军：《人本发展理论：解释经济社会发展的新思路》，中国发展出版社2008年版，第30页）

其次，满足生理需要的物质资料最具可得性和操作性，从资源利用效率看，满足生理需要的根本性国家给付义务应当率先履行。人的需要的满足，特别是国家给付义务针对的基本生存需要都是以社会资源为基础的，而物质资料的稀缺性以及需要满足对于它们的依赖性处于永恒的冲突状态。那么，资源利用的效率则是国家给付义务履行中必须考量的问题，国家必须以有限的资源满足最紧迫、最容易满足（成本最小）的需要。如同"在同样使人感到满足的不同消费行为中,一种消费行为的影响可能使人堕落,另一种则可能使人奋发向上"[1],同样资源对需要的满足,一种满足方式可能使人不快,另一种则可能使人愉悦。对食物、水等人们赖以生存的物质资料的提供不仅对需要满足的"效用"最大,而且相对于医疗、教育服务等其他需要满足的方式成本最低、时间最短、程序最为简省。因此,对基本生理需要的满足效率最高,同样多的资源对生理需要的满足表现出的"效用"也最大。

最后,满足生理需要的根本性国家给付义务,体现的是生理面向的人的尊严价值,从价值位阶的角度看根本性的国家给付义务也应该是最先被履行的。生理面向的人的尊严价值主要表现为基本生存价值和社会安全价值,是个人的生存和人类繁衍的生物属性决定的。生理面向的人的尊严价值寓于人的正常生理机能之中,是人参与社会活动、进行自我选择和自我决定的生理基础。因此,满足人的生理需要,维护人的正常生理机能,不仅是人的自然属性的要求,也是人的社会属性的要求,亦即体现社会面向的人的尊严价值的前提。基于生理面向的人的尊严价值在人的尊严价值体系中的基础性地位,这种价值指向的国家义务部分应该排在优先位置。

从国家给付义务界定的一般标准看,对根本性的国家给付义务在界定上适合采用基本权利标准。生活水准权表现的主要是获得物质资料满足生理需要的基本主张,与之对应的根本性国家给付义务则包括提供食物、水等必要的生活资料的义务。

(三)第二序列:基础性国家给付义务

基础性国家给付义务是国家给付义务中满足必要可行能力需要的部分,由于该项国家义务所满足的权利需要对权利主体的基础性作用,决定了其在"优势偏序"的国家给付义务范围内的次优地位。

可行能力和功能性活动是人的两种基本需要。"也许能力方法最初关注的概念是'功能性活动'。'功能性活动'代表了个人状态的各个部分——特别是他或她在过一种生活时成功地做或成为的各种事物。一个人的能力反映了这个人能够获得的功能性活动的可选择性的组合,他或她可以从该组合中选择一个集合。"[2]可行能力,即一个人左右价值的活动或达至有价值状

---

[1] [英]亚瑟·赛斯尔·庇古:《福利经济学》,何玉长、丁晓钦译,上海财经大学出版社2009年版,第10页。

[2] [印]阿马蒂亚·森:《能力与福祉》,载[印]阿马蒂亚·森、[美]玛莎·努斯鲍姆:《生活质量》,龚群等译,社会科学文献出版社2007年版,第37页。

态的能力。具体而言,其就是能使功能得到发挥的力量,凭借这种能力个人可以实现有价值的功能;它不但标志着个人能做什么或不能做什么,而且还体现着个人过自己所欲的生活或实现合理目标的自由,即个人有实质自由去选择他认为有价值的生活;一个人的能力越大,他过某种生活的自由也就越大。[1] 可行能力具有首要的"建构性作用",即它本身就是人的需要的重要组成部分,直接体现人的尊严,不需要其他事物或中介来体现其价值。同时,可行能力具有重要的工具性作用。阿马蒂亚·森指出其具有政治自由和公民权利、经济条件、社会机会、社会透明性保证、安全性的防护保障等五种基本的工具性自由,它们直接或间接地帮助人们实现有尊严的生活。[2]

根据可行能力的特征,表现可行能力需要的基本权利主要有受教育权和工作权。受教育权是一项基础性的权利,兼具文化权、财产权和发展权等多重属性。另外,受教育权是一项典型的要求国家提供积极保障的权利,但却是国际社会少有争议并被普遍列入宪法保护的基本权利。受教育权之所以具有多种性质并受到广泛承认,关键在于受教育能够发展人的个性、才智和身心能力,以获得平等的生存和发展机会。因此,受教育权本身就蕴含自由、平等的社会面向的人的尊严价值。而且通过教育对个人行为能力和选择能力的促进,人能够更有效地实现生存乃至追求幸福生活,从而体现生理面向的人的尊严。国家通过给付义务满足受教育需求,应当仅次于基本生理需要的满足。同样,国家对工作权的给付主要在于提高劳动能力,恢复劳动者的市场地位,使其获得生存保障。

(四)第三序列:"逐步"实现的国家给付义务

前述根本性和基础性国家给付义务的界定,是以国家给付义务在满足基本权利需要中表现出的不同类型的效用为标准的,并且都包含一个限定,即在同类中这些国家给付义务效用最大或者相对比较大。从国家给付义务范围界定的一般标准的梳理和对特定国家具体给付义务范围的考察中,我们发现国家给付义务范围不仅受基本生存状况即人的尊严需要的决定,而且受一国具体经济、社会和政治具体情况的影响。以效用为标准界定的根本性和基础性国家给付义务,纯粹从人的尊严出发依据基本生存需要决定,而没有涉及经济、社会和政治情况。

---

[1] Amartya Sen. *Commodities and Capabilities*. North-Holland, 1985, p.353.

[2] [印]阿马蒂亚·森:《以自由看待发展》,任赜、于真译,中国人民大学出版社2002年版,第31-33页。

对根本性和基础性国家给付义务界定的反思表明，这一分类至少存在两个问题：第一，具有同类型效用的国家给付义务，是否不分效用大小一概按照"优势偏序"中的序列顺次履行，如果这样仅仅把国家给付义务两分没有太大意义，并且会有导致诸如生理需要中昂贵却并不紧迫的需要先于关键的可行能力的满足等违背给付原理和经验的问题。第二，"优势偏序"的国家给付义范围如何反映社会现实的问题，对现实的回应往往是任何理论构建的生命力所在。

其实，在根本性和基础性国家给付义务的表述中，已经隐含了"优势偏序"的国家给付义务界定的一个基本原则：刚性需求（效用大）依据人的尊严确定，柔性需求（效用小）需考虑现实情况。根本性和基础性的国家给付义务只是对生理需要和可行能力需要分别对应的效用相对大的部分的国家给付义务的界定，其中国家给付义务最大或明显较大的部分由人的尊严限定下的基本生存直接纳入根本性和基础性的序列，如生理需要中的食品、水等和可行能力中的受教育。其他同种类型的国家给付义务是较大还是较小，当依国家具体的经济、社会和政治情况而定。这样，根本性和基础性的国家给付义务之外的其余国家给付义务都属于"逐步"实现的国家义务，在"优势偏序"的国家给付义务范围内排在第三序列。而第三序列中的国家给付义务如何履行，也以各国的具体情况而定，这是一国经济、社会和政治情形影响国家给付义务范围的第二种情形。

第三节　民生保障国家给付义务的程度

国家给付义务程度是国家给付义务基准中，与国家给付义务范围相对应的另一个维度。国家给付义务范围指满足不同需要的具体国家给付义务应按照效用大小顺次履行，而国家给付义务程度指对某一具体的基本生存需要，国家应通过给付满足到什么程度的问题。基本生存也是一个集合化概念，包含着多样化的基本需要，逐一考察基本生存所包含的需要层次以确定国家给付义务程度既不现实也不必要。国家给付义务程度可以通过在对总体上生存需要满足状态的考察中体现出来，即经国家给付后基本生存获得改善的程度，对具体基本需要的满足只是方法上的指引。国家给付义务追求的是保障基本生存的效果，因此是一种结果义务而不是行为义务，其是否能达到预期的效果不仅与履行的方式有关，而且与履行程度也有关。对国家给付义务程度的探讨是非常有必要的,"决不允许任何人为了提高其他条件而有一项条件低于最低标准,如果一个公民没有钱达到所有方面的最低标准,但低于个别标准仍能保持独立生活,政府也决不允许对此不予理会"[1]。下文基于国家给付义务对应的基本需要的测量和客观性,从下限和上限两个维度对国家给付义务程度进行探讨。

一、给付义务程度的分析范式

在国家给付义务基准中,范围和程度分别是对国家给付义务质和量的界定。范围决定具体给付义务是否在场以及在场的排序问题,程度则是在范围语境之下具体给付义务的度量问题。国家给付义务对于权利主体而言是一种经济性利益,在某种程度上即庇古所称的社会福利。庇古(A. C. Pigou)认为:"社会福利的一部分,它能够直接或间接地与货币度量尺度发生联系。"[2]因此,国家给付义务及其对应的主要通过物质资料满足的基本需要都具有度量性。

(一)确定给付程度的一维与二维选择

国家给付义务是对基本需要的满足,对国家给付义务的度量可以从对基本需要满足角度考察。实证主义方法认为度量必须具有可观察的物,在对国家给付义务的度量中,可观察的物一方面表现为国家给付义务所包含的经济利益,另一方面表现为基本需要赖以满足的物质资料。二者正是一个问题的两个方面,满足基本需要的物质资料正是国家给付产生的经济利益的载体。国家给付义务的根本任务在于以增进利益的形式保障符合人的尊严的基本生存,符合人的尊严的基本生存本身就意味着一个不能再低的限度。那么,提供满足权利主体确保人的尊严的生存需要的必要生活资料便是国家给付义务的下限,通过这种客观性的必要的生活资料可以实现对国家给付义务的度量。然而,国家给付义务下限所表现的度量,是否就是国家给付义务程度?

人的尊严价值的双重面向决定对国家给付义务的度量,既包括国家给付义务的下限,也包括国家给付义务的上限。国家义务保障的基本生存的目的的确定的是国家给付义务的下限,即国家给付提供的生活资料必须达到满足生理面向的人的尊严的要求——最低保障,否则国家便没有尽到保障基本权利

---

〔1〕[英]亚瑟·赛斯尔·庇古:《福利经济学》,何玉长、丁晓钦译,上海财经大学出版社2009年版,第388页。

〔2〕A. C. Pigou. *The Econmics of Welfare*. 4th edition. Macmillan, 1932, p. 11.

的义务,权利主体可以向国家提出相应的权利主张。人的生存需要有最低的要求,却没有最高限度。基本生存意在表现最低要求,而不在于对更高需要的限制。与生理面向的人的尊严对应的社会面向的人的尊严,却对国家给付义务满足的生存需要的上限提出要求。社会面向人的尊严价值主要表现为自由和平等,自由对国家最根本的要求是防御国家权力的干预和侵害,即要求尊重和保护个人必要的空间,因此在满足基本生存需要确保个人具有相应行使自由的条件后,国家便不能过多地干涉个人生活,哪怕是对个人的授益行为。平等要求国家无差别的对待,在对社会弱者予以相应差别补偿后,如继续增进其利益,便是对其他人平等权益的侵犯。因此,国家给付义务的最终目的是维护权利主体符合人的尊严的生活,生理面向的人的尊严决定国家给付义务的下限,而社会面向的人的尊严决定国家给付义务的上限。

国家给付义务确保基本生存和帮助自立的作用,也要求对国家给付义务的度量采取下限和上限的双重维度。国家给付义务的价值是国家给付义务的内在规定,也是其产生和履行的指向,国家给付义务的作用则是国家给付义务履行产生的实际效果。国家给付义务的作用主要表现在两方面:其一,保障和改善基本生存。一方面,国家给付义务主要针对陷入生存困境的社会弱者,社会救助等国家给付义务的履行直接改善社会弱者的生存条件。另一方面,国家通过民生投入,提供公共参与的基础设施,改善生存环境,为确保每个人的基本生存提供平等机会。其二,帮助自立。作为国家给付义务的主要对象,社会弱者基于生理、心理等各种原因,通过市场无法满足自身需要。其中一部分通过国家给付的帮助弥补在市场竞争中的减损和提高市场竞争能力,重新获得自立。个人的生存主要依靠自我实现,只有在个人失败之后国家才提供最后的"安全网"。这两方面的作用对国家给付义务程度的度量要求不同。保障和改善基本生存的作用规定国家保障至少应达到的程度,即国家给付义务的下限。从帮助自立的角度,国家必须为失败的个人提供帮助以确保其重获自立的可能,但国家帮助以提供个人自立的基本条件为限,而不能刺激其惰性而对自立产生消极影响,因此同时体现对国家给付义务下限和上限的度量要求。

从技术性处理的角度看,国家给付义务保障的基本生存需要是一个不确定的量,从下限和上限两个角度进行限定更具可操作性。"最低保障",特别是合乎人性尊严最低生存标准的所需给付,是一个流动的概念,可能会随着国民生活的日渐富裕或匮乏而异其内涵。[1]对于一个不确定量的度量,如果只有一个确定的标准,便会围绕标准上下波动。这样,要么是标准本身无法确定(不具备可确定性),要么是突破标准。在对国家给付义务的度量中,如果以确保人的尊严的最低需要即国家给付义务下限为标准,这一标准显然是不能突破的,则国家给付义务下限本身不可确定。但如果确定两个标准,就会恒定在上标和下标之间波动。这样,以确保人的尊严的最低需要即国家给付义务下限为下标,以国家给付义务上限即国家给付义务履行的必要性为上标,则可以同时满足最低需要不可突破和其本身是可以确定的要求。

(二)下限与上限的对立统一

国家给付义务的上限和下限都以基本生存需要为依据,体现了对国家给付义务要求的不同侧面,二者是对立统一的。

国家给付义务上限和下限的对立表现在保障基本生存的国家给付义务的程度倾向上。国家给付义务的下限要求国家必须履行足够的给付义务以保障基本生存需要,是对国家给付义务程度的积极强调。国家给付义务的下限由生理面向的人的尊严决定,主要关注其对保障基本生存的作用。在一定意义上,国家给付义务的保障程度越高,对基本生存的保障更为有效。国家给付义务的上限则要求国家对基本生存保障履行必要的给付义务,是对国家给付义务程度的消极强调。国家给付义务的上限由社会面向的人的尊严决定,主要关注其对帮助独立的作用。国家给付义务对于竞争失败者的自立的基础——基本生存所需而言必不可少,自立的含义主要指脱离对生活保护的依赖,因此国家给付义务应以恢复自立所需为限。

国家给付义务下限和上限虽由人的尊严的不同面向决定,但统一于人的尊严之下。生理面向和社会面向的人的尊严是人的尊严价值的不同侧面和不同程度的表现,生理面向的人的尊严是社会面向的人的尊严的基础,而社会面向的人的尊严是生理面向的人的尊严的保障,二者相辅相成。在自由、平等不兴的前资本主义时代,锦衣玉食的统治者在人的自然性方面受到很好的保障,但其享有的只是作为特权阶层的尊严,而不是作为人的尊严。而在自由主义社会,虽然每个人在社会中都享有同等的自由和权利,但社会弱者作为人的基本生理需要都得不到满足,形式上的人的尊严也不足以维护和实现人作为人的价值。因此,人的尊严是生理面向和社会面向的统一,二者不

---

[1] 许宗力:《宪法与法治行政国行政》,元照出版公司2007年版,第191页。

可偏重更不可或缺,同样受二者决定的国家给付义务下限和上限也是统一的。

保障基本生存是帮助自立的基础,保障基本生存和帮助自立统一于国家给付义务所要实现的目的——符合人的尊严的生活。对于有尊严的生活而言,个人自立是主要的,而国家只是承担补足的作用。但是,国家的补足对个人自立具有相当重要的意义。当个人陷入不能自立的困境之中,国家给付义务立足于维持其最低限度的生活,使其适应社会生活,培养、帮助其具有的潜在能力,维持其发挥人之所以为人而具有的自主独立的可能性。并且,对于不具备劳动力能力的人来说,通过国家给付义务弥补其经济上不能自立的事实,可以保障其人格上的自立。因此,"帮助自立与生存权保障的实现是不可分割的,因为在保障其最低生活的同时,积极地帮助其自立也是实现生存权所要达到的目的"[1]。

二、国家给付义务的下限

国家给付义务的下限和上限是从基本生存需要出发,度量国家给付义务程度的两个相互对应的标准。在国家给付义务程度分析框架中,国家给付义务的下限是主要的标准,而国家给付义务的上限起辅助作用。

(一)国家给付义务下限的内涵

国家给付义务下限的界定是以需要的客观性和确定性为基础的。根据多伊和高夫的解释,需要(需求,need)是与想要(欲求,want)相区别的,需要是必要条件,具有客观性;想要是主观条件,有主观性,指向具体的满足物。同时,需要指的是全人类通用的特定目标,而欲求则指源自个人特殊偏好和文化环境的目标。[2] 因此,"需要是关于人的事实,并具有确定性的味道;一个人不得不拥有它们。它们甚至能够被科学地证明"[3]。有的观点更是认为需要的客观性独立于经济社会的发展水平,并且阐明这并不是否认现代社会产生"虚假"的需要和欲望,而是反对把人的"真正"需要限定在最低生存需要的范围内。这也不意味着需要就得相应于当时的供应水平而被理解,一个社会的经济水平也许无法满足对一种最低限

---

[1] 韩君玲:《日本最低生活保障法研究》,商务印书馆2007年版,第122页。

[2] 彭华民:《西方社会福利理论前沿:论国家、社会、体制与政策》,中国社会出版社2009年版,第39页;黄晨熹:《社会福利》,格致出版社、上海人民出版社2009年版,第6页。

[3] [英]诺曼·巴里:《福利》,储建国译,吉林人民出版社2005年版,第154页。

度的体面生活的理解的所有那些需要,但这并没有给予修改需要内容的理由。[1]

在需要的客观性基础上形成的基本生存需要具有强制性,决定保障基本生存的国家给付义务以满足基本生存需要为下限。在社会中人的基本需要具有强大的道德力量,据此个人可以向其他人提出某些主张。"需要是证明为正当的语言,规定了匮乏者可以正当地向拥有者提出必需品的要求。"[2] 在人类大部分地区的习惯法中,一个饱尝饥渴的人窃取食品的行为是不受追究的。而在公民和国家的关系中,国家负有满足需要的义务,并且国家必须对公民的需要有一定程度的满足,比如对基本需要的满足。这便对满足公民需要的国家给付义务提出了下限的要求。一个社会总是存在着对人而言可算作最低限度体面生活的标准,倘若社会中存在大量在这种标准上没有得到满足的群体,那么这个社会在道德上就失去了合理性。基本需要没有得到满足,意味着道德底线被违背,应该履行相应义务的国家没有担负起责任。[3]

然而,作为国家给付义务下限的基本生存所需并非每个人事实存在的基本需要,而是成为社会公示并获得法律认可的基本需要。基本生存所需不仅牵涉特定的社会经济环境,也涉及文化因素的差异。台湾学者许宗力将其区分为"绝对生存最低所需"和"通念中的最低生存所需"两个概念。"绝对生存最低所需"乃是维持个人生理上继续存活的最低所需,这也是国家必须保障的。但在多数现代福利国家,并不采取如此苛刻的界定(能够存活与维持符合人性尊严的生存之间尚有较大差距),而多是透过立法界定出"通念中的最低生存所需",这是依照社会通念当中认为哪些物质条件是符合人性尊严的生存所必要的,而这随着具体社会的差异会有极大的不同。对立法者而言,"绝对生存最低所需"的保障等于是强制性的宪法要求,必须获得确保。至于哪些生活物资属于"通念中的最低生存所需",则具有立法裁量空间,应保留给立法者依据社会通念与经济条件来决定。[4]

---

[1] [加]罗伯特·韦尔、凯·尼尔森:《分析马克思主义新论》,鲁克俭、王来金、杨洁等译,中国人民大学出版社 2002 年版,第 81-82 页。
[2] Michael Ignatieff. *The Needs of Strangers*. Chatto & Windus, 1984. p. 27.
[3] 刘丽伟:《政治哲学视域下的福利国家研究——以英国为例》,黑龙江大学 2010 年博士学位论文,第 159 页。
[4] 蔡维音:《社会国之法理基础》,元照出版公司 2008 年版,第 51 页。

国家给付义务下限是国家必须承担并且切实履行的义务,不受资源或者其他条件的限制,意味着负责监督国家义务履行的法院可以对权利人的相关主张予以裁判。国家给付义务下限包含的国家义务内容也即国际人权法上所提出来的"最低核心义务",是不管条件如何必须立即实现的义务,因此对监督国家义务履行具有很强的操作性。作为可主张的国家给付义务下限,其内容对应一般基本权受益功能。因此,法律上对具体基本权利受益功能的承认一般都保持审慎保守的态度,不仅只愿承认极少数特定基本权具有受益权功能,即给付范围,亦只愿做最低标准的承认,也就是只愿意以合乎人性尊严最低生存标准为条件进行给付。

(二)国家给付义务下限的界定

对国家给付义务程度的度量可以从基本需要的满足及其所必需的物质资料入手,经济学和社会保障学为基本需要的度量提供了宏观和微观的标准。能够反映国家给付义务下限的宏观标准主要有物质生活质量指数和人类发展指数,微观标准主要有最低生活指标。

"物质生活质量指数"(PQLI):基本需要满足状态度量。这是关于基本生活需要满足状态的一个指标。为了衡量发展中国家贫困居民生活质量状况,美国学者莫里斯1975年提出关于"维持人类生存的生理素质"方面的综合衡量指标。莫里斯认为,人均 GNP 属于投入方面的总量指标且存在度量和可比性等问题,故应该选择婴儿死亡率[1]、人均预期寿命[2]和识字率[3]三个具有"泛人类色彩"、具有广泛可比性、能够真正反映贫困人口"基本需要"满足状况的相对指标来构造综合衡量指标。将以上三个指数进行简单平均即 PQLI 数值,可以 60、80 为界划分为低、中、高三个等级水平来描述各国的未知生活质量。婴儿死亡率和预期寿命都有上限,只有绝大多数贫困人口

---

[1] 婴儿死亡率是指每千名婴儿的死亡人数,以1950年联合国统计数据中最高水平(加蓬,229‰)为0,以最低水平(瑞典,8‰)为100,由此做100等分,每改变2.22个千分点婴儿死亡率指数就改变一点,这样婴儿死亡率指数可以根据以下公式计算:

$$婴儿死亡率指数 = \frac{229 - 实际千名婴儿死亡数}{2.22}$$

[2] 预期寿命按1岁时计算。1岁时预期寿命,以当时统计数据中最低水平(越南)38岁为0,最高水平(瑞典,2000年)预期水平77岁为100,由此做100等分,每改变0.39岁婴儿预期寿命指数就改变一个点,这样预期寿命指数就可以根据以下公式计算:

$$预期寿命指数 = \frac{1岁时平均预期寿命 - 38}{0.39}$$

[3] 识字率是指15岁以上人口识字者所占百分比,直接转化为(0,100)取值的指数。

基本需要得到满足,婴儿死亡率与预期寿命指数才会大大改善,PQLI数值才能大幅度提高。因此,PQLI是衡量人类基本需要满足程度的一个简易指标,受到国际社会普遍关注,并在世界各国发展规划中得到广泛应用,对国家给付义务程度具有重要参考意义。

"人类发展指数"(HDI):世界反贫困指针。人类发展指数是由平均预期寿命、成人识字率和按购买力平价计算的人均GDP三个指标指数化后进行算术平均而得。"人类发展指数"的提出,试图以简明的综合指标来反映世界各国,特别是发展中国家反贫困的进展状况。[1] 世界银行将贫困定义为,缺少达到最低生活水准的能力,这里的生活水准是由家庭收入和人均支出以及营养状况、医疗卫生、预期寿命、识字能力等因素综合决定的。[2] 一般而言,贫困是由低收入而引起的基本物质生活条件和社会活动机会相对或绝对缺乏的一种生存状态。但从基本生存的角度看,贫困首先是绝对意义上的生存贫困,即在特定的经济环境中,人无法凭借劳动所得或其他合法收入维持基本生存需要,以致生命延续受到威胁。UNDP(联合国开发计划署)认为,从基础层面看,人类发展实际上是一个不断摆脱贫困状态、提高生存机会的历史过程。而充足的收入、健康长寿并能受到良好的教育,便是人类摆脱贫困、获得良好生存机会的基本标志。因此,反映人类反贫困进展状况或基本发展水平的HDI指标,也应该从这几方面来加以设计和构造。人类发展指数一经提出也受到国际社会的普遍认同,并被当作世界反贫困的一个基本指针。

最低生活水平标准旨在建立最低的生活条件标准,足以使任何人能脱离极端匮乏境况,保障基本生存。早在1909年韦伯(Webbs)明确要求政府采取行动保障"强制性的最低文明生活"之前,就已经有人提出实现最低生活的构想。直到贝弗里奇报告在欧洲社会引起"贝弗里奇"革命,"最低标准"受到普遍关注并成为整个社会政策思想的基础。贫困线是最常用的最低生活标准。贫困线是指为度量贫困而制定的针对维持基本生活条件所需的费用,一般认为宜综合采用目前国际上常用的"恩格尔系数法""国际贫困标准线""市

---

[1] UNDP. *Human Development Report 1990*. Oxford University Press,1990.
[2] 世界银行:《1990年世界发展报告》,中国财政经济出版社1990年中译本,第26页。

场菜篮法"和"生活形态法"进行确定。[1] 它可以分为三个层次：生存线，满足最起码的生理需要的最低费用，包括食品、居住、水、电、燃料费；温饱线，满足最起码的温饱需要的最低费用，包括衣着、交通、子女教育费；发展线，基本上能自给有余具备发展能力的需要的最低费用，包括成人教育、医疗费。三个层次的关系是，生存线被温饱线包含，温饱线被发展线包含。[2] 世界银行从生存线的角度确定的绝对贫困线标准是：每人每天的食品提供为2 150千卡（约8 999.58千焦）热量，食品支出占总支出的比例农村为63%、城市为61%。我国政府确定的农村绝对贫困线标准是：每人每天的食品提供为2 100千卡（约8 790.29千焦）热量，食品支出占总支出的60%。

以上对基本需要和贫困状况的度量标准，都具有一个共同的特点。"不能将该标准设想为一种主观的最低满足，而应当视为一种客观的最低条件。而且最低条件不仅仅包括生活的一些方面，而应涉及各个方面。因此，这种最低条件包括某个明确数量和质量的住房、医疗服务、教育、食品、休闲以及工作的卫生与安全设施等，而且最低条件是绝对的。"[3] 国家给付义务下限应该在物质生活质量指数和人类发展指数的指导下，以最低生活标准的方式表现。最低生活标准既要反映对基本生理需要的保障，也要反映对必要可行能力的保障。同时，最低生活标准还要通过适调机制以反映社会的发展和需要的变化。目前，我国最低生活保障标准的调整机制存在调整手段单一、调整标准不规范、调整参数设置不当等问题。应当将最低生活保障标准与价格

---

〔1〕 最低生活保障线的制定方法。目前，国际上制定最低生活保障线的方法通常有以下四种：1. 恩格尔系数式，也称食费对比式。德国统计学家恩格尔认为，家庭收入中用于吃的方面占全部支出的比例，可以表明人们的消费结构水平。其公式为：恩格尔系数（%）=（食品支出总额÷家庭或个人消费支出总额）×100%。家庭支出中用于食物支出的比重越大，生活水平就越低。用于食品消费的支出占总支出比重达90%以上，可以称为绝对贫困。需要指出的是，联合国的有关机构承认这一定律。2. 国际贫困标准线式。国际经济合作与发展组织于1976年调查会员国后，推论出单身人士公援金应超过个人中位工资的一半，如此类推。所谓公援金即最低生活保障线。此种办法操作简单，就是根据一个地区人均月工资的1/2或1/3确定最低生活保障线。目前，美国、日本等国都是按中位月收入的1/3确定最低生活保障线。3. 市场菜篮式标准。即依据市场上的生活必需品和服务项目，作为救助对象每月必不可少的基本需求，计算出所需的开支费用作为最低生活保障线，目前中国香港等地照此计算。4. 生活形态式。即以当地大多数人的观念来确定哪些生活形态应属于贫困，然后再以此标准调查哪些人符合这种生活形态。参见陆连仑：《民政文化荟萃》，南京师范大学出版社2007年版，第10页。

〔2〕 周迎春、张双喜：《社会保障收支预测与平衡》，中国经济出版社2005年版，第164页。

〔3〕 [英]亚瑟·赛斯尔·庇古：《福利经济学》，何玉长、丁晓钦译，上海财经大学出版社2009年版，第387页。

挂钩,保持最低生活保障标准的购买力不变;而且还应与收入挂钩,使最低生活保障标准随社会平均收入水平的提高而提高。[1]

(三)司法实践中的国家给付义务下限

尽管司法界对国家给付义务及其对应的依赖高度政治考量国家资源分配利用的基本权利受益权,向来持比较谨慎的态度,但还是有所涉及。下文选取日本的两个案例来展示司法对国家给付义务下限的裁量方式和限度。

在著名的朝日诉讼中[2],朝日茂以厚生大臣制定的日用品费每月600日元的标准不足以维持宪法和新生活保护法保障的最低生活水准,以国家(厚生大臣)为被告向东京地方法院提起诉讼。在对这一案件的审理中,东京地方法院、高等法院以及最高法院在厚生大臣的生活保护基准制定行为可成为司法审查对象这一点上,持相同看法,但对审查范围宽窄的认识方面有明显差异。虽然东京高等法院和地方法院同样认为生活保护基准可以成为司法审查的对象,但在生活保护基准的制定方面,东京高等法院与最高法院的判决持大致相同的观点。[3]

---

[1] 杨立雄、胡姝:《城镇居民最低生活保障标准调整机制研究》,《中国软科学》2010年第9期。

[2] 原告朝日茂因患肺结核病,在国立冈山疗养院待了10余年。其间,因无任何收入,根据生活保护法的规定,除全额免除住院期间的一切费用外,每月还领取600日元的日用品费。然而,1956年负责朝日茂事务的冈山县社会福祉事务所找到了已经35年音信皆无的朝日茂的新哥哥,并要求其每月送给弟弟1500日元。在得其兄同意后,该事务所于同年7月以朝日茂已经能够获得超过当时厚生大臣承认的住院患者600日元的日用品费为由,变更了当时的保护条件。即从其兄交给朝日茂的1500日元中,按生活补助基准交给朝日茂600日元的日用品费,其余的900日元作为每月医疗费的一部分,由事务所收取。对于这一变更处分,朝日茂认为"600日元并不能满足日用品费用的需要,另外疗养院的伙食也并不能保证充足的营养,需要另外补充,因此,希望从其兄送来的1500日元中留下1000日元,其余的500日元作为自己负担的医疗费",并以此为由要求冈山县知事取消变更处分,但被驳回。其后又向厚生大臣提出不服申诉,也被驳回。对此,朝日茂于1957年8月12日以国家(厚生大臣)为被告向东京地方法院提起要求取消驳回申诉的诉讼。其认为每月600日元的标准不符合《日本国宪法》第二十五条保障国民"健康、文化上的最低限度的生活"的规定。1957年8月12日朝日茂提起诉讼后,东京地方法院经过13次公开审理,于1960年10月19日作出一审判决。

[3] 韩君玲:《日本最低生活保障法研究》,商务印书馆2007年版,第154页。

在林某要求变更生活保护裁决一案中[1],日本一审法院判决认为,林某虽然具备从事较轻的工作的能力,但即使其有工作的愿望,实际上也找不到活用能力的机会。因此,以林某的能力没有活用不能满足补足性(国家保护)要求为由拒绝为林某提供生活保护的做法是违法的。但二审却作出了截然不同的判决,认为林某不应固执地坚持从事对两腿有重大负担的建筑劳动,应该按自己劳动能力的程度努力拓展就业市场,其"有就业的机会、就业的场所的可能性不能被否认",因此林某不具备接受生活保护的资格。本案最终告到最高法院,最终因林某中途死亡而终结。这是对既无收入又无住所的生活无着流浪汉抛弃不管的判决。[2]

三、国家给付义务的上限

国家给付义务的承担会增加财政压力,对于对应的权利主体而言也并非越多越好。西方福利国家的衰落和对福利的质疑,在一定意义上与福利给付的限度不无关系。因此,国家给付义务在保障基本生存的基础上,应以必要性为限,以确保国家义务的效率性和法律属性。

(一) 确定国家给付义务上限的维度

确定国家给付义务上限的维度,也即国家给付义务存在的理由,主要包括如下方面:

首先,资源的稀缺性及与之相关的需要的有限性,从国家给付义务的保障和来源决定其上限。任何国家义务的履行都必须依赖社会资源,而增益性的国家给付义务更需要以坚实的国家财政为基础。因为国家给付义务的行使在本质上是一种转移支付,即国家通过再分配的形式将社会资源从富人向穷人转移。所以,国家给付义务面临的资源的稀缺性不仅仅是自然资源的稀缺,而且更为重要的是财政资源的稀缺。为了利用有限的资源有效地确保更

---

[1] 林某以打短工维持生计,随着短工需求减少,并且患上筋肉疼痛等病,找不到工作,不得已开始了流浪生活。此后,其数次到福祉事务所说明情况,进行咨询。福祉事务所为其提供一天的医疗扶助并指示其去医院接受诊疗。因医生诊断其可以劳动,福祉事务所没有为其提供生活扶助及住宅扶助。随后,林某在流浪的同时继续寻找工作,虽然通过介绍找到了建筑工地的工作,但因身体原因被解雇。于是,林某向福祉事务所提出开始生活保护的申请,但福祉事务所根据医生的诊断结论作出了只提供医疗扶助,不提供生活扶助和住宅扶助的决定。为此,经审查请求和再审查请求的裁决,林某以开始保护决定违法为由提起取消诉讼,并要求所在市对其进行赔偿。

[2] [日]桑原洋子:《社会福祉法制概论》,有斐阁2006年版,第95页。

多人甚至所有人的基本生存，国家给付义务既要有必须达到的下限，也要有不能超越的上限。另外，国家给付义务是对基本需要的满足，从基本需要的有限性角度看，国家给付义务也是有上限的。对基本需要的满足主要或全部通过物质资料的消费来满足。物质需要受来自自然的约束、技术约束和合理性选择的约束，是有限的。基本需要及其满足，既需要必不可少的物质条件，同时也具有明显的物资有限性。

其次，国家给付义务的行使具有强制性，为了尽可能地确保自由，应当确立国家给付义务的上限。弗里德曼认为，从本质上看，个人的福祉应完全从属于个人的经验，个人的福利应是通过市场购买来实现，个人的生活满足感或幸福也只有从市场的交换中才可能得以改善。[1] 尽管在市场失败时国家应当介入以补足市场带来的损失，但因此对市场经济的负面影响以及由此带来的对公民自由的限制仍然备受关注。由此，在自由主义者对个人的充分信任和防御国家的传统中，国家本质上就应该是处在被限定之中的，对最小国家的需求，本身就是一种上限。国家给付义务是通过国家行为实现的，为了确保个人自由的空间不受可能的干预和侵犯，首先就是限定国家行为的最大幅度，这表现在国家给付义务上便是其上限。

再次，确定国家给付义务的上限，是平衡权利的需要。国家给付义务的履行是国家对社会资源进行二次分配的表现，再分配领域中，第一次分配讲究效率原则，第二次分配讲究公平原则。第一次分配是社会资源在个人之间依据已有的社会资源、禀赋和运气进行配置，形成财产权。第二次分配的社会资源来源于对个人财产权的剥夺，实际上是通过对富人财产权的限制来满足穷人的生存权利。这种对神圣的财产权的限制其正义性来自权利之间的比较，拥有财产的权利自然应该让位于具有更高位阶的生存的权利。但是，当国家给付义务已经保证了基本生存之后，继续通过国家给付义务所获得的利益就不再具有生存权利的属性，也成为一种财产性的权利。如此，接受者继续从对富人财产权的剥夺中受益，就不再具有正当性，而因此对富人财产权的剥夺也变成一种侵犯。因此，为了平衡财产权和生存权的关系，必须设置一个限制国家给付义务过度履行的幅度，这便是国家给付义务的上限。

国家给付义务上限的设置，还有多方面的意义，比如便于对国家给付义

---

[1] N. Barry. *Friedman*. in V. George, R. Page. *Modern Thinkers on Welfare*. Prentice Hall, 1995, p. 35.

务履行的监督、减少财政压力提高给付效率等。国家给付义务的上限其实很早以前便受到过立法的关注。旧的日本生活照护法没有"基准"用语,但第十条规定"保护应不超过生活必要的限度",对此相关的解释为既然保护是对被保护者最低生活的保障,那么超过必要限度的宽裕生活自然是不被允许的。[1]

(二)福利国家转型中对国家给付义务上限的探索

对国家给付义务下限的探索往往表现在对贫困状态和反贫困需要的度量中,而国家给付义务上限尚未引起人们足够的关注,但其客观地存在于西方福利国家转型过程中削减福利的努力和尝试中。对给付义务上限的确定,可以从20世纪70年代以后福利国家紧缩国家福利的措施中发现影踪和得到启发。其主要包括如下方面努力:

第一,从时间方面确定。① 规定等待期。1991年瑞典政府开始对健康保险津贴实行2天的等待期;1993年瑞典社会保障立法规定领取失业保险的时间从失业后第六天开始。② 限定享有福利的期限。瑞典相关法律规定失业者领取失业保险金的时间为300天。1996年美国颁布法案规定,贫困家庭享受福利救助时间不得超过5年;有劳动能力的成年人在接受福利补助的2年内必须参加工作;有工作能力而又不抚养小孩的人在3年之内只能领取到食品券补助。

第二,附加条件。20世纪80年代以后,瑞典在社会保障制度中加入就业指标,将"愿意就业"作为享受社会保障的基本条件,失业者必须参加就业培训或在职业中心登记才能领取失业津贴,领取社会救济和残疾人福利的人必须证明自己已经尽力工作了。

第三,削减支出总量和削减福利项目,包括直接降低一些福利项目的津贴标准的措施,从而实现明显降低政府福利支出的目的。在1980年的政府预算中,撒切尔政府首先开始削减一部分福利项目的津贴标准。1986年的福利法又进一步减少了养老金津贴水平,国家投入养老金的最高津贴水平已降低到平均收入的20%,而不是工党政府时期的25%。[2]

第四,改变标准。"二战"以来,英国的各项福利津贴标准一般按照收入水平与物价水平确定,通常是取其中较高水平作为基本标准,但正是这种做

---

[1] [日]小山进次郎:《改订增补生活保护法的解释和运用》,中央社会福祉协议会1951年版,第510页。转引自韩君玲:《日本最低生活保障法研究》,商务印书馆2007年版,第60页。

[2] 丁建定:《论撒切尔政府的社会保障制度改革》,《欧洲》2001年第5期。

法,造成了福利津贴水平的持续上升趋势。为了能够更加有效地减少福利支出和促使福利津贴水平更加合理,1982年出台的福利法对这一惯例进行了改革,规定今后的福利津贴标准将以物价水平为准,特别是养老金津贴标准,将随物价水平的变化而改变。

第五,确定某些具体给付的标准。如瑞典1990年规定,老人身体治疗收费标准每天不能超过1800瑞典克朗,老年病治疗标准每天不能超过1300瑞典克朗,结束"敞口花钱"机制。

第六,裁减非必要给付。20世纪80年代瑞典取消了定期牙科医疗补助,取消了第一胎的双亲假。

第七,加强监督机制。1991年瑞典政府规定在健康保险津贴发放中,医生的证明不能作为病假者状况的充分证据,雇主承担前14天的健康保险津贴责任,并有义务调查因病长期不工作者的实际情况。

第四节 民生保障的国家给付义务履行方式

一、国家给付义务履行的基本原则

(一)权利保障原则

权利保障原则以权利本位为基础,权利本位理论是为个体权利保障而构建。[1]民生保障的国家给付义务履行,是国家介入个人生活以解决基本生存问题,因此从关系角度而言,该权利保障中的权利本位指权利与公共权力之间的关系问题,而不是普通民众或者公民的权利与义务之间的关系问题。在公民权利与国家权力之间,权利本位即公民和国家宪法关系体现,即国家权力来源于公民权利,公民权利第一性,国家权力第二性,国家权力是保障公民权利的工具。

权利保障原则强调国家给付义务及其履行的基本价值追求就是对公民权利的保障。依据公民权利与国家权力关系的权利本位原理,国家权力是保障和实现公民权利的工具,而保障民生的国家给付义务履行的另一面又表现为国家权力行使,因此保障民生的国家给付义务履行必须尊重公民的主体性和个体性,以公民的权利为出发点和归宿。从基本权利防御权功能视角而

---

[1] 钱大军:《再论"权利本位"》,《求是学刊》2013年第5期。

言,公民权利保障是宪法的基本原则,宪法以根本大法的形式对公民的基本权利加以确认和保障,成为近代宪法鲜明的主旨。宪法的基本内容是保障公民权利,限制国家权力,"宪政的本质就是用宪法和法律来限制政府专横的权力保障公民的基本权利"。在制度安排上"以保障个人基本权利作为国家机关职权的确立和执行的底线",保障公民权利免受国家权力的非法入侵与伤害。而从公民基本权利受益权功能视角而言,权利保障原则还要求国家采取积极措施依据具体情况介入市场失利者的个人生活,以保障其基本生存。

国家给付义务的履行历来是基于"生存保障"的理念而实施的,但权利保障原则要求国家给付重心从"生存保障事业"转向"生存权利保障"。我国历来重视民生保障给付,但国家给付的目的和宗旨事实上是发展生存保障事业。首先,发展生存保障事业是由我国社会主义制度及其优越性决定的,区别于资本主义,社会主义的奋斗理想就是以社会主义公有制为基础确保公民享有实质平等权利,实现民生保障,生存保障事业即是社会主义事业的重要组成部分。其次,从民生保障的国家给付实践看,国家给付重在发展公共性的民生保障事业,在法律上鲜有明确确认公民民生权利和注重个体民生权利保障,给付对象只能被动接受。例如,我国宪法明确规定国家发展医疗卫生事业,但对健康权及其内容没有明确规定,而现实中"看病难""看病贵"等影响个人健康保障的实际问题更是长期存在。权利保障原则下的国家给付义务履行,应将发展国家给付事业的理念转化为个体权利保障理念,在国家给付提供者和国家给付利用者之间,提供者不能仅从整体状况和大局利益的角度履行国家给付义务,必须回应利用者的实际情况和现实需求,利用者能自由决定接受给付的内容、时间和费用等。

（二）辅助性原则

辅助是指给那些陷于困难中的人们提供支持、救助和帮助。对于辅助性原则,理论上主要具有国际法和宪法两种情形。国际法上的辅助性原则是在欧洲一体化进程中为平衡欧盟与国家主权的关系而提出,该辅助性原则指联盟只会被授予处理各成员国已不再能够有效地处理的事务的那些责任,以确保欧盟不会处理超过现在的共同体所做的事情,不会造成一个集中化的超级国家。[1]

---

[1] 提莫西·班布里奇:《欧洲联盟指南》(Timohty Bainbridge. *The Penguin Companion to European Union*. New Edition. Penguin Books, 1998),企鹅公司1998年版,第465-466页。

而宪法意义上的辅助性原则,主要在于限定国家对个人生活介入的条件及程度,其具有如下几方面内涵:第一,国家介入是最后的选择,只有穷尽其他途径,才启动国家介入。按照辅助原则的理念,在个人层面能解决的问题,就应由个人来解决,而不应交由社会或者国家来处理;在社会层面能够解决的问题,就应由社会来解决,而不应交由国家来处理。[1]个人首先要对自己负责,在个人无法解决的时候,可通过自愿合作来解决共同的问题;在自愿合作无法解决的时候,才需要公权力的介入;而进入公权力的范围之内,也应当由较小的共同体承担解决共同问题的责任;只有在下层共同体需要更高一层支持的时候,更高一层才能予以干预。个人、社会、国家乃至国家内部各级政府之间形成递升的辅助关系。[2]第二,国家介入需具有目的性和有效性。从辅助性原则看,在特定公众和组织无法自主实现其目标时,高一层级的组织应该介入,但仅限于出于保护他们的目的,并且高一层级组织只能处理那些低一层级的组织无法独立处理而高一层级的组织又能更好完成的事务。[3]第三,国家有条件地介入个人生活困境,其原因在于个人对国家的防御性及国家能力的有限性。一方面,国家权力应该给个人保留足够的发展空间,以确保其自由权利免受干预。凡是公民、法人和其他组织能够自主解决的,市场竞争机制能够调节的,行业组织或者中介机构通过自律能够解决的事项,除法律另有规定外,行政机关不要通过行政管理去解决。另一方面,国家不仅对个人权利必须克制以确保权力有限性,而且事实上国家权力资源也是有限的,有限是有为的前提和保障。"如果我们把较低层级和较小团体所能有效完成的任务,都交由较高层级和较大团体去做,那就是非正义的事情,并且会扰乱正常的社会秩序。国家应当把一些不太重要的事情交由次级团体去处理,而不至于分散自己的力量。"[4]国家保障民生的给付义务是国家对民生的介入,因此国家给付义务履行所要遵循的辅助性原则是宪法意义上的。

---

[1] 熊光清:《从辅助原则看个人、社会、国家与超国家之间的关系》,《中国人民大学学报》2012年第5期。

[2] 闫海:《地方财政自主的宪政逻辑:辅助原则的分析进路》,《学术探索》2006年第2期。

[3] Ken Endo. *The Principle of Subsidiarity: From Johannes Althusius to Jacques Delors*. Hokkaido Law Review, 1994,43(6), pp. 553-652.

[4] 熊光清:《从辅助原则看个人、社会、国家与超国家之间的关系》,《中国人民大学学报》2012年第5期。

民生保障的国家给付义务履行中，必须坚持辅助性原则，不仅具有辅助性原则内涵本身包括的有限国家以确保个人自由空间和提升国家权力效率的考量，而且包含对实践经验教训的总结概括。国家给付义务履行是解除个人的生存风险，保障每个社会成员的生活安全，维持其基本生活并不断提高其生活质量从而保证其生存权的有效保障。但国家给付并非越多越好，应当控制在适度的范围和程度之内，否则不仅给给付财政带来压力，而且会对社会形成反向刺激。民生保障的给付水平过高，可能使部分社会成员滋长懒惰心理和不劳而获思想，培养出一批"懒汉"，挫伤从业人员工作积极性，会使积累匮乏，抑制企业投资和居民储蓄的意愿，导致部分经济效率损失。甚至，福利国家的高水平给付，正成为解释其经济和社会问题的原因。伴随着西方滞涨时代的到来，有关"福利国家政制乃经济增长缓慢乃至停滞的元凶"，"应当大幅度削减福利，以刺激经济增长"等言论和主张不绝于耳。福利国家当前面临的问题固然与国际环境与人口结构变化等经济社会环境变化所引起的周期性经济衰退有关，也与其在经济增长"黄金时期"不理性地全面扩张福利项目、过度透支未来财力的行为不无关系。因此，将民生保障的国家义务履行设置必要的条件并控制在可以承受的范围之内，避免过度保障，是提高国家给付效率，避免"福利病"的必要坚守。

（三）发展原则

国家给付义务依赖于国家的经济基础，其给付范围和给付水平必须与经济社会发展水平相适应。毋庸置疑，民生保障的国家给付义务履行应与社会经济发展水平相适应，并且不断增进社会保障制度安排与其他制度或政策的协调程度，提高该制度安排包括经济效能在内的综合效能。除此之外，民生保障的国家给付义务履行中应坚持的发展原则至少还包括以下两方面的内容。

民生保障的国家给付义务履行，应坚持的发展原则，既包括个人发展，也包括社会发展，而这一发展原则的前提基础就是安全、公平、正义与共享。显然，国家为社会失败者提供给付以确保其基本生存，自然是为失败者提供发展能力，积蓄发展潜力，促进其走出生活困境，扫除个人发展障碍。而社会是个人的集合，国家给付义务的履行为社会提供一道安全屏障，既避免了失败者铤而走险威胁社会安全，也提供了一套社会缓冲机制，为社会发展提供保障。同时，国家给付基于人权无差别地为社会提供保障安全网，实现风险共担、福利共享，分享经济社会发展成果。另外，国家给付义务的履行能促进个人和社会的发展,必须坚持社会公平优先而非经济效率优先。国家给付义务履行中追求的效率首要是社会效率,而非经济效率。国家给付义务及其履行,旨在矫正市场经济运行必然导致的"效率有余而公平不足"的问题,因此国家给付义务履行虽然依赖于经济基础,但不可能也不应当局限于市场机制等经济制度或政策来解决的经济效率问题,在国家给付中应对符合资格者平等对待,同等保障。

国家给付义务履行所遵循的发展原则,还包括国家给付义务的履行要不断适应社会变迁。虽然国家给付义务以平等保障基本生存权为己任,但随着社会情势的变化,基本生存威胁和基本生存保障需求群体也会不断转移变化,为了确保国家给付的准确性和提高国家给付效率,需要依据社会实际情况调整给付范围、程度,确立给付重点,调整给付策略。恰如前述国家给付义务范围所示,不仅在不同时期塑造国家给付义务内容的社会给付需求不一,即使在同一时期的不同国家或地区,基于各国在政治、经济、自然、文化、历史背景等方面的差异,其所要求的国家给付义务亦不一样。

二、确保民生保障效果的政府给付方式

保障民生的国家给付义务履行,以国家财政为基础保障社会弱者的基本生活,实质上是资源配置的一种方式。政府和市场作为基本的资源配置机制,在保障民生的国家给付义务履行过程中,其地位和作用关系随着时代变迁而变化。

从世界范围看,20世纪以来,尤其是第二次世界大战以后,福利国家逐渐成为西方发达国家的目标,给付行政随之实现了"从摇篮到坟墓"的扩张。但20世纪70年代中后期,首先在西方发达国家,然后在世界范围内出现了似乎与福利国方向背道而驰的政策趋向:大政府受到质疑,市场机制重新赢得青睐。[1] 80年代之后,一些新的替代福利国家的概念不约而同地被构思着,如"志愿福利国家""福利多元主义""福利社会""福利国家私有化"等。所有这些概念都有一个共同的特点,就是主张引入非政府部门的力量(市场或志愿部门)来补足甚至代替政府部门的社会福利角色。[2] 市场机制被认为是提高福利给付效率以及化解福利社会问题的重要依靠。

---

〔1〕[美]本杰明·卡多佐:《司法过程的性质》,苏力译,商务印书馆1998年版,第39页。
〔2〕林万亿:《福利国家——历史比较分析》,巨流图书公司1994年版,第314-315页。

在我国，计划经济时期，政府是民生保障的唯一提供者，承担了几乎所有的民生保障给付，不仅给国家财政造成了沉重负担，国家给付质量也长期无法提高。改革开放以后，我国实现了从计划经济向市场经济的转变，政府在民生保障供给机制上也逐步引入了市场机制，从一家"包办"走向"减负""撒手"，使得医疗、教育、养老等基本民生需求失去兜底保障，"看病贵""上学贵""养老无着"等民生问题突出。

（一）政府的角色定位

民生保障的市场给付机制，能发挥政府供给并不具备的一些优势，提高民生保障给付效率，但绝不可能成为政府提供的替代机制。市场给付机制本身具有两面性，正如欧文·E.休斯所言："市场化为公共服务带来了希望，但是也随之带来了困难，不应把它看成是一种包治百病的灵丹妙药。"[1]因此，自由市场这只看不见的手，尽管有它不容置疑的力量，但是它仍不足以确保许多牵涉人类幸福以及能让人类持进步乐观态度的社会目标的实现。[2]理论和实务界对市场机制本身都保持着足够的警惕。例如，有观点指出市场基本教义错误解释市场运作方式，让市场扮演一个过度重要的角色，无意中对开放社会构成危险。而全球资本主义最大的缺陷之一，是容许市场机制和利润动机渗透进了原来不应该出现的活动范围之内。[3]实践中市场机制在改善公共服务质量的同时也存在着诸如滋生寻租与腐败、损害公民权、破坏社会公平等诸多风险。

国家扮演的角色从之前的"给付主体"日益变迁到"保障给付的主体"，国家对人民生存照顾所担负的国家责任亦从全面负担的给付责任转变为保障给付的责任。有德国学者提倡责任阶段论，认为依照国家执行行政任务密度之观点，由强至弱，依序将行政责任区分为"履行责任""保障责任"和"网罗责任"。履行责任指国家或其他公法人自行从事特定任务之责任。保障责任指特定任务虽由国家或其他公法人以外之私人与社会执行，但是国家或其他公法人必须负起担保私人与社会执行任务之合法性。网罗责任则着重在备位功能，仅于具有公益性之管制目的无法由私人与社会达成或管制失灵时，此项潜在之国家履行责任始被予以显性化。网罗责任为具有结果取向之国家责

---

〔1〕［澳］欧文·E.休斯：《公共管理导论》，彭和平译，中国人民大学出版社2001年版，第522页。

〔2〕张成福：《公共行政的管理主义：反思与批判》，《中国人民大学学报》2001年第1期。

〔3〕韩艺：《西方公共服务市场化借鉴效用的反思》，《江西行政学院学报》2006年第1期。

任。现代国家即使将民生保障给付任务的履行责任移转给私人,也仅意味着国家责任转变为"保障责任"与"网罗责任",国家并非从相关的任务领域中完全撤离。[1]因此,在民生保障的某些领域,引进市场机制实现给付供给,并不是政府责任的免除,而是政府责任方式的转变。正如戴维·奥斯本等人认为的那样:"政府移交的是服务项目的提供,而不是服务责任。"[2]民生保障的政府供给转向市场供给,不仅不能转移政府的保障责任,而且当政府供给转交给市场供给时,为抑制市场风险,政府保证民生供给的责任反而更重了,因为"服务能够外包,但是治理却不能够"[3]。

  政府在民生保障给付中应进一步明晰民生保障供给者和生产者两种不同的角色。所谓生产者是一系列集体选择行为的总称,它包括是否提供某种公共服务、如何提供、何时提供以及提供的质量和数量等的一系列规定。公共服务的生产是指将各种有形(如资金和设备等)和无形(制度和政策)的资源转化为产品和服务的技术过程。[4]基于政府在宪法结构中的执法者角色,以及现代社会民生保障给付需求的迅速扩张和多元化发展,政府实际上已经无法再继续承担事必躬亲的民生保障给付生产者。因此,政府要更多地担当供给者而非生产者的角色,即政府应该在决定是否提供某种民生保障产品及程序、需要提供怎样的民生保障产品及程序、如何界定民生保障给付的范围、用什么方式来生产民生保障产品、怎样监督评估民生保障给付质量效益等方面努力,以保证民生保障产品及程序能满足社会的需求。至于生产性功能,则可放手通过市场机制提供。国家保障的生存照顾日益成为一种得透过市场自由竞争方式而提供的私经济活动。国家对从事涉及人民生存照顾的私经济活动,通过引导、管制以及监督等各种措施,以确保人民生存所需的相关物资与服务得以同由自己提供一般,亦能够由私企普及、无差别待遇、价

---

  [1] 转引自詹镇荣:《民营化后国家影响与管制义务之理论与实践》,载詹镇荣:《民营化法与管制革新》,元照出版公司2005年版,第125页。

  [2] [美]戴维·奥斯本,特德·盖布勒:《改革政府——企业家精神如何改革着公营部门》,周敦仁等译,上海译文出版社1996年版,第32页。

  [3] [澳]欧文·E.休斯:《公共管理导论》,彭和平译,中国人民大学出版社2001年版,第522页。

  [4] 谭英俊:《公共事业民营化改革中的政府治理能力提升探讨》,《理论导刊》2015年第1期。

格合理,且质与量兼顾地提供。[1]同时,在政府与市场的关系方面,政府应该从传统的"父辈"变成"同辈中的长者",充当元治理的角色,"作为政策主张不同的人士进行对话的主要组织者,作为有责任保证各个子系统实现某种程度的团结的总体机构,作为规章制度的制定者,使有关各方遵循和运用规章制度,实现各自的目的,以及在其他子系统(如市场、工会或科学政策界)失败的情况下作为最高权力机关负责采取'最后一着'补救措施"。[2]

(二)政府给付的具体内容

明确政府的供给者角色,政府从全能型保障角色变成保障民生供给的提供者与治理者,有助于将政府从繁重的生产任务中抽身出来,发挥好政府的作用。政府作用和功能在范围上的有限化发展趋势,不仅不会削弱政府的保障力度,反而将有利于政府给付效力的强化。民生保障中的政府给付应集中在如下方面:

第一,财政投入。民生保障的国家给付义务履行建立在财政投入基础之上。政府财政支出对文化教育、医疗卫生、社会保障等与民生息息相关的公共服务供给具有决定性的影响。首先,给付产品本身即是社会资源,必须由财政负责。随着经济社会发展,需要政府保障的民生事项范围在不断扩大,所要求的水准与质量也越来越高,给付压力越来越大。其次,国家给付义务的履行是针对特定对象的基本生存保障,除给付产品提供之外,尚需大量组织和人员具体经办,由此不菲的经办费用必须由财政承担。

近年来,我国民生保障领域的国家投入不断加大,为保障和改善民生提供了难得的契机,并且国家将继续确保民生投入的稳步提升,这将是民生保障国家给付义务顺利履行的坚强后盾。2014年,教育、医疗卫生与计划生育、社会保障和就业、住房保障四项民生支出总额为53 873亿元,占财政收入的35.6%,其中教育占15.1%,医疗卫生与计划生育占6.7%,社会保障和就业占10.5%,住房保障占3.3%。财政部数据显示,2010年至2014年这5年间,全国财政总支出一直呈现高速增长态势,增速最高的是2011年(21.6%),增速最低的是2014年(8.2%)。2010年,全国财政总支出为

---

〔1〕詹镇荣:《生存照顾》,载詹镇荣:《民营化法与管制革新》,元照出版公司2005年版,第2页。

〔2〕[英]鲍勃·杰索普:《治理的兴起及其失败的风险:以经济发展为例的论述》,《国际社会科学杂志(中文版)》1999年第1期。

89 874亿元,到了2014年,这一数字达到151 662亿元,增幅接近68.7%。[1]然而,我国政府在民生保障领域采取的"分级自治""垂直管理"的基本模式,导致地方政府公共服务的财政支出与其所承担的公共服务责任严重不匹配,成为制约民生保障给付的一个现实问题。

第二,组织与制度给付。组织与制度给付属于程序给付范畴,并不直接满足给付对象的基本生存需要,但对确保给付对象能有效获得产品给付具有重要的保障意义。

在组织给付方面,为确保民生保障的国家给付义务履行,国家必须建立一套管理组织以及具体经办的组织机构体系,这些组织体系既包括行使民生保障管理职权的各级政府机关及政府部门等行政主体,也包括各种协助或与国家给付义务履行相关的各种社会组织。由于我国现行国家给付义务的履行,主要依靠政府系统,给付组织也主要是政府组织。政府承担着国家给付义务履行中政策说服、政策规划、目标制定、监督标准拟定以及执行、评估等广泛的活动。"政府职能框定了政府能力的基本内容和发展方向;政府能力的大小强弱则决定了政府职能的实现程度。"[2]从实践看,一方面,随着给付行政的开展、行政职能的扩张导致行政人员的增加和行政机构的膨胀,这又部分地导致了机构臃肿、效率低下。另一方面,随着市场机制的引入,国家给付义务履行将更少地依赖政府而更多地依赖市场,势必要求政府转变职能、重组机构、优化流程,这就意味着政府要撤销、合并、调整、重组部分机构和岗位,需要适时调整给付组织。

在制度给付层面,政府还没有成为一个有效的制度供给者。当前我国民生保障制度一方面还远不能为民众提供一个完整的保障体系,相对于仍然广泛存在的制度漏洞,制度之间衔接产生的断裂问题更加值得关注。另一方面,现有的民生保障制度都难免二元户籍制度的渗透,普遍存在公平问题。新制度经济学认为,制度是指"由人制定的规则,它们抑制着人际交往中可能出现的任意行为和机会主义行为"[3]。只有在科学合理的制度框架内,民生保障的国家给付义务履行才能有序地发展并取得令人满意的成效。

---

[1] 向楠、史额黎:《财政收入有多少用于民生》,《中国青年报》2015年03月07日T03版。

[2] 金太军:《政府能力引论》,《宁夏社会科学》1998年第6期。

[3] [德]柯武刚、史漫飞:《制度经济学——社会秩序与公共政策》,韩朝华译,商务印书馆2000年版,第33页。

第三,产品给付。民生保障产品具有多种形式,政府直接给付的产品主要包括最简单和最难的两种极端形态。基于政府客观能力限制,我们将政府在民生保障给付中定位为提供者而非生产者,即主要负责为给付产品提供经济保障。在给付产品中,现金给付是最简单的,并不会在技术或者人力上给给付行为带来麻烦,且由政府直接给付不仅便利而且更加安全可靠,因此凡可以现金形式给付的民生保障,都可以由政府直接负责。现金给付之外,具有技术要求的服务产品给付,不仅超出政府的能力范围,而且一味由政府主持公营公办以确保服务提供,势必将导致机构庞大和垄断的官僚体制弊端,因此可以通过民营化生产而由政府购买的形式以确保给付效率和效果。但对于部分技术要求或者风险特别高的给付产品,民营组织等社会机构不愿生产或不能生产的,也只能由政府直接负责。

三、促进民生保障效率的市场化给付方式

(一)公私协力

1990年代后,各国为求组织瘦身、削减行政成本、提升行政效率,莫不锐力进行政府改造,试图引进民间活力与市场竞争原理,行政任务的执行渐次"由官至民"。[1] 公私协力行为打破政府对公共事务的垄断,提供了公共部门与私人部门之间进行密切合作的机会。公私协力旨在描述公部门与私部门间的伙伴关系,共同致力于特定行政目标的达成或执行行政任务的一种合作关系。其通常也被称为公私合伙关系、公私合作关系,以及行政参与合作等。

公私协力体现了单中心的"统治"模式向多中心的"治理"模式的嬗变。多中心治理理论认为,在公共事务管理中,存在许多形式上独立的决策中心,并且这些多中心的决策之间是一种竞合的关系,既存在竞争性,也可存在合作性或契约性。它打破了传统观念中政府、市场两种主体的二元思维模式与传统意义上政府是单一权威主体的权力格局,形成了一个具有多个决策中心的治理网络,这一网络成为社会治理主体,负责处理公共事务,提供公共服务。政府应该把企业、非营利组织、公民等都纳入公共服务体系,通过优势互补、竞争合作,有效地改善公共服务质量。如此,在民生保障给付中,政府不

---

〔1〕 [日]米丸恒治:《公私协力与私人行使权力》,刘宗德译;载政治大学法学院公法中心:《全球化下之管制行政法》,元照出版公司2011年版,第351页。

再集权单独实施民生保障供给,政府与私组织之间在公共服务之提供、财政取得中建立一种伙伴关系。此处使用的行政行为包括行政契约,亦得以使用官民间君子协定,官民间协商、共同理解、咨商、容忍等"非制式化之程序"[1]。

在民生保障的国家给付义务履行中,公、私部门的合作关系多存在于提供"产品"或"服务"的给付行政范畴。通过公私协力,政府可利用私营机构的运营效率和竞争压力,提高公用事业部门的生产和技术效率,同时政府利用合同规范私营机构中的公共福利目标,实现公共利益的最大化。私营机构则可以从合同管理中减少由于监管机构自由裁量权带来的损失,在稳定的法律环境中寻求自我发展的空间,追求自身的利润。在政府和私人机构之间这种长期的博弈中,形成一个长期稳定的"纳什均衡"。

在公私协力的形式方面,理论和实务中尚未形成一致共识。依台湾地区现行法制规定,公私协力大致可分为"委托行使公权力""行政助手"及"专业判断"三种形态。其中,委托行使公权力指行政机关依法规将其权限之一部分,委托民间团体或个人办理,经公行政授予公权力之私人,须以其本身名义独立完成受委托之行政任务。行政助手又称行政辅助人,即私人因事先存在的契约关系而协助行政事务,由于其并非独立从事行政活动,亦不直接与第三人发生法律关系,应不承担行政上的赔偿责任。至于专业判断部分,参照"司法院"第 462 号解释,例如各大学校、院、系(所)教师评审委员会关于教师升等评审之权限,系属法律在特定范围内授予公权力之行使,其对于教师升等通过与否之决定,与"教育部"学术审议委员会对教师升等资格所为之最后审定,于教师之资格等身份上之权益有重大影响,均应为"诉愿法"与"行政诉讼法"上之行政处分,但教评会并非行政处分之行政机关,其所作之行政处分仅能视为大学之行政处分。[2]

(二)民营化

自从 20 世纪 70 年代末,撒切尔夫人在英国推行民营化改革以来,民营化迅速发展。而在新公共管理运动的推波助澜之下,短短的十几年时间内,民营化更是成为"席卷全世界的滚滚洪流"。所谓公共事业民营化,是指通过

---

[1] 黄锦堂:《行政契约法主要适用问题研究》,载《行政契约与新行政法》(台湾行政法学会 2001 年学术研讨会论文集),2001 年,第 45 页。

[2] 刘宗德:《公私协力所生国家赔偿责任归属之研究》,《行政法学研究》(台湾地区期刊)2015 年第 1 期。

民间资本在公共事业领域的介入,将市场机制引入传统上由政府垄断经营的公共事业,鼓励民营企业与社会组织提供产品和服务,通过合同承包、特许经营、凭单等形式把公共服务委托给在竞争市场中运营的私营公司和个人,"更多地依赖民间机构,更少地依赖政府来满足公众的需求……在产品/服务的生产和财产拥有方面减少政府作用,增加社会其他机构的作用和行动"[1]。民营化在规制缓和大背景下得以大力推行,但是民营化绝不意味着政府的彻底归隐,民营化绝非简单的"私有化",只是相对之前,更多依靠民间力量,更少依赖政府满足公众需求。[2]

公益事业民营化的目标是为了更好地履行提供公共服务和公共产品的职能。通过公私领域的不断渗透和有效竞争与合作,弥补政府对公共服务供给能力的不足。从域外民营化经验和我国民营化实践情形看,民营化确实带来了某些方面的积极作用,主要表现在:第一,降低了公益事业的运营成本。民营化在公益事业领域引入竞争机制,打破政府的单一产权和独家垄断,公共产品生产和供给的成本有所降低,公众享受到了比以前更优质的产品和服务。第二,拓宽了公益事业的融投资渠道,筹集了更多基础设施建设资金,减轻了政府的投资压力。第三,拓展了公共服务供给渠道,增强了公共服务供给能力,促进了公共服务社会需求的满足,有效保障和维护了民众相关权利。第四,实现了公益事业的制度创新。

从民生保障的国家给付义务履行而言,政府作为单一给付主体的给付制度和模式存在多种弊端,而民生保障给付的生产民营化供给,将是落实政府民生保障给付提供者定位的具体方式。从观念上看,虽然前期的民营化改革在一定程度上造成了国有资产流失、公益性淡化等不良社会反应,但民营化本身并不是问题的关键。"民营化不仅是一个管理工具,更是一个社会治理的基本战略。它根植于这样一些最基本的哲学或社会信念,即政府自身和自由健康社会中政府相对于其他社会组织的适当角色。民营化是一种手段而不是目的;目的是更好的政府,更美好的社会。"[3]从现实情况看,一方面,我国虽然经济建设取得了显著进步,物质产品已经极大丰富,但中国是一个大

---

[1] [美]E. S. 萨瓦斯:《民营化与公私部门的伙伴关系》,周志忍译,中国人民大学出版社2002年版,第168页。

[2] 陶春丽:《公共服务民营化的目标原则与政策供给》,《特区经济》2006年第12期。

[3] [美]E. S. 萨瓦斯:《民营化与公私部门的伙伴关系》,周志忍译,中国人民大学出版社2002年版,第350页。

国,人口基数大,地域发展不平衡,社会差距程度高,且老龄化程度日渐提升,政府无力承担民生保障的全部责任。另一方面,受长期的计划体制制约,市场发育程度不高,政府不可能过分依靠公共服务民营化。因此,目前我国民生保障民营化,重点应培育民营服务力量,放宽准入条件,鼓励非政府资金进入公共服务领域。同时,在民生保障民营化过程中,政府不应仅将部分公共产品的生产权和经营权直接转嫁给私营企业,应一并注重民营化初期的引导和民营化后期的监管。

（三）政府购买

在民生保障给付的市场化供给机制中,民营化是公私协力的表现形式之一,政府购买则是民营化的题中应有之意或者说是结果。民生保障给付是国家在个人失败的情形下,基于公平、共享的原则向其提供基本生存产品。而民营化的生存产品生产具有营利性,这就要求以提供者的身份向民营化的生产者购买生存产品给付给需求者（即凭自身努力无法保障基本生存的社会失败者）。

政府购买公共服务意味着在公共服务的供给上越来越少地依赖于行政体系的力量,而越来越多地依赖市场和社会的力量来承担公共服务的生产功能。作为一种市场化改革的工具,政府购买公共服务的优势在于使公共组织形成规模经济,缓解供给需求矛盾,规避高额劳动力成本,以激励手段实现有效竞争,从而克服官僚制的无效率。[1] 实践中,正是因其在促进政府职能转变、降低服务成本和提高公共服务效率等方面的优势,在西方国家政府改革中备受推崇,即便是在20世纪90年代以后全球公共部门民营化改革日渐式微和衰退的背景下,政府购买服务依然保持了良好的持续发展态势。

政府购买模式改变了传统民生保障给付关系及民生保障服务递送过程。在传统供给体系中,民生保障的基本参与者是政府部门及其行政人员和公民,政府实施购买服务之后,民生保障的参与者增加了民生保障产品生产商,导致民生保障给付供给关系由公民（给付对象）和政府部门之间的行政给付关系演变成公民和政府部门之间的行政给付关系、给付产品生产者和政府部门之间的行政合同关系,以及给付对象与给付产品生产者之间服务合同关系的综合体,民生保障给付供给的复杂性随之呈现指数级递增的情形。传统模

---

[1] Boyne G. A. *Bureaucratic Theory Meets Reality: Public Choice and Service Contracting in U. S. Local Government*. Public Administration Review,1998,58(6).

式下民生保障给付递送过程是在行政体制内部完成的,公民把民生保障需求输入政治系统,政治系统整合公共需求后向行政机构输入决策和命令,行政机构根据政治系统的决策和命令向公民提供民生保障服务并听取公民的反馈意见,进而改善服务。但在政府购买公共服务的政策框架下,行政机构不再直接生产民生保障产品,而是以公民的利益代言人和服务购买者的身份出现,向服务市场提出购买需求,并借助服务合同方式向服务生产商购买服务以满足民生保障需求。

  政府购买的国家给付义务履行方式,在我国保障和改善民生的浪潮中,正得到政府的重视。我国已经在国家战略层面提出政府购买公共服务的改革任务。[1]中国共产党十八届三中全会通过的《中共中央关于全面深化改革若干重大问题的决定》首次强调了市场在资源配置中起决定性作用,要求通过政府向社会购买公共服务的方式,"积极稳妥从广度和深度上推进市场化改革","凡属事务性管理服务,原则上都要向社会购买"。此后,国务院及各省市出台的"关于政府向社会力量购买服务的指导意见"均提出,政府购买服务关键要解决好"买什么""谁来买""向谁买""怎么买"和如何"买得值"等问题。

---

[1] 李军鹏:《政府购买公共服务的学理因由、典型模式与推进策略》,《改革》2013年第12期。

第六章

民生保障国家义务的司法救济

  国家义务与国家权力属于同一事物的一体两面。"权力是社会建立和维持秩序所不可缺少的。然而作为一种可以支配、控制他人和社会资源甚至可以使人屈从的力量,权力,尤其是产生自管理社会之需要的国家权力,本质上具有专横性、扩张性以及潜在或显在的强暴性。"[1]民生保障国家义务的履行,亦是强制性、扩张性的国家权力的运行过程。因此,国家对社会生活的干预,既能造福于民生,也可能危害于民生,为确保国家义务履行保障民生、改善民生和发展民生的制度宗旨和政治目的,必须强化民生保障国家义务的司法救济。

  民生保障国家义务的司法救济是指"有权司法机关对国家义务行为的司法审查,亦即对国家义务正当行使的司法强制的可能性,实质上是对国家义务的一种司法监督"[2]。民生保障国家义务的司法救济有以下意义:首先,有利于国家义务的正确履行。由于国家义务的履行依赖于国家权力的行使,如果不能驾驭具有野性的权力,国家义务的履行将会偏离正当的轨道。此时国家义务的司法救济极其重要,一是可以纠正国家义务偏离轨道的错误,二是可以通过司法救济,暗喻国家义务履行的正确方向。其次,有利于公民基

---

  [1] 肖雪慧:《历史的伟大律动——〈控制国家——西方宪政的历史〉阅读札记》,《社会科学论坛》2002第8期。

  [2] 刘耀辉:《国家义务的可诉性》,《法学论坛》2010年第5期。

本权利的实现。以法律的视角观之,民生就是公民的基本权利,尤其是公民基本权利中的社会权。民谚言,无救济则无权利。国家义务的不正确履行将侵害的是公民的社会权,即民生。如果民生受到侵害时不能受到保障,权利将不能成为真正的权利,至少是残缺不全的权利。司法救济是权利的最后一道屏障,无疑司法救济的存在有着至关重要的意义。再次,有利于正义的实现。正义意味着相同情况相同对待,不同情况差别对待,社会中每个人都适得其所。正义是社会的首要价值,也是社会凝聚力的基础,是社会共同的追求。现在我国实行社会主义市场经济,如果根据市场经济的丛林法则,穷人愈穷,富人更富,这种状况不是一个正义社会应该具有的正常境遇,因此,需要良好的制度矫正此类状况。民生保障则是良好制度的措施之一。但民生保障如果没有司法救济,公民就不能实现自己的正义诉求,也实现不了正义。鉴于此,司法救济有利于正义的实现。最后,民生保障国家义务的司法救济不单单是救济公民的权利,司法救济制度的构建对政府执法权形成监督,对民生问题的立法精准性提升也起到了促进作用。

根据国家义务的可诉性原理,民生保障国家义务被侵害时在不同层次和程度上受到司法救济。对于民生保障的国家尊重义务,由于其是基本权利的"主观权利"性质的防御功能衍生的义务,故一般都具有可诉性;对于民生保障的国家保护义务而言,由于国家保护义务是对应于基本权利的"客观法"属性,通常来说,国家保护义务是抽象的行为,很难有可诉性,但是针对第三人的侵害,国家在保护义务中有排除与救济的层次,此时的国家保护义务是可诉性的;民生保障国家给付义务的可诉性不仅涉及给付的内容,而且还要受制于给付的现实条件,故国家的制度给付、程序给付是不可诉的,但在最低核心义务方面是可诉的。

第一节 民生保障国家尊重义务的司法救济

对应传统消极自由权的国家尊重义务,一般认为"是国家不得干预个人的完整性及自由的义务,被视为是'绝对'和'即刻'的,是'可审判'的,法院和类似的司法机关可以毫不费力地适用"[1]。而现代以民生保障为目的的社会权可诉性仍受非议,其中一个根本性的原因在于忽视了社会权内含的尊重

---

[1] 刘耀辉:《国家义务的可诉性》,《法学论坛》2010年第5期。

义务。事实上,"自由权和社会权之分不在于国家的义务是积极还是消极,而在于两种义务在两种情形下的地位和作用。社会权以国家的积极义务作为主要手段达到期待利益的保护、促成和提供,以国家的消极义务作为次要手段达到现有利益的尊重;自由权以国家消极义务为主要手段、国家积极义务为次要手段达到现有利益的尊重"[1]。基于社会权的尊重义务的可诉性,民生保障的尊重义务可诉性毋庸置疑。

一、尊重义务的司法救济理论

（一）公民权理论的变化

近代西方国家脱胎于封建专制的压迫之下,新兴资产阶级为了发展资本主义经济,要求最大程度的自由,对于公民个人而言,则是最大的自由保障,这种自由在法律上被称为自由权。这种自由权的存在既是资本主义发展的需要,同时又有人们对现实的反抗的寄托。资本主义发展需要有自由流动、自我选择的人力资本,否则资本主义会因缺少人力资本而无法前进。同时在封建压迫之下,人们幻想着没有阶级压迫与经济差别的平等的自然状态,在这种语境里,人们享受着自由。与此相应的是这时期的国家是"自由主义法治国"。"自由主义法治国家,又称为自由的法治国或市民的法治国、夜警察国家,是指为了谋求增进社会的公共福利和维持个人的生存发展,国家应当尽可能地放任个人的自由活动,使得公民能尽可能享有个人的权利;并且为了谋求社会文化和经济的发展,行政权的行使应严格地限于最小的幅度,以尽量避免介入为原则,也即最少的政治是最好的政府。"[2]此时的国家只要依照法律最大程度地不干预公民的生活,就是保障了公民的自由;公民自由权就是排除国家干涉的权利。

随着资本主义工业革命的发展,资本主义垄断的建立,社会上出现贫者愈贫、富者更富的现象,贫富差距扩大,人们幻想的自然平等状态并没有出现。人们对于生存的渴望超越了对自由的追求,自由权逐渐让位于以生存权等为代表的社会权。事实上,"历史将自由主义的模式驳倒,在德国民法典的形成过程中可以看到市场的力量无法保障每个人最低程度的生存条件,自由贸易和财产自由原则也无法缓解个人面对市场时可能出现的经济困境。薄

---

[1] 龚向和:《作为人权的社会权——社会权法律问题研究》,人民出版社2007年版,第18页。

[2] 熊菁华:《论行政不作为的救济》,中国政法大学2001年博士学位论文,第42页。

弱的社会安全制度导致大量的农民、手工业者和工人缺乏最基本的物质生活保障,进而带来社会的失序和动荡"[1]。一言以蔽之,自由法治国理念和与之相应的自由权已不能保障公民的生活,并成为社会动荡的催化剂。公民的生存需要国家的干预,国家发挥公共权力提高公民的生活,即"国家机关的任务不只是自由放任和保护,而是必须在国民生活各个领域中积极发挥并干涉计划、分配和形成成功的境界"[2]。弥补自由法治国理论不足的社会法治国思想顺应时代呼唤与公民生存的要求蓬勃发展起来,与此对应的公民权利主要是社会权。社会权是指"公民依法享有的,主要是要求国家对其物质和文化生活积极促成以及提供相应服务的权利"[3]。社会权主要是被动的要求权,是需要国家积极义务保障实现的权利。

  社会权的诞生是社会现实发展的必然要求。"为了挽救资本主义的危机,延缓资本主义制度的倾覆,以法国'二月革命'为契机,社会权首次被规定为国家的义务。近代市民宪法也就顺应历史的潮流而演变为现代市民宪法。现代市民宪法试图克服如此紧张的社会矛盾,为此它采取了标榜保障一切公民都可以得到'无愧于被称为人的生存'和'健康的、有文化的、最低限度生活'的福利国家的思想,它要给予社会经济上的弱者以生存权和劳动权等社会权的保障;同时对经济自由权进行了积极的限制。"[4]社会权也使国家义务的主要内容从自由法治国下的消极义务转变为社会法治国下的积极义务,即"与公民居于消极地位的自由权不同,社会基本权是公民居于积极地位,要求国家积极给付的权利,是基本权的积极面向"[5]。国家在社会法治国状态下扮演着不同于自由法治国语境之下的角色:在社会法治国之下国家通过规范生产、公平分配,促进公民的生存发展;在自由法治国的语境下,国家保护公民的自由权。由于公民权利由自由法治国的自由权转向了社会法治国的社会权,国家义务由消极面向转变为积极面向,此时更加需要社会权国家义务的救济,这与我国的民生更强调国家义务保障的救济有着异曲同工之妙。

---

  [1] 张志铭、李若兰:《迈向社会法治国:德国学说及启示》,《国家检察官学院学报》2015年第1期。
  [2] [日]大木雅夫:《东西方的法观念比较》,华夏、战宪斌译,北京大学出版社2004年版,第75页。
  [3] 龚向和:《社会权的概念》,《河北法学》2007年第9期。
  [4] 熊菁华:《论行政不作为的救济》,中国政法大学2001年博士学位论文,第47页。
  [5] Sachs. *Grundgesetz Kommentar*. C. H. Beck, 2009, p. 743.

(二)防御权功能与国家尊重义务

根据德国的宪法理论与实践,基本权利有"主观权利"与"客观法"双重性质。"主观权利"主要是个人针对国家的权利,即排除国家的主动干涉,个人自由主动行使自己的权利;"客观法"有时被称为"客观价值""客观规范",它是指基本权利蕴含一种价值秩序,公权力必须遵循这一价值秩序,并尽可能地创造一切条件去实现、维持基本权利的实现。[1]"主观权利"与"客观法"在德国有着法律的依据:德国《基本法》第十九条第四款规定:"任何人的权利受到公权力的侵犯,都可以向法院起诉。"这确立了排除公权力干涉"主观权利"的功能,并且建立了违宪审查制度与根据《联邦宪法法院法》的"宪法诉愿"制度,保障了"主观权利"的功能。"客观法"的法律依据是《基本法》的第一条第三款:"下列基本权利是约束立法、行政和司法的直接有效的法律。"第十九条第二款:"在任何情况下,对基本权利的限制不得危及其本质内容。"第七十九条第三款:"对基本法的修正,不得影响……第一条至第二十条所确立的基本原则。"这些条款说明公权力时刻受到是否基本权利的考量,基本权利是约束公权力的基本依据,这种依据并不是基于个人请求排除公权力的侵害与违宪审查,质言之,在这里基本权利不是"主观权利"性质,而是"客观法""客观规范"的性质。

基本权利的"主观权利"属性指向个人可以根据自己的意愿请求国家公权力作为或者不作为来满足自己的利益,即"基本权利是在'个人得主张'的意义上被称作'主观权利'的。也就是个人得依据自己的意志向国家提出要求,而国家必须按此要求作为或者不作为。基本权利的此种'主观属性'包含两层含义:首先,个人得直接依据宪法上的基本权利条款要求公权力主体为或者不为一定的行为;其次,个人得请求司法机关介入以实现自己的要求"[2]。"主观权利"这种属性具有的功能叫"防御权功能"(Funktion der Grundrechte als Abwehrrechte)。"防御权功能"来自德国1958年的吕特(Lüth)案,"基本权被定性为人民对抗国家的防御权;基本法关于基本权的章节显示人及人的尊严优先于国家权力。防御权的主要目的在于确保个人的自由免受公权力干预,以创设人民的'自由空间',就此一空间,人民有独立自

---

[1] [德]Robert Alexy:《作为主观权利与客观规范之基本权》,程明修译,《宪政时代》1998年第4期。

[2] 张翔:《基本权利的双重性质》,《法学研究》2005年第3期。

主权,亦即'人民自由于国家之外'"[1]。"防御权功能"面向国家公权力侵害个人权利时,个人依据此功能请求国家停止侵害,此行为也可以获得司法上的支持。"防御权功能"产生之初主要是针对国家权力恣意侵害公民的自由、财产等"自由权"性质的基本权利,后来随着社会的发展,基本权利扩充到包括社会保障权在内的社会、经济、文化权利,无一例外都蕴含"防御权功能"。"防御权功能"是所有基本权利的最基本的权利属性。

国家义务的工具性质与基本权利的功能相对应,基本权利的"防御权功能"对应国家的尊重义务。

二、尊重义务司法救济的实践发展

尊重义务的基本原理是国家不得干预个人的完整性及自由,被视为"绝对""即刻"和"可审判"的。关联在于社会权,司法救济多发生在公民社会权受到国家直接干预的自由领域,国家法院和类似的司法机关可以毫不费力地适用。在二元视野中,权利与义务严格对应,权利的可诉性亦表明了对应义务的可诉性。因此,以消极方式不作为的尊重义务是"免费的",可审判的。国家对民生保障的尊重义务的司法救济制度,在实践中主要因为国家立法层面违反了形式平等原则而造成了对公民社会权机会自由层面的平等性侵害,而遭到当事人的起诉,从而出现了一系列有关平等原则和平等保障的司法案例。

(一)国外国家尊重义务司法救济经典案例

"科布尔诉郝特斯柏林学区案",主要是关于女性劳动权的国家尊重义务的司法救济。"第8巡回法院在1982年审理了Coble v. Hot Springs School District一案。在该案中,原告玛莎·科布尔(Martha Coble)是有孩子的结婚女性,申请学区教师中心主管的职位。学区主管最后面试了被推荐的两位候选人——有孩子的科布尔和一位单身男性尼佩(Nipper)。主管在面试科布尔时,询问了她的出勤记录,因为家人生病不能上班的天数,孩子的年龄,以及科布尔如何处理中心工作和家庭义务之间的关系。最后,主管选择了单身的尼佩,并电话告知科布尔,尽管科布尔有一些尼佩没有的优良品质,但她有家庭。在后来科布尔询问自己被拒的理由时,主管告诉她,尼佩比她有更

---

[1] 龚向和、袁立:《劳动权的防御权功能与国家的尊重义务》,《北方法学》2013年第4期。

多可支配时间,能更专注工作,而且出勤记录好。参加了初试的基础教育副主管还告诉科布尔,这位男性还没有结婚,也不打算马上结婚。地方法院认为科布尔提供证据证明了这是一个表面上证据确凿的案件,但没有提出充分的证据证明学区主管为不任命她所提出的合法的、非歧视的理由只是一个借口。但巡回法院认为,学区主管不公平地强调了科布尔的家庭责任,在教师中心主管的选择中使用了主观标准。巡回法院还认为,科布尔提供了充分的反驳证据证明学区主管的雇佣决定在很大程度上是建立在性别成见的基础上的。地区法院的判决被推翻。这个案件的判决透露出来的信息是,只要是以家庭义务为借口差别对待已婚女性,都是对女性的歧视。"[1]

在此案中,首先关注劳动权的可诉性。由上文可知,任何基本权利既有"主观权利"性质,又有"客观法"的属性,作为基本权利的重要组成部分的劳动权也不例外,也具有"主观权利"与"客观法"的双重属性。现在以劳动权的"主观权利"属性缕析劳动权的可诉性。基本权利的"主观权利"性质具有的是防御权功能与受益权功能,二者对应的是国家尊重义务与给付义务,由于在此主要讨论的是国家尊重义务的司法救济,故现在论述的主要是劳动权防御权功能的尊重义务。所谓劳动权的国家尊重义务,是指国家必须自我克制,尊重公民的劳动权,不得非法干预、干涉、阻碍以及侵害公民的劳动权。

在美国,《权利法案》第一条即规定"国会不得制定有关下列事项的法律",凸显了防御权的绝对中心地位。从宪法规范结构看,美国宪法以"国家不得制定或限制公民特权或豁免权"或"国家不得剥夺公民某权利"的规范模式,体现了基本权利的防御权功能对国家权力的指向。尽管美国宪法并未规定劳动自由,但联邦最高法院通过宪法解释的技术导出了宪法上的职业自由。在1879年的"海运保险公司案"中,联邦最高法院认为,第十四条修正案提及的自由,不仅意味着公民有权不受人身限制,而且包括以下权利:自由享受其所有天赋,并以一切合法方式去自由运用之,根据其意愿去生存与工作,通过任何合法职业来谋求生计……[2]在德国,其以宪法规范的方式直接彰显了劳动权的防御权功能。德国《基本法》规定:"人的尊严不可侵犯。一切国家机关都有责任去尊重和保护之。"基本权利作为一种客观价值秩序,约

---

[1] 郭延军:《发展中的美国女性就业权平等保护》,华东政法大学2010年博士学位论文,第107-108页。

[2] Randy E. Barnett. *The Rights Retained by the People*: *The History and Meaning of the Ninth Amendment*. George Mason university Press, 1993, p. 408.

束所有国家机关,包括立法、行政和司法机关。这些权利包括:自由权、平等权、生命与人身完整权、信仰自由、言论自由、出版和报道自由、集会自由、结社自由、迁徙自由、选择职业自由和免除强制劳动权等。与1919年《魏玛宪法》相比,德国《基本法》舍弃了《魏玛宪法》极端社会权性质的工作权之规定,而在第十二条第一款以"职业自由"取而代之,以凸显其防御权功能。尽管联邦宪法法院认为劳动权并无社会权的性质[1],但德国并没有真正舍弃社会权层面的劳动权。在司法实践中,联邦宪法法院形成了"透过传统自由权的功能开展而来的社会权面向",即结合"社会国原则",以"客观价值秩序"理论为转化基础,透过对防御权功能的多面向开展,使职业自由除了传统防御权功能之外,也具备要求国家积极作为的面向,借此保护弱者的劳动权。因此,有学者认为此一发展"主要是针对自由权之部分……这样的理论,首先令人觉得十分惊讶的是,自由权理论在基本法上的发展是如此丰富,但却亦是不容易理解的。……在国际比较中,这样的理论发展是较具特殊性的"[2]。

如果对世界各国宪法作文本分析,劳动权防御权功能的展现形式可概括为三种类型:① 只规定劳动自由、工作自由,而无社会权层面的劳动权规定。例如,《巴基斯坦伊斯兰共和国宪法》第十八条第一款规定:"每个公民都有依照法律规定的条件,或者无条件限制,从事任何合法的专业或行业、经营任何合法贸易或实业的权利。"《爱尔兰共和国宪法》第四十五条第二款第一项、《墨西哥合众国宪法》第五条亦属于相同立法例。② 既规定职业自由又规定社会权层面的劳动权。如《日本国宪法》第二十二条第一款规定:"在不违反公共福祉的范围内,任何人都有居住、迁徙和选择职业的自由。"第二十七条规定:"一切国民都享有劳动的权利,承担劳动的义务。"《巴林王国宪法》《匈牙利人民共和国宪法》亦属于此种类型。③ 只规定了劳动权,但劳动权中蕴含劳动自由。如《乌克兰宪法》(1996)第四十三条第一款规定:"每个人都有劳动权利,包括可以用自己选择或自愿同意的劳动为己谋生。"《罗马尼亚宪法》《洪都拉斯共和国宪法》也属于此立法例。

(二)国内国家尊重义务司法救济案例分析

"残疾人王伟诉平顶山市财贸学校侵犯受教育权案"中,王伟系平顶山市

---

[1] 李惠宗:《德国基本法所保障之职业自由》,载《德国联邦宪法法院裁判选辑》(七),"司法院"印行1997年版,第5页。

[2] [德]Hans D. Jarass:《基本权作为防御权及客观原则规范》,陈慈阳译,《月旦法学杂志》2003年第7期。

第27中(97)级应届毕业生,幼时因患小儿麻痹留下下肢残疾。1997年参加河南省普通中专学校考试时,填报的第一志愿是平顶山市财贸学校,考分为456分,超过了427分的招生录取分数线。但是,平顶山市财贸学校以该校计算机房在四楼,王伟无自理能力为由拒绝录取。王伟认为,平顶山市财贸学校在1997年招生时,以其身体跛行残疾为由不予录取的行为违法,侵犯了其受教育权。为此,其向平顶山市湛河区人民法院提起诉讼,请求依法判令被告平顶山市财贸学校按照《中华人民共和国残疾人保障法》第二十二条之规定,尊重本人的报考志愿,将其录取为该校1997级学生。平顶山市湛河区人民法院在审理本案过程中,被告平顶山市财贸学校经过对原告王伟的残疾程度进行详细的调查后,认为原告王伟的考试成绩和身体残疾程度均符合国家规定的录取标准,为此,于1997年10月18日将原告王伟录取到该校学习。被告改变原具体行政行为后,原告王伟认为自己的受教育权已得到保护,主动向法院申请撤回起诉。平顶山市湛河区人民法院经审查认为,被告平顶山市财贸学校改变原具体行政行为后,将原告王伟录取到该校学习,使原告王伟的受教育权得到了保护。原告王伟自愿申请撤诉,其理由符合法律规定。依照《中华人民共和国行政诉讼法》第五十一条之规定,该院于1997年10月20日作出裁定:准许原告王伟撤回起诉。[1]

  本案例是典型的公民的平等受教育权问题。平等受教育权隐喻了教育的公平,即"指公民不分种族、民族、性别、职业、社会地位、财产状况、宗教信仰等,在享受教育方面有平等的权利,每个人有平等的入学机会,在教育过程中受到平等对待,以及有平等的成就机会"[2]。事实上,受教育权内涵了平等价值,"从广义上讲,受教育权包括每个人按照其能力平等地享受教育的权利,同时也包括要求提供教育机会的请求权。从狭义上讲,受教育权是指公平享有的平等的受教育权,是受教育机会的平等价值的直接体现"[3]。毋庸置疑,平等是受教育权的核心价值的内在因素,"在社会的所有部分,对每个具有相似动机和禀赋的人来说,都应当有大致平等的教育和成就前景。那些具有同样能力和志向的人的期望,不应当受到他们的社会出身的影响,这是

---

 [1] 李晓兵:《热点纠纷教育案例评析之学校篇》,中国法制出版社2007版,第138页。
 [2] 高家伟:《教育行政法》,北京大学出版社2007年版,第50页。
 [3] 许崇德:《宪法学(中国部分)》,高等教育出版社2000年版,第370页。

平等的基本要求"[1]。受教育权是一项公民基本的社会权,对于个人的平等生存、发展意义重大。本案例中平顶山市财贸学校因王伟的身体原因剥夺了其入学学习的机会,使王伟没有享受到公平的受教育权。

平顶山市财贸学校不录取王伟的行为是一种典型的消极不作为的行政行为,违反了对王伟受教育权的国家尊重义务。这是因为平顶山市财贸学校虽然不是行政执法机关,但其依照法律规定享有"招收学生"的权力,属于法律法规授权的组织。《最高人民法院关于贯彻执行〈中华人民共和国行政诉讼法〉若干问题的意见(试行)》在受案范围中明确规定:"'具体行政行为'是指国家行政机关……法律法规授权的组织……针对特定的公民、法人或者其他组织,就特定的具体事项,作出的有关该公民、法人或者其他组织权利义务的单方行为。"本案中平顶山市财贸学校作为法律法规授权的组织,所做的招生行为是对王伟的单方公权力性质的行为,故属于一种特殊的行政行为。质言之,"无论是公立学校还是民办学校,当它们依据国家法律、法规和规章的规定作出相应的带有公权力的行为,比如招生、学籍管理、纪律处分、颁发毕业证和学位证等时,就应当认定为行政主体,相应的行为属于行政行为,学校与受教育者之间构成行政法律关系,受教育者认为其受教育权等合法权益受到侵害,可以通过行政诉讼的方式加以救济"[2]。

(三)尊重义务的司法救济制度

国家公权力的不当行使将阻碍公民社会权的实现,法院可以依据平等非歧视原则予以救济。在现实中,平等与非歧视保护构成了广泛的社会权诉讼的基础,在社会权保护方面发挥着重要作用。非歧视和平等条款在社会权诉讼中的作用主要表现为三个方面:首先,法院通过禁止直接歧视来保护社会权,为此法院通常宣布构成直接歧视的立法和政策无效;其次,法院通过禁止间接歧视来保护社会权,防止表面平等的立法或政策在实际上会产生歧视性的效果;最后,法院要求政府采取积极措施或积极行动来保护社会权,以消除事实上的歧视,保证实质上的平等。

1. 法院通过禁止直接歧视救济社会权

平等权的理论和司法实践都表明:在社会权领域采用较为严格的审查

---

〔1〕[美]约翰·罗尔斯:《正义论》,何怀宏等译,中国社会科学出版社1988年版,第66页。

〔2〕范履冰:《受教育权法律救济制度研究》,西南政法大学博士学位论文,2006年,第59页。

标准将有助于扩大法院的角色和对弱势群体权利的保护。美国联邦最高法院在20世纪40年代坚持司法节制的立场,对政府的区别对待采用"最低限度的合理性"的审查标准。直到60年代,在一系列关于种族隔离和种族歧视的诉讼中才创造了新的司法审查标准。在"布朗案"及相关的判决中,严格的司法审查代替了"最低限度的合理性"规则:除非相关措施"精确地适合于取得某种紧迫的公共利益",否则它们将无法通过宪法审查。[1]但是,这一标准是否能适用于社会权领域则一直存在争议,"夏皮罗诉汤普森案"就是一个成功的尝试。在该案中,宾夕法尼亚州法律规定,只有在此前一年居住在本州的居民才能享受福利资助。原告方主张这些基于一年居住要求的立法归类涉及基本人权的获得,如食物、住宿、健康等,这种在旧居民和新来者之间的区分是不公正的,构成了作为严格司法审查理由的"不公归类",最高法院支持了这一主张。但是将严格审查标准应用于社会权领域的实践并不是一帆风顺的,最高法院在此后发生的案件中改变了立场,强调法院应尊重政治机构在社会和经济政策中的决策权,减少司法的干预。如在"戴德里奇诉威廉斯案"中,最高法院认为:涉及公共资助的补助数额的归类一般而言仅需面对"最低限度的合理性"审查。日本的审查标准理论受美国影响较大,同样也存在审查标准在社会权领域的适用问题。以社会保障为例,有学者将社会保障立法区分为保障"最低限度生活"的救贫措施和保障"在此之上生活"的防贫措施,并主张对前者应适用较严格的合宪性审查标准,而对后者则应适用相对宽松的合理性标准。但是,当社会保障立法在给付方面存在差别对待时,应适用严格的审查标准。即便是防贫措施,如果有基于性别、出身等理由的差别,也不应适用合理性基准,"而是适用立法目的须是重要,且目的与手段间须有实质关联性的严格合理性基准"[2]。然而司法实践却不容乐观,一些地方法院对社会保障立法中基于性别或社会身份的差别对待进行严格审查后,都被最高法院依合理性基准推翻。对此,最高法院在崛木诉讼的判决中作出了解释。最高法院认为宪法第二十五条规定的"健康且文化意义上的最低限度的生活",乃是极为抽象而相对的概念,有必要通过立法而加以具体化,立法措施的选择应被委于立法机关的广泛裁量。因此,尽管根据同时给

---

[1] [美]阿奇博尔德·考克斯:《法院与宪法》,田雷译,北京大学出版社2006年版,第324页。

[2] [日]阿部照哉等:《宪法(下)——基本人权篇》,周宗宪译,中国政法大学出版社2006年版,第242页。

付禁止规定,在领受残障福利年金者与未领受者之间,产生了有关儿童抚养津贴的差别,但如果以广泛的立法裁量作为前提加以判断,则应该是合理的。[1]

2. 法院通过禁止间接歧视保护社会权

在立法或政策存在明显歧视的情况下,形式平等的要求能纠正明显存在的歧视,起到保护社会权的作用。但是,抽象的形式平等只关注一部法律是否对不同人群采取了形式上的区别对待,而忽视了一些表面上平等适用而实际可能对特殊人群有不平等影响或维持不平等现状的法律。形式平等在现实的差别面前可能会造成广泛的不平等。因此,非歧视和平等保护的权利不仅要求政府禁止有明显歧视的立法,也要求政府排除有歧视性影响或歧视性效果的行为和政策,包含了阻止间接歧视(indirect discrimination)的政府义务。间接歧视通常与实际上会导致歧视效果的政府的作为或不作为有关。涉及间接歧视的最有影响的案件出现在加拿大。在加拿大,因房屋所有者在出租住房时采用"最低收入标准"而引起了大量的平等权诉讼。出于对租房申请者收入水平和支付能力的考虑,"最低收入标准"租房者支付的租金不能超过其收入的30%,否则将失去租房的资格。尽管所有的社会援助接受者、单身母亲、青年家庭、年轻人和新来到加拿大的人必须用超过他们收入的30%支付房租,这一规则仍得到普遍的适用。房屋所有者试图以此来减少租房风险,而低收入的租房申请者则认为这一标准构成了歧视。权利主张者广泛地援引联合国经济、社会和文化权利委员会的法理,还有加拿大具体的收入歧视问题,以及第4号一般性意见特别列举的"关于非歧视和住房权"的更广泛的原则。间接歧视是标志着从形式平等迈向实质平等的重要概念,法院通过禁止间接歧视为弱势群体提供有力的救济和保护。但是,并不是所有间接歧视的案件都是成功的。一般情况下,法院在认定是否存在间接歧视时,只要看立法或政策是否对弱势群体产生歧视性效果即可。但是有时法院则要求不仅要有歧视性效果,还必须有歧视性目的。这在美国最高法院关于种族歧视的判决中体现得最为明显。在对那些表面上中立但对弱势群体有着完全不同影响的政策进行审查时,最高法院采用了严格的"歧视目的"标准。在 Washington v. Davis 案[2]中,被告是黑人,他们要求成为哥伦比亚特区警

---

[1] 日本最高法院大法庭1982年7月7日判决,民集36卷7号,第1235页。

[2] Washington v. Davis, 426 U. S. 229(1976).

官的申请因他们未能通过一个个人的书面考试而遭到拒绝。他们以种族歧视为理由提起诉讼要求废止这个考试。最高法院在考虑一项法律或某个政府行为是否反映了种族歧视的目的之前,不能仅因为其有着种族上不相称的影响就断言它是违宪的。最高法院对"歧视目的"标准的严格适用,似乎是在鼓励决策者在决策时无须顾及他们的决策可能带来的可预见的歧视性影响,这也为弱势群体利用平等权保护社会权的司法实践增加了难度。

3. 法院通过要求政府采取积极行动保护社会权

当我们从实质平等而不是形式平等的角度来看待平等权时,平等权创造了重要的积极义务,以处理和补救边缘人群和弱势群体的劣势。这种积极义务包括了对历史上长期遭受歧视的弱势群体给予优惠待遇的"差别消除措施"。一些文件要求政府采取积极但是临时的措施确保不利人群享有平等权。如《消除对妇女一切形式歧视公约》第四条第一款允许这样的措施:"缔约各国为加速实现男女事实上的平等而采取的暂行特别措施,不得视为本公约所指的歧视,亦不得因此导致维持不平等或分别的标准;这些措施应在男女机会和待遇平等的目标达到之后,停止采用。"尽管这样的措施可能潜在地歧视优势人群,一旦过度可能会构成"反向歧视",但是如果这些措施是暂时的,并且一旦实质平等的目标已经达到就会停止采用,它们通常被明确地豁免于歧视法而得到认可。一些国家的司法实践也表明:政府采取"差别消除措施"的积极义务是可诉的。

为了从实质上消灭歧视,确保实现真正的平等,要求政府采取积极措施或积极的行动来满足处于不利地位的群体需要是十分必要的,除了"差别消除措施",还包括处于不利地位人群的劣势本身并不是由歧视性的政府行动引起的情况。虽然这类诉讼还不具有普遍性,但是一些国家的司法实践表明了利用非歧视和平等原则干预政府积极义务履行的可能性和潜力。例如,加拿大的做法更具代表性,对于《加拿大权利和自由宪章》第十五章所保护的平等权,加拿大最高法院采用了实质性解释的方法,使平等权本身包含了要求政府为处于不利地位的人群提供必需的资源的积极义务,让这些人群能平等地享受到政府政策所产生的利益。在 Eldridge v. British Columbia 案[1]中,申诉人主张:政府没有为耳聋的人和听力有困难的人提供翻译设施,侵犯了他们的平等权和无歧视地享受法律的平等利益的权利。不列颠哥伦比亚政

---

〔1〕 Eldridge v. British Columbia (Attorney General)[1997],3 S. C. R. 624.

府认为：非歧视的权利并不要求政府分配健康医疗资源来处理特殊群体（如耳聋的人和听力有困难的人）此前已经存在的劣势。最后，最高法院采用实质平等的标准，排斥了不列颠哥伦比亚政府的争辩，并认定不列颠哥伦比亚政府在提供健康医疗时没有为耳聋的人和听力有困难的人提供翻译设施，侵犯了他们的平等权，剥夺了他们平等地享受政府向公众提供服务的权利。同样在 Vriend[1]案中，阿尔伯塔省拒绝在立法中对住房、服务和就业等提供非歧视保护，法院要求政府必须确保为处于不利地位的人群提供必需的保护，并且在判决中驳斥了政府认为这种类型的积极立法措施专属于立法领域、法院错误地僭越了立法权的观点。最高法院对平等权的实质性解释为社会权提供了有效的救济。

三、尊重义务司法救济的不足与完善

（一）尊重义务司法救济的不足

新中国成立以来，尤其是改革开放以来，我国民生保障获得长足发展。但由于我国社会处于转型期，以经济发展为中心的 GDP 主义难免将民生保障边缘化。同时，我国法治还不完善，国家工作人员与民众法治意识仍需加强，现实中民生保障的法治现状仍不令人满意。尊重义务司法救济任重而道远。

1. 民生尊重义务诉讼保护的权利类型有限

理论上，国家对公民所有基本权利都负有尊重义务。事实上，由于基本权利的"主观权利"属性，国家消极性的自由权国家尊重义务凸显，而国家积极义务占主导地位的社会权国家尊重义务十分式微。社会权对于民生有着极其重要的意义。以行政行为的视角观之，国家尊重义务既体现在如救助权的拒绝行政作为之中，也表征在怠于最低生活保障的行政不作为方面，但整体上对于以生存权、受教育权、劳动权为主体的社会权尊重义务的诉讼保护十分有限。现代行政的发展，其趋势应是"所有的行政手段都是为了保证所有的人都享有生命、健康、财产的安全，所有的人都有房可住、有饭可吃、有衣可穿，都有电有水可用，都享受医疗保险、交通设施和受教育的机会，都可以实现其基本权利，都可以全面发展自己的人格"[2]。过去那种行政诉讼集中

---

[1] Canada (AG) v Mossop, Equality Rights Statute Amendment Act Egan v Canada, Vriend v. Alberta, M v H.

[2] [德]汉斯·J. 沃尔夫、奥托·巴霍夫、罗尔夫·施托贝尔：《行政法》（第 1 卷），高家伟译，商务印书馆 2002 年版，第 145 页。

在人身权、财产权等为主的自由权保护范围已不能适应现代社会发展的潮流,行政诉讼保护的范围应扩充到社会权的范围,在我国才能有效地实现民生保障。

2. 尊重义务的司法救济类型混乱

尽管有学者根据我国《中华人民共和国行政诉讼法》(以下简称《行政诉讼法》)第十二条,总结了确认之诉、给付之诉、履行之诉等多种诉讼类型,但这些类型并不能涵摄所有的诉讼类型。这将肇致有些尊重义务案件无法归类,既导致救济无法有效进行,也无法形成救济类型的规范化,进而会影响司法的权威。确实制度的力量强大,对现实有着巨大的影响,当然每个制度都有自己的目的。因此,"制度有必要由目的来引导。目的能够设立批判既存的规章制度的基准,并据此开拓出变革之路。同时,如果真心实意地贯彻目的,那么目的也自然可以制约行政裁量,从而也可以缓和制度屈服(于社会压力)的危险"。[1] 鉴于此,当前的《行政诉讼法》更多地关注于权利的保障,尤其是公民社会权的保障。"对于侵犯公民权利的每一种国家权力行为,都必须有一个适当的诉讼种类可供利用。"[2] 基于此,我国应结合政府的实体义务与程序义务加强诉讼类型的建设,如拒绝行为的实体义务与拖延履行的程序义务、私益诉讼与公益诉讼等的区分,使杂乱无章的诉讼请求变得系统有序,这样有利于公民权利的保障、司法威信的提高。

3. 尊重义务的司法救济方式单调

我国《行政诉讼法》第六十条明确规定"人民法院审理行政案件,不适用调解",这是确立司法救济形式单一模式的法律依据。这里有其理论的意义,国家的尊重义务是行政机关代表国家作出,是国家意志的表现,公权力是不能随意处分的。现代社会的发展趋势是法治国家,国家的行为及其方式都要有法律的依据,"国家所有权力之表现必须根据法律,法律必须依据宪法所规定的形式制颁,而行政与司法则必须受法律的拘束。因此,法治国要求国家遵守法律,人民可以透过法律预测国家的行为,而具有法的安定性作用,人民因而可以信赖法律而安排其生活"[3]。因此司法救济的方式只能是法院的

---

〔1〕 P.诺内特、P.塞尔兹尼克:《转变中的法律与社会:迈向回应型法》,季卫东、张志铭译,中国政法大学出版社2004年版,第Ⅵ页。

〔2〕 [德]弗里德赫尔穆·胡芬:《行政诉讼法》(第5版),莫光华译,法律出版社2003年版,第204页。

〔3〕 翁岳生:《行政法》(上册),中国法制出版社2009年版,第183页。

判决,这是无可厚非的。然而随着社会现实的变化,"不适用调解的行政诉讼规范在实践中已被现实中的变相调解所架空,这早已是公开的秘密"[1]。这是因为大量的行政纠纷通过司法救济途径解决,需要大量的时间成本、经济成本、精力成本等耗费,有时虽然事件得到判决,但对于公民权利救济意义不大,并还可能导致矛盾的激化。这就需要诉讼当事方与法官发挥才智,在现有法律规定不能调解的境遇下采取撤诉、和解等"变通"方式来解决当事方的纠纷。

(二) 尊重义务司法救济的完善

1. 尊重义务司法救济的范围扩展

公民权利的国家尊重义务是公民"免于限制的自由"的必然延伸,尊重义务的司法救济也是公民通过司法途径还原于自由状态。这对于公民的自由权尤为明显,但对于主要诉求为国家积极义务的社会权该当如何呢?包括生存权、受教育权、劳动权等社会权作为公民的基本权利赫然添列于我国宪法之中,这对于民生保障有着极其重要的意义。事实上,基本权利作为具有直接效力的权利首先得益于宪法的保障是一种广为流传的误解。因为人们忘记了基本权利若不能在日常行政实践中受到尊重,并通过行政诉讼程序得到保障,它们其实是毫无意义的。[2] 故尊重义务的司法救济对自由权与社会权的保障都有着举足轻重的作用。遗憾的是,《行政诉讼法》对于民生保障的范围有些过窄,只在第十二条的第十款有此规定("认为行政机关没有依法支付抚恤金、最低生活保障待遇或者社会保险待遇的")。在这里,尤为值得关注的是,即使行政机关支付了抚恤金、最低生活保障待遇或者社会保险待遇,但支付时附加了公民不可接受的条件,那么这个行政行为也是非法的,公民、法人或者其他组织可以向人民法院起诉。由于《行政诉讼法》规定的诉讼行为过窄,为了弥补这一遗憾,第十二条最后规定了兜底条文"除前款规定外,人民法院受理法律、法规规定可以提起诉讼的其他行政案件"。但这一条文由于过于模糊,且其他法律、法规几乎没有规定,让本条文沦为空泛。为了使民生保障落地有声,人民法院可通过司法解释或实践探索,扩大诸如最低生活保障、救助、社会保险等领域行政机关尊重义务的案件范围。

---

[1] 郑燕婷:《论行政诉讼调解的制度建构》,载张大共:《依法行政与社会治理比较研究》,九州出版社 2013 年版,第 443 页。

[2] [德]弗里德赫尔穆·胡芬:《行政诉讼法》(第 5 版),莫光华译,法律出版社 2003 年版,第 9 页。

2. 建构民生保障的公益诉讼

民生中包括社会福利等许多权利都涉及公共利益,公共利益的国家尊重义务是指确认公民的公共利益的资格、内容、范围、程度等。公益诉讼"可用来产生对公众成员极其有利或者有最大益处的救助或救济社会效果的程序机制,而与此同时这一程序机制也可以产生诉讼当事人本身明显追求的公正结果"[1]。公益诉讼具有广泛的社会性、普遍性,保证其通畅进行对社会公正尤为重要,诉讼的本质为化解纠纷,将偏离公正的行为纠正到社会公正的轨道之上。"新型的正义以对实效性的探索为标志——有效的起诉权和应诉权(effective right of action and defense),有效接近法院之权利(effective access to court),当事人双方实质性平等(effective equality of the parties),包括所有曾经忽视的法律援助问题、诉讼迟延问题、诉讼成本和小额请求的问题等等,正以一种扩大的尝试将这种新的正义引入所有人可及的范围。"[2]由于在我国受案范围过窄、以现实危害为主等因素的影响,至今民生保障的公益诉讼在我国处于式微状态。故民生保障的公益诉讼的发展,应在受案范围与起诉主体等方面突破。《中华人民共和国宪法》第四十一条规定:"中华人民共和国公民……对于任何国家机关和国家工作人员的违法失职行为,有向有关国家机关提出申诉、控告或者检举的权利,但是不得捏造或者歪曲事实进行诬告陷害。"2015年4月20日最高人民法院审判委员会第1648次会议通过的《最高人民法院关于适用〈中华人民共和国行政诉讼法〉若干问题的解释》第一条第一款规定:"人民法院对符合起诉条件的案件应当立案,依法保障当事人行使诉讼权利。"对这两条法条应作扩大理解,把民生保障尊重义务的公益诉讼包括进来。至于有关民生保障公益诉讼原告问题,过去一向以《行政诉讼法》第二条为依据,即向人民法院起诉的是认为行政机关和行政机关工作人员的行政行为直接侵犯其合法权益的公民、法人或者其他组织,同时结合第十二条第(十二)项,"认为行政机关侵犯其他人身权、财产权等合法权益的"。随着时代的变化,为了更好地保护公民利益,应依据法理作扩张揭示,即法律上的利害关系应包括直接与间接的关系。这样扩大公民的原告资格,有利于民生保障,这也是法律发展的方向,即"法律就是朝着允许全体公

---

[1] Sir Jacob. *Safeguarding the Public Interest: New Institution and Procedures*. in Jeremy Cooper, Rajee Dhavan. *Public Interest Law*. Basil Blackwell, 1986, p. 54.

[2] [意]莫诺·卡佩莱蒂:《当事人基本程序保障权与未来的民事诉讼》,徐昕译,法律出版社2000年版,第65页。

民起诉他们所感兴趣的任何行政裁决的方向发展"[1]。

3. 丰富尊重义务的司法救济方式

我国过去一直坚持对于行政机关的行为法院要一律裁判,理由是要对行政机关的行为作合法与非法的判断,裁决能更好地保护在行政关系中处于弱势地位的公民等。是否民生保障国家尊重义务的司法诉讼就只有法院裁决这一条路径呢?实际上,随着社会的发展,2007年,最高人民法院在印发《最高人民法院关于加强和改进行政审判工作的意见》第15条指出:"人民法院在查清事实,分清是非,不损害国家利益、公共利益和他人合法权益的前提下,可以建议由行政机关完善或改变行政行为,补偿行政相对人的损失,人民法院可以裁定准许行政相对人自愿撤诉。特别是对因农村土地征收、城市房屋拆迁、企业改制、劳动和社会保障、资源环保等社会热点问题引发的群体性行政争议,更要注意最大限度地采取协调方式处理。"[2]最高人民法院的这一司法解释使尊重义务的司法救济多了一种调解的方式。事实上,美国等其他国家已经有多年行政案件的调解经验,调解必须在法官的主持下依据法律自愿地和解。这种方式既不会损害法律的权威,又能提高纠纷解决的效率,从而更好保护当事人的利益。

第二节　民生保障国家保护义务的司法救济

民生在法律上主要属于社会权,社会权的国家保护义务在传统上主要依赖于宪法委托、制度保障等方式防止国家对社会权的侵害,一般可诉性不强;但除国家主体之外的第三者对公民社会权的侵害,在现代社会通常具有可诉性。[3] 国家保护义务中的第三人侵害,按照具体特性标准,学界通常将其划分为事先、事中和事后三个阶段。与此相对应,国家对其依次负有预防、排除和救济三个层次的保护义务。[4] 对于上述各个层次的保护义务,是否具有主观权利属性而受到司法救济,实因层次不同而有所差异。首先,在预防层

---

〔1〕 [美]伯纳德·施瓦茨:《行政法》,徐炳译,群众出版社1986年版,第420页。

〔2〕 http://www.law-lib.com/law/law_view.asp?id=291541,访问日期2015年12月26日。

〔3〕 以受教育权为例,在日本,倘若对子女行使亲权者(若没有亲权者,则指监护人)没有履行《日本国宪法》第二十六条第二款所规定的教育义务,即构成对其子女所应享有的受义务教育权的侵犯。无独有偶,在我国,《中华人民共和国宪法》第四十六条即是类似的规定。

〔4〕 龚向和、刘耀辉:《论国家对基本权利的保护义务》,《政治与法律》2009年第5期。

次，基于"司法谦抑主义"的宪法分权原理，该层次的社会权保护义务的绝大部分内容都仅具有一种"客观法"规范的性质而不具有可诉性。当然，在特定情形下，也仍存在"主观化"的可能。其次，在排除与救济层次，学界多认为这两层次的国家保护义务在本质上仍被归入危险的防御以及自由法治国原则，所针对的权利主体以及国家行为又都系具体的、明确的、特定的，因此这两层次的社会权保护义务应当被同时视为一种主观权利而具有可诉性。必须指出的是，在由狭义保护义务所构成的国家、侵害者以及受害者三角关系中，那些直接针对第三方侵害而提起的诉讼只能被认定为一般民事诉讼，而只有当受害人针对排除或救济层次的国家保护义务而主张的权利诉求，才能称得上作为主观权利的狭义保护义务。[1]

一、保护义务在排除和救济层次上可诉性的理论依据

在民生保障的国家保护义务中，国家对第三人的排除与救济层次的保护义务有别于自由权的纵向效力。自由权的纵向效力主要是公民免受国家权力的侵害，是针对国家的防卫权。"依据此时代的思想，国家之权力行使，须予节制，而人民的(自由)基本权利，原则上是无所限制的。在这样两种利益(国家及人民)相互对立之下，国家之权力，由基本权利之规定予以节制，而私人的权利，则由契约予以节制。因此，宪法基本权利之规定，是完全针对国家而发，基本权利条款的本身，就富有纯粹针对国家性质，而非针对人民性质。"[2]简言之，基本权利针对的是国家权力的约束，而不是针对社会第三人的约束。这是传统社会保证公民的最大自由、契约自由，即"第三人无效力说"。英美国家虽然不像大陆国家那样严格区分法律的性质，通过公法来保护公民的基本权利，但英美法也一直秉承基本权利是防止国家权力侵害，在美国有关基本权利的宪法条款主要是在《权利法案》的修正案中，修正案的公民基本权利条款只是约束联邦与各州政府对基本权利的侵害，不是约束个人对个人的基本权利侵害。随着社会的发展，社会上各种团体、企业、行会等大量增多，它们拥有强大的社会权力，对公民基本权利的侵害现实日益增多。确实，"国家公共权力以外的各种社会势力(垄断性大企业、新闻舆论机构等)大大增强，对公民基本权利的压抑和侵犯之可能性及现实性也大为增加，如

---

[1] 刘耀辉：《国家义务的可诉性》，《法学论坛》2010年第5期。
[2] 陈新民：《德国公法学基础理论》(上)，山东人民出版社2001年版，第288页。

果仍然通过传统的私法进行保障,就不能免除那些属于私人性质又拥有巨大社会势力的违宪侵权行为尤其是侵犯公民的基本权利的行为"[1]。如何防止社会权力对公民基本权利的侵害,即国家履行排除与救济义务保护公民的基本权利,这有别于传统基本权利的纵向效力,是社会发展带来的新的课题。对于新课题的破解,典型的理论有两种,即第三人效力理论与国家行为说。

(一)第三人效力理论下的国家排除和救济层次义务

传统上包括民生保障在内的基本权利的国家保护义务是不可诉的,随着社会形势发展,基本权利需要水平效力的保护,国家排除与救济层次的义务的可诉需要新的思想支撑,第三人效力理论(Drittwirkung der Grundrechte)应运而生。第三人效力理论主要发源于欧洲大陆的德国,第三人主要是指国家之外的其他主体,即宪法上基本权利对国家的拘束力同样对作为第三人的私人一样具有拘束力,它为公法与私法的运用架起了一座桥梁。第三人效力理论可分为"直接效力说"与"间接效力说"。

"直接效力说"主张宪法基本权利效力直接适应于私人的法律关系之中,其典型代表人物是德国的尼伯代(H. C. Nipperdey)。尼伯代认为宪法基本权利条文对于私人关系有着绝对的效力,可以直接援以引用。如果基本权利条文不能直接用于私人法律关系之中,那么这些宪法条文则变成了只有宣示性质的条文。基本权利条文直接适用于私人法律关系有着宪法依据,《基本法》在第一条第三款规定:"基本权利之规定,视为直接之法律,拘束立法、行政、司法。""直接效力说"的另一个代表人物是米勒(G. Muller),他与哈特一样认为宪法规范是最高规范或者首要规范,其他规范是次级规范,它们都要服从于宪法规范,故宪法规范可以直接适应于私法关系领域。"直接效力理论"并不只是空中楼阁,它被德国的联邦劳工法院所采用,法院认为作为具有最高效力的宪法基本权利条文对私人权利有拘束力,私法契约与相关行为不能与之抵触,否则无效。时至今日,德国联邦劳工法院还是坚持此观点,宪法相关条文效力直接约束私人法律关系。"直接效力说"也有其弊端,部分学者坚持由于作为公法性质的宪法条文通常只对国家权力具有直接约束力,现在直接适应于私法领域,这可能导致私法的独立、自主性丧失,现实表征为私法自治、契约自由被侵蚀。"如果人权规定直接适用于私法领域,则私法自治必

---

〔1〕[日]阿部照哉等:《宪法(下)——基本人权篇》,周宗宪译,中国政法大学出版社2006年版,第162页。

岌可危,而且,依据直接适用说,公权力随时可能介入人民之生活,反将升高人民与国家间紧张关系,有违人权宣言之宗旨。"[1]

为了弥补"直接效力说"有影响私法自治趋势的缺陷,"间接效力"理论应运而生。"间接效力"理论只承认宪法基本权利条款对国家权力有直接的约束力,不对私法领域的法律权利关系有直接的约束力。但社会的发展造成了具有优势地位的团体或个人,这些主体对处于实力劣势的权利主体进行实质的侵害,而私法已有法律对此又无能为力。面对如此局势,只有通过公法,尤其是宪法来对其保护,宪法对私法领域的保护只能是间接效力保护。所谓"间接效力"理论就是指宪法条文不能直接适应于私法,只能把宪法形成的价值精神融于私法的概括性条款之中,以概括性条款为中介来适用宪法。由于"间接效力"理论适应于基本权利发展趋势的优点,现在被德国、日本等国家作为主流理论加以运用。

(二)国家行为观点方面的国家排除和救济层次义务

德国、日本等国家采用"第三人效力理论"解决了宪法在私法领域的适用问题,美国则发展了国家行为理论使宪法适用于私人领域。国家行为理论是指私人或社会组织的行为在形式或本质上与国家有着直接或间接的关系,则这种私人之间的关系受宪法基本权利效力的约束,即把私人的行为定义为国家行为,从而使仅指向国家行为的基本权利保障也适用于私人行为。因此把私人行为定义为国家行为是基本权利保障指向私人行为的关键,美国最高法院经过努力,通过一系列判例逐渐形成国家行为理论,国家行为理论有着很强的灵活性,根据不同时代社会情况的不同而不同。

私人在履行类似公共的行为时,即被认为是国家行为。通过 Nixon v. Herndon、Blum v. Yaretsky、Mash v. Alabama、Evans v. Newton[2]等一系列案件确立了国家行为理论的三标准,即"共生关系标准(the symbiotic relationship test)、公共职能标准(the public function test)和国家强制标准(the state compulsion test)。根据共生关系标准,当国家和一个私人组织之间的一个密切连接是由使私人组织行为转变为国家行为的联合行为和互相依赖关系造成的时候,该私人组织行为就属于国家行为,因而就适用有关宪法权

---

[1] 张翔:《基本权利在私法上效力的展开——以当代中国为背景》,《中外法学》2003 第 5 期。

[2] https://law.justia.com/lawsearch? query=lum%20%20v. %20Yaretsky,访问日期 2017 年 12 月 7 日。

利规范。根据公共职能标准,当一个私人组织行使了一个传统上只能由国家行使的行为的时候,该私人组织行为就属于国家行为,因而就适用有关宪法权利规范。根据国家强制标准,当国家强迫或支持一个私人组织从事被诉行为时,该私人组织行为就属于国家行为,因而就适用有关宪法权利规范。根据这些标准,国家行为只存在于国家与一个私人当事人行为有牵涉的时候"[1]。值得注意的是,与共生关系相近的有共同行动、许可与规制、国家财政的支持等,这些都可看作国家行为。共同行动是指个人与国家主体一起做出某种行为,此时个人的行为受国家基本权利保障的约束,此标准在 Sniadach v. Family Finance Corp[2]一案中做了很好的注解。该案法官认为债权人因国家机关的参与得以扣除债务人的财产,即此行为是国家与个人的共同行动导致债务人丧失财产,故是国家行为。许可与规制在 Moose Lodge No. 107 v. Irvis[3]一案中得到了很好的体现,在该案中,一家获得国家销酒许可的私人俱乐部禁止向本案的原告销售酒,该许可的行为被认为是国家行为,但以 Rehnquist 法官为代表的多数法官认为将这种许可的行为视为国家行为存在巨大争议。公共职能标准主要是通过系列 White Primary Cases Smith v. Allwright[4]等选举案与使用私人财产案而发展与丰富起来的,此外要注意的是,美国并不是对公共职能标准不加限制,如美国在杰克逊案中就对公共职能标准作了限制。该案认为仅是那些传统上由国家行使的职能行为被私人行使时,才能被认作国家行为,否则便不是国家行为。总而言之,尽管何为国家行为有了不同的声音,那只是把国家行为更精细化、科学化,而不是否定国家行为理论,国家行为理论适应了当代基本权利保障触及私人行为的境况,是一种进步,也是一种趋势。

(三) 第三人效力理论与国家行为理论的反思

通过分析世界上两种典型的基本权利的私法效力理论,对我国的基本权利保障的私法诉讼建构具有助益。经过仔细反省,第三人效力理论与国家行为理论存在两同与两不同,即前提语境与发展趋势相同,理论基础与结果不同。

---

[1] 钱福臣:《德、美两国宪法私法效力之比较》,《求是学刊》2013 年第 1 期。

[2] R. T. Nagle. *Expanding Limitations on Prejudgment Attachment: Reverberations on Sniadach v. Family Finance Corp*. Boston College Law Review, 1971, 4(3): 20-21.

[3] Moose Lodge No. 107 v. Irvis, EBSCO.

[4] R. E. Cushman. *Texas White Primary Case Smith v. Allwright*. Cornell L. q., 1944.

1. 前提语境与发展趋势相同

前提语境与发展趋势相同,一是指基本权利保障的私法约束力的发展的理论环境与现实情况大体相同,都是突破基本权利的垂直效力的环境与基本权利的垂直效力无力保护社会大量私人团体侵害公民基本权利的现实情况;二是指公法与私法的相互融合与渗透的趋势的一致性。这种相同的共性揭示了一定的规律性。

英美法系与欧洲大陆法系一直有着自由主义的传统,自由主义传统是建立在国家与社会二元划分的基础之上。自由是私法的灵魂,由社会固守;安全与秩序是公法核心,由国家主导。社会先于国家存在,故私法是自治的,私人或社会团体根据自己的意志行事、私人领域不受国家干预;相反,国家的义务是保障人们的安全与社会秩序,只是对社会的有效管理,维护人们的生活秩序不受危害。在传统观点下,公民要求国家对基本权利的有效保护,同时防备国家对基本权利的侵害。这种思想深深地烙在各国最高效力的基本法中,1949年的《德意志联邦共和国基本法》第一条第一款规定:"人之尊严不可侵犯,尊重及保护此项尊严为所有国家机关之义务。"同样,美国把针对国家权力的《权利法案》作为美国宪法的有机组成部分,"政府,《权利法案》的构造者们相信,是人的一种手段,'其主权被认为从属于他的权利'。《权利法案》,因此,意味着政府的不自由就是公民个人的自由"[1]。美国宪法第十四条修正案第一款规定:"凡在美国出生或归化美国的人,均为合众国的和他们居住州的公民。任何一州,都不得制定或实施限制合众国公民的特权或豁免权的任何法律;不经正当法律程序,不得剥夺任何人的生命、自由或财产;对于在其管辖范围内的任何人,不得拒绝给予法律的平等保护。"这是"因为《权利法案》和宪法第十四条和第五条修正案只约束联邦和州政府,一个宣称被这些修正案保护的权利的被剥夺的主张必须证明某种'国家行为'的存在"[2]。自由主义通过宪法衍生基本权利的垂直效力,是指宪法调整的是国家与公民之间的关系;具体地说,由于国家与公民的地位不平等,宪法的存在是保障公民的基本权利,防止国家公权力对基本权利的侵害,因此国家是义务主体,公民是权利主体,这种效力关系就是垂直效力关系。

---

[1] Kermit L. Hall. *By and For the People*: *Constitutional Rights in American History*. Harlan Davidson Inc., 1991.

[2] David S. Elkind. *State Action*: *Theories for Applying Constitutional Restrictions to Private Activity*. Columbia Law Review, 1974,74(4).

随着市场经济与国家行为的变化,一些原专属于国家的行为由私人或社会团体来代替,这时这些私人或社会团体有了政府的独占与专属的公益功能,本质上它们具有了国家行为的性质。如果继续坚持这些组织的行为只受私法来调整,不受基本权利的约束,毋庸置疑,这既不合时宜,也不利于公民基本权利的保护。更有甚者,社会上的垄断组织不断增多与壮大,它们破坏了已有的平等与统一,私法已不能有效地约束这些垄断组织,这要求公法,尤其是宪法介入来约束它们,才能有效地保障基本权利。这时国家与社会的关系不仅仅是对抗与防备,而是协调与协作。Anderw Clapham 指出:"如果再坚持人权仅仅用来对抗国家,而对私法主体没有效力这种观念,已经不符合时代发展的要求了。这是因为一方面国际人权法已经承认个人或者私法主体有侵犯人权的可能,并且也有多种多样的司法权限来防止、惩罚和对这些侵犯提供救济。另一方面,在实践中严格区分公法关系和私法关系变得十分不易。即使作出区分,但其中的空白之处也不利于人权的保护。"[1]相应的是,福利社会国理念代替原来的自由法治国理念,基本权利或人权不仅仅是对抗国家权力的防卫权,还要求国家做出积极行为为基本权利或人权的实现提供条件与措施。

国家与社会的相互融合与渗透,打破了原来公法与私法泾渭分明的界限,"在一个社会的法律规则中,并存的私法和公法之间相互渗透、混杂,它们之间的界限模糊,没有严格的区分"[2]。私法与公法相互渗透,私法完全自治的神话已不复存在,公民权利的保护完全依赖私法已不合时宜,且没有良好的效果,越来越需要公法的介入。公权力私法化或私权利公法化大量出现,严格区分的公法与私法传统不能让基本权利得到有效救济。"所以为了实现人权保护的目标,我们不应该片面地区分侵害人权的主体是公权力还是私人主体,而是对所有侵害人权行为进行审查,最后确定国家是否履行了其对人权的保护和救济职责。"[3]这种现实的变化要求突破基本权利的垂直水平效力,即对基本权利有着水平效力。《世界人权宣言》第四条"任何人不得使为奴隶或奴役;一切形式的奴隶制度和奴隶买卖,均应予以禁止",此处任

---

〔1〕 Anderw Clapham. *Human Rights in the Private Sphere*. Clarendon Press, 1996, p. 94.

〔2〕 [德]拉德布鲁赫:《法哲学》,王朴译,法律出版社 2005 年版,第 129 页。

〔3〕 Andrew Clapham. *Human Rights Obligations of Non-State Actors*. Oxford University Press, 2006, p. 58.

何人既包括个人或社会团体,也应指国家或政府。因此,对于基本权利的救济应是,"虽然不同的司法体系可能对于基本权利的适用存在不同认识,但是我们不能否认在私人之间适用宪法基本权利的存在"[1]。

2. 理论基础与结果不同

前提语境与发展趋势相同揭示了共性的东西,然而更让人们感兴趣的是,不同国家面对共同的问题,解决方式有所差异。这正是哲学上的一般性与特殊性,一般性告诉人们规律性,特殊性警告人们要结合实际,而不是照搬照抄、千篇一律、人云亦云,要学会一把钥匙解决一个问题,特殊问题特殊解决。德国与美国对此共同的问题、结合本国具体情况开出了两个药方,都很有效。

在德国,"根据联邦宪法法院长期存在的判例法,宪法权利规范不只包含个人针对国家的防御权,而且同时还包含一个客观的价值秩序,该价值秩序作为一个基本的宪法决定适用于所有的法律领域,并且为立法机关、行政机关和司法机关提供指导方针和推力"[2]。由于基本权利的"客观价值"属性的存在,它经过判例可以"辐射"到包括私法在内的所有法律领域。这种客观价值秩序首先通过德国1958年的吕特案判决所阐发,"在吕特案中被勾勒出来的'客观价值秩序'的概念是该案中联邦宪法法院判决的核心并且已逐渐成为德国宪法理论中的一个核心概念。总的来说,某种'客观的'价值,在德国法律理论中,与作为某个特定的个人针对某个特定当事人的对于某种法律结果的'主观权利'相比,是一种独立于任何具体的法律关系的一般和抽象适用的价值。实际上,通过阐明基本权利确定了一个'客观的'价值秩序,联邦宪法法院是在阐明那些价值是如此的重要,以至于它们必须撇开任何特定的法律关系而存在,也即在这特定的背景下,撇开个人和国家之间的特定关系而存在。这些价值不仅是个人的特定权利,而且还是一般法律秩序的组成部分,不仅对可能处于某种与国家关系中的个人有利,而且还和所有的法律关系具有关联性"[3]。由于基本权利的"客观价值"属性的辐射,很自然就延伸

---

[1] Anderw Clapham. *Human Rights in the Private Sphere.* Clarendon Press, 1996, p. 127.

[2] [德]迪特尔·梅迪库斯:《德国民法总论》,邵建东译,法律出版社2001年版,第352页。

[3] Peter E. Quint. *Free Speech and Private Law in German Constitutional Theory.* Maryland Law Review, 1989.

到"第三人效力"理论,使基本权利有了水平效力,基本权利的约束力触及私法领域。

在美国,由于没有经过判例形成基本权利的"客观价值"属性理论,美国则通过私人或私人组织实施了类似宪法上国家行为的国家行为理论,把基本权利的约束力扩展到私法领域。"对第一修正案的违反需要对国家行为的发现。"[1]国家行为理论虽然表面上没有德国第三人效力理论精致,但是它也有着自己的系统理论,如国家行为的三标准及其相似行为的区分,更为重要的是,它能有效解决美国遭遇的与德国同样的问题。

由于理论基础存在区别,相应的是在实践上就会出现差异。基本权利的"客观价值"属性可以辐射到私法的整个领域,其有直接或间接的形式,尤其是客观价值的间接形式可以通过私法的概括性条款来予以适用。而国家行为理论因为要求有类似于宪法意义的行为存在,而对类似于吕特案所争议的问题所持的观点是一个宪法态度问题,这就缩小了一些现实问题在宪法基本权利范围内适用。同样由于国家行为理论把基本权利效力严格限定在私人的"国家行为"中,这大大降低了过分侵害私法自治原则的可能性;相反的是,基本权利的客观价值属性由于辐射到整个私法领域,这导致其适应的区域大大扩展,尤其是其间接适用的形式,更是侵占私法领域的范围,这使私法自治的原则大打折扣,因此,基本权利客观价值辐射私法领域的范围一直饱受争议。

二、保护义务在国外司法救济层面具体案例分析

先来看看1958年德国的吕特案。1950年9月20日,时任汉堡媒体俱乐部主席的吕特在"德国电影周"开幕典礼上,向影片发行商与制作商发出呼吁,联合抵制纳粹时期著名反犹太人导演哈兰的新作——《不朽的爱人》,禁止其在电影院播放。哈兰在纳粹时期深受当时的宣传部部长戈培尔的赏识,曾为纳粹政府拍摄过多部电影,其代表作《犹太人苏斯》具有强烈的反犹太情绪,奠定了他作为"纳粹官方导演"的地位。针对吕特的上诉言论,《不朽的爱人》的制作公司多米尼克公司要求吕特作出说明。岂料,吕特不仅没有作出说明,反而于1950年10月27日以公开信的形式予以回复,并再次号召电影

---

[1] Ralph D. Mawdsley. *The Supreme Court and Athletic Associations: A New State Action Theory*. West's Education Law Reporter, 2001-09-27.

界和公众抵制哈兰的作品。哈兰及多米尼克公司等遂以吕特违反善良风俗造成其损失为由向汉堡地方法院起诉吕特。1951年11月22日,汉堡地方法院根据《德国民法典》第八百二十六条的规定,认定吕特的行为违背了善良风俗,并因此造成了对方的损害,构成侵权,判决对吕特施加禁令。吕特不服,最终向联邦宪法法院提起宪法诉愿,请求排除对其言论自由的侵害(德国《基本法》第五条第一款)。1958年1月15日,联邦宪法法院第一庭判决推翻汉堡地方法院的判决,并撤销地方法院对吕特施加的禁令。〔1〕

1958年德国吕特案是德国宪法基本权利私法适用最有影响力的案件,丰富了宪法私法适用的理论,并开始了宪法私法适用的间接效力原则。

(一)宪法私法适用的逻辑前提——基本权利的客观价值属性

传统上宪法只调整国家与公民之间的关系,不调整公民与公民之间的关系。1949年的《德意志联邦共和国基本法》第一条第一款规定:"人之尊严不可侵犯,尊重及保护此项尊严为所有国家机关之义务。"其强调了国家义务对公民权利——人性尊严的保障。本条的第三款:"下列基本权利拘束立法、行政及司法而为直接有效之权利。"由于立法、行政及司法都是国家的表征,故本条款宣示了宪法只约束国家与公民的关系。这说明基本权利是一种主观权利,具有防御功能,主要防御国家对基本权利的干涉来确保个人的自由。吕特案中的吕特言论自由正是体现了这一特质,"毫无疑问地,各项基本权利最重要的是要保障个人的自由领域免于公权力的侵害,它们是民众对抗国家的防御权"〔2〕。当然,在传统上这种防御权功能主要是指基本权利中的自由权。随着社会的变化,由于私法领域中各种具体权利相互碰撞,又没有很好的方法解决相互冲突的权利问题,这为基本权利介入私法领域提供了契机,同时为基本权利的实现增加了方式。但已有的主观权利理论无法满足这个要求,因为基本权利原来只约束公权力,现在是约束私权利,因此需要进一步挖掘基本权利的属性,基本权利的客观价值属性正是应时代之需被挖掘出来。"基本权利建立了一个客观价值秩序,该秩序是以人格及人性尊严能在社会共同体中自由发展为中心的价值体系,必须被视为宪法上的基本决定,

---

〔1〕 张翔:《德国宪法案例选释(第1辑):基本权利总论》,法律出版社2012年版,第20-21页。

〔2〕 上官丕亮:《论宪法在普通诉讼中适用的正当性》,《学习与探索》2008年第3期。

有效适用于各法律领域。"[1]吕特案正是认识到了言论自由的客观价值属性,"言论自由对于一个自由民主国家秩序而言,是有建设性功能的,因为它能促成经常性的思想交换及民主生活不可或缺的意见讨论。在某种意义上,它是每一种自由的根本,这个源泉几乎是'所有其他各种自由不可或缺的条件'"[2]。

(二)宪法私法适用的核心——基本权利如何介入私法领域

宪法正是借助于基本权利的客观价值秩序这一桥梁,介入了私法领域。因为"基本权利作为客观价值秩序自然也会影响民事法律,没有任何的民事法律可以抵触它,每一项规定均须按照其精神来解释"[3]。在吕特案中,吕特的言论自由权被看作一种客观价值,它表征了一个人的人性尊严,并"辐射"到了民法领域。宪法私法适用的具体路径是这样的,"某种知识性的内容(基本权利的客观价值秩序)从宪法中'流入'或'辐射'进民法中并且影响对既存的民法规则的解释。在这样的案件中,私法规则依据可适用的宪法规范被解释和适用,而最终被适用的仍是民法规则。联邦宪法法院强调,即使在这样的案件中,争议'在实体和程序上仍是一个民法争议'"[4]。根据吕特案,形成了宪法的私法适用理论第三人效力理论的"间接效力"说。间接效力说是指"基本权利不能直接适用于私人之间,而只能通过民法'概括条款'(Generalklauseln)的适用而实现,宪法基本权利条款不能在民事判决中被直接引用作为裁判依据"[5]。

(三)宪法私法适用的延伸——宪法意义社会权的私法适用

上述案例中吕特的言论自由权属于自由权的一种,自由权与社会权都是宪法上的基本权利,二者有着很大的差别,通常国家对自由权承担的主要是消极义务,对社会权则要积极行为。由于二者都属于基本权利,自由权具有

---

[1] 张翔:《德国宪法案例选释(第1辑):基本权利总论》,法律出版社2012年版,第36页。

[2] 张翔:《德国宪法案例选释(第1辑):基本权利总论》,法律出版社2012年版,第27页。

[3] 张翔:《德国宪法案例选释(第1辑):基本权利总论》,法律出版社2012年版,第36页。

[4] Peter E. Quint. *Free Speech and Private Law in German Constitutional Theory*. Maryland Law Review, 1989.

[5] 张翔:《德国宪法案例选释(第1辑):基本权利总论》,法律出版社2012年版,第36页。

"主观权利属性",社会权也应当具有"主观化"的可能,但是否可以直接据此作出司法权对社会权负有保护义务的判断,我们认为除学理论证外还必须综合考量一国国内司法保护人权的可能性以及司法权本身所固有的权力属性及其宪法地位等。从世界范围来看,当前多数国家或直接或间接地承认司法机关是社会权纠纷的最终调处者,但是由于各国司法机关在地位、权限以及设置上的具体差异,对社会权保护义务的履行方式各有不同。例如,英美法系国家多采取由普通法院依据宪法和法律上的正当程序以及平等条款等而实施对社会权的司法保护义务;而在大陆法系国家,德国主要依赖于以联邦宪法法院为首的法院系统,法国则依赖于普通法院与行政法院。世界经验表明,借助司法权以履行社会权保护义务主要存在宪法诉讼和法律诉讼两个层次。对于后者,不论是在理论还是实务中,世界各国均持肯定态度;而对于前者,各国的态度则迥异。究其根源主要是因为:从权利救济维度看,各国对社会权是否具有可诉性本身存在争议;而从各国司法制度的具体设计来看,不少国家并不承认宪法诉讼在其国内具有制度性生存的空间。

1. 社会权的主观权利诉求直接实现

从目前世界各国的司法实践来看,民生的国家保护义务多从平等和非歧视视角对当事人社会权进行保障。比如,在德国,社会保障权作为民生实现的重要议题,如果要避免国家保护义务与权利实现的断裂,在保护义务层次主要通过宪法委托加以实现,根据宪法委托之概念以及实证宪法理念之要求,公民将获得一系列有关民生实现的权利例如社会保障权,当其合法权利遭到不利侵害之虞,可以依法向法院提起法律之诉,而倘若立法者在合理期限内尚不能积极地制定宪法所要求的社会保障法律或不完全地颁定法律,那么结合宪法相关基本权内容的规定,公民仍有可能获得一定程度的主观请求权。又如在美国,在1970年哥德堡诉凯利案[1](Goldberg v. Kelly, 397 U. S. 254(1970))中,约翰·凯利和其他一些人都是美国联邦政府和纽约州专门针对多孩子家庭的救济项目的受益者,他们根据这些项目获得了一些福利津贴,但纽约市政府未经通知和举行听证会就突然取消了对他们的资助。约翰·凯利于是就代表接受此项福利津贴的人向法院提起诉讼。约翰·凯利认为,掌管这些资助项目的官员终止这种资助前并没有进行通知或者举行听

---

[1] Source Wikipedia. *1970 in United States Case Law: Goldberg V. Kelly*. New Haven Black Panther Trials, List of United States Supreme Court Cases, Volume 396.

证，侵犯了他受到《美国宪法》第十四条修正案所保护的获得法律正当程序的权利。在该案中，法院认为政府的行为侵犯了包括被告在内的受到资助者的权利，在政府终止援助之前，必须给公共援助受益者提供一个终结前的论证性听证会；并进一步指出，公民的各种权利都是法律权利而不是"特权"。[1] 公共援助为合格受益者提供了至关重要的食品、衣物、住房以及医疗保健，与政府所关心的财政和行政负担相比价值更大。在该案中，法院为公民提供了作为社会保障权的司法救济，排除了政府对公民社会权的侵犯，保障了案件当事人的基本民生实现。

在美国和加拿大，虽然议会一直秉持自由竞争的优先原则，不论在福利国家的推进还是在社会权利保障立法中都特别谨慎，但由于其宪法序言中宣扬"促进普遍福利"原则，所以随着20世纪"福利国家"的兴起，美国人民开始用积极的含义来考虑政府的作用。在加拿大，与美国类似，加拿大宪法虽然没有明确规定社会权，却同样能够实现对社会权的司法救济。加拿大法院一直在竭力保护人权的基本价值，并且已经奠定了迎接挑战的法理基础。在Vriend[2]案中，上诉人Vriend受雇于阿尔伯塔省一所大学的实验室，并于1998年获得了永久职位，但在1991年，学校以Vriend不符合学校的同性恋政策为由，要求Vriend辞职，Vriend拒绝辞职后被学校解除了工作，Vriend向阿尔伯塔省人权委员会提出申诉，主张学校的行为构成了性取向的歧视。在南非，社会权被称为公民的宪法权利，平等权或平等原则为社会权利的司法救济增加了严格审查的标准。[3]

2. 社会权客观价值的司法救济实践

对于社会权的司法救济，在保护义务层面多针对第三人的干涉和侵犯，国家负有排除和救济义务。在当代宪法理论下，正如德国《基本法》第一条所言，尊重和保护人的尊严是一切国家权力的义务，这种国家权力应当涵盖立法、行政以及司法的全过程。从宪法的客观价值秩序功能出发，国家对宪法制度以及基本权保护义务的履行"不仅需要立法者负有制定规范之任务"，行政权负有执行保护性法律，包括行使裁量权之义务，同时宪法法院和普通法院"还必须以保护义务为标准"审查立法者及行政权之相关作为与不作为以

---

〔1〕李步云、孙世彦：《人权案例选编》，高等教育出版社2008年版，第36页。

〔2〕Canada (AG) v. Mossop, Equality Rights Statute Amendment Act Egan v. Canada. Vriend v. Alberta. M v. H.

〔3〕龚向和：《社会权的可诉性及其程度研究》，法律出版社2012年版，第169页。

及审判其他行政或民事案件。1958年1月15日联邦宪法法院在吕特案中采纳了宪法权利的第三人间接效力理论并作了深入阐述,法院认为联邦劳工法院将宪法上的基本权利直接适用于私法关系,过于扩大宪法适用范围私人间的关于私法权利与义务的争执,不论在实质上和程序上都是民事问题,由民法来规范,但是民法条文应当依据宪法精神来予以解释。民法上的概括条款如善良风俗,可以用来实现宪法基本权利对民事关系的影响,概括条款是基本权利对民法的突破点,是宪法基本权利进入民法关系的入口,法官在审判具体案件时,必须以宪法基本权利的精神来审查、解释及适用民法条文。此乃私法的修正,也是法官受到宪法基本权利拘束的明证。倘若法官不遵循此种方式,忽视宪法所保障的客观规范即基本权利的实质,就可视为公权力的侵害,公民可以提出宪法诉愿。由宪法法院来审查基本权利对民法的放射作用有无被实现,从联邦宪法法院的判决理由的内容来看,基本上采纳了Durig的观点,在实践中采用了对第三人间接效力说。[1]

三、我国国家保护义务司法救济制度的实践与不足

（一）宪法层面民生保障司法救济

民生国家保护义务的司法救济是社会权的宪法诉讼的下位概念,我国现实中宪法诉讼并不存在,但宪法适用存在。"宪法诉讼是指解决宪法争议的一种诉讼形态,即依据宪法的最高价值,由特定机关审查法律的违宪与否,使违宪的法律或行为失去效力的一种制度。"[2]宪法适用是指"一定国家机关对宪法实现所进行的有目的的干预,包括国家代议机关、国家行政机关对宪法实现的干预和国家司法机关在司法活动中对宪法实施的干预"[3]。这里宪法适用主要是指宪法原则、规则、概念的直接适用,不包括间接适用。宪法适用包括"代议机关的立法活动、行政机关的管理活动、司法机关的司法活动"[4]。司法机关的司法活动包括宪法诉讼、宪法解释与违宪审查等,由此可见,宪法诉讼是宪法适用一部分。在我国,"(1)我国的宪法适用,主要应该走国家权力机关适用,尤其是最高国家权力机关适用的路径,具体地说,就

---

〔1〕 陈新民:《宪法基本权利及对第三人效力之理论》,载陈新民:《宪法基本权利之基本理论》,三民书局1990年版,第100-104页。
〔2〕 韩大元:《试论宪法诉讼的概念及其基本特征》,《法学评论》1998年第3期。
〔3〕 周叶中:《学习宪法专辑》,中国人民大学出版社2005年版,第378-379页。
〔4〕 谢维雁:《论宪法适用的几种情形》,《浙江学刊》2014年第6期。

是主要应该走国家权力机关立法适用和监督适用的路径。(2)宪法行政适用也是我国宪法确认的宪法适用路径,可以作为国家权力机关适用的补充。这是一方面。另一方面,按宪法确认的建设社会主义法治国家的要求,掌握行政性职权的国家机关直接适用宪法的情况应该尽可能减少,应逐步以适用法律的方式间接参与宪法实施。当然,这要以完善立法或必要时正式解释宪法有关规定为前提。(3)宪法司法适用在我国没有宪法依据,在我国既无采行的现实可能性,也看不出有发展的前景"[1]。由于我国没有宪法司法适用,故宪法诉讼也不可能存在,由此可知,民生保障的国家保护义务的宪法诉讼也不存在。

虽然我国真正的民生保障的宪法诉讼不存在,但并不等于在司法判决中就不涉及宪法,涉及宪法时更多的是遵守性援引宪法,而不是适应性援引宪法。我国宪法社会保障条款在司法裁判中的适用受最高人民法院1955年《最高人民法院关于在刑事判决中不宜援引宪法作论罪科刑的依据的复函》和1986年《最高人民法院关于人民法院制作法律文书如何引用法律规范性文件的批复》的影响,长期以来我国学界普遍认为碍于宪法的基本架构,违宪审查意义上的宪法司法化以及法院直接依据宪法裁判个案意义上的宪法司法化在我国都难以成立。虽然如此,也有学者乐观表示在普通的法律案件审理中,如果法官负有对法律作合宪性解释的义务,有将宪法的精神借由法律解释贯穿于法律体系中的义务,则在普通法律案件中就有作宪法分析的可能。

从既已审结的社会权保障的非真正宪法案件来看,宪法适用多是出现在法院判决的说理部分,用以分析双方当事人提出的权利主张是否具有宪法依据,关于这一情形的宪法适用它主要可以分为以下几种具体适用方式。第一,直接援引相关宪法条款的具体规定,例如在"吴粉女退休后犯罪刑满释放诉长宁区市政工程管理所恢复退休金待遇案"中,其一审判决就明确援引了《中华人民共和国宪法》第四十四条之规定并认为退休金待遇是公民享有的一项重要的社会经济权利,它是退休人员安定生活的重要保障。[2] 第二,笼统适用宪法的原则和精神,例如,在"刘明诉铁道部第二十工程局二处第八工程公司、罗友敏工伤赔偿案"中,其一审判决书就主张把应由企业承担的风险

---

〔1〕 童之伟:《宪法适用应依循宪法本身规定的路径》,《中国法学》2008年第6期。
〔2〕 王禹:《中国宪法司法化案例评析》,北京大学出版社2005年版,第22页。

责任推给承担风险能力有限的自然人,不利于对劳动者的保护,有违我国宪法和社会主义的公德。[1] 第三,只援引了宪法条文所规定的基本权类型,例如,在"莫尊通不服福清市人事局批准教师退休案"中,二审判决即指出被上诉人福清市人事局所做出的批准退休决定侵害了《中华人民共和国宪法》所规定的劳动权,是具体行政行为,行政相对人对此不服的有权提起行政诉讼。[2]

而除此之外,在司法实践当中也有个别案件将宪法社会保障条款适用于法院裁判文书的判决部分。例如在"巫凤娣诉慈溪市庵东镇环境卫生管理站退休待遇纠纷案"中,该一审判决即明确指出,依据《中华人民共和国宪法》第四十四条第四十五条第一款,《中华人民共和国劳动法》第七十三条第一款第(一)项,参照《国务院关于工人退休、退职暂行办法》的有关规定,做出判决。[3] 针对上述案例,我国著名法学前辈肖蔚云教授认为:"司法适用,即是指司法机关依法将宪法或法律运用于处理诉讼案件的活动,但不能宣布法律违宪无效。"不论是将宪法置于判决说理部分还是将其置于判决依据部分,只要是在司法裁决中援引了宪法就可以将其理解成为宪法适用。既然合宪的宪法适用应当局限在裁判说理部分,那么针对上文所总结的三种具体适用方式,我们应该如何取舍并加以推广呢?对此,正如学者徐秀义等指出的那样,只列明适用宪法,而不列明所适用的宪法条款,更不说明该宪法条款的含义,当事人不可能明白法院适用该法规范的根据是什么,而只有法官自己知道适用的是宪法的什么条款以及该条款的含义,这样的判决与法治原则和法治精神有何相符之处?当事人如何能够服判?正因为此,我们认为法院在具体适用宪法进行裁判说理的过程中,应当明确援引宪法条文的具体规定,并作详细周密的论证,同时针对学界提出的应当采取由受案法院直接适用还是采取层报最高人民法院以司法解释形式适用的问题,考虑到以上两种模式都可以起到定纷止争的法律效果,但层报最高人民法院决定适用需要更高的诉讼成本,进而认为由受案法院直接予以适用应当更为可取。在具体司法实践中,笔者所搜集的绝大多数案例亦多是采取了此种适用模式。

---

[1] 《中华人民共和国最高人民法院公报》,1995年第5期。
[2] 最高人民法院中国应用法学研究所:《人民法院案例选》,人民法院出版社2000年版,第368—369页。
[3] 王禹:《中国宪法司法化案例评析》,北京大学出版社2005年版,第158页。

（二）普通法律层面民生保障的司法救济

从整体上来看，当前我国关于社会保障的制度设计及实践主要是透过普通法律加以实现的。在司法审判实践中，虽然也出现过一些适用宪法社会保障条款的非真正宪法案件，但总体而言，对公民社会保障之法律权利的救济，仍主要停留在普通法律之诉中。以《人民法院案例选》(1992—2010)为参考系，通过对其所刊载的所有社会保障案例进行统计分析，可以基本推断出当前我国通过法律适用以实现国家社会保障义务的总体状况。根据我们的初步统计，《人民法院案例选》(1992—2010)共收录了65个有关社会保障方面的案例。

首先，从整体布局来看，案例所涉的社会保障子领域分布并不均匀，其中多数案件系分布在社会保险之工伤保险领域特别是工伤认定方面。具体来说截至2010年我国《人民法院案例选》共收录了47个工伤保险方面的案例，占总社会保障权案例的72.3%，在上述47个案例当中，其中涉及工伤认定方面的案件共有37个，占工伤保险案例的78.7%，而占总社会保障案例的百分数也高达56%以上，而除此之外，对于社会保障之其他领域，如社会保险之医疗与生育保险领域、社会救助领域以及社会福利领域，其法律救济案例则如凤毛麟角。

其次，从上述案例适用的依据来看，如前文所述，由于目前国家出台的社会保障立法政策，法律文件尚多处于决定、通知以及部门规章层次。而现行行政诉讼体制又明确规定人民法院在审理行政案件时只能依据法律法规并参照规章，因而，在具体处理上述案件时，人民法院往往陷入无法律法规可依，或虽有法律法规可依却又因受法官业务素质整体偏低等因素影响而径行违法适用规章等规范性法律文件的境地。例如在"黄兰芳诉海门市劳动局退休管理行政处理决定案"中，一审人民法院就机械地依照劳社部发〔1999〕8号文件规定进而在判决中指出："被告认定原告在1999年11月办理退休手续时，尚未达到规定的退休年龄，有事实依据。被告作出注销原告退休审批表和退休养老证的行政处理决定并无不当。"而事实上与本案相关的法律文件还有公安部〔89〕公发15号《关于全国范围内实施居民身份证使用和查验制度的请示的通知》，根据该通知规定："居民身份证是国家法定的证明公民个人身份的证件，具有一定的权威性，并可用作办理聘用、雇佣和退休手续。"对于以上两法律文件的适用效力，我们认为虽然其不是同一机关制定的，但特别法律规范文件优于一般法律规范文件效力，前者关于职工身份证与档案记载的出生实践不一致时,以本人档案最先记载的出生时间为准的规定无疑应当受到质疑。

最后,从上述案例展现的国家义务履行来看,以上案例主要体现了国家在履行社会保障之狭义保护义务方面的努力。以其所刊登的工伤保险案例为例:案例的诉讼目的基本上都是为了防止劳动和社会保障部门或用工单位对受害人社会保险之法律权利的侵害。而事实上,众所周知,社会保障的根本目的首先即在于为那些处于弱势或特殊情形下的困难公民提供物质帮助。在法律上社会保障的首要义务乃在于国家给付义务的履行,而纵观上述带有明显给付性质的社会救助、社会保险之养老保险领域,其司法保障案例仍如沧海之一粟。虽然社会保障在我国的发展还远未达到成熟,在法律适用过程中仍存在诸多缺陷与不足,但司法适用方面亦存在着一些闪光因素。例如在审理社会优抚案件时,本来根据《中华人民共和国行政诉讼法》(以下简称《行政诉讼法》,1989年发布)第十一条第一款第(六)项之规定,只有公民"认为行政机关没有依法发给抚恤金的"才可以依法向人民法院提起行政诉讼,但在"赵贵金诉任丘市民政局不依法发放抚恤金案""李彦启诉邳州市陈楼镇人民政府不依法履行优待金给付义务案"等案例中,人民法院却在事实上用司法判例的形式扩展了《行政诉讼法》的上述立法规定。如前一案例中受诉人民法院即认为根据《行政诉讼法》第十一条第一款第(八)项以及《最高人民法院关于执行〈中华人民共和国行政诉讼法〉若干问题的解释》第四十八条第二款之规定,涉及社会保险金最低生活费等案件,应当属于行政诉讼的受案范围,而在此案中生活补助费事实上情况类似,是要求行政机关发放生活补助的具体行政行为,因而人民法院有权加以审理。

四、保护义务司法救济制度的建构

(一)保护义务司法救济的模式选择

1. 宪法委员会与普通法院相结合的复合模式

由于民生在法律上主要表现为社会权,民生保障的国家保护义务的司法救济可以转化为社会权国家保护义务的司法救济问题。纵观世界社会权的司法保障模式,有普通法院、专门机关、宪法法院等几种,实际上任何模式都有其优势,也有其不足,关键要适合本国的土壤。

社会权司法救济的普通法院模式以美国为典型,它是由各级普通法院在审理民事案件、刑事案件、行政案件时附带审查是否违宪。美国的这种模式通过1803年治安法官马伯里诉国务卿麦迪逊一案的判例方式建立，全世界包括美国、巴西、加拿大等国大约有64个国家建立这种模式。这种模式简单、方便，能及时有效保护公民基本权利，且对法官素质要求极高，但有降低宪法的最高效力与不利建立统一的宪政秩序的倾向。社会权保障的司法救济专门机关模式以法国的宪法委员会的专门救济为典型，它是一种预防性的集中模式。这种模式能调和议会与政府的平衡，及时制止违宪法律的延伸，存在的不足就是抽象审查的效率较低。社会权保障的司法救济的宪法法院模式是指以专门的宪法法院审查法律法规是否违宪及其宪法控诉案件，它以德国、奥地利等国家为典型。这种审查案件广泛、特殊的模式，有利于保障公民的基本权利与树立宪法的权威，不足之处就是一审终审制，不利于进一步救济。

通过以上考察，无论采用何种民生保障模式都要与包括政治体制、经济体制等本国的国家体制、本国的立法体制相匹配，机构裁判机关有足够的权威性，故我国的民生保障司法救济模式必须适合我国的政治、经济、司法体制、历史传统等因素。不同于西方"三权分立"，我国建立了人民代表大会制度这一根本政治制度，我国的一切权力属于人民，人民代表大会制度是以人民代表大会为核心和主要内容的国家政权组织形式。经济上，我国以社会主义公有制为主体。我国历史上没有宪法传统，制定宪法的时间不长，而且是单一制的国家。所有以上这些因素都对民生保障的司法救济有着影响。

结合我国的具体国情，我国民生保障的司法救济模式采用宪法委员会与普通法院相结合的复合模式更有利于保障我国公民的社会权；宪法委员会涉及法律文件的抽象审查，普通法院涉及基本权利的具体审查。

第一，这种模式最大程度地契合我国的政治制度、经济制度以及司法制度。民生保障的司法救济模式不能突破现有的政治体制，我国的根本政治制度是人民代表大会制度，宪法规定全国人民代表大会"改变或者撤销全国人民代表大会常务委员会不适当的决定"，这告诉人们全国人大通过改变或者撤销的手段审查抽象法规的形式，同时我国是单一制国家，单一、多层的法院制度可通过在法院内部设立宪法法庭来具体保护宪法基本权利。第二，有利于保护公民的基本权利。公民基本权利需要快速、及时得到保护，所谓"迟到的正义不是正义"。第三，这种民生保障的司法救济模式容易得到社会的广泛认同与国家的支持。普通法院的宪法法庭因为在现有法院体制下设立，实施的阻力较小、容易实施。实际上，宪法基本权利的直接效力已经成为世界性的一项宪政惯例，宪法基本权利的直接效力是落实基本权利的必然产物，是维护人民主权、建设法治国家的客观需要。我国已经具备了实现宪法直接效力的主客观条件，特别是法律条件，宪法基本权利的直接效力具有现行宪法和普通法律的充分依据，我国实现基本权利的直接效力应走先公后私，先易后难，逐步扩展的道路。[1]

2. 民生保障的司法救济的复合模式建构

由于宪法委员会更多地涉及法律文件的抽象审查，相关抽象审查的文献已有很多，在这里不再赘述。现在重点论述普通法院的宪法审判法庭。民生保障的普通法院的宪法审判法庭对案件的审判借鉴已有民事审判程序，结合民生保障的特殊性建立的一种特色宪法审判案件程序，包括民生保障保护义务诉讼的受理程序、民生保障保护义务诉讼的审判程序、民生保障保护义务诉讼的裁决程序。

(1) 民生保障保护义务诉讼的受理程序

民生保障保护义务诉讼的受理程序通常包括由谁提出与在哪一级法院提出两个问题。首先，民生保障案件一般由根据宪法规定、社会权受到侵害的当事人提出，当然也可由当事人的代理人在当事人同意的情况下以当事人的名义提出。民生保障的司法救济要注意的是能否允许与案件没有直接关系的第三人或者其他社会团体、组织提出诉讼呢？我们认为，由于民生案件不同于一般的民事案件，过窄地限制案件当事人，不利于保护公民的社会权，应允许有条件的与案件没有直接关系的第三人或者其他社会团体、组织提起诉讼。民生案件在法院提起后，法院应就案件进行审查是否符合法律规定的要件，符合就要受理，反之，裁定不予受理。其次，我们认为民生案件的提出应该是由中级人民法院以上的法院提出。这样一是因为中级人民法院的人员、审判等条件比较完备；二是民生案件一般影响较大，中级人民法院能更好地审理好相关案件。

(2) 民生保障保护义务诉讼的审判程序

民生保障保护义务诉讼的审判也包括两个问题，即审判组织与审判原则。民生保障保护义务诉讼的审判组织以合议庭审判为惯例、审判委员会为例外的原则。由于民生保障的案件都是宪法性案件，涉及的都是公民的基本权利，由合议庭审判较为适宜；对于重大民生案件，为提高案件的严肃性与权

---

[1] 周永坤：《论宪法基本权利的直接效力》，《中国法学》1997年第6期。

威性,应提交审判委员会来讨论决定。民生保障保护义务诉讼的审判原则,有程序正义、政治回避、公开等原则。程序正义指程序的合理性,对于民生保障案件更强调程序的合理性,这样才能保证裁判的有效性。"法院不应当把诉讼审理过程作为只是为了达到裁判而必需的准备阶段,而应当把这一过程本身作为诉讼自己应有的目的来把握。"[1]程序正义能最大程度避免法官受到自身感情、习惯等潜意识的支配,增强裁判的公正性。实际上,"法官在履行职务时不应该为自己私人的见解所左右,而且训练、职业习惯、自我抑制、忠于职务的伦理心情都可能帮助做到这一点。但事实上,在自己意识不到的感情支配下,要以理性来控制这些无形的影响是很难做到的"[2]。政治回避原则要求在民生审判中,凡涉及政治问题应当主动回避,这是现代国家的普遍做法。民生案件一般普遍受到社会关注,影响较大,对于案件的受理、审判、裁判结果应完全对社会公开,当然涉及国家机密、个人隐私的也可以不公开,但不公开的条件应当比普通民事案件要严格。

(3)民生保障保护义务诉讼的裁决程序

民生保障保护义务诉讼的裁决内容包括裁决的依据、内容以及不服裁决的处理。在处理裁决的依据时,注意不要把援引宪法条文进行说理的案件当成宪法案件,只有直接援引宪法条文进行判决的才是宪法案件。案件裁决内容有三部分:案件事实、适用法律的认定与对法律责任的认定。尽管民生案件属于宪法案件,但责任内容并不全是宪法责任,还有可能是民事责任、行政责任等,因为"这些基本权利主要是民事上的人身权和财产权或者是以保护个人的人身权和财产权为目的的政治权利或法律权利。个人的民事权利始终是宪法上的国家政治权利和个人的政治权利的目的,宪法上的国家政治权利和个人政治权利是个人民事权利的手段"[3]。对不服法院裁决的当事人,可以上诉,除非一审是最高人民法院无法上诉。上诉可以很好地保护当事人的权利,也有利审判的公正。

(二)国家保护义务司法救济的具体践履

上文建构的民生保障国家保护义务司法救济的模式,是民生保障国家保

---

[1] [日]谷口安平:《程序的正义与诉讼》(增补本),王亚新、刘荣军译,中国政法大学出版社2002年版,第49页。

[2] Public Utilities Commission of Distinct of Columbia et al. v. Pollak et al. ,343U.S. 451.1992.

[3] 戴谋富:《宪政视野下民事权利基本问题的探讨》,《行政与法》2007年第5期。

护义务司法救济的基础,但最为现实的是民生保障国家保护义务司法救济的具体践履。民生保障国家保护义务司法救济的具体践履,实际上是公民的社会、经济、文化权利的具体实施,如劳动权、社会保障权、教育权等社会权的落实。在我国,社会主义市场经济的运行使社会保障发生了巨大的变化,但除了部分劳动权内容已经得到法律化,其他社会权内容法律化程度还不高,而现实又亟需民生保障的实施。根据世界各国的社会权保障情形,宪法实施的私法化可以有效解决此类问题。"从中国的现实情况看,对宪法地位和精神的损害不是来自它可能适用于私权关系,而是宪法没有在社会生活中真正适用,使得宪法在相当程度上成为一具空文。"[1]因此,允许法院在裁判私法关系的案件中适用宪法,是激活宪法的一条路径。只有把宪法适用起来,把宪法的作用发挥起来,把宪法保障公民权利的价值体现出来,才能推动宪法对公权力的违宪审查制度。

宪法私法化不仅可以有效保护公民的基本权利,同时可以提高宪法的权威。宪法的私法化是指"宪法在私人关系领域间接或直接适用,以解决公民之间涉及宪法权利的纠纷,从而保护公民的基本权利"[2]。德国最早进行宪法私法化的实践,并发展了如上文所述的宪法私法化"第三人效力"理论,为宪法私法化进一步发展奠定了基础。无独有偶,大洋彼岸的美国依据自己的普通法系传统,也发展了自己的宪法私法化的"国家行为理论"。我国宪法相关条款也能在私法中直接援引,但数量有限且大都如人格尊严、宗教自由、言论自由等自由权利,至于社会权,其对公民有着巨大的生存意义,但具体法律规范阙如,又易受第三人侵害,更需要宪法的保护。我国有着宪法的私法适用的宪法依据,同时又有其他国家的私法适用理论与实践经验,最为重要的是,有着私法适用的迫切需要,故我国宪法的私法适用是水到渠成的问题。这里要注意的是,"宪法的私法适用并不等于把公民作为违宪的主体,如果因此把宪法理解为约束规范公民行为的法律,那就大谬不然。宪法适用于私法与公民个人可以成为违宪的主体不是一回事。宪法的私法适用只是由法院权衡决定是否保护某种公民的权利,而不是裁决谁违宪,不存在公民成为违宪主体的问题。将宪法直接适用私法关系不会改变宪法精神"[3]。实际上,"宪法对公民基本权利的保障是一个不断演进、发展和完善的过程.宪法的实

---

〔1〕 蔡定剑:《中国宪法实施的私法化之路》,《中国社会科学》2004第2期。

〔2〕 蔡定剑:《中国宪法实施的私法化之路》,《中国社会科学》2004第2期。

〔3〕 蔡定剑:《中国宪法实施的私法化之路》,《中国社会科学》2004第2期。

施保护也出现多样化、具体化趋势,宪法适用于私法关系已是不争的事实"[1]。

具体在宪法的私法适用时,由于宪法诸如第十二条的公共财产权、第三十三条的平等权、第三十五条的言论自由权、第三十八条的人格权等有限的条款可以直接适用于私法,其余几乎不能直接适用于私法,故宪法的私法适用应以间接适用为原则,这样也避免公法权力无限扩张私法的弊端。无论是宪法私法化先行的德国还是典型的美国,都秉持宪法私法适用的间接原则,这样也有利于维护宪法的最高权威。根据我国的宪法规定、政治体制以及世界宪法适用发展的趋势,我们也应坚持宪法的间接适用原则。间接适用原则使基本权利在私法的范围内实现,兼顾了宪法的最高权威性与私法的独立性。具体操作是通过法官对私法上的概括性条款进行解释,使宪法的基本权利保护利益反射到民法概括条款之中,使之适用到具体的案件。如《中华人民共和国民法通则》第七条"民事活动应当尊重社会公德,不得损害社会公共利益,扰乱社会经济秩序"中的社会公德、社会公共利益,通过对社会公德、社会公共利益的解释,可以宪法精神投射进去,进而具体到合同的效力问题。私法中通常具体危害基本权利的主体有私法意义的国家、准国家机关组织、有强势地位的社会组织等。虽然私法上规定各主体法律面前人人平等,但由于这些主体拥有强大的实力与优势资源,它们在实际中可以对其他主体尤其是公民产生强制力,这可能对公民基本权利造成侵害。国家作为私法意义上的主体情况有二:一是国家进行私法意义的事情,如政府采购、投资等。由于国家实力强大,从事具体私法意义的事情时处于强势地位,可能导致对基本权利的侵害。二是国家直接进行私法意义的经营行为。我国尽管实行政企分开,政社分开,由于国家担负着公共职能,还是可以对其他主体进行侵害。准国家机关的组织有行业协会、垄断组织、社会团体等,这些组织与国家权力有着千丝万缕的关系,很多是"半民半官"的性质,如中国纺织总会、中国石油化工集团有限公司等,难免会危害其他主体。改革开放后,我国奉行"效力优先、兼顾公平"的理念,市场经济的浪潮中涌现了一些具有强势地位的社会组织,这些组织很容易侵害其它主体的利益。对于以上这些容易侵害其他主体利益的行为,解决的办法就是类型化宪法的私法适用方法。这是因为不同的主体特色各异,侵害其他主体的权益方式不同,这就要求我们要用具体

---

[1] 蔡定剑:《中国宪法实施的私法化之路》,《中国社会科学》2004 第 2 期。

问题具体分析、一把钥匙开一把锁的办法来处理问题,而不是采用"一刀切"的方式,否则可能导致南辕北辙。具体的做法是:对于主体是国家时宜采取"国家行为"理论;对于准国家组织适用"公共职能"或"实质介入"理论;对于强势地位的社会组织适宜"第三人效力"理论。

第三节 民生保障国家给付义务的司法救济

由前文可知,以国家给付义务履行行为是否直接增加公民利益为标准,国家给付义务分为产品性给付和程序性给付;产品性给付依据给付对象是否特定可区分为私益产品给付和公益产品给付。在确定国家给付义务类型基础之上,可以进一步从给付对象、给付风险以及基本权利等视角明确国家给付的范围。国家给付类型与范围的界分为国家给付义务划定了大致的框架,即国家给付义务的下限——保障生理面向的人的尊严与国家给付义务的上限——保障社会面向的人的尊严。其中,国家给付义务下限是国家必须承担并且切实履行的义务,不受资源或者其他条件的限制,意味着负责监督国家义务履行的法院可以对权利人的相关主张予以裁判。国家给付义务下限包含的国家义务内容也即国际人权法上所提出来的"最低核心义务",即不管条件如何必须立即实现的义务。最低核心义务理论使国家给付义务的司法救济具有了可操作性。

一、最低核心义务的相关理论

(一) 国家给付义务与国家能力

经济发展水平是国家给付义务的必要条件。在现实生活中,民生保障水平常用人均给付支出与人均国民生产总值之间的比例关系来衡量。"一般而言,随着国民经济的快速发展,社会保障水平也应有所提升。"[1]但是,这种保障水平的提升不是无限度的上升,其自身必须有一个度量的上限,这个上限要与经济发展水平增长相协调。给付上限标准不宜过高,过高会增加国民经济的承受力,容易形成社会救助的"贫困陷阱";但也不宜过低,过低会造成社会弱势群体得不到及时救助,影响社会分配公平,进而阻碍国民经济健康有序发展。根据域外国家给付水平的经验表明,在社会救助制度发展初期阶

---

[1] 郑造桓:《公民权利与社会保障》,浙江大学出版社2008年版,第41页。

段,国家给付义务的增长普遍会慢于社会经济发展的增长。目前,我国社会经济水平还处于初步发展期,国家给付义务支出占 GDP 的比重还比较低,特别是在农村因缺乏稳定的国家给付制度安排,其国家给付义务水平特别低且波动性较大。为此,应该借鉴国外的发展经验,根据社会经济发展情况适时调控国家给付水平,防止给付水平过低给经济发展带来不良影响。

毋庸置疑,经济发展水平是国家给付的基础,但这种基础还必须由一必要的中介才能转化为现实,这一必要中介就是国家能力。同时国家能力与经济发展水平有着密切的关系,经济发展水平的高低影响着国家能力的大小。现代国家,立足保障个人权利、实现国家服务公共职能,故国家能力是指国家综合运用国家的一切资源,保障个人权利、实现公共服务的能力。具体包括"公共产品与公共服务能力、资源汲取能力、制度能力,国家存在的工具价值决定了提供公共产品与公共服务是国家的核心职能,它的履行受到国家的资源汲取能力与制度能力及其质量的影响"[1]。提供公共产品与公共服务能力是国家存在的法理基础,换言之,国家通过给付义务实现保护人身与财产的核心职能是国家的首要能力,为了实现国家提供公共产品与公共服务的能力,国家必须向社会汲取资源,一些学者甚至把国家汲取资源的能力认为是最主要的能力,因为国家汲取资源的能力高低直接影响着提供公共产品与公共服务的能力。通常大家认为国家汲取资源的能力主要表现在汲取财政的能力,财政是提供公共产品与公共服务的直接物质基础,"反映国家汲取财政能力的最主要指标,一是财政收入占国民收入的比重,二是中央财政收入占国民收入的比重"[2]。为了有效提供公共产品、公共服务以及汲取资源的规范化、持续化,必须有一定的制度保障,同时这也是国家能力中的制度能力。

尽管经济发展水平是国家给付义务的基础,国家能力直接关系到国家给付能力,但二者都不是国家给付义务的充分必要条件,再加上二者的模糊性与概括性,很难达到可诉的标准。幸运的是,国家给付的最低核心理论某种程度上还是能填补此项空缺。

(二)"最低核心"的相关理论

"最低核心"概念是由联合国经济、社会和文化权利委员会针对《经济、社会和文化权利国际公约》缔约国的"逐渐实现"义务的弊端所提出的。"逐渐

---

〔1〕 欧阳景根、张艳肖:《国家能力的质量和转型升级研究》,《武汉大学学报(哲学社会科学版)》2014 年第 4 期。

〔2〕 李芳:《财产权利与国家能力》,《经济问题探索》2008 年第 12 期。

实现"义务是根据《经济、社会和文化权利国际公约》第二条"每一缔约国家承担尽最大能力个别采取步骤或经由国际援助和合作,特别是经济和技术方面的援助和合作,采取步骤,以便用一切适当方法,尤其包括用立法方法,逐渐达到本公约中所承认的权利的充分实现"提炼的。因为"逐渐实现"义务并没有给政府确定明确的责任,缺乏了相应的操作性,为没有履行责任的政府找到了逃避义务的借口。

"最低核心"概念通常有两种含义:一是指公民的最低核心权利,二是指政府的最低核心义务。实际上,公民的最低核心权利与政府的最低核心义务虽不能完全画等号,但也是一个问题的两个方面,本质上都是关注公民的生存与发展。以操作性而言,我们更强调的是政府的最低核心义务,政府的最低核心义务是指政府对于公民的社会权所尽最基本的义务,这在经济、社会和文化权利委员会的第3号一般性意见中已有明确规定:"关于一缔约国是否履行了最起码的核心义务的任何评估都必须考虑到该国内的资源局限。一缔约国如要将未履行核心义务归因于缺乏资源,它就必须表明已经尽了一切努力利用可得的一切资源作为优先事项履行最起码的义务。"事实上,联合国经济、社会和文化权利委员会也是这样定义最低义务的。"在最早的3号一般性意见中,委员会是通过'每种权利的最基本水平'来界定政府相应的'最低核心义务'的。并采用了列举的方式来说明哪些属于权利的最低基本水平,如基本粮食、基本初级保健、基本住房和最基本的教育形式。这些基本需要是维护人的尊严不可或缺的,它们为'最低核心义务'提供了价值基础,但是它们并没有为识别哪些义务是'最低核心义务'提供有效的机制。此后,委员会突破了这一框架,转而具体界定每一项权利产生的核心义务的种类和内容。这种趋势体现在委员会稍后发布的几项一般性意见中,如14号、15号、18号一般性意见都对政府的核心义务做了详细规定。"[1]"最低核心义务理论"是在实践中逐步发展的,这一理论的主要观点是:"在缔约国承担的义务中有一些是必须立即履行的核心义务,这些义务没有国别的差异,也不受缔约国资源的多寡和其他因素和困难的限制;如果某一缔约国无法履行这些义务,它必须提供无法履行的正当理由。支持者相信通过识别并排列缔约国的核心义务,可以清晰地勾画出实现社会权公约权利所必须采取的步骤。这既可以减少'逐渐实现'义务带来的社会权的不确定性,也可以避免因确定每

---

〔1〕 张雪莲:《经济社会权利"最低核心义务"的概念分析》,《学术交流》2009年第10期。

一项权利的核心内容而面临的困难问题。当前,'最低核心义务'理论中最重要的问题是如何排列和描述那些与社会权的实现密切相关的各种复杂的义务。为了解决这个问题,学者们主要依靠现有的关于义务区分和类型化的分析框架,其中被广泛使用的有两类,一类是尊重、保护和实现的义务,另一类是行为义务与结果义务。该理论的支持者希望通过建立一个多中心、多元化的义务体系以实现对国家义务的全面监督"[1]。

"最低核心"概念也有不足之处,就是让一些政府有了只履行最低核心义务的口实,"试图利用最低核心方法促进经济社会权利的实现是一个崇高的目标,同时也不无风险。政府的最低核心义务永远不应被作为懒惰的借口,采纳最低核心方法的唯一正当性是它应被视为是政府进一步行动的起点"[2]。确实,最低核心义务关注的是可以实际履行、具体的义务,使政府义务的履行有了可操作性,有力避免了公民权利的抽象性、模糊性导致的很难操作,也避免了积极权利与消极权利的划分,因为对于政府的义务来说,既有积极义务,也有消极义务。

为了进一步澄清"最低核心"内涵,增加"最低核心"的可操作性,学者们从权利与内容两个侧面进行了尝试。

到目前为止,确定权利最低水平标准的理论中影响较大的有两个:最低核心内容理论和最低门槛方法。

1. 最低核心内容理论。1986年,埃辛厄吕居(Esinröücü)最早提出了权利的最低核心内容的概念[3],他的依据是:有一项特定的权利必然意味着存在实施或享有该权利的必要的条件。权利的核心内容是指无论一个国家的条件如何,在任何时候都不能予以侵害的那部分权利内容。它是权利的实质要素,没有它,权利以及权利的实现和享有都将变得没有任何意义。确定一个最低核心内容的目的在于找到权利的基本内容,以证明其存在的理由和正

---

[1] 张雪莲:《"最低核心"理论与社会权的司法保护》,《河南科技大学学报(社会科学版)》2015年第1期。

[2] Geraldine Van Bureau. *The Minimum Core Obligations of States under Article* 10(3) *of the International Covenant on Economic, Social and Cultural Rights*. In Audrey R. Chapam, Sage Russell. *Core Obligations: Building a Framework for Economic, Social and Cultural Rights*. Intersentianv, 2002, p. 160.

[3] Esinröücü. *The Core of Rights and Freedoms: The Limits of Limits*. in Tom Campbell, David Goldberg, Sheila McLean, et al. *Human Rights: From Rhetoric to Reality*. Basil Blackwell, 1986, pp. 37 – 39.

当性。这是关于核心内容的最经典的理解。此后的学者在谈到这一概念时都作出了类似的表述,如 Coomans 认为:"权利的核心内容体现了每一项权利的固有价值,包含了该项权利作为人权而存在的必不可少的要素。"[1]而且他认为权利的核心内容应当是普遍的,依国别建立权利的核心内容会破坏人权的普遍性概念。阿尔斯通(Alston)把核心内容描述为:"绝对的最低权利,如果没有了这个最低权利,缔约国就被认为违反了它的义务。"[2]这项理论中最关键的问题是:如何区分核心内容与非核心内容,哪些内容构成一项权利的最低核心内容。对此,学者们主要是通过建立与更高等级或更基本的标准之间的联系来定义权利的核心内容。这些更高等级或更基本的标准主要有两类:一类是人的基本生存需要,一类是人的尊严、平等和自由等基本价值。前者认为,权利的核心内容体现了权利中满足权利拥有者"基本需要"的那部分内容,即可容忍的最低水平的食物、健康、住房和教育等;后者不仅关注核心内容对人的生存需要的意义,更强调核心内容对于人之为人的价值。总之,最低核心内容理论的支持者对"核心内容"的概念寄予厚望,认为它是帮助分析经济、社会和文化权利规范内容的有用手段,可以用于评价国家在该领域的一般行为,特别是识别侵犯行为。

2. 最低门槛方法。"最低门槛方法"最早由安德亚森等在 1985 年提出,目的是探求社会权实现问题的实际解决办法。因为安德亚森等认为社会权的主要问题是分配正义的问题,因此他们提出的解决办法中最关键的要素是能保证某种最低水平的物品和利益在一国内的个人和群体之间进行再分配。他们试图找到一个可操作的福利的底线,作为对每项重要的经济和社会权利进行分配分析的标准。这样一个底线或最低门槛,可以为证明社会权的实施和进行比较分析提供现实的标准,是评估社会权实现程度的有效方法。

最低门槛方法的主要目的在于创造一种监督社会权实现程度的策略,在实践中具体表现在两个层面:一是根据相关政府文件中的计划性陈述和一般的社会经济目标评价政府的政策结果及其影响;二是评估与《经济、社会和文化权利国际公约》义务有关的政府政策的充足性。因此,从实践和政策的

---

[1] Fon Coomans. *In Search of the Core Content of the Right to Education*. in Danie Brand, Sage Russell. *Exploring the Core Content of Socio-ecnmic Rights:South African and International Perspective*. Portea Book House, 2002, p. 167.

[2] Phillip Alston. *Out of the Abyss:The Challenges Confronting the New U. N. Committee on Economic, Social and Cultural Rights*. Human Rights Quarertly,1987,9(3),p. 351.

角度可以证明最低门槛方法对社会权实现的积极作用。根据安德亚森等人的观点，获得一个最低门槛的普遍标准过于理想化，可以建立的最现实的最低门槛是在一个国家或一个区域内为一类权利建立数量化的标准。每个国家都可以根据自身的条件和环境制定一些衡量最低水平社会权实现的指标和基准，如营养、婴儿死亡率、疾病发生率、预期寿命、收入、就业率和失业率等。这些指标和基准的制定应以数据为依据。数据既可以通过对经济和社会条件进行监督和定期分析而获得，也可以通过对特定国家的社会结构进行评估而获得。

二、"最低核心"理论与社会权司法保护之间关系的理论争议

最低核心理论从其提出开始就饱受争议，关于最低核心与社会权司法保护之间的关系，长期以来一直存在两种对立的观点。支持者认为最低核心概念的采用可以实现社会权的司法保护；反对者则否认两者之间的关系，甚至否定最低核心的概念。

（一）支持者意见

最低核心理论的提出是为了评估政府义务履行，最初只是被设计用于审查缔约国提交给经济、社会和文化权利委员会的报告，而不是用于司法裁判。但是在其后的发展中，支持者尝试着把这一理论引入司法实践，并试图用它来解决社会权司法保护所面临的困难。他们坚持认为，最低核心理论有助于国内和国际裁判机构作出关于社会权的裁决，他们主张经济和社会权利中固有的可裁判性要素是任何关于核心内容讨论的合理的出发点，这一概念的目的在于消除社会权司法保护的障碍，提高社会权司法保护的程度。

首先，支持者认为，最低核心方法为社会权提供了确定的内容，也为法院审查政府行为提供了明确的标准，解决了社会权概念模糊不清的问题。如Bilchitz认为："最低核心义务的概念表明每项权利都存在不同程度的实现，其中最低水平的实现具有优先性。"[1]在阐述权利的最低核心内容时，他采用了一种"以利益为基础"的方法。据此，他将社会权保护的利益分为两类：一类是个人最基本、最紧急的生存利益；另一类是生存利益之外更宽泛的利益，它们的实现能使人们过上更好的生活。这两种利益是不同的，前者具有

---

[1] David Bilchitz. *Giving Socio-economic Rights Teeth: The Minimum Core and its Importance*. South African Law Journal, 2002(119), pp. 484 – 490.

紧急性，如果受害者不能得到立即的救济，他们就会有遭受无法挽回的损失的危险，因此这种利益必须得到优先考虑，它们构成了社会权的最低核心内容。"如果有某种利益值得被认定为一项权利的核心方面，那么，生存利益就是其中最有可能的代表。"[1]

其次，最低核心方法可以解决权利保护与资源缺乏之间的矛盾，有助于提高社会权受司法保护的程度。由于社会权的实现受到资源的限制，司法机关常以资源不足为借口首先考虑社会的整体利益，而拒绝为个人提供有效的救济。支持者主张"最低核心"的方法可以解决这一问题，对于这种最低核心层面的社会权，政府负有利用所有可利用的资源立即予以实现的义务。"最低核心"的概念对于社会权的司法保护至关重要。一方面它能解决资源不足与权利保护之间的矛盾，因为保护社会权中最基本、最紧急的生存利益只需要使个人免受生存威胁的基本资源即可。另一方面，最低核心的概念也使法院保护个人的社会权成为可能。因为一旦承认了社会权的最低核心内容，法院就可以依据它所提供的基准对政府行为进行更严格的审查，并在社会权最低核心内容的范围内为个人提供立即的救济，或者至少可以在政府的计划实施之前发布针对个人的临时救济命令。

最后，支持者认为最低核心概念的重要性还体现在它引起社会权诉讼中举证责任的倒置。一旦权利的主张者证明他们的最低核心权利没有得到保护，那么政府就必须证明它已经在可获得的资源范围内，采取了合理的立法和其他措施以保证权利的实现，或者证明政府对权利的限制是有正当理由的。"在这个意义上，最低核心义务的概念可能是工具性的，它确保经济和社会权利的实际的可裁判性，使这些纸上的可裁判的权利成为真正的可裁判的权利。"

"首先是出于分析的目的，因为从人权的视角来看，最为重要的一点是，明确公约的标准以使政府和相关的主体清楚地知道公约义务的精确含义，并依据这些标准来审查政府的行为和不作为。其次，可以帮助监督主体识别对权利的侵犯，要求政府提供救济，并通过改变立法和实践阻止侵权行为再发生。最后，在经济和社会权利领域，权利和相应义务的清晰化可能会在国家和国际层面增强这些权利的可裁判性。总之，探求权利的核心内容与相应的

---

[1] David Bilchitz. *Giving Socio-economic Rights Teeth：The Minimum Core and its Importance*. South African Law Journal, 2002(119), pp. 484-490.

核心义务的全部目的在于增强经济社会权利的法律特征。"[1]

(二) 反对者意见

反对者首先对"最低核心"概念本身提出了质疑。如南非学者 Karin Lehmann 就主张最低核心方法在概念和实践上都是错误的,在涉及个人权利实施的场合,最低核心方法是不合适的。因为,在最低核心的界定中必然要面对的一个问题是区分权利中的核心要素和非核心要素,那么这种区分的依据是什么,权利中的不同要素应如何排列,哪些要素构成"最低核心"。Lehmann 认为支持者和委员会对此都没有作出明确回答,委员会的一般规定对面对艰难选择的法院没有任何帮助,学者们也无法提出法院在排列权利要素时应适用的原则性基础。美国学者 Young[2]更是对现有的界定"最低核心"的方法进行了归类,并分别指出了这些方法的不足之处。如他认为把最低核心界定为"每项权利的固有价值"或"维持基本生存需要或人类尊严的最低水平",只是为社会权提供了伦理正当性,并没有明确指出哪些构成权利的最低核心内容。而对于"最低核心义务"的方法,Young 虽然承认了它的优点,但是他也认为,核心义务理论存在的不可超越的问题就是各种不同形式的义务本身固有的多元性,这种多元性使它们无法形成有序的排列。例如在政府的尊重义务和保护义务之间存在一种反比关系,即尊重义务的强化必然导致保护义务的缩小,反之亦然。而委员会对核心义务的界定并没有解决这个问题,因为委员会是按每种义务与"核心"的关系来确定核心义务,根本没有考虑不同的核心义务之间的相互关系。

上述担心和反对意见不应被忽视,但也不应被夸大,因为"最低核心"的界定虽然存在很多困难,但也并不是完全不可能的。如日本学者大须贺明认为:对于能否客观地确定"最低限度生活"水准的实际操作问题,"从如今生活科学发展的现状来看,在相当程度上是可以实现的……生存权的权利内容可以说在客观上是具有能够判断之现实性和明确性"[3]。同样,对义务的多元性也要进行客观的分析。实际上,虽然不同性质的政府义务之间存在密切

---

[1] Fon Coomans. *In Search of the Core Content of the Right to Education*. in Danie Brand, Sage Russell. *Exploring the Core Content of Socio-economic Rights: South African and International Perspective*. Portea Book House, 2002, p. 245.

[2] Katharine G. Young. *The Minimum Core of Economic and Social Rights: A Concept in Search of Content*. Yale J. Int'l Law, 2008, 33(1), p. 113 - 117.

[3] [日]大须贺明:《生存权论》,林浩译,法律出版社 2001 年版,第 98 - 99 页。

联系,但是它们之间的反比关系是不成立的。尊重的义务要求政府避免对个人自由的侵害,但并不是要求政府无所作为;保护和实现的义务要求政府采取必要的措施促进个人权利的实现,但是政府为此而增加的法律和警力并不必然会对个人权利和自由构成威胁。"这些义务在性质上并不互相排斥,各种人权义务尽管程度上存在差异,但都是权利的一个侧面,而国家负有针对这些侧面采取措施的全面性义务。"[1]因此,义务的多元性并不构成否定最低核心义务概念的理由,关键的问题是如何在实践中加强对不同性质的核心义务的监督。

除了对"最低核心"概念本身的质疑,反对者还把矛头指向法院的制度能力和民主合法性。他们认为,最低核心概念不但不能解决这一问题,反而使这一问题更加突出。因为通过最低核心方法扩大社会权司法保护程度的前提是,最低核心方法可以使原来模糊不清的社会权内容明确化,即最低核心概念暗示存在一个详细的社会权的最低内容,而这正是反对者最担心的。很多人担心这会改变权力在立法、行政和司法机关之间的分配。这种反对源于一个长期存在的忧虑,即如果允许法院裁决社会权的内容和含义,那么它们将在社会经济政策的设置中拥有更大的权力,对此,法院既没有能力也没有责任。而且如果由法院来确定社会权的最低核心内容以及由此而产生的相应的核心义务,那就意味着法院必须对政府行为进行严格审查。这将会使法院在审查政府行为时拥有大量的裁量权力,甚至可能架空民主过程。Mark Tushnet 从审查模式的角度分析了"最低核心"方法在社会权司法保护中的局限性。他认为,"最低核心"必然与法院的严格审查,即司法审查的强模式联系在一起。在司法审查的强模式下,法院必然用司法命令来代替立法决定,为当事人提供"个人和立即"的救济。但是,社会权的性质决定了其救济需要一定的时间,因此,强模式的审查不但不能为社会权提供有效的救济,反而会对法院和宪法的可信赖性产生不利影响。

对于法院能力和民主合法性的质疑,虽然不足以完全否定最低核心理论在推动社会权司法保护中的意义,但是法院对政府义务的审查受到了一定的限制。为了尽可能地减少司法审查对权力分立的消极影响,法院的行动被局限于极端严重的社会和经济剥夺或单纯的对政府消极义务的违反。由于法

---

[1] [日]大沼保昭:《人权、国家与文明:从普遍主义的人权观到文明相容的人权观》,王志安译,生活·读书·新知三联书店2003年版,第220页。

院对这两类案件的裁判不涉及昂贵的救济,只要通过传统的司法救济即可实现。因此,这时法院对民主部门的介入被认为是正当的。到目前为止,法院对政府最低核心义务进行审查的范围还是非常有限的,最低核心义务的司法实施更多地体现在其消极义务层面,而不是积极义务层面。因此,积极的政府核心义务的审查问题就成为最低核心义务司法审查中最值得关注的问题。当然,在这方面也不是完全没有值得肯定的尝试,一些国家的司法实践表明了对积极的政府核心义务进行司法审查的可能性,其中南非的实践最具代表性。

三、最低核心义务的司法适用

(一)国外最低核心义务司法适用实践

南非虽然不是《经济、社会和文化权利公约》的缔约国,但是它对社会和经济权利的保护走在了其他国家的前面。司法机关对社会和经济权利产生的政府义务的审查,从政府的消极义务扩展到积极义务,并在对政府积极义务进行审查时发展出了"合理性审查"标准,但是,合理性审查标准的采用并没有完全否定最低核心概念,相反,它为最低核心留下了一定的适用空间。

在南非宪法法院审理的 Grootboom 等案[1]中,法庭之友依据最低核心的概念提出了他们的诉讼请求。他们宣称:如果在司法实践中不承认最低核心概念,那么新宪法中的社会和经济权利可能会成为"空洞的权利和虚伪的承诺"。由此,最低核心理论被正式引入南非的司法实践。南非宪法规定的社会和经济权利中是否包含一项应当立即实现的可裁判的最低核心义务,成为双方争议的焦点,宪法法院对此持否定态度,其理由主要有两点:一是"立即为每个人提供一项'核心服务'是不可能的";二是满足最低核心的需要和机会是不同的、多种多样的,这依赖于一国经济社会的历史和环境。"为了决定什么是最低核心标准必须进行广泛的事实和政治上的调查,而法院不具备这样的制度上的能力。"但是法院并没有完全拒绝最低核心概念,而是把它作为在特定环境下判断政府政策合理性的一个相关考虑要素,在该案件的判决中,法院最终认定政府政策不合理的主要理由就是,这些政策没有为那些处于最绝望境地、具有最急迫需要的人提供最基本的生活需要。

---

[1] Marie Huchzermeyer. *Housing right in South Africa:Invasions, Evictions, the Media, and the Court in the Cases of Grootboom, Alexandra, and Bredell.* Urban Forum, 2003, 14(1), p. 80 - 107.

此外，宪法法院的拒绝理由也是不能令人信服的，为"最低核心"在以后案件中的适用留下了空间。首先，法院认为"最低核心义务"要求政府立即为所有人提供基本服务是在要求政府做它不可能做到的事情，这显然是对这一概念的误解，实际上，这样一种核心义务的存在只是要求当条件允许时，政府必须履行这种义务。如果政府主张它没有能力实现，法院必须要求政府提供缺少这种能力的证据，"不幸的是，法院在认定'立即为每个人提供一项核心服务是不可能的'之前，并没有要求政府提供任何证据"[1]。其次，法院把它不可能掌握确定最低核心义务所需的信息作为否定最低核心义务的理由，也就意味着，如果法院能获得足够的信息就可以承认最低核心义务的存在。"的确，信息问题反映了法院和立法机关的基本差别，如果立法机关要实施一项新的社会计划，它有能力进行事实调查，并动用政府资金以确保调查顺利进行，而法院的传统职能是依赖提交给它的诉状作出判断。"[2]但是，对于南非宪法法院而言，信息问题并不像它所说的那么严重，法院有广泛的程序上的权力来收集信息，法院有权在诉讼前和诉讼期间，甚至诉讼结束后向一方或双方发出命令，要求它们提供报告、信息和事实文件，以方便司法审查。除此之外，宪法法院作为宪法授权的合宪性审查机关，还有权对所收集的信息的充足性进行评估，并据此对政府最低核心义务及其履行状况作出判断。退一步讲，当法院不能或不愿对政府的最低核心义务的性质和满足最低核心义务所必须采取的措施作出精确判断时，它还可以要求政府对最低核心内容和义务进行界定，此时最低核心内容和最低核心义务是由政府而不是由法院确定，政府的判断构成法院司法审查的基础，这种方法既可以解决法院在决定最低核心义务时所面临的能力问题，也可以解决信息不足的问题。

虽然南非的司法机关在这个案件中没有完全认同最低核心理论，但是通过上述分析可以看出，最低核心理论的司法适用并不是完全没有可能。2008年一起关于水权的案件引起了一场关于"最低核心"的争论，并让人们看到了最低核心理论司法适用的可能性。

---

〔1〕 David Bilchitz. *Placing Basic Needs at the Centre of Socio-economic Rights Jurisprudence*. ESR Review, 2003(1), pp. 123-131.

〔2〕 Eric C. Christiansen. *Adjudicating Non-justiciable Rights: Socio-economic Rights and the South African Constitutional Court*. Columbia Human Rights Law Review, 2007, 38(2), pp. 321-328.

2008年,南非威特沃特斯兰德高等法院审理了Phiricase[1]案。在该案中,高等法院对约翰内斯堡市政府保障水权的义务进行了审查,认为该市政府为市民提供的免费水的数量是不充足的,并将水供应数量增加了一倍。在该案的审查中,"住房权和强迫驱逐中心"作为该案的法庭之友提出,根据国际法,被告有义务为申请者提供最低核心的水供应,而且根据宪法法院此前的判决,最低核心已经成为南非宪法法理的一部分,而被告则认为宪法法院此前的判决已经拒绝了最低核心义务。在该案的判决书中,法官的真实意思是,在住房权的情形下确定最低核心义务存在严重的困难,但是这种困难并不构成对最低核心义务概念本身的否定,因此,法官并没有拒绝最低核心义务作为南非法律的一部分。而且,法官认为在住房权案件中出现的因"多种需要"产生的困难,在本案中并不存在,因为在《水服务法》中对"基本水供应"作了明确界定,因此,市政府有向市民提供基本水供应的最低核心义务,法院也有权对这种积极的最低核心义务进行审查。在该案中,高等法院关于"最低核心义务"的推理是令人鼓舞的,在对宪法法院的判决作出重新解读后,高等法院明确承认了"最低核心义务"的正当性和合法性,这使社会权司法保护的程度向前迈进了一大步。

(二)中国最低核心给付义务的司法救济实践

"最低核心"理论给予国家给付义务的司法救济理论支撑,也是一个重要的分析工具,近年来引起了中国学者的关注,他们在把这一理论和方法介绍到中国的同时,开始自觉地运用这一理论分析相关的社会权问题,包括论证社会权的司法保护问题。如夏正林博士提出了社会权的最低标准,并用它来分析社会权规范的效力,他认为:"社会权的效力集中体现在对'最低限度需求'这一实体标准的确定过程中,各国家机关所负有特定的作为的义务。'最低标准'既具有程序性意义,也具有实体性意义。"[2]在对"最低标准"的客观规范效力和主观权利效力进行分析后,他认为:"'最低限度'的社会权是能够通过宪法诉愿主张的、司宪机关也必须能够保障的。"[3]随着理论研究的深入和司法实践的发展,最低核心理论也逐步在我国民生保障中发挥重要的作用。

---

[1] Mazibuko and others v. City of Johnnersburg and Others(Centre on Housing Rights and Evictions as amicus curiae)[2008]ZAGPHC128;[2008]4All SA471(W).

[2] 夏正林:《社会权规范研究》,山东人民出版社2007年版,第210页。

[3] 夏正林:《社会权规范研究》,山东人民出版社2007年版,第206页。

"最低核心"理论的精髓是国家给予公民的最低的有尊严生活的义务,也是司法救济审查的基本依据。因为各国的情况各异,最低核心的表征各具特色;我国的农村五保与城市低保充分表现了最低核心理论的精神。"王秀英诉合江县参宝乡人民政府不予发给五保供养证书案"是淋漓尽致地展示国家给付义务司法救济的典型案例。该案基本案情:1983年7月6日出生的王秀英是四川省合江县参宝乡石良村二社的初级中学二年级一班的一名学生,出生时被生父母(不明)遗弃,后被单身村民王长生收养。1995年9月30日王长生病故,王秀英无人照顾被暂时寄养在姑母杜邦明处。之后,王秀英及其姑母因王秀英没有被参宝乡人民政府发给"五保供养证书",无法享受五保供养,致使王秀英的生活、学习未得到应有的保障为由,多次要求参宝乡人民政府将王秀英确定为五保供养对象。而合江县参宝乡人民政府坚称,王秀英系孤儿是事实,其养父生前分有责任地,养父死后,其寄养在姑母处,王秀英的生活费、学习费应由其姑母负责,因而不予确定其为五保供养对象。为此王秀英向合江县人民法院提起行政诉讼。四川省合江县人民法院经公开审理判决认为:原告王秀英系未成年孤儿,根据国务院颁布的《农村五保供养工作条例》的规定,其应属五保供养对象。被告合江县参宝乡人民政府对原告王秀英有关申请五保供养的事项负有审批、发给"五保供养证书",落实生活和物质帮助以及保障其依法接受义务教育的法定职责。被告未发给王秀英"五保供养证书"并给予生活和物质帮助,属不履行法定职责,依法应当判令其履行法定职责。依照《中华人民共和国行政诉讼法》第五十四条第(三)项之规定,该院于1998年3月18日作出判决如下:限被告合江县参宝乡人民政府在接到王秀英申请后一个月内发给其"五保供养证书"并落实五保供养内容。[1]

农村五保制度的依据是国务院颁布的《农村五保供养工作条例》,该条例第六条规定:"老年、残疾或者未满16周岁的村民,无劳动能力、无生活来源又无法定赡养、抚养、抚养义务人,或者其法定赡养、抚养、抚养义务人无赡养、抚养、抚养能力的,享受农村五保供养待遇。"第九条规定农村五保供养内容如下:"(一)供给粮油、副食品和生活用燃料;(二)供给服装、被褥等生活用品和零用钱;(三)提供符合基本居住条件的住房;(四)提供疾病治疗,对

---

[1] 参见王秀英诉合江县参宝乡人民政府不予发给五保供养证书案。http://www.gsfzb.gov.cn/FLFG/SFJS/200504/26629.shtml,访问日期2017年10月27日。

生活不能自理的给予照料；(五)办理丧葬事宜。农村五保供养对象未满16周岁或者已满16周岁仍在接受义务教育的，应当保障他们依法接受义务教育所需费用。"从上述规定可知，农村五保旨在帮助特殊人群的吃、穿、住、医、葬、教等，而这些是一个人有尊严生活的基本需求，也是最低核心理论在中国的体现。"王秀英诉合江县参宝乡人民政府不予发给五保供养证书案"的胜诉，也宣告国家最低核心给付义务在我国司法救济成了部分现实，隐喻了作为国家给付义务基准的最低核心义务构成民生的司法救助标准。在给付义务上的国家司法救济性，虽然饱受争议，但司法救济在最低核心义务上的实现成为民生保障实现的后盾，也使得国家义务在积极层面具有了可以衡量的尺度以及进一步提升的空间。国家给付义务的司法救济，不但使国家义务在整体上形成了完整的可操作性，而且更有利于及时和充分实现国家民生保障。

四、给付义务的司法救济不足与完善

(一) 给付义务司法救济存在问题及成因

据调查，我国民生领域发生的给付纠纷，在解决纠纷的申诉、信访、复议、诉讼、找熟人解决、借助于新闻舆论的力量、忍气吞声或其他等方式中超过80%的人选择行政申诉与信访，只有不到10%的人选择司法救济。[1] 如此低的民生保障给付司法救济，束缚了民生保障效果。究其原因，既受国家给付能力的限制，也受司法救济制度本身缺陷的制约。

国家给付履行义务与国家能力息息相关，国家能力(state capacity)"是指国家将自己的意志(preferences)、目标(goals)转化为现实的能力"[2]。它包括"渗入社会的能力、调节社会关系、提取资源，以及以特定方式配置或运用资源四大能力"[3]。其中调解社会关系就涵摄通过司法救济调整社会关系的能力，故国家能力对国家给付义务的司法救济有着深刻的影响。国家能力的基础是经济发展的程度，财政力量是国家能力的表征之一。经济发展是国家给付义务的基础，国家经济发展程度越高，国家给付义务的履行可能性

---

[1] 林莉红、李傲、孔繁华：《从宪定权利到现实权利——我国城市居民最低生活保障制度调查》，《法学评论》2001年第1期。

[2] 王绍光、胡鞍钢：《中国国家能力报告》，辽宁人民出版社1993年版，第6页。

[3] [美]乔尔·S.米格代尔：《强社会与弱国家》，张长东等译，江苏人民出版社2009年版，第5页。

就越大,反之,则越小。实际上,经济发展的程度既是国家能力的基础,也是国家财政大小的基础。现代国家能力的最直接的力量就是国家的财政能力,一国的财政主要来源是税收,因此著名经济学家熊彼特(Joseph Alois Schumpeter)把现代国家称为"税收国家"(the tax state),在某种意义上,一个国家的税收能力越强,其治理能力就越强,包括通过国家司法力量来治理。税收能力影响着国家给付义务的司法救济,因为司法的设置、运行等都需要税收财力的支持,同时税收治理能力可以为司法提供外部环境和借鉴。司法虽然是权利救济的最后屏障,但司法并非是万能的。保障民生的国家给付义务司法救济,基于民生利益的基本性、托底性、收益性的特征,司法制度固有的局限更为凸显,主要表现在如下四个方面:

1. 司法救济成本过高

司法救济成本指在司法救济过程中花费的时间与经济上的投入。国家给付义务司法救济大多属于行政诉讼。根据《最高人民法院关于严格执行案件审理期限制度的若干规定》第三条规定,"审理第一审行政案件的期限为三个月;有特殊情况需要延长的,经高级人民法院批准可以延长三个月。高级人民法院审理第一审案件需要延长期限的,由最高人民法院批准,可以延长三个月",也就是审理期限最少是三个月,如果有司法鉴定等特殊情况需要延长的,就不仅仅是三个月了。对于那些需要司法救济的人而言,他们等不起,也没有这个精力。试想一个等待救援的人,能等得起这个时间吗?即使法院判决胜诉,对他们来说,又有多大意义?

再者,司法救济要有一定经济支持。在司法救济过程中,可能需要交纳案件受理费、申请费、鉴定费、翻译费,以及一些出庭人员的交通费、住宿费、生活费等,这些费用相加起来并不是一个很小的数目,这对于一个需要国家来给付维持生活的人而言,更是难以承受。即使在西方,诉讼都是一个昂贵的消费。一言以蔽之,司法救济所需要的经济与时间成本对需要国家给付的人而言,都是不现实的。退一步,即使上述都不成问题,处于如此境况的人,有何心情到法院为了生存去起诉相关责任机关或部门?

2. 举证责任模糊

举证责任指在司法诉讼中当事人对自己的主张提供证据的责任,如果当事人没有或不能提供证据来证明自己的主张,可能承担由此导致不利后果的责任。举证责任是一项制度,包括主张责任、提供证据责任、说服责任等。举证责任的设置有利于发现案件真实,由于案件通常受实体法的影响,故"证明责任的分配取决于实体法律关系,而不随原告与被告地位的变动而发生变化"[1]。在国家给付义务中,根据行政法治的原则,国家依据有关的法律对需要给付的公民进行给付,国家处于强势地位,被给付的公民处于弱势地位,如果让公民全部承担自己主张证明的责任,一是不利于查明事情的真相,二是由于地位的不平等,这样很不公平。因此,在行政诉讼中,一般是原告主张被告承担提供证据的原则。即使这样,对于具体的国家给付义务的司法诉讼,由于案件的种类繁多,相关法律并没有具体的举证责任的详细规定,缺乏操作性。

3. 简易程序范围规定得过于狭窄

大部分的国家给付义务的司法救济案件属于行政诉讼案件。根据2014年11月1日《全国人民代表大会常务委员会关于修改〈中华人民共和国行政诉讼法〉的决定》,我国《行政诉讼法》第八十二条作了如下规定:"人民法院审理下列第一审行政案件,认为事实清楚、权利义务关系明确、争议不大的,可以适用简易程序:(一)被诉行政行为是依法当场作出的;(二)案件涉及款额二千元以下的;(三)属于政府信息公开案件的。除前款规定以外的第一审行政案件,当事人各方同意适用简易程序的,可以适用简易程序。"本条第一款第(一)项对简易程序作了概括性的规定,接着第(三)项则进行了细化,第二款是兜底条款,故简易程序可以归纳为人民法院审理第一审行政案件时,对那些认为事实清楚、权利义务关系明确、争议不大的案件,采取不同于普通程序的起诉、审理、裁决以及审理期限等方式的案件的程序。虽然我国对于案件的范围采取列举与概括相结合的方式,但由于过于简单,国家给付义务的司法救济案件很难适用。事实上,现实中确实没有多少给付义务司法救济案件适用,因此,这需要进一步细化行政诉讼的简易程序条款。

4. 法律责任不健全

法律责任是相关单位或人员在导致国家没有真正或错误履行给付义务时应承担的法律上的责任。民生保障的国家给付义务相关的责任主体既有企事业、行政机关等单位,也有个人。企事业、行政机关等单位中既有行政机关,也有根据法律规定的相关授权机关,还有相关企事业单位,如欠缴、少缴或漏缴职工的社会保险导致职工没能按时领取养老保险金的单位。另外,由

---

〔1〕[日]高桥宏志:《民事诉讼法——制度与理论的深层分析》,林剑峰译,法律出版社2003年版,第425页。

于个人的原因导致国家没能履行好给付义务的情况有：一是骗取低保金。由于国家低保制度不是很健全，一些低保家庭状况无法查清，骗保情况严重。处理的结果是，如果发现这种现象，只是要求退还领取的资金，并没有相关的惩罚，导致一些人有恃无恐。二是骗领养老保险金。对于合格领取养老保险金的人去世后，部分人继续骗领养老保险金的人也没有相应的处罚制度。

（二）给付义务司法救济的完善

1. 转变司法救济理念

理念是一种精神的理性范式，司法救济理念是指反射司法救济的本质与规律的思想理性范式，它是对司法救济精神与价值的理解的认知范式。司法救济的理念离不开社会，社会是司法救济理念的基础，"社会不是以法律为基础的，那是法学家们的幻想。相反地，法律应当以社会为基础，法律应该是社会共同的、由一定的物质生产方式所产生的利益和需要的表现，而不是单个人的恣意横行"[1]。旧的民生司法救济理念从传统社会的土壤萌芽、发展，传统社会的民生是统治阶级的一种天子对臣民的不平等恩惠行为，其司法救济理念也是立足于统治阶级的稳固，不是以人为本的平等生存理念。现代司法救济理念应是以人为本，"将人和人的价值置于首要地位的思想态度。认为人是目的，而不是手段、工具；每一个人，不论其种族、国籍、宗教信仰、职业、性别和社会地位如何，都具有同等的重要性，其人格尊严和人身安全不容贬损和侵犯"[2]。当然我国现在的民生司法救济理念不同于传统社会的民生理念，它是一种人人平等，以人民根本利益为出发点的民生理念。这种现代含义的民生司法救济理念在司法救济上表征的是司法正义，对于需要民生司法救济的人来说，是一种非正义的矫正，"司法正义反映的是司法关系的各方主体遵循一定的程序，根据法律规则来矫正业已发生的不公或伤害而形成的价值关系"[3]。我国的民生给付义务司法救济就是以保障公民在生存过程中不公平的待遇能够通过司法救济予以矫正，保障公民的生存平等利益为目标的救济形式。因此，给付义务的司法救济应转变过去以安全、秩序的司法理念为现代的以人为本的理念。以人为本的司法救济理念内涵丰富，不仅要平等地保护人民，更重要的是方便、简单、公正地保护人民。正如最高人民法院制定的《最高人民法院关于落实23项司法为民具体措施的指导意见》规

---

[1]《马克思恩格斯全集》（第6卷），人民出版社1995年版，第291页。
[2]《北京大学法学大百科全书》，北京大学出版社2000年版，第652页。
[3] 杨一平：《司法正义论》，法律出版社1999年版，第76页。

定的那样:"切实执行诉讼费减、免、缓制度,确保经济确有困难的当事人打得起官司;依法提供法律援助,保障当事人诉讼权利,维护司法公正;对涉诉群众在民事、行政诉讼中的诉讼权利和义务以及申请执行等行为进行指导,使群众正确适用法律保护自身权益;向涉诉群众提示诉讼请求不当、丧失诉讼时效、举证超过时限、拒不执行等方面的法律风险,减少涉诉群众不必要的损失"等等。

2. 构建民生保障的审判法庭

最低核心理论寓意国家给付义务具有可诉性,诉讼对象是承担给付义务的政府,但在我国宪法既不能直接作为判案的依据,也没有宪法法院。民生保障的司法救济要求手续简便、办案迅速,这样才能及时有效地保障民生。英国的社会保障裁判所是达成迅速民生保障的典型,只不过它属于行政内部机构。后由于受到《欧洲人权公约》的影响,其扩大了独立性,有了相关的上诉、监督、救济机制,增加了社会保障裁判的中立与公正性。我国不具备英国的社会保障裁判所建立的法律与社会环境土壤,其也与我国的行政烦琐不匹配,故我国不可能建立社会保障裁判所。为了能解决裁判的中立性以及高效性,德国的社会法院是个很好的选择,因为它有效地避免了立法与行政的合二为一的情形,"当立法权和行政权集中在同一个人或同一个机构之手时,自由便不复存在了,因为人们会害怕这个国王或议会制定暴虐的法律,并以暴虐的方式对他们行使这些法律。如果司法权同立法权合而为一,公民的生命和自由便会遭到专断的统治,因为法官就是立法者。如果司法权同行政权合而为一,法官会像压迫者那样横行霸道"[1]。社会法院的性质是法院不是行政机关,但有着不同于普通法院的烦琐与很长的耗时,它可以根据社会保障的特点设置一些特殊的程序,以利民生保障案件的迅速审理、裁判与执行等。遗憾的是,这需要相关的法治环境与社会发展程度的条件,我国现在还不具备建立社会法院的因素,但社会法院可以成为我国处理民生保障方式的一个方向。依据我国行政体制与法院体例,现在最有可能的是在法院内部设立社会保障事务法庭。这既有法国社会保障事务法庭经验可以借鉴,也适合我国现实的要求。我国是发展中国家,社会保障事务还没有井喷似地发展,设立社会保障法院的人员、制度等条件还不具备,而设置社会保障事务法庭并不需要设立社会保障法院的严格条件,同时又能解决当下的民生保障国家给付

---

[1] [法]孟德斯鸠:《论法的精神》,张雁深译,商务印书馆2003年版,第261页。

义务遭遇的相关问题。确实,社会保障事务法庭"有其独特之处,而且更多的是因为给付的赡养性质。为了方便向法官投诉,人们应该设立一种简便、迅速和不太昂贵的程序"[1]。它设置在法院内部,具备成本低、操作简便等优势,对于我国当下十分适宜。

3. 界分给付义务司法救济受案范围

1989年通过《中华人民共和国行政诉讼法》时,尽管我国改革开放多年,但是还以行政管理为中心,故只在本法第十一条第一款第(六)项规定"认为行政机关没有依法发给抚恤金的"案件可以起诉,即使《行政诉讼法》经过2014年的修订,也只增加没有依法支付最低生活保障或者社会保险金两项。这与我国日益扩大的民生保障范围严重不符。据统计,我国2012年信访案件2400万件,同期行政诉讼案件只有19.4万件。我国现在虽然没有像西方发达资本主义国家那样进入福利国家时代,"福利国家的出现意指政府提供社会福利服务力量的扩张,政府的责任不仅是救助一般贫困与社会急需而已,而且应更加积极地保障并促进全民的福祉"[2]。也就是说,虽然我国还没有像福利国家那样对国家的给付义务提出新的要求,但现在的国家给付义务已不同于过去较为简单的给付义务。针对《行政诉讼法》较为狭窄的国家给付义务的可诉范围,我们应扩大与重新界定给付义务的诉讼范围。第一,可以扩大福利性的国家给付义务范围。我国现在的行政诉讼法只把支付抚恤金、最低生活保障或者社会保险金的争议纳入诉讼范围,其还可以扩展到劳动权的保险、就业以及义务教育受教育权等争议领域。第二,把公共给付的行为纳入诉讼范围。长期以来,人们习惯于对由财政出资提供的公共给付的公共设施忽视的状态,即使其出现问题,由政府相关部门自己纠正,人们没有很好监督这种行政行为,因此把公共给付行为纳入诉讼范围能使政府高效、高质地为公民服务。第三,可以把弱权力性的行政补偿或行政合同中的给付争议纳入诉讼救济之中。随着我国城镇化的迅速发展,房屋拆迁、土地征收等工作日益频繁,大量赔偿给付矛盾在所难免,把相关争议纳入诉讼能更好地保护民生。类似的是,社会发展使社会治理形式变化多样,行政合同日益增多,"在给付行政领域,作为行政的活动形式,行政合同方式得以广泛

---

[1] [法]让-雅克·迪贝卢·爱克扎维尔·普列多:《社会保障法》,蒋将元译,法律出版社2002年版,第193页。

[2] 詹火生:《社会福利理论研究》,巨流图书公司2008年版,第6页。

采用"[1]。行政合同给付争议的诉讼能很好保护双方的利益。

4. 提高公益诉讼程度

国家给付义务对象很多是具体的、特定的,但部分对象具有广泛性,现在越来越多的主体被纳入保障范围;给付内容多种多样,既有最低保障的抚恤、最低生活保障的生存,也有教育权、劳动权等的发展;公共给付的纷争本来就属于公益性质。所有上述内容表明,国家许多给付义务都具有公益性质,故公益诉讼之需迫在眉睫。公益诉讼是指"当行政主体的违法行为或不作为对公共利益造成侵害或有侵害之虞时,法律容许无直接利害关系人为维护公共利益而向人民法院提起行政诉讼的制度,是针对国家公权机关的作为或不作为提起的诉讼"[2]。由此得知,部分国家给付义务的特质与公益诉讼的目的与性质是一致的,国家给付对象的广泛性、内容的多样性,尤其是公共给付的公益性质,许多给付义务的不作为或违法积极行为造成的侵害具有弥散性与连锁性,在宏观上具有公共危害性;而公益诉讼本来就是针对公共利益,保障不特定社会成员的广泛利益,因此二者本质上是十分契合的。同时从原告的资格来看,公益诉讼突破了直接利害关系人原则,"法律必须设法给没有利害关系或没有直接利害关系的居民找到一个位置,以便防止政府内部的不法行为,否则没有人能有资格反对这种不法行为"[3]。原告具有多元性与广泛性,这样更有利于保护民生利益。由于公益诉讼不同于一般的普通诉讼,因此首先要在公益诉讼制度上予以支持,设立社会保障公益诉讼制度,授权公民对侵犯社会保障基金的行为作为社会公益代表依法提起公益诉讼,比授权其举报更有能力和快捷地保护社会保障基金。[4] 这包括原告、被告资格的确定,原告资格不能像普通法规定的那样狭窄,有公民、相关的组织或社会团体,甚至检察机关或行政单位等;还要有特殊的制度,如管辖、举证等制度。公益诉讼的举证较普通诉讼更加复杂,因为不同主体的举证能力差距很大,如公民举证能力与行政机关的举证能力区别很大,如果不加区别、采取一刀切的方式并不有利于查明案情,保护社会成员的利益。

---

〔1〕 王俊杰:《我国未来财产给付诉讼的新动向——对行政补偿之诉建构的思考》,《金卡工程:经济与法》2010年第12期。

〔2〕 蔡虹、梁远:《也论行政公益诉讼》,《法学评论》2002年第3期。

〔3〕 [英]威廉·韦德:《行政法》,徐炳等译,中国大百科全书出版社2007年版,第365页。

〔4〕 王全兴、樊启荣:《社会保障法的若干基本问题探讨》,载《经济学研究》(第1卷),北京大学出版社2000年版,第435页。

5. 强化法律援助制度

通常指的法律援助是政府主导的法律援助,如《中华人民共和国法律援助条例》指出:"法律援助是由政府设立的法律援助机构组织法律援助人员,为经济困难或特殊案件的当事人免收费或由当事人分担办案费用提供法律援助服务的法律保障制度。"在我国,司法部于1994年设立法律援助工作试点,1996年的《中华人民共和国刑事诉讼法》《中华人民共和国律师法》对法律援助作了规定,2003年国务院通过了全国性的《中华人民共和国法律援助条例》(以下简称《法律援助条例》),尽管其属于很低层次的行政法规,但毕竟有了自己的一部单独法规。随后,各地陆续制定了具有地方色彩的法律援助条例。为了贯彻《法律援助条例》,司法部于2012年制定了《办理法律援助案件程序规定》,2015年国务院办公厅又下发了《关于完善法律援助制度的意见》。除了政府主导的法律援助之外,社会上还有民间法律援助。法律援助与国家给付义务的司法救济有着天然的亲和性:一是国家给付义务涉及大量公益、公共福利性质;二是国家给付的对象都是弱势、贫困群体,毋庸置疑,法律援助给他们提供了希望的明灯。虽然我国相关法律援助条例解释等很多,但是法律援助尤其对于国家给付义务的司法救济而言存在以下不足:首先,立法层次低。法律援助最高层次的立法《法律援助条例》,也只是一部行政法规,并且我国地方各级政府制定了大量法律援助条例,存在法规众多、混乱不统一的弊端。其次,援助标准滞后,操作性不强。如何界定申请法律援助的困难群众,其标准是什么?再次,立法援助对象过窄,一些需要法律援助的群众没能及时得到帮助。如《法律援助条例》第十条只列举了抚恤金、救济金、支付劳动报酬、给予社会保险待遇或者最低生活保障等6种需要法律援助的情况;后来《关于完善法律援助制度的意见》逐步将涉及劳动保障、婚姻家庭、食品药品、教育医疗等与民生紧密相关的事项纳入法律援助补充事项范围,帮助困难群众运用法律手段解决基本生产生活方面的问题。但由于生活的复杂性,还是不能完全满足群众的法律援助的需要。再次,法律援助经费保障相对不足。现在法律援助经费来源有三种:政府财政拨款、法律援助基金、专项提取。由于法律援助的对象众多,现有的法律援助费用不能满足需求。最后,监督机制落后。由于监督机制落后,法律援助出现管理混乱、人浮于事、援助质量差等情况。针对上述情况,第一,须提高法律援助的立法层次,完善法律援助制度。现在世界上包括英国、美国、加拿大、韩国等国家都有法律援助法律,我国也要在适当时机由全国人大常委会制定一部法律援法。通过法律规范援助的对象、标准、经费来源、监督体制、办案要求等,促进法律援助健康发展。第二,进一步扩大国家给付义务司法救济的援助对象与内容。2015年《关于完善法律援助制度的意见》已经把援助内容进一步扩大到部分的民生范围,但还需把民生对象扩大到整个困难群众。第三,扩展法律援助经费来源。建立在政府主导之下,包括社会捐赠的援助基金、国际支持以及保险等的费用来源。第四,加强法律援助监督。监督既可以通过规范性文件规定的援助的程序、标准来监督,也可以通过跟踪援助事项进行个案监督。

主要参考文献

一、中文书籍

1. 白斌. 宪法教义学. 北京大学出版社, 2014.
2. 陈泽宪.《公民权利与政治权利国际公约》的批准与实施. 中国社会科学出版社, 2008.
3. 陈新民. 公法学札记. 中国政法大学出版社, 2001.
4. 陈新民. 德国公法学基础理论(上、下册). 山东人民出版社, 2001.
5. 陈慈阳. 宪法学(第二版). 元照出版公司, 2005.
6. 陈红霞. 社会福利思想. 社会科学文献出版社, 2002.
7. 陈清秀. 宪法上人性尊严//李鸿禧教授六秩华诞祝寿论文集. 月旦出版社, 1997.
8. 蔡维音. 社会国之法理基础. 元照出版公司, 2008.
9. 程明修. 宪法保障之制度与基本权之制度性保障//廖福特. 宪法解释之理论与实务(第6辑). 台湾法律学研究所筹备处, 2009.
10. 丛日云. 西方政治思想史(第2卷·中世纪). 天津人民出版社, 2005.
11. 邓海娟. 健康权的国家义务研究. 法律出版社, 2014.
12. 董保华, 等. 社会法原论. 中国政法大学出版社, 2001.
13. 董炯. 国家、公民与行政法. 北京大学出版社, 2001.
14. 杜健荣. 卢曼法社会学理论研究：以法律与社会的关系问题为中心. 法律出版社, 2012.
15. 法治斌, 董保城. 宪法新论. 元照出版公司, 2004.
16. 龚向和, 等. 从民生改善到经济发展：社会权法律保障新视角研究. 法律出版社, 2013.
17. 龚向和. 社会权的可诉性及其程度研究. 法律出版社, 2012.

18. 龚向和. 作为人权的社会权——社会权法律问题研究. 人民出版社,2007.
19. 葛克昌. 国家学与国家法：社会国、租税国与法治国理念. 月旦出版社,1996.
20. 高家伟. 教育行政法. 北京大学出版社,2007.
21. 韩德强. 论人的尊严：法学视角下人的尊严理论的诠释. 法律出版社,2009.
22. 韩君玲. 日本最低生活保障法研究. 商务印书馆,2007.
23. 黄金荣. 司法保障人权的限度——经济和社会权利可诉性问题研究. 社会科学文献出版社,2009.
24. 黄晨熹. 社会福利. 格致出版社,上海人民出版社,2009.
25. 黄小寒. 世界视野中的系统哲学. 商务印书馆,2006.
26. 何志鹏. 权利基本理论：反思与构建. 北京大学出版社,2012.
27. 蒋银华. 国家义务论——以人权保障为视角. 中国政法大学出版社,2012.
28. 李震山. 人性尊严与人权保障. 元照出版公司,2000.
29. 李震山. 多元、宽容与人权保障——以宪法未列举权之保障为中心. 元照出版公司,2005.
30. 李累. 宪法上人的尊严. 四川人民出版社,2010.
31. 李秀群. 宪法基本权利水平效力研究. 中国政法大学出版社,2009.
32. 李惠宗. 权力分立与基本权利保障. 元照出版公司,1999.
33. 李步云,龚向和,等. 人权法的若干理论问题. 湖南人民出版社,2007.
34. 李晓兵. 热点纠纷教育案例评析之学校篇. 中国法制出版社,2007.
35. 李惠宗. 宪法学要义. 元照出版公司,2006.
36. 李建良. 宪法解释之理论与实务(第2辑). 台湾中山人文社会科学研究所,1999.
37. 李曜,史丹丹. 智利社会保障制度. 上海人民出版社,2010.
38. 李宏图. 密尔《论自由》精读. 复旦大学出版社,2009.
39. 李建良. "制度性保障理论"探源——寻索卡尔·史密特学说的大义与微言//吴庚大法官荣退论文集编辑委员会. 公法学与政治理论. 元照出版公司,2004.
40. 林发新. 人权法论. 厦门大学出版社,2010.
41. 刘志强. 人权法国家义务研究. 法律出版社,2015.
42. 柳华文. 论国家在《经济、社会和文化权利国际公约》下义务的不对称性. 北京大学出版社,2005.
43. 凌维慈. 公法视野下的住房保障——以日本为研究对象. 上海三联书店,2010.
44. 林来梵. 宪法学讲义(第二版). 法律出版社,2015.
45. 林来梵. 从宪法规范到规范宪法——规范宪法学的一种前言. 法律出版社,2001.
46. 林喆. 权力腐败与权力制约. 法律出版社,1997.
47. 林万亿. 福利国家：历史比较的分析. 巨流图书公司,1994.
48. 陆连仑. 民政文化荟萃. 南京师范大学出版社,2007.

49. 马岭.宪法权利解读.中国人民公安大学出版社,2010.

50. 彭中礼.法治发展论纲：民生法治发展模式建构研究.中国社会科学出版社,2011.

51. 彭华民.西方社会福利理论前沿：论国家、社会、体制与政策.中国社会出版社,2009.

52. 秦奥蕾.基本权利体系研究.山东人民出版社,2009.

53. 秦前红.宪法原则论.武汉大学出版社,2012.

54. 钱宁.现代社会福利思想.高等教育出版社,2006.

55. 曲相霏.论人的尊严权//徐显明.人权研究(第3卷).山东人民出版社,2003.

56. 孙世彦.《公民及政治权利国际公约》缔约国的义务.社会科学文献出版社,2012.

57. 王世杰、钱端升.比较宪法.中国政法大学出版社,1997.

58. 王惠玲.成文宪法的比较研究.对外经济贸易大学出版社,2010.

59. 王绍光,胡鞍钢.中国国家能力报告.辽宁人民出版社,1993.

60. 汪进元.基本权利的保护范围：构成、限制及其合宪性.法律出版社,2013.

61. 吴庚.宪法的解释与适用(修订版).台湾三民书局,2003.

62. 翁岳生.行政法(上册).中国法制出版社,2009.

63. 汪晖、陈燕谷.文化与公共性.生活·读书·新知三联书店,2005.

64. 薛小建.论社会保障权.中国法制出版社,2007.

65. 薛长礼.劳动权论.科学出版社,2010.

66. 徐爽.人权指南：国际人权保护机制、标准与中国执行情况汇编手册.法律出版社,2011.

67. 徐邦友.政府的逻辑：现代政府的制度原理.上海人民出版社,2011.

68. 夏正林.社会权规范研究.山东人民出版社,2007.

69. 夏勇.公法(第2卷).法律出版社,2000.

70. 许育典.宪法.元照出版公司,2011.

71. 许志雄,等.现代宪法论.元照出版公司,2000.

72. 许宗力.宪法与法治行政国行政.元照出版公司,2007.

73. 杨建顺.比较行政法——给付行政的法原理及实证性研究.中国人民大学出版社,2008.

74. 杨一平.司法正义论.法律出版社,1999.

75. 杨玲.美国、瑞典社会保障制度比较研究.武汉大学出版社,2006.

76. 俞可平.社群主义(修订版).中国社会科学出版社,2005.

77. 于憬之.高端决策参考：大政解析.人民日报出版社,2011.

78. 袁柏顺.寻求权威与自由的平衡——霍布斯、洛克与自由主义的兴起.湖南人民出版社,2006.

79. 张翔. 基本权利的规范建构. 高等教育出版社,2008.

80. 张翔. 德国宪法案例选释(第1辑):基本权利总论. 法律出版社,2012.

81. 张恒山. 义务先定论. 山东人民出版社,1999.

82. 张文显. 二十世纪西方法哲学思潮研究. 法律出版社,1996.

83. 张翔. 宪法释义学:原理、技术与实践. 法律出版社,2013.

84. 张子扬. 非政府组织与人权:挑战与回应. 必中出版社,2006.

85. 张嘉尹. 基本权理论、基本权功能与基本权客观面向//翁岳生教授祝寿论文编辑委员会. 当代公法新论(上). 元照出版公司,2002.

86. 郑贤君. 基本权利原理. 法律出版社,2010.

87. 郑造桓. 公民权利与社会保障. 浙江大学出版社,2008.

88. 郑功成. 科学发展与共享和谐:民生视角下的和谐社会. 人民出版社,2006.

89. 赵晶. 国家义务研究——以公民基本权利演变为分析视角. 天津人民出版社,2017.

90. 钟会兵. 论社会保障权的实现. 中央编译出版社,2007.

91. 政治大学法学院公法中心. 全球化下之管制行政法. 元照出版公司,2011.

92. 曾繁正. 西方国家法律制度社会政策及立法. 红旗出版社,1998.

93. 周弘. 福利的解析——来自欧美的启示. 上海远东出版社,1998.

94. 周良才. 中国社会福利. 北京大学出版社,2008.

95. 周迎春,张双喜. 社会保障收支预测与平衡. 中国经济出版社,2005.

96. 詹火生. 社会福利理论研究. 巨流图书公司,2008.

97. 邹珊刚,黄麟雏,李继宗,等. 系统科学. 上海人民出版社,1987.

二、中文期刊

1. 陈伯礼. 民生法治的理论阐释与立法回应. 法学论坛,2012(6).

2. 陈征. 基本权利的国家保护义务功能. 法学研究,2008(1).

3. 陈品铮. 论人性尊严之宪法意义——以德国基本法第一条第一项为基础. 台湾中正大学法律学研究所,2010年学位硕士论文.

4. 陈景辉. 法律的内在价值与法治. 法制与社会发展,2012(1).

5. 陈治. 论福利供给变迁中的经济法功能. 西南政法大学2007年博士学位论文.

6. 曹达全. 论民生保障法治建设的基本要求. 中州大学学报,2010(5).

7. 蔡定剑. 中国宪法实施的私法化之路. 中国社会科学,2004(2).

8. 蔡维音. 德国基本法第一条"人性尊严"规定之探讨. 宪政时代,1992(1).

9. 蔡琳. 法律论证中的融贯论. 法制与社会发展,2006(2).

10. 邓慧强. 民生权利:民生的法治表达. 遵义师范学院学报,2008(5).

11. 邓成明,蒋银华. 论国家保障民生之义务的宪法哲学基础——以客观价值秩序理论为导向. 法学杂志,2009(2).

12. 邓炜辉.论社会权的国家保护义务:起源、体系结构及类型化.法商研究,2015(5).

13. 杜承铭.论基本权利之国家义务——理论基础、机构形式与中国实践.法学评论,2011(2).

14. 董宏伟.民生保障的国家保护义务.北京理工大学学报(社会科学版),2012(4).

15. 丁建定.论撒切尔政府的社会保障制度改革.欧洲,2001(5).

16. 丁三东."承认":黑格尔实践哲学的复兴.世界哲学,2007(2).

17. 冯威.民生的法治解读.求索,2008(5).

18. 付子堂,常安.民生法治论.中国法学,2009(6).

19. 范志均.尊严与承认——康德尊严论道德的承认前提.道德与文明,2012(3).

20. 高鹏程.国家义务析论.理论探讨,2004(1).

21. 龚向和,张颂昀.功能主义视域下的民生改善与社会权保障之关系.广州大学学报(社会科学版),2016(7).

22. 龚向和.民生之路的宪法分析.学习与探索,2008(5).

23. 龚向和.国家义务是公民权利的根本保障——国家与公民关系新视角.法律科学(西北政法大学学报),2010(4).

24. 龚向和.论民生保障的国家义务.法学论坛,2013(3).

25. 龚向和,袁立.劳动权的防御权功能与国家的尊重义务.北方法学,2013(4).

26. 龚向和,刘耀辉.基本权利给付义务内涵界定.理论与改革,2010(2).

27. 龚向和,刘耀辉.论国家对基本权利的保护义务.政治与法律,2009(5).

28. 龚向和,邓炜辉.国家保障民生义务的宪政分析.河北法学,2009(6).

29. 龚向和.论社会权的经济发展价值.中国法学,2013(5).

30. 龚向和.社会权的概念.河北法学,2007(9).

31. 龚向和.理想与现实:基本权利可诉性程度研究.法商研究,2009(4).

32. 郭道晖.人权的国家保障义务.河北法学,2009(8).

33. 郭小聪.论国家职能与政府职能.中山大学学报(社会科学版),1997(2).

34. 郭延军.发展中的美国女性就业权平等保护.华东政法大学2010年博士学位论文.

35. 甘绍平.作为一项权利的人的尊严.哲学研究,2008(6).

36. 何士青.保障和改善民生的法治向度.法学评论,2009(3).

37. 何增科.准确理解国家治理及其现代化.理论视野,2014(1).

38. 贺方彬.中国特色社会主义民生权利及其制度保障.理论导刊,2014(1).

39. 韩喜平,孙贺.中国特色民生法治化的建构逻辑与路径.中共中央党校学报,2016(2).

40. 韩大元.宪法文本中"人权条款"的规范分析.法学家,2004(4).

41. 韩大元.试论宪法诉讼的概念及其基本特征.法学评论,1998(3).
42. 郝铁川.权利实现的差序格局.中国社会科学,2002(5).
43. 胡玉鸿."人的尊严"的法理疏释.法学评论,2007(6).
44. 胡玉鸿.尊重法律:司法解释的首要原则.华东政法大学学报,2010(1).
45. 侯学勇,郑宏雁.整体性等于融贯性吗?——评德沃金法律理论中的融贯论.法律方法,2010.
46. 黄正元.认识系统与系统认识——谈系统论视域下的认识论.兰州学刊,2009(4).
47. 蒋先福.拓展以民生为导向的法治新路径.时代法学,2012(4).
48. 蒋银华.论国家义务概念之萌芽与发端.广州大学学报(社会科学版),2011(7).
49. 焦洪昌."国家尊重和保障人权"的宪法分析.中国法学,2004(3).
50. 姜峰.权利宪法化的隐忧——以社会权为中心的思考.清华法学,2010(5).
51. 金太军.政府能力引论.宁夏社会科学,1998(6).
52. 李广平,俞征锦."民生权":一种理解中国式社会主义宪政本质的全新思路.江汉论坛,2012(10).
53. 李新刚.论民生与法治的辩证关系.山东理工大学学报(社会科学版),2011(5).
54. 李惠宗.论宗教信仰自由及国家保护义务.判例评析,1999(12).
55. 李建良.基本权利理论体系之构成及其思考层次.人文及社会科学集刊,1997(1).
56. 李步云.论人权的三种存在形态.法学研究,1991(4).
57. 李步云,杨松才.论人权的普遍性和特殊性.环球法律评论,2007(6).
58. 李惠宗.宪法工作权保障系谱之再探.宪政时代,2003(1).
59. 李忠夏.人性尊严的宪法保护——德国的路径.学习与探索,2011(4).
60. 李芳.财产权利与国家能力.经济问题探索,2008(12).
61. 李军鹏.政府购买公共服务的学理因由、典型模式与推进策略.改革,2013(12).
62. 刘永红.民生保障的法治向度.西华师范大学学报(哲学社会科学版),2013(6).
63. 刘志强.人权保障与国家义务——以新生代农民工为视角.东南学术,2010(2).
64. 刘耀辉.国家义务的可诉性.法学论坛,2010(5).
65. 刘丽伟.政治哲学视域下的福利国家研究——以英国为例.黑龙江大学2010年博士学位论文.
66. 凌新.改革应坚持以民生权为中心.学习月刊,2012(3).
67. 林莉红,李傲,孔繁华.从宪定权利到现实权利——我国城市居民最低生活保障制度调查.法学评论,2001(1).
68. 鲁鹏.法治的价值.烟台大学学报(哲学社会科学版),2013(2).
69. 梁迎修.方法论视野中的法律体系与体系思维.政法论坛,2008(1).

70. 聂鑫.宪法基本权利的法律限制问题——以中国近代制宪史为中心.中外法学，2007(1).

71. 欧爱民.德国宪法制度性保障的二元结构及其对中国的启示.法学评论，2008(2).

72. 欧阳景根,张艳肖.国家能力的质量和转型升级研究.武汉大学学报(哲学社会科学版),2014(4).

73. 彭中礼,王亮.民生的法哲学追问——以"权利—义务"范畴为视野.西南科技大学学报(哲学社会科学版),2010(4).

74. 钱大军.再论"权利本位".求是学刊,2013(5).

75. 钱福臣.德、美两国宪法私法效力之比较.求是学刊,2013(1).

76. 任丑.人权视阈的尊严理念.哲学动态,2009(1).

77. 上官丕亮.论国家对基本权利的双重义务——以生命权为例.江海学刊,2008(2).

78. 孙世彦.论国际人权法下国家的义务.法学评论,2001(2).

79. 孙莉.人的尊严与国家的修为.江苏行政学院学报,2011(1).

80. 孙利天,张岩磊.多元基础主义的哲学观.社会科学战线,2012(2).

81. 沈宗灵.对霍菲尔德法律概念学说的比较研究.中国社会科学,1990(1).

82. 桑玉成.论现代国家治理体系的建构.思想理论教育,2014(1).

83. 童之伟.宪法适用应依循宪法本身规定的路径.中国法学,2008(6).

84. 谭英俊.公共事业民营化改革中的政府治理能力提升探讨.理论导刊,2015(1).

85. 王太高.民生问题解决机制研究.江苏社会科学,2008(4).

86. 王涛.论民生保障的法治措施.山东社会科学,2010(5).

87. 王官成,彭德军.民生法治论.探索,2009(4).

88. 王蕾.论社会权的宪法规范基础.环球法律评论,2009(5).

89. 王禹.中国宪法司法化案例评析.北京大学出版社,2005.

90. 王锴.宪法解释的融贯性.当代法学,2012(1).

91. 王彬.论法律解释的融贯性——评德沃金的法律真理观.法制与发展,2007(5).

92. 王凤才."为承认而斗争"：霍耐特对黑格尔承认学说的重构.马克思主义与现实,2010(3).

93. 王凤才.从霍耐特承认理论到泰勒承认政治构想.哲学动态,2007(9).

94. 王国龙.法律解释的有效性问题研究.山东大学2010年博士学位论文.

95. 王航赞.达米特的意义构造论.山西大学2004年博士学位论文.

96. 王川.德国社会保障制度的经济学分析.吉林大学2008年博士学位论文.

97. 徐钢.论宪法上国家义务的序列与范围——以劳动权为例的规范分析.浙江社会

科学,2009(3).

98. 夏勇.权利哲学的基本问题.法学研究,2004(3).

99. 谢维雁.论宪法适用的几种情形.浙江学刊,2014(6).

100. 熊光清.从辅助原则看个人、社会、国家与超国家之间的关系.中国人民大学学报,2012(5).

101. 熊菁华.论行政不作为的救济.中国政法大学2001年博士学位论文.

102. 衣仁翠.法治的民生价值及其实现.齐鲁学刊,2015(2).

103. 杨聪敏.民生权利的马克思主义新解读.探索,2008(4).

104. 杨成铭.受教育权的国家义务研究.政法论坛,2005(2).

105. 杨立雄,胡姝.城镇居民最低生活保障标准调整机制研究.中国软科学,2010(9).

106. 杨代雄.萨维尼法学方法论中的体系化方法.法制与社会发展,2006(6).

107. 于沛霖."国家尊重和保障人权"之法律关系解读.法学杂志,2007(6).

108. 颜泽贤,张华夏.进化的系统哲学和我们的研究纲领.自然辩证法研究,2003(9).

109. 闫海.地方财政自主的宪政逻辑:辅助原则的分析进路.学术探索,2006(2).

110. 张文显.民生呼唤良法善治——法治视野内的民生.中国党政干部论坛,2010(9).

111. 张艺,谢金林,杨志军.从恩赐到权利:民生话语表达逻辑的历史考察.云南财经大学学报(社会科学版),2008(3).

112. 张翔.基本权利的受益权功能与国家的给付义务——从基本权利分析框架的革新开始.中国法学,2006(1).

113. 张震.社会权国家义务的实践维度——以公租房制度为例.当代法学,2014(3).

114. 张翔.基本权利的双重性质.法学研究,2005(3).

115. 张雪梅.经济社会权利"最低核心义务"的概念分析.学术交流,2009(10).

116. 张雪莲."最低核心"理论与社会权的司法保护.河南科技大学学报(社会科学版),2015(1).

117. 张巍.德国基本权第三人效力问题.浙江社会科学,2007(1).

118. 张翔.基本权利在私法上效力的展开——以当代中国为背景.中外法学,2003(5).

119. 张志铭,李若兰.迈向社会法治国:德国学说及启示.国家检察官学院学报,2015(1).

120. 张卫.基础主义之"基础"探析.自然辩证法研究,2009(7).

121. 张成福.公共行政的管理主义:反思与批判.中国人民大学学报,2001(1).

122. 朱俊.民生权的权利性质及其可诉性分析.学术交流,2017(8).

123. 中共中央党校省部班调研组.民生和社会建设的法治保障.中国党政干部论坛,2010(9).

124. 郑磊.民生问题的宪法权利之维.浙江大学学报(人文社会科学版),2008(6).

125. 郑贤君.非国家行为体与社会权——兼议社会基本权的国家保护义务.浙江学刊,2009(1).

126. 钟会兵.法治中国建设中人权保障的重心与路径.江西社会科学,2014(8).

127. 周永坤.论宪法基本权利的直接效力.中国法学,1997(6).

128. 周怡.社会结构:由"形构"到"解构"——结构功能主义、结构主义和后结构主义理论之走向.社会学研究,2000(3).

129. 周穗明.N.弗雷泽和A.霍耐特关于承认理论的争论——对近十余年来西方批判理论第三代的一场政治哲学论战的评析.世界哲学,2009(2).

130. 曾娟.马克思主义之义务论.现代妇女,2013(3).

131. 赵宏.社会国与公民的社会基本权:基本权利在社会国下的拓展与限定.比较法研究,2010(5).

132. 邹波,涂四益.关于宪法权利三个基本问题的讨论.贵州社会科学,2010(5).

133. 庄世同.法治与人性尊严——从实践到理论的反思.法制与社会发展,2009(1).

134. 詹镇荣.社会国原则——起源、内涵及规范效力.月旦法学教室,2006(41).

135. 朱高建.评皮亚杰结构构造论.四川大学学报(哲学社会科学版),1995(2).

三、中文译著

1. [美]阿奇博尔德·考克斯.法院与宪法.田雷 译.北京大学出版社,2006.

2. [德]阿图尔·考夫曼,温弗里德·哈斯默尔.当代法哲学和法律理论导论.郑永流 译.法律出版社,2013.

3. [印]阿马蒂亚·森,等.生活水准.徐大建 译.上海财经大学出版社,2007.

4. [印]阿马蒂亚·森,[美]玛莎·努斯鲍姆.生活质量.龚群 等译.社会科学文献出版社,2007.

5. [印]阿马蒂亚·森.以自由看待发展.任赜,于真 译.中国人民大学出版社,2002.

6. [日]阿部照哉,等.宪法(下)——基本人权篇.周宗宪 译.中国政法大学出版社,2006.

7. [美]艾伦·克拉特.社区福利与公共福利——公共保障系统管理:理念、模式和准则之完善.麦哲伦国际公司 译.东北师范大学出版社,2008.

8. [美]爱·麦·伯恩斯.当代世界政治理论.曾炳钧 译.商务印书馆,1983.

9. [英]安德鲁·克拉帕姆.非国家行为人的人权义务.陈辉萍 等译.法律出版社,2013.

10. [英]安东尼·哈尔,[美]詹姆斯·梅志里.发展型社会政策.罗敏,范酉庆 等译.社会科学文献出版社,2006.

11. [英]安德鲁·海伍德. 政治学. 张立鹏 译. 中国人民大学出版社,2007.
12. [美]伯纳德·施瓦茨. 行政法. 徐炳 译. 群众出版社,1986.
13. [美]本杰明·卡多佐. 司法过程的性质. 苏力 译. 商务印书馆,1998.
14. [美]保罗·沃伦·泰勒. 尊重自然：一种环境伦理学理论. 雷毅 等译. 首都师范大学出版社,2010.
15. [法]保罗·利科. 承认的过程. 汪堂家,李之喆 译. 中国人民大学出版社,2011.
16. [英]鲍勃·杰索普. 治理的兴起及其失败的风险：以经济发展为例的论述. 国际社会科学杂志(中文版),1999(1).
17. [德]茨威格特,克茨. 比较法总论. 潘汉典,米健,高鸿钧,贺卫方 译. 法律出版社,2003.
18. [加]查尔斯·泰勒. 承认的政治. 董之林,陈燕谷 译//汪晖,陈燕谷 主编. 文化与公共性. 生活·读书·新知三联书店,2005.
19. [加]查尔斯·泰勒. 自我的根源：现代认同的形成. 韩震 等译. 译林出版社,2008.
20. [德]Christian Starck. 法学、宪法法院审判权与基本权利. 杨子慧 等译. 元照出版公司,2006.
21. [德]Christian Starck. 基本权利之保护义务. 李建良 译. 政大法律评论,第58期.
22. [美]戴维·奥斯本,特德·盖布勒. 改革政府——企业家精神如何改革着公营部门. 周敦仁 等译. 上海译文出版社,1996.
23. [德]迪特尔·梅迪库斯. 德国民法总论. 邵建东 译. 法律出版社,2001.
24. [日]大木雅夫. 东西方的法观念比较. 华夏,战宪斌 译. 北京大学出版社,2004.
25. [日]大沼保昭. 人权、国家与文明：从普遍主义的人权观到文明相容的人权观. 王志安 译. 生活·读书·新知三联书店,2003.
26. [日]大须贺明. 生存权论. 林浩 译. 法律出版社,2001.
27. [日]大桥洋一. 行政法学的结构性变革. 吕艳滨 译. 中国人民大学出版社,2008.
28. [美]埃德加·博登海默. 法理学——法律哲学及其方法. 邓正来 译. 中国政法大学出版社,1999.
29. [美]E. S. 萨瓦斯. 民营化与公私部门的伙伴关系. 周志忍 译. 中国人民大学出版社,2002.
30. [美]冯·贝塔朗菲. 普通系统论的历史和现状//科学学译文集. 科学出版社,1981.
31. [美]冯·贝塔朗菲. 一般系统论：基础、发展和应用. 林康义,魏宏森 等译. 清华大学出版社,1987.
32. [美]弗兰克·G. 戈布尔. 第三思潮：马斯洛心理学. 吕明,陈红雯 译. 上海译文出版社,2001.

33. [德]弗里德里赫尔穆·胡芬. 行政诉讼法(第五版). 莫光华 译. 法律出版社,2003.

34. [德]弗里德里希·卡尔·冯·萨维尼. 论立法与法学的当代使命. 许章润 译. 中国法制出版社,2001.

35. [德]弗里德里希·卡尔·冯·萨维尼,雅各布·格林. 萨维尼法学方法论讲义与格林笔记. 杨代雄 译. 法律出版社,2008.

36. [法]F. 基佐. 一六四〇年英国革命史. 伍光健 译. 商务印书馆,1985.

37. [德]弗兰茨-克萨韦尔·考夫曼. 社会福利国家面临的挑战. 王学东 译. 商务印书馆,2004.

38. [法]贡斯当. 古代人的自由与现代人的自由——贡斯当政治论文选. 阎克文,刘满贵 译. 商务印书馆,1999.

39. [德]贡塔·托依布纳. 法律:一个自创生系统. 张骐 译. 北京大学出版社,2004.

40. [德]格奥格·耶利内克. 主观公法权利体系. 曾韬,赵天书 译. 中国政法大学出版社,2012.

41. [瑞典]哥斯塔·艾斯平-安德森. 转变中的福利国家. 周晓亮 译. 重庆出版社,2003.

42. [日]宫泽俊义. 日本国宪法精解. 董璠舆 译. 中国民主法制出版社,1990.

43. [日]谷口安平. 程序的正义与诉讼(增补本). 王亚新,刘荣军 译. 中国政法大学出版社,2002.

44. [美]汉密尔顿,杰伊,麦迪逊. 联邦党人文集. 程逢如,在汉,舒逊 译. 商务印书馆,2009.

45. [英]H. L. A. 哈特. 法律的概念(第二版). 许家馨,李冠宜 译. 法律出版社,2006.

46. [英]哈耶克. 自由秩序原理. 邓正来 译. 生活·读书·新知三联书店,1997.

47. [英]霍布斯. 利维坦. 黎思复,黎廷弼 译. 商务印书馆,2008.

48. [英]霍布豪斯. 自由主义. 朱曾汶 译. 商务印书馆,2009.

49. [德]霍耐特. 为承认而斗争. 胡继华 译. 上海人民出版社,2005.

50. [德]海因里希·罗门. 自然法的观念史和哲学. 姚中秋 译. 上海三联书店,2007.

51. [德]汉斯·J. 沃尔夫,等. 行政法(第1卷). 高家伟 译. 商务印书馆,2002.

52. [德]Hans D. Jarass. 基本权作为防御权及客观原则规范. 陈慈阳 译. 月旦法学杂志,2003(7).

53. [美]杰克·唐纳利. 普遍人权的理论与实践. 王浦劬 等译. 中国社会科学出版社,2001.

54. [英]杰弗里·马歇尔. 宪法理论. 刘刚 译. 法律出版社,2006.

55. [美]乔尔·S. 米格代尔. 强社会与弱国家. 张长东 等译. 江苏人民出版社,2009.

56. [美]乔治·霍兰·萨拜因. 政治学说史(下册). 刘山 等译. 商务印书馆,1986.
57. [美]乔纳森·特纳,勒奥纳德·毕福勒,查尔斯·鲍尔斯. 社会学理论的兴起(第五版). 侯钧生 等译. 天津人民出版社,2006.
58. [美]乔纳森·特纳. 社会学理论的结构. 邱泽奇 译. 华夏出版社,2001.
59. [德]康德. 道德形而上学原理. 苗力田 译. 上海人民出版社,1986.
60. [德]康德. 康德著作全集(第6卷):沌然理性界限内的宗教、道德形而上学. 李秋零 主编. 中国人民大学出版社,2007.
61. [德]康拉德·黑塞. 联邦德国宪法纲要. 李辉 译. 商务印书馆,2007.
62. [德]卡尔·施米特. 宪法学说. 刘锋 译. 上海人民出版社,2005.
63. [德]柯武刚,史漫飞. 制度经济学——社会秩序与公共政策. 韩朝华 译. 商务印书馆,2000.
64. [奥]凯尔森. 法与国家的一般理论. 沈宗灵 译. 商务印书馆,2013.
65. [美]路易斯·亨金,阿尔伯特·J. 罗森塔尔. 宪政与人权. 郑戈 等译. 生活·读书·新知三联书店,1996.
66. [美]罗斯科·庞德. 通过法律的社会控制. 沈宗灵 译. 商务印书馆,2013.
67. [美]罗尔斯. 道德哲学史讲义. 张国清 译. 上海三联书店,2003.
68. [加]罗伯特·韦尔,凯·尼尔森. 分析马克思主义新论. 鲁克俭,王来金,杨洁 等译. 中国人民大学出版社,2002.
69. [德]罗伯特·阿列克西. 法:作为理性的制度化. 雷磊 编译. 中国法制出版社,2012.
70. [德]罗伯特·阿列克西. 法·理性·商谈:法哲学研究. 朱光,雷磊 译. 中国法制出版社,2011.
71. [美]鲁思·华莱士,[英]艾莉森·沃尔夫. 当代社会学理论:对古典理论的扩展(第六版). 刘少杰 等译. 中国人民大学出版社,2008.
72. [英]洛克. 政府论(下篇). 叶启芳,瞿菊农 译. 商务印书馆,1983.
73. [法]莱昂·狄骥. 公法的变迁 法律与国家. 郑戈,冷静 译. 辽海出版社,春风文艺出版社,1999.
74. [法]勒内·达维德. 当代主要法律体系. 漆竹生 译. 上海译文出版社,1984.
75. [法]勒费弗尔. 法国革命史. 顾良 等译. 商务印书馆,1989.
76. [法]卢梭. 社会契约论. 何兆武 译. 商务印书馆,1980.
77. [德]卢曼. 法社会学. 宾凯,赵春燕 译. 上海人民出版社,2013.
78. [德]卢曼. 社会的法律. 郑伊倩 译. 人民出版社,2009.
79. [德]拉德布鲁赫. 法哲学. 王朴 译. 法律出版社,2005.
80. [德]拉伦茨. 法学方法论. 陈爱娥 译. 商务印书馆,2003.
81. [日]芦部信喜. 宪法. 林来梵 等译. 北京大学出版社,2006.

82. [美]玛丽·安·格伦顿.权利话语：穷途末路的政治言辞.周威 译.北京大学出版社,2006.

83. [美]迈克尔·沃尔泽.正义诸领域——为多元主义与平等一辩.褚松燕 译.译林出版社,2002.

84. [美]米尔顿·弗里德曼.资本主义与自由.张瑞玉 译.商务印书馆,2007.

85. [奥]米瑟斯.自由与繁荣的国度.韩光明 等译.中国社会科学出版社,1995.

86. [英]莫里斯·罗奇.重新思考公民身份——现代社会中的福利意识形态和变迁.郭忠华,黄冬娅,郭韵,何惠莹 译.吉林出版集团有限责任公司,2010.

87. [法]孟德斯鸠.论法的精神.张雁深 译.商务印书馆,2003.

88. [德]莫尔特曼.基督信仰与人权.蒋庆 等译//刘小枫.当代政治神学文选.吉林人民出版社,2002.

89. [意]莫诺·卡佩莱蒂.当事人基本程序保障权与未来的民事诉讼(中译本).法律出版社,2000.

90. [德]马克斯·韦伯.论经济与社会中的法律.张乃根 译.中国大百科全书出版社,1998.

91. [德]马克斯·韦伯.韦伯作品集：法律社会学.康乐,简惠美 译.广西师范大学出版社,2005.

92. [奥]曼弗雷德·诺瓦克.国际人权制度导论.柳华文 译.北京大学出版社,2010.

93. [奥]曼弗雷德·诺瓦克.民权公约评注：联合国《公民权利和政治权利国际公约》(上册).毕小青,孙世彦 主译.生活·读书·新知三联书店,2003.

94. [英]诺曼·巴里.福利.储建国 译.吉林人民出版社,2005.

95. [英]尼尔·麦考密克.修辞与法治——一种法律推理理论.程朝阳,孙光宁 译.北京大学出版社,2014.

96. [日]南博方.行政法(第六版).杨建顺 译.中国人民大学出版社,2009.

97. [美]欧文·拉兹洛.系统哲学引论：一种当代思想的新范式.钱兆华,熊继宁,刘俊生 译.商务印书馆,1998.

98. [澳]欧文·E.休斯.公共管理导论.彭和平 译.中国人民大学出版社,2001.

99. [英]P.切克兰德.系统论的思想与实践.左晓斯,史然 译.华夏出版社,1990.

100. [瑞士]皮亚杰.结构主义.倪连生,王琳 译.商务印书馆,2007.

101. [德]齐佩利乌斯.德国国家学.赵宏 译.法律出版社,2011.

102. [美]R. M. 昂格尔.现代社会中的法律.吴玉章,周汉华 译.译林出版社,2001.

103. [法]让-雅克·迪贝卢,爱克扎维尔·普列多.社会保障法.蒋将元 译.法律出版社,2002.

104. [德]Robert Alexy.作为主观权利与客观规范之基本权.程明修 译.宪政时代,1998(4).

105. [美]史蒂芬·霍尔姆斯,凯斯·R.桑斯坦.权利的成本——为什么自由依赖于税.毕竞悦 译.北京大学出版社,2004.

106. [德]塞缪尔·普芬道夫.人和公民的自然法义务.鞠成伟 译.商务印书馆,2010.

107. [美]威廉·邓宁.政治学说史(中卷).谢义伟 译.吉林出版集团有限公司,2009.

108. [英]威廉·韦德.行政法.徐炳 等译.中国大百科全书出版社,2007.

109. [德]威廉·冯·洪堡.论国家的作用.林荣远,冯兴元 译.中国社会科学出版社,1998.

110. [英]沃尔特·白芝浩.英国宪法.夏彦才 译.商务印书馆,2005.

111. [德]魏德士.法理学.丁晓春,吴越 译.法律出版社,2013.

112. [古罗马]西塞罗.论义务.王焕生 译.中国政法大学出版社,1999.

113. [美]亚伯拉罕·马斯洛.动机与人格(第三版).许金声 等译.中国人民大学出版社,2012.

114. [英]亚瑟·赛斯尔·庇古.福利经济学.何玉长,丁晓钦 译.上海财经大学出版社,2009.

115. [英]亚当·库珀,杰西卡·库珀.社会科学百科全书.上海译文出版社,1989.

116. [英]约翰·密尔.论自由.许宝骙 译.商务印书馆,1959.

四、外文著作

1. Andrew Clapham. *Human Rights Obligations of Non-State Actors*, Academy of European Law European. Oxford University Press,2006.

2. Aleksander Peczenik. *Scientia Juris*:*Legal Doctrine as Knowledge of Law and as a Source of Law*. Springer,2005.

3. Audrey R. Chapman, Sage Russell. *Core Obligations*:*Building a Framework for Economic, Social and Cultural Rights*. Inersentia, 2002.

4. Asbjørn Eide. *The Right to Adequate Food as a Human Right*. UN Doc. E/CN. 4/Sub. 2/1987/23.

5. A. De Crespigny, A. Wertheimer. *Contemporary Political Theory*. Nelson,1971.

6. A. C. Pigou. *The Econmics of Welfare*. 4th edition. Macmillan,1952.

7. Anderw Clapham. *Human Rights in the Private Sphere*. Clarendon Press,1996.

8. C. B. Macpherson. *The Political Theory of Possessive Individualism*:*Hobbes to Locke*. Oxford University Press, 1962.

9. Danie Brand, Sage Russel. *Exploring the Core Content of Socio-economic Rights*:*South African and International Perspective*. Portea Book House, 2002.

10. G. P. Gooch. *Politcial Thought in England*:*From Bacon to Halifax*. Oxford University Press, 1915.

11. Gilles Deleuze. *Difference and Repetition*. Translated by Paul Patton. Columbia University Press, 1994.

12. George A. Theodorson. *Achilles G. Theodorson, A Modern Dictionary of Sociology*. Thomas Y. Crowell, 1969.

13. Henry Shue. *Basic Rights: Subsistence, Affluence and U. S. Foreign Policy*. 2nd edition. Princeton University Press, 1996.

14. Ivor Brown. *English Political Theory*. Methuen & Co, Ltd. 1920.

15. John Locke. *Two Treatises of Government*. Editied with An Introduction and Notes by Peter Lasslett. 中国社会科学出版社(影印版)1999 年版.

16. John Locke. *Locke: Political Essays*. Mark Goldie(ed.). Cambridge University Press, 1997.

17. Jeremy Cooper, Rajee Dhavan. *Public Interest Law*. Basil Blackwell Inc., 1986.

18. Kermit L. Hall. *By and For the People: Constitutional Rights in American History*. Harlan Davidson Inc., 1991.

19. Michael Oakeshott. *Hobbes on Civil Association*. Basil Blackwell, 1975.

20. Monika Betzler. *Kant's Ethics of Virtue*. Walter de Gruyter, 2008.

21. Michael Ignatieff. *The Needs of Strangers*. Chatto & Windus, 1984.

22. O. Borre, E. Scarbrough. *The Scope of Government*. Oxford University Press, 1995.

23. Per Pinstrup-Andersen, Peter Sandφe. *Ethics, Hunger and Globalization: In Search of Appropriate Policies*. Springer, 2007.

24. Philip Alston, Katarina Tomasvski. *The Right to Food 97*, 1993.

25. Robert Alexy. *A Theory of Constitutional rights*, Translated by Julian Rivers. Oxford University Press, 2002.

26. Ralph Ross, Herbert W. Schneider, Theodore Waldman. *Thomas Hobbes in His Time*. University of Minnesota Press, 1974.

27. Robert P. George. *The Autonomy of Law: Essays on Legal Positivism*. Clarendon Press, 1999.

28. Randy E. Barnett. *The Rights Retained by the People: The History and Meaning of the Ninth Amendment*. George Mason University Press, 1993.

29. T. H. Marshall, Tom Bottomore. *Citizenship and Social Class*. Pluto Press, 1992.

30. Tom Campbell, David Goldberg, Sheila McLean, et al. *Human Rights: From Rhetoric to Reality*. Basil Blackwell, 1986.

31. UNDP. *Human Development Report*. Oxford University Press, 1990.

32. V. George, R. Page. *Modern Thinkers on Welfare*. Prentice Hall, 1995.

五、外文期刊

1. Boyne G. A. *Bureaucratic Theory Meets Reality: Public Choice and Service Contracting in U. S. Local Government*. Public Administration Review, 1998(6).

2. Craig Scott, Patrick Macklem. *Constitutional Ropes of Sand or Justiciable Guarantees? Social Rights in a New South African Constitution*. University of Pennsylvania Law Review, 1992, 141(1).

3. David Bilchitz. *Giving Socio-economic Rights Teeth: The Minimum Core and its Importance*. South African Law Journal, 2002, 119.

4. David Bilchitz. *Placing Basic Needs at the Centre of Socio-economic Rights Jurisprudence*. ESR Review, 2003(1).

5. David S. Elkind. *State Action: Theories for Applying Constitutional Restrictions to Private Activity*. Columbia Law Review, 1974, 74(4).

6. Eric C. Christiansen. *Adjudicating Non-justiciable Rights: Socio-economic Rights and the South African Constitutional Court*. Columbia Human Rights Law Review, 2007, 38(2).

7. Inga Markovits. *Socialist vs. Bourgeois Rights: An East – West Germany Comparison*. The University of Chicago Law Review, 1978, 45(3).

8. Juergen Christoph Goedan. *The Influence of the West German Constitution on the Legal System of the County*. Int'l. J. Legal Info. 1989, 17.

9. Katharine G. Young. *The Minimum Core of Economic and Social Rights: A Concept in Search of Content*. Yale J. Int'l Law, 2008, 33(1).

10. Ken Endo. *The Principle of Subsidiarity: From Johannes Althusius to Jacques Delors*. Hokkaido Law Review, 1994, 43(6).

11. Leonor Moral Soriano. *A Modest Notion of Coherence in Legal Reasoning: A Model for the European Court of Justice*. Ratio Juris, 2003(16).

12. Louis Henkin. *A Post-Cold War Human Rights Agenda*. Yale Journal of Internation Law, 1994(19).

13. Phillip Alston. *Out of the Abyss: The Challenges Confronting the New U. N. Committee on Economic, Social and Cultural Rights*. Human Rights Quarertly, 1987, 9.

14. R. T. Nagle. *Expanding Limitations on Prejudgment Attachment: Reverberations on Sniadach v. Family Finance Corp*. Boston College Law Review, 1971, 4(3).

东南学术文库
SOUTHEAST UNIVERSITY ACADEMIC LIBRARY

已出版的图书

《法律的嵌入性》
张洪涛 著 2016

《人权视野下的
中国精神卫生立法问题研究》
戴庆康 等著 2016

《新诗现代性建设研究》
王珂 著 2016

《行为金融视角
——企业集团内部资本市场效应》
陈菊花 著 2016

《明清小说戏曲插图研究》
乔光辉 著 2016

《世界艺术史纲》
徐子方 编著 2016

《马克思对黑格尔的五次批判》
翁寒冰 著 2016

《中西刑法文化与定罪制度之比较》
刘艳红 等著 2017

《所有权性质、盈余管理与企业财务困境》
吴苋 著 2017

《拜伦叙事诗研究》
杨莉 著 2017

《房屋征收法律制度研究》
顾大松 著 2017

《基于风险管控的社区矫正制度研究》
李川 著 2017

《中华传统美德德目论要》
许建良 著 2019

《城市交通文明建设的法治保障机制研究》
孟鸿志 著 2019

《立法对法治的侵害》
高照明 著 2019

《超级"义村":未完成的集体组织转型》
王化起 著 2019

《民生保障的国家义务研究》
龚向和 等著 2019

《私法视野下的水权配置研究》
单平基 著 2019

"东南学术文库"丛书可通过东南大学出版社天猫旗舰店,以及当当、亚马逊、京东等网店购买。